伦理与法律

导论

本书得到中国政法大学科研处
法律职业伦理研究提升项目资助

CAMBRIDGE

伦理与法律
导论

Ethics and Law
An Introduction

[美]布拉德利·温德尔　著
W. BRADLEY WENDEL

尹超　译

中国政法大学出版社
2023·北京

版权登记号：图字 01-2023-1449 号

图书在版编目（ＣＩＰ）数据

伦理与法律：导论/（美）布拉德利·W.温德尔著；尹超译. —北京：中国政法大学出版社，2023.9
书名原文：Ethics and Law: An Introduction
ISBN 978-7-5764-0822-5

Ⅰ.①伦… Ⅱ.①布… ②尹… Ⅲ.①法律－伦理学－研究 Ⅳ.①D90-053

中国国家版本馆CIP数据核字(2023)第119648号

出 版 者	中国政法大学出版社
地　　址	北京市海淀区西土城路 25 号
邮寄地址	北京 100088 信箱 8034 分箱　邮编 100088
网　　址	http://www.cuplpress.com（网络实名：中国政法大学出版社）
电　　话	010-58908289(编辑部) 58908334(邮购部)
承　　印	固安华明印业有限公司
开　　本	650mm×960mm　1/16
印　　张	24.25
字　　数	340 千字
版　　次	2023 年 9 月第 1 版
印　　次	2023 年 9 月第 1 次印刷
定　　价	98.00 元
声　　明	1. 版权所有，侵权必究。
	2. 如有缺页、倒装问题，由出版社负责退换。

译者序 *foreword*

美国"水门事件"引起人们对法律职业伦理的极大关注，它不仅促使美国律师协会将法律职业伦理设为法学院的必修课，还进一步引发该领域哲学理论的争鸣与发展。总体来看，美国法律职业伦理的哲学理论发展经历了两次"浪潮"：第一次浪潮肇始于20世纪70年代，这次浪潮通过道德哲学的视角看待法律职业，关注角色道德如何与普通道德相协调的问题，并论述了伦理生活与律师角色道德之间的道德张力。第二次浪潮发生在2000年代，这次浪潮明显具有批判道德哲学的取向，通过政治哲学审视法律职业，从多元社会中法律体系的政治目的开始，把法律职业伦理作为政治哲学的主题。布拉德利·温德尔作为美国法律职业伦理理论发展第二次浪潮中的重要代表人物，曾在其《法律人与法律忠诚》（*Lawyers and Fidelity to Law*）（该书原著于2010年出版，中译本于2014年出版）一书中，以政治哲学的视角明确提出，律师必须服务的基本价值是对法律的忠诚，而不是对客户目标的忠诚。他的理论观点在美国法律职业伦理理论界产生了很大影响，其著述也引起相关理论家的广泛争论。《伦理与法律：导论》（*Ethics and Law：An Introduction*）

一书是温德尔教授于 2014 年出版的又一力作。与《法律人与法律忠诚》一书着眼于法律职业伦理学术理论研究不同,《伦理与法律:导论》主要面向法律职业伦理的教学,而且该书的智识和构思也大都来源于他对相关教学的提炼和总结。该书以实际案例为依托,阐述法律职业伦理的法学基础理论。为了便于读者了解温德尔教授的法律职业伦理相关理论观点,体现其理论阐释和应用的连续性,《伦理与法律:导论》的译著版本附上了美国法律职业伦理理论界几位著名学者对《法律人与法律忠诚》一书的书评文章,以飨读者。另外,这几篇译文曾在许身健教授主编的《法律职业伦理论丛》(第四卷)中录用,但部分内容略有调整改动。特此说明。

前 言 *preface*

　　这本书讲的是规范律师职业活动以及律师伦理与以下两个重要规范领域之间关系的伦理原则，这两个规范领域包括：一是适用于作为道德主体的我们所有人的一般道德考量；二是法律以其特有的方式对一个社会的公民提出要求，并为此提供理由。在人们对道德和正义看法不一的现代复杂社会，法律是社会稳定和团结的一个重要来源。法律规定了政府可以对公民做什么，以及公民之间可以对彼此做什么。它赋予人们权利，通过合同、遗嘱、信托以及各种形式的财产所有权来确立与他人的关系。刑事起诉和民事诉讼为集体反对反社会行为提供了一种表达手段，并能促进深远的社会变革。但是，法律也可以成为一种压迫的工具，巩固有权势的个人和企业的特权，使边缘化的个人和群体永远得不到公正对待。法律曾保护奴隶主的权利，并确立"平等的隔离"（separate but equal）原则。法律可以被用来骚扰他人或迫使他人付出代价，它非但不能促进社会团结，反而会造成一种个人主义和好讼的意识。法律本身既非善也非恶，相反它是一种工具，可以用于好的目的，也可以用于坏的目的。

　　虽然人们通常把"法律"拟人化，但法律体系的制度和程序离不开管理它们的人而存在。律师［在一些国家又细分出庭律师（barristers）和事务律师（solicitors）］是法律通过代表当事人——从个人到公司、到"人民"或"国王"——来实施的手段。在一个以复杂、高度技术化的法律体系为特征的社会中，普通公民可能会对法律抱持各种伦理态度（包括赞同、支持、怨恨、抵制和漠不关心等），但当人们按照法律行事时，通常会在法律专业人士的协助下进行。很少有非律师会在准备遗嘱或房屋租赁文件时不犯严重错误、不损害自己的法律利益。律师是否仅仅是受雇的枪手，不会因代表卑鄙的委托人或为他们做了卑鄙之事而受指责，或者相反，他们是否应该为自己的行为承担道德责任，这是实践伦理的一个重大问题。法律职业伦理哲学试图使用道德哲学和政治哲学的工具，来分析在法庭内外代表委托人的那些专业人士的责任。由于公民很少在没有专业帮助的情况下接触法律，律师所面临的伦理问题是一个有益的视角，人们通过它可以看到法律、国家和公民之间关系的本质这一更为普遍的问题。

在整本书中，我们将着眼于案例，其中大部分是基于真实事件。这些案例与许多实践伦理教科书中的案例有所不同，其内容较为详细。法律推理和哲学推理存在很多共同点，但有一个关键的区别是，律师知道事实的重要性。哲学伦理中的案例往往很离奇（"你可以把一个胖子推下桥，来阻止超速行驶的电车"[1]），与大多数人的经验相去甚远（"你和两个同伴漂流在太平洋的中央，救生艇上的食物快耗尽了"[2]），或缺乏关键细节（"为什么一个叛乱分子随意射杀一个人质就释放他的俘虏？"[3]）。然而，作为一个受过法律和哲学双重训练的人，我认为，如果说律师们从骨子里有所深信的话，那应该就是事实对于案件的解决至关重要。我希望将法律和哲学这两

---

〔1〕 Judith Jarvis Thomson, "The Trolley Problem," *Yale Law Journal* 94: 1395 - 1415 (1985).

〔2〕 The famous "lifeboat case," *R v. Dudley & Stephens*, 14 Q. B. D. 273 (1884).

〔3〕 See Bemard Williams, "A Critique of Utilitarianism," in J. J. C. Smart and Bernard Williams, *Utilitarianism: For and Against* (Cambridge: Cambridge University Press 1973), pp. 98-99.

个学科的独特技术运用到法律职业伦理问题上来。

虽然我是一名美国法律学者，但我也尝试引用其他普通法管辖区的案例，包括加拿大、新西兰、澳大利亚、英国和以色列等。我讨厌"美国例外论"（American exceptionalism），并希望世界各地的律师都能读到这本书。例如，美国律师在民事诉讼的审前证据开示（pretrial discovery）中出现了许多棘手的法律职业伦理问题，但这是因为大多数其他国家都很明智地不采用美国式的开示规则，所以这些问题不会以同样的方式出现。然而，法律职业伦理英语文献中经常讨论的许多经典案例都来自美国，部分是因为美国是一个好讼的社会，还因为第一代理论法律职业伦理学者中许多都是美国人，其中包括理查德·瓦瑟斯特罗姆（Richard Wasserstrom）、黛博拉·罗德（Deborah Rhode）、斯蒂芬·佩珀（Stephen Pepper）、大卫·鲁班（David Luban）、杰拉尔德·波坦玛（Gerald Postema）、威廉·西蒙（William Simon）和托马斯·谢弗（Thomas Shaffer）。美国学术界早期在法律职业伦理方面的突出地位可能只是一个历史性意外，因为在 20 世纪 70 年代初的水门事件（Watergate scandal）之后，法律职业伦理已经成为美国法学院的一门必修课。这里的讨论不会假定读者对美国法律或任何其他司法管辖区的法律有所了解。这些案例的重点是说明伦理问题，而不是法律问题。在普通法系中，律师是由有组织的律师协会、司法机构、立法法规和行政机构规章的某种结合来管理的。因此，在每个司法管辖区有一个管理律师的法律体系，这本身就是一个迷人的主题。然而，本书中的案例是尽可能围绕法律而写的，并不以读者熟悉法律为前提。

本书的目的不是为学术辩论做贡献。我在《法律人与法律忠诚》一书中表达过我的观点。这里的目的是公平地呈现法律职业伦理哲学领域，同情地对待竞争的立场，让读者自己决定谁是对的。与此同时，在这些辩论中，我有时会对参与者进行批评，并一直与参与者进行互动。他们会说，没有什么比来回陈述自己的立场更无聊的了。这里的一些分析在很大程度上是我自己的，读者可能不赞同。

我曾试着明确自己作为一个立场的倡导者所扮演的角色，并将这种主张保持在最低限度。最后，有些重要的问题没有简单的答案。我希望读者能对这些问题形成自己的看法，即使我们可能并不赞同这些看法。

我很感激这些年来在法律职业伦理哲学研讨课上教过的学生。讲授这些阅读材料和案例的经历，极大地增强了我对这个主题的理解。2013 年 5 月，我在以色列的特拉维夫大学（Tel Aviv University）教授法律职业伦理时，为这本书做了大量工作，因此与这些学生的讨论在定义本书分析的形式方面发挥了特别重要的作用。同样，2012 年 1 月我在新西兰的奥克兰大学（University of Auckland）教授法哲学的经历，也有助于我对第四章的法理学讨论进行思考。感谢蒂姆·戴尔（Tim Dare）与我分担这门课程，与我进行关于法理学和法律职业伦理的对话，并让我以工作相关的理由访问新西兰。这本书从达纳·雷姆斯（Dana Remus）所提供的对每一章草稿的广泛评论中受益无穷，对此我深表感谢。特别感谢希拉里·加斯金（Hilary Gaskin）和三位匿名的出版社审稿人，也感谢大卫·鲁班推荐我参加这个项目。像往常一样，我还要感谢我的妻子伊丽莎白·派克（Elizabeth Peck）以及我们的孩子本（Ben）和汉娜（Hannah），感谢他们忍受了我在写作过程中所带来的伤害。

　　　　　　　　伦理与法律：导论

目 录
CONTENTS

第二部分

律师的多重角色

附　录

书评论文

第一部分

律师、伦理与法律

第一章
定义问题

第一节　区分角色的道德

在普通法系国家的任何一个大城市，可能是曼彻斯特、奥克兰、卡尔加里、洛杉矶或约翰内斯堡，发生了一起商店抢劫案，一名保安被杀而另一名保安伤势严重。[1]幸存的保安确认洛根（Logan）和霍普（Hope）这两名男子是肇事者。一周之后，一个名叫威尔逊（Wilson）的男子以一项与此无关的罪名被捕，因为他在同一城市杀害了两名警察。霍普从监狱里听到有关威尔逊被捕的消息，并告诉他的律师，与他一起实施抢劫的是威尔逊，而不是洛根。霍普的律师把这个消息传达给了威尔逊的律师，于是威尔逊的律师去监狱会见了威尔逊。威尔逊向他的律师承认自己与霍普实施了抢劫，而且实际上是自己向保安开的枪。威尔逊拒绝向警方发表声明，但律师们准备了一份宣誓书（一份经宣誓的书面陈述）总结其陈述，并锁在了保险箱里。同时，由于不知道威尔逊已承认罪责，检察官对洛

---

[1]　真实的案件发生在芝加哥。See, e. g., Fran Spielman, "Chicago to Pay ＄10. 25 Million in Another Burge Case," *Chicago Sun-Times* (January 14, 2013); "After 26 Years, 2 Lawyers Reveal a Killer's Secret," *USA Today* (April 13, 2008). 2007 年，威尔逊死后，洛根从监狱获释，其律师披露了他们的宣誓书。洛根提起诉讼，声称州检察官掩盖了他无罪的证据。威尔逊的律师没有被指控与本案有关的任何不当行为。

根和霍普提出了杀人控告。根据幸存保安的证词，两人都被判有罪，且被判处长期监禁。（目击者辨识是出了名的不可靠；辩护律师试图确认这一点，但陪审团还是判定被告有罪。）威尔逊在另一场审判中被判杀害两名警察的罪名成立，被判处两项无期徒刑，不得假释。

假设你是威尔逊的一名代理律师。当你知道一个无辜者将因为你的委托人犯下的罪行而在监狱里度过余生时，你会怎么做？也许答案可以在职业伦理准则中找到，它适用于在这种情况下代表委托人的律师。你可以在你的权限范围内查阅准则，并阅读以下内容：

> 除非经委托人协商同意，律师不得泄露与委托人代理相关的信息……律师如果合理地认为，这对合理地阻止必然的死亡或重大身体伤害是必要的，可以披露这些信息。[2]

你曾多次试图说服威尔逊同意披露那份含有他所犯抢劫和谋杀罪行的陈述的宣誓书，但他始终拒绝提供，现在你打算怎么办？

学生常常热衷于"反驳这种假设"，并试图辩称，作为一个职业伦理问题，律师在本案中的义务允许你披露威尔逊的陈述。若果真如此就好了，但是保密的职业规则和刚才所引用的例外，都不允许披露。来自威尔逊的是"与陈述有关的"信息，因为你是在为威尔逊的另一起谋杀案辩护的过程中了解到的；信息是否涉及另一项罪行并不重要。你可能会说，洛根被持续监禁构成了"重大身体伤害"，因为他的身体的确被困在监狱里。这是一个不错的观点，但在一个类似的案件中，负责解释你权限范围内的伦理规则的权威机构拒绝采用它。你可能会推断这个责任不适用，因为披露威尔逊的信息不可能伤害他，因为他已经因为其他谋杀案被判了两个无期徒刑。

---

〔2〕 American Bar Association Model Rules of Professional Conduct, Rule 1. 6 （b）. 该规则的某些版本在所有美国司法管辖区都有效。其他普通法适用地区的专业责任守则亦有类似规定。See, e. g., Solicitors Regulation Authority（England and Wales）Code of Conduct 2011, chapter 4; Federation of Law Societies of Canada, Model Code of Professional Conduct, Rule 3. 3-3; Australian Solicitors Conduct Rules 2012, Rule 9. 1; New Zealand Lawyers Conduct and Client Care Rules 2008, Rule 8.

然而，规定保密义务的规则没有提到对客户的损害，而且经过考虑，你会意识到，如果你进行披露，有可能会对威尔逊造成伤害。例如，如果他在其他谋杀案的定罪在上诉时被推翻，这将会发生什么？他可能会因为抢劫商店和谋杀保安而面临起诉。最后，你认识到对保密义务的解释非常严格，而对例外情况的解释则非常狭隘。从职业伦理的角度来说，你的责任是明确的：你不得披露威尔逊的声明，即使它会将一个无辜者从监狱中释放出来。

如果这在你看来是错误的，或者如果你至少在作为一名律师的要求和你认为应该做的事情之间感到紧张，那么你就会认识到区分角色的道德（*role-differentiated morality*）的问题。根据职业伦理准则，律师有义务做一些从平常、普通、日常的道德角度看似乎不公平的事情——即使披露威尔逊的秘密会让一个无辜者获得自由，也要保守这个秘密。律师扮演着一种社会角色，承担着特定的义务——因此有了"区分角色"这个术语。在某种意义上讲，没有什么比根据一个人所扮演的角色而变化的职责更常见的了。作为一名家长，我有义务对自己的孩子给予特别的关心和照顾，而不只是承担通常对孩子的责任（例如，避免伤害他们，并在他们有困难时帮助他们）。作为一名教师，我必须遵守这个角色的伦理，公正地评价学生的表现，不受无关因素的影响。在很多时候，在一个人与朋友、家庭成员、陌生人和机构有着各种不同类型关系的生活中，这些区分角色的义务似乎是没有问题的。通常，这些特定义务很容易与一般所负的义务协调起来。在大多数情况下，在不伤害其他任何人的情况下，我可以对自己的孩子表现出特别的关心和照顾。然而，刚才所述的错误定罪案件是一个基于角色的义务与我们所认为的更为基本的东西——即仅仅由于我们是道德主体而普遍适用于我们的职责——发生冲突的例子。一般的道德责任怎么可能仅仅因为一个人以职业身份行事而不再适用呢？

道德义务是否以及在多大程度上可以根据一个人所扮演的社会角色而有所不同，这是实践伦理（包括政府官员、执法人员、士兵和企业管理者的伦理）中普遍存在的主要问题之一。[3]然而，在更系统地考虑这一问题之前，先对错误定罪案件做出一些更直观且令人印象深刻的反应，可能是有帮助的。在真实的案件中，威尔逊的律师坚持认为他们没有做错任何事，但当此案被媒体报道时引发了公众的强烈抗议。假设现在你不是案件中的一名律师，而是一个感兴趣的观察者——比方说，一名律师或法科学生——正在参与一场关于案件的对话。你正试图为律师的行为向一个对此感到愤怒的人进行辩护，你可能会提出什么观点？

在多年讲授法律职业伦理的过程中，我发现这些观点往往会陷入某种模式。（在这一点上，我并不一定赞同这些观点，只是把它们列举出来。）威尔逊的律师最常见的道德辩护可能包括以下几点：

一、劳动分工

法律制度就是这样一种系统，没有人对它的运行负全部责任。相反，不同的人扮演指定的角色：检察官、辩护律师、法官、陪审员、法庭书记员等。如果每个参与者都扮演好自己所分配的角色，这个系统就能发挥最佳的功能。事实上，如果一个参与者离开了自己的角色，做了别人职责范围内的事情，那么这个系统可能就会崩溃。如果辩护律师主动披露对控方有利的信息，其客户就会不再信任他们，他们也就很难为被告提供有效的辩护。在这起错误定罪案件中，威尔逊的律师发挥了他们的作用，有效地为他辩护，并保守了他的秘密。洛根的律师有责任阻止他被定罪，而检察官有责任披露后来被发现的表明洛根被错误定罪的任何证据。如果出现什么故障，就应该归咎于负责系统这个方面的参与者。因为，防止可能错误定罪不是在另一个案件中为不同被告辩护的律师的工作，所以把

---

〔3〕 以一位作家与查尔斯-亨利·桑森（Charles-Henri Sanson）之间假想对话的形式生动介绍了区分角色的道德问题。查尔斯-亨利·桑森是路易十六（Louis XVI）时期的刽子手，后来在恐怖统治时期被砍头。See Arthur Isak Applbaum, "Professional Detachment: The Executioner of Paris," in *Ethics for Adversaries* (Princeton: Princeton University Press 1999), ch. 2.

洛根所遭受的伤害归咎于威尔逊的律师是不合适的。

二、游戏规则

根据证据和程序规则、实体刑法以及适用于他们的职业伦理准则，威尔逊的律师没有做错任何事情。简而言之，他们是遵守规则的。这个系统可能存在缺陷，有时还可能会导致不公正的判决，但只要威尔逊的律师们遵守了规则，就不能受到指责。正如俗话所说：不要恨游戏者，恨游戏。[4]这一观点与系统内的劳动分工有关，但更明确地说，它试图将评价从个人转移到整个系统。如果一场游戏的结果很糟糕，也许规则应该被改变，但是游戏者唯一的责任就是按照这些规则行事。发生在洛根身上的是一个极端的不公，但比起指责辩护律师，从长远来看，也许不如通过认识到检察官在有错误定罪的证据时负有更大的调查责任，来寻求刑事司法体系的改革。

三、受雇枪手、代言人、手段或工具

律师有时会被称为所有这些东西，而它们的意思不是赞美。然而，在某种意义上，律师被恰当地视为委托人的工具。在法律术语中，律师是代理人。代理法规定了一个人（即代理人）有权代表另一个人（即委托人）行事的关系。代理人是委托人的一种延伸，执行委托人的指示，而其权力不大于委托人本人。作为客户的代理人，律师代表委托人说话，有权代表委托人签订有约束力的协议，并可以将客户置于特定的诉讼程序。在任何情况下，律师的行为都是为委托人而实施的；可以说，委托人是驱动力。在这个案件中，威尔逊的律师只是威尔逊意志的工具——仅此而已。如果威尔逊指示他们不要透露他的信息，那么他们在法律上和伦理上就有义务遵从他的指示，因为最终他们所拥有的任何权力都来自威尔逊，来自律师与委托人关系。此外，仅仅对工具进行道德上的指责是不恰当的。

8

---

〔4〕 After the song, "Don't Hate the Playa," by Ice-T.

指责一个国家的政府发动战争也许是适当的，但只要他们遵守战争法，就不能因为其行动而指责该国军队的士兵。同样，尽管人们可能会责怪威尔逊没有承认谋杀了保安，但我们很难责怪他的律师遵从其合法指示而对其陈述保密。

四、我们如何知道？

你可能已经注意到，我试图在前面的第一个问题中漏掉一些东西："当你知道一个无辜者会因为你的当事人犯下的罪行而在监狱里度过余生时，你会怎么做？"你可能会说："等一下，威尔逊的律师不知道他犯了罪。威尔逊说他犯了罪，但他可能一直在说谎，或者疯了，或者是在跟他的律师胡闹。"最多，律师们掌握的是倾向于证明洛根无罪的证据，而不是确凿的证据。在由一个伦理学教授发明的假设中，一些事实可能被指定为真，或者一个行为人可能被认为知道一些事情。然而，在现实世界中，情况要模糊得多，而且现实世界的规范必须适应具有不确定性的情况。如果律师没有达到实际的知识水平，他们可能有很好的理由，不去按照甚至是有充分根据的信念行事。当然，你们中有哲学背景的人会引用笛卡尔的观点，问我们如何确定地了解任何事物。但人们不必成为一个坚定的笛卡尔怀疑论者，去承认在许多情况下，冲突的证据、不可靠的证人以及不说真话的动机，都会让律师难以有可靠的基础去相信某个见解的真实性。

五、激励效果

假设威尔逊的律师确实披露了他的信息——在未来的案件中会发生什么？被告可能会担心他们的律师会"出卖他们"，并向检察官或法官揭露犯罪事实。他们会通过撒谎或隐瞒律师为了提供有效的辩护而可能需要知道的信息来保护自己。美国法律职业伦理学家门罗·弗里德曼（Monroe Freedman）也是一名执业刑事辩护律师，讲述了

9

自己为一名被控谋杀丈夫的女性代理的事例。[5]起初，她坚持说案发时她在自己姐姐家，但当弗里德曼和她姐姐谈话时，并没有证实这一托辞，所以他又问委托人发生了什么事。她一直坚持讲她那令人难以置信的故事，直到弗里德曼用最强烈的措辞安慰她说，在任何情况下他都不会把她所说的任何事情泄露给任何人。该委托人随后透露，她的丈夫是个卑鄙的酒鬼，多年来一直让她经受身体和情感上的虐待，在谋杀案发生的当晚，他喝醉酒后愤怒地回到家中，用手掐着她的脖子想要掐死她，她绝望地抓起一把菜刀捅了他。当然，这一描述构成了对谋杀指控的完整辩护，但如果没有坚定的保密承诺，委托人对此是不会透露的。这个事例所表明的是，事后（ex post）出现的结果，也就是案件当事人之间的结果，可能会产生导致事前（ex ante）不公正的诱因；换言之，之前结果的判例在未来的案件中是可以适用的。如果披露威尔逊的信息会在未来（事前）在辩护律师和委托人之间造成不信任，那么，这应该是在这个案件中（事后）一个不利于信息披露的理由。

请注意所有这些观点的一些内容：它们呼吁考虑普通道德和专业人士所从事实践的现实世界的环境。它们不只是简单地求助于职业伦理的独立性或特殊品质，而是试图从道德的角度解释为什么律师有他们的职责。例如，从事前的角度所进行的论证，符合寻求法律咨询的未来客户的利益，这些客户需要得到保证，他们的律师可以被信任不会泄露机密信息。忠诚和信任的价值当然是支持一个结论的道德理由；此外，它们是一般性的理由，不符合律师的自身利益。这里有一个比喻，可能有助于理解有关区分角色的道德的问题。[6]想象两个不同的价值"土地"或领域，如图 1.1 所示，由一座桥梁 10
连接。

---

〔5〕 See Monroe Freedman and Abbe Smith, *Understanding Lawyers' Ethics* (New Providence, N. J.: Lexis-Nexis, 4th edn., 2010) § 6.02, at 152.

〔6〕 感谢参加 2013 年我在特拉维夫大学（Tel Aviv University）的法律职业伦理研讨课的学生们，他们帮助我想出了这种表达基本问题的方式。

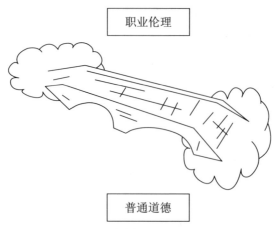

图 1.1 普通道德与职业伦理之间的桥

　　这幅图强调土地是分开的，但它们之间的确也必须存在一种联系。威尔逊的律师的辩护人所给出的观点，是在普通道德和职业伦理之间架起一座桥梁。它们超出了职业伦理的范围，并诉诸在普通道德范围内可以理解的考量。规范地说，如果没有这座桥，这两个世界就会完全分离。在这种情况下，无论这个职业受到多么严格的"伦理"规范的约束，整个社会都没有理由容忍它。从本质上讲，律师们将永远重复因纽伦堡审判（Nuremberg trials）而名誉扫地的辩护，即一个人可能会仅仅因为从事自己的工作或者"只是服从命令"，就可以免于为自己的不当行为担责。这座桥梁确保专业人员行为所遵循的伦理原则，能够被专业人员身处其中的更广泛的社会所接受。

　　冒比喻过度之虞，我们可以考虑这样一些问题，这些问题在本书中被认为与桥上的交通流量有关，或者跟职业伦理与普通道德二者之间的联系有多紧密或多直接有关。所谓的法律职业伦理标准概念（Standard Conception）的支持者和批评者之间的分歧之一，与这两个价值领域之间的紧密联系有关。标准概念的许多捍卫者主张在普通道德和职业伦理之间建立一个相对间接的桥梁，而批评者则认为这种削弱是不正当的。考虑这个问题的另一种方法可能是，问一

伦理与法律：导论

个专业人士需要多久才能跨过这座桥梁回到普通道德的领域，以确保其行为为一般道德标准所接受。有时候，理论家们说起来就像一个人一旦过桥成为一名专业人士，然后就再也不用回到普通道德的领域。然而，也有人指出，人们在生活中不管怎样理解都是在不同角色之间频繁转换。律师回到家，就成为配偶、父母、邻居、朋友、垒球队队员，依次类推。如果它们之间的差异非常大，在不同价值领域之间频繁切换，可能会带来心理上的压力。因此，一种反应可能是对这两个世界采取超然的态度，这并不是一种特别有吸引力的道德生活愿景。[7]

在本书的前半部分，我们回到由一座桥梁所连接的两个世界的隐喻。本章的下一节简要讨论桥梁在普通道德一侧的地形。结束语部分介绍法律职业伦理的世界，其独特的优先事项是忠诚、保密、客户服务和尊重法治的价值。

第二节　关于伦理与道德的说明

本书的目的之一，是面向法学院本科或研究生项目中研习实践伦理而可能没有广泛的道德哲学学术背景的学生。无论如何，我们可以把学术伦理学家关注的一些问题搁置一边。特别是，出于我们的目的，我们可以不关心元伦理学（metaethics）的问题。元伦理学关注的是伦理原则的正当性等事项（它们是否建立在合理性、人的性格、神的命令、公众普遍存在的情感或其他东西之上？）；理解诸如"奴隶制是错误的"之类道德话语的正确方法［它们是否表达了真值函数命题（truth-functional propositions）、说话者的态度或其他东西？］；关于自然界的事实与价值之间的关系（价值观是宇宙中当然的一部分吗？它们是叠加在自然属性上，还是由人类主体投射到物质世界上的？）；理由与动机之间的关系；等等。这些都是非常有

12

---

〔7〕　This argument was made brilliantly in Gerald J. Postema, "Moral Responsibility and Professional Ethics," *New York University Law Review* 55：63-89（1980）.

趣的问题，但是法律职业伦理中的争论，总的来说是独立于元伦理学的。法律职业伦理的出发点是假设所有这些问题都已经解决，或可以在桥梁的普通道德那边得到解决，而难题是这些问题是否以及如何适用于以专业身份行事的人。因此，本书基本上避免了诸如"我们如何真正知道说谎是错误的？"这类问题。我们将假定说谎是错误的，而把注意力集中在这样一些问题：比如，提供与客户罪行不符的证据（律师知道这是假的），是否会遭受与说谎同样的道德恶名。另一种说法是，法律职业伦理属于道德哲学的一个分支，被称作规范伦理。[8]

你可能已经注意到，"伦理"和"道德"这两个词可以交换使用。这在学术伦理中是一种常见的做法，尽管一些哲学家将伦理和道德区分开来。例如，已故的英国伦理学家伯纳德·威廉姆斯（Bernard Williams），就认为许多有趣的伦理问题被理解为一个人应该如何生活，但他对一种特定的伦理思考方式提出了严厉的批评，他称之为"道德"，并且这种思考方式专注于义务的概念，并缩小了影响一个人有理由做什么的考虑范围。[9]我并不依赖于伦理和道德之间的区别，但有人可能仍然会问我们所说的伦理（或道德）是什么意思。总的来说，我把伦理理解为与我们对彼此的亏欠有关。[10]当我们行动时，有时会做一些牵涉到他人利益的事情。有人可能会

---

〔8〕 "规范性"一词有时会引起混淆。在哲学用法中，它的反义词是"描述性""肯定性"或"经验性"——也就是说，关心什么是存在的。规范性问题涉及的是应当是什么。这种混淆源于规范在更广泛、更社会化的意义上，在伦理以外的环境中使用规范。例如，理性、语法和礼仪都有规范。游戏和体育运动有着正式规则之外的规范，比如允许棒球投手击球的规范。有一些文化规范，比如人们说话时站在一起的距离远近。这些都是规范，因为它们关注的是一个人有理由做什么，但它们不是伦理规范。

〔9〕 Bernard Williams, *Ethics and the Limits of Philosophy* (Cambridge, Mass. : Harvard University Press 1985). For a more standard usage see, e. g. , William K. Frankena, *Ethics* (Englewood Cliffs, N. J. : Prentice-Hall 1963), p. 3. （"伦理学是哲学的一个分支；它是关于道德、道德问题和道德判断的道德哲学或哲学思考。"）

〔10〕 我从 T. M. 斯坎隆（T. M. Scanlon）的《我们对彼此的亏欠》（*What We Owe to Each Other*, Cambridge：Harvard University Press 1998）那里借用了这句话，但我不想引用斯坎隆的契约主义、他对理由的描述或书的任何其他技术方面。我借用这句话是为了强调，正如斯坎隆所做的那样，伦理就是要给出其他人可以分享的理由。

说："嘿，你不能这样对我！"而伦理学的任务是向受其影响的其他人阐明其行为正当的理由。这些理由必须得到分享，或者至少在原则上是可分享的——也就是说，它们必须涉及受影响的人能够认可的考量因素。能够向他人证明我们的行为是正当的，就意味着这是合乎伦理的行为。从这一观点来看，伦理学不是纯理论的东西，比如促进善，而是关乎人与人之间的具体关系，以及我们如何根据他人的利益调节规范我们与他人的互动。

尽管伦理推理与人们之间的关系有关，但它在许多方面必然是抽象和一般的。为自己的行为辩护而给出理由的过程可能只是假设。在这个错误定罪案件中，洛根从未与威尔逊的律师对质，并问道："你为什么不披露这些信息？"然而，合乎伦理的行为要求威尔逊的律师考虑，如果他们必须向洛根证明自己的决定是正确的，他们会说什么。此外，伦理理由必然是公正的，因为它们适用于所有处境相似的行为者。这意味着，与辩护的过程相关，我们必须想象一个受影响的人能够站在自己的立场之外，并从所有处境相似的人的角度进行推理。如果威尔逊的律师真的问洛根他是否想让他们披露信息，他会说："当然！"然而，问题是一个属于一般类别的人——比如刑事诉讼中的被告——是否希望信息被披露。在政治哲学的语境中，罗尔斯（Rawls）运用了"无知之幕"（veil of ignorance）的思想实验，将公正的约束戏剧化。[11] 罗尔斯要求读者想象，人们聚在一起确定一个社会的宪法规则，其中决策者对他们自己知之甚少，而尤其是不知道他们是富人还是穷人，男人还是女人，少数民族还是宗教团体的成员，或是残疾人、年轻人、老人，等等。伦理推理必须同样公正，因此，律师的决定必须被证明是正当的，其面向的人不是洛根本人，而是一个假设的刑事被告。被错误定罪的犯人都想要公开信息，但刑事被告通常更喜欢严格的保密规则。或者，有人可能会基于伦理理由而赞成保密规则，因为它对披露存在一个狭

14

---

〔11〕 John Rawls, *A Theory of Justice* (Cambridge, Mass.: Harvard University Press 1971).

窄而精心界定的例外，而该披露对纠正错误定罪是必要的（也许在没有其他证据来源的情况下或在被定罪者面临长期监禁的情况下是可适用的）。

伦理推理固有的抽象性可能使其看起来无法在实际案例中制定行为标准。如果我们足够聪明地提出理由，或者操纵类似情况的主题类型（为什么我们讨论"刑事被告"，而不是"无辜者"或其他类别？），似乎任何事情似乎都是合理的。事实上，人们普遍担心伦理推理是不确定的（*indeterminate*）——也就是说，它没有确立足够具体的标准，以告知参与者在真正困惑的情况下该做什么。当然，存在一些明显的案例——没有人质疑奴隶制是错误的——但是伦理也应该对一些疑难案件发表一些看法。对于这个问题，人们会给出两种不同的回答。首先，至少在职业伦理领域，对行为的普通道德评价没有那么多的不确定性。如果有人了解到一些信息，表明一个无辜者正在长时间服刑，若没有特殊情况，他毫无疑问必须对这些信息做些什么。职业伦理中许多有趣的问题都属于前一句话的限定范围："没有特殊情况"。作为一名律师，为一个刑事被告代理的情况可能会改变了人们的评价，但这并不意味着道德推理存在不确定性。

15　　　关于伦理推理不确定性的第二反应是，就不确定性而言，它揭示了人类价值本质中一些深刻且重要的东西，也就是说，存在不止一种方法可以过真正美好的人类生活，因此有各种各样的原则和价值与伦理行为有关。请思考让-保罗·萨特（Jean-Paul Sartre）所举的一个例子。[12]一个青年男子的兄弟在1940年的战争中阵亡，他希望为其兄弟报仇，并与德国占领军作战；他本来想加入抵抗组织，但他作为母亲在丧子后的唯一安慰，该青年男子也觉得有义务留在家里照顾母亲。这个例子通常用来说明，在某些情况下，一个人有很好的道德理由去做一件事（抵制不公平的占领），也有很好的道德

---

〔12〕 Jean-Paul Sartre, "Existentialism Is a Humanism" (Philip Mairet, trans.) in Walter Kaufmann, ed., *Existentialism from Dostoevsky to Sartre* (New York: Meridian 1957).

　　　　　　伦理与法律：导论

理由去做另一件事（照顾他的母亲），而在这种情况下二者是不可能两全的。这两项拟议的行动方案都令人钦佩；我们认识到二者之中重要的人类理想和愿望。这两种情况都不能排除青年有可能违反对他人的义务，例如对其母亲或其同胞们的义务。

当我们讨论必须做出的决定（不是作为个人而是代表整个政治共同体）时，萨特所说的青年男子所面临的困境就变得尤为尖锐。现代社会的特征之一是伦理多元化。加拿大、英国和澳大利亚等现代自由民主国家的公民，致力于宗教和世俗的广泛道德观点。他们致力于不同的伦理立场，涉及宗教在公共生活中的作用，刑法适用的范围，环境价值和经济发展的相对优先性，少数民族和土著群体不同观点的中立性和自觉性之间的正确平衡，男性和女性在工作和家庭中的角色，动物权利和许多其他问题。这种伦理多元论与相对主义是不同的：人们不需要肯定（事实上很可能会否定），关于伦理的见解只能根据特定文化或社会的价值和认同（values and commitments）来判断真假。相反，多元主义者坚持有关人类善和利益的本质的非相对主义主张。正如政治思想家以赛亚·伯林（Isaiah Berlin）所言，多元主义者可能会宣称，僧侣和军人的生活都代表着真实的人类理想，而他们各自生活中固有的善不能简化为对方的善。[13]自由民主国家寻求包容多元主义，为公民提供空间，让他们按照自己认可的原则和价值取向生活，直到社会某一成员的行为对另一成员造成伤害。当然，什么构成伤害，以及什么可以为其他被视为伤害的东西辩护，这本身就是有争议的问题。因此，法律在自由社会中的一个作用，是规定一个人所宣称的行动自由和另一个人不被干涉的权利之间的界限。

如果法律的一个功能是解决不同道德价值和认同的人在社会生活中出现的问题，那么适用于律师的伦理标准可能在某种程度上源于法律的功能。约翰·罗尔斯认为，正义的政治概念应该在某种程

16

---

〔13〕 For example, Isaiah Berlin, "The Pursuit of the Ideal," in Henry Hardy, ed., *The Crooked Timber of Humanity* (Princeton: Princeton University Press 1990).

度上独立于他所谓的"综合学说"（comprehensive doctrines）。综合学说是"包含人生价值的概念，人格的理想，友谊的理想，家庭和团体关系的理想，以及许多其他指导我们行为的理想"的学说。[14]在自由社会中，公民确认不同的宗教、道德或哲学的综合学说。因此，将一个适用于社会中所有公民的政治正义原则，建立在这些有争议的综合学说之上，这是不可能的。罗尔斯认为，如果持不同综合学说的公民之间存在重叠的共识，那么正义的政治概念就可能是合乎情理的。[15]例如，天主教徒和新教徒都可能同意，容忍持有不同宗教观点的公民是一项重要的正义原则。[16]他们不必在每件事上都意见一致，只不过宽容是两类宗教信仰者都要肯定的合理原则。本书考虑的一种可能性是，法律职业伦理原则在这个意义上可能是政治性的。它们可能建立在对正义原则（例如法治的价值）重叠的
17 共识之上，而不是建立在道德的综合学说之上。

第三节　法律职业伦理与律师管理法

现在，我们是站在桥梁的职业伦理一边。律师的职业角色对律师的要求是什么？执业律师有时有一种倾向，认为伦理只是等同于规定他们行为的权威规则。这些伦理通常以职业责任守则的形式，由律师协会、法律协会或者制定有关事项（比如胜任的代理，为客户保密，避免为存在利益冲突的客户代理，收取合理的费用，不在审判中引入虚假证据，不在对方律师不在场的情况下与其进行沟通）的规则的法院创制。[17]这些"伦理"准则是完全没有异议的——事实上，

---

〔14〕　John Rawls, *Political Liberalism*（New York：Columbia University Press 1993），p. 13.

〔15〕　Ibid. , pp. 144-50.

〔16〕　Ibid. , p. 148.

〔17〕　普通法世界对法律专业的监管结构存在很大差异。在加拿大，"可以说是普通法世界法律职业自由自律的最后堡垒"，省级法律协会（即律师协会）通过、解释和执行职业伦理规则。Alice Woolley, *Understanding Lawyers' Ethics in Canada*（Markham, Ont. ：LexisNexis 2011），p. 4. 在美国，州上诉法院颁布的规则密切以美国律师协会制定的示范标准为基础，该协会虽然没有正式的监管机构，但在律师管理方面有相当丰富的经验。

它们在一定程度上是好的，因为它们界定并执行了律师对客户和法律制度的义务。但是，严格地说，它们属于实体法的一部分，而不是伦理的一部分。这里的实体法只是指，这些规则是根据一个确定规范的正式程序制定的，违反这一程序的人会受到制裁。[18] 相反，这里使用的伦理原则，是在没有正式颁布为法律的情况下适用的。律师有保护客户机密信息的法律义务，会因为违反该义务而受到惩罚，比如吊销律师执照或者遭到客户起诉。此外，在客户有正当理由委托律师保护其利益的情况下，律师有保守秘密的职业伦理义务，即使没有正式颁布的要求保密的职业行为准则，这一条也适用。委托人对律师的信任和信赖是其保守委托人秘密的一个充分的道德理由，至少在没有任何相反的理由来披露信息的情况下是这样的。法律上的职业义务和伦理上的职业义务可能会发生重叠，而且事实上也经常存在重叠，但它们在分析方法上是不同的。

在许多普通法司法管辖区，作为律师培养过程的一部分，学生必须学习一门名为法律职业伦理或职业责任的课程。[19] 在美国，在水门事件和发现许多参与掩盖不法行为的政府官员曾接受过律师培训之后，这门课成为法学院的必修课。约翰·迪恩（John Dean）因参与掩盖真相而入狱，他曾揭示自己法律职业伦理教育的不足：

> "1972 年，法律职业伦理归结为'不说谎，不欺骗，不偷窃，不做广告'。"迪恩说："我在法学院选修伦理课程的时候，它只有四分之一的学分。在包括我在内的所有律师的心目中，

[18] 法律实证主义比这句粗俗的话所暗示的要微妙得多。在接下来的章节中，我们将回到有关法律本质的问题，并在必要时对法律实证主义进行更严格的定义。

[19] 关于法律意义上实用入门的法律职业伦理教科书有：[United Kingdom] Andrew Boon and Jennifer Levin, *The Ethics and Conduct of Lawyers in England and Wales* (Oxford: Hart, 2nd edn., 2008)；[Canada] Alice Woolley, et al., *Lawyers' Ethics and Professional Regulation* (Markham, Ont.: LexisNexis 2008)；[Australia] Ysaiah Ross, *Ethics in Law: Lawyers' Responsibility and Accountability in Australia* (Chatswood, N. S. W.: Butterworths, 10th edn., 2010)；[New Zealand] Duncan Webb, *Ethics, Professional Responsibility and the Lawyer* (Wellington: Butterworths 2000).

法律职业伦理和职业精神几乎没有任何作用。对我和其他所有律师来说，水门事件改变了这一切。"[20]

迪恩和水门事件的同谋者埃吉尔·"巴德"·克罗（Egil "Bud" Krogh）说，如果他们对规范律师行为的法律有更多了解，比如避免非法行为的责任优先于保密等其他义务，他们就会做出不同的事情。然而，他们也表示，仅仅知道规则的内容是不够的。正如克罗所说："可悲的是，在 1971 年和 1972 年，我从未问过最基本的问题：'这样做对吗？我是在做正确的事情吗？'"[21]"这样做对吗？"这个问题是我们在这里要考虑的基本伦理问题，而要回答这个问题，其中一部分是要了解规范律师的法律与更一般的是非原则之间的关系。人们也可能会问，仅仅从职业伦理的标准来看，行为是正确的还是错误的。毫无疑问，正如所发生的，积极参与客户掩盖罪行的行为违反了职业伦理，在普通道德方面也是错误的。在许多情况下，普通道德和职业伦理会发生冲突，但不要过早地认为所有的错误行为都是如此。很多道德上错误的行为（比如说谎）也是违法的，而从职业伦理的角度来说，违法或者帮助客户违法都是错误的。

实践伦理课程中讨论的例子，往往是那些职业或社会实践的伦理规范与普通道德要求之间存在冲突的例子，至少是明显冲突的例子。因此，本书中所讨论的大多数案件，不能仅靠法律来解决。要么法律没有以某种方式决定结果，要么即使结果在法律上是明确的也仍然存在一个棘手的伦理问题。本章开头的错误定罪案涉及一项非常明确的法律义务：如果没有威尔逊的许可，威尔逊的代理律师可能不会披露，他承认是自己而不是洛根参与了谋杀。至少在大多数美国司法管辖区，当然在当时的伊利诺伊州，这种严格的保密义务没有例外。（被此案困扰的有创造力的学生，经常试图想出一些有

---

〔20〕 Quoted in Mark Curriden, "The Lawyers of Watergate: How a '3rd-Rate Burglary' Provoked New Standards for Lawyer Ethics," *ABA Journal* (June 1, 2012).

〔21〕 Ibid.

伦理与法律：导论

创意的阅读方法来破例，但这次请相信我：法律权威有一道坚实的墙，禁止信息披露。）不过，这只是从法律上解决了这个问题。道德问题依然存在：尽管法律规定"不披露"，但威尔逊的律师是否应当披露？也许他们这样做会受到职业纪律的约束，但如果这意味着一个无辜者将从监狱中获释，他们是否应该向职业纪律部门披露并试图为自己辩护？反过来问，如果律师们不披露，从道德角度看是否合理？法律上的保密义务是否足以作为律师为其委托人保密的道德辩护理由？

这些问题将在本书的其余部分讨论。大致说来，接下来的讨论是这样的：第二至六章将考虑关于道德与伦理之间以及法律、道德和正义之间关系的理论问题。然后，第七至十一章将把我们发展的理论概念应用到具体的法律实践领域，比如刑事辩护和客户咨询。下一章将讨论辩护的基本结构，威尔逊的律师们将用这个结构，来避免因为保护客户的秘密而受到道德批评。

第二章
职业伦理的辩护原则

第一节　好律师能是好人吗？

在 1976 年发表的一篇经典论文中，查尔斯·弗里德（Charles Fried）问道，一名好律师能否是一个好人。[1]他的意思是说，职业伦理的原则——无论体现在职业行为准则中，还是通过职业社会化和民间风俗作为非正式规范传播——都需要道德方面的正当性。必须表明，职业伦理的一项原则，例如保密的义务或在审判中积极辩护的准则，与一般的道德考虑存在一定的联系。否则，人们会自然得出这样的结论：律师是一群可恶的家伙，应该受到道德谴责。当然，只要有律师，公众对法律职业的批评和关于律师的笑话就会一直存在。因此，律师对他们所遇到的批评有许多固定答案，其中许多在第一章中以一种初步、印象派的方式加以讨论。本章的任务是，通过研究律师和学者所提出的一些最著名观点的结构，开始让这些辩护更加严格，以证明他们所受到的道德批评是没有根据的。其中一些论证的结论是，律师执业所依据的职业伦理原则至少在很大程度上是合乎道德的。另一些人则得出了截然不同的结论，即执业律

---

[1]　Charles Fried, "The Lawyer as Friend: The Moral Foundations of the Lawyer-Client Relation," *Yale Law Journal* 85: 1060–89 (1976).

师的某些重要方面无法通过道德正当性的检验。要评估这些争论的立场，一步步地观察争论是如何进行的，无疑将是有帮助的。然而，在此之前，我们应该首先考虑用一种更普遍的理论方法来研究伦理论证的结构，即寻求反思平衡（reflective equilibrium）的方法。

第二节　反思平衡

伦理中的反思平衡涉及我们对一系列案件做出经过慎重考虑的判断的信念，在这些判断基础上的伦理原则，以及支持伦理原则的一般理论考虑之间来回切换。[2]这个过程的目标是在我们的信念、原则和理论之间达到一种可接受的一致性。反思平衡是一个动态的过程，因此，如果对一个案例的理论分析得出的结果与我们经过深思熟虑的判断不一致，理论家可能会回过头来对该理论进行修改，目的是更好地解释我们所持有的信念。或者，我们可能会发现，根据理论推理，我们经过深思熟虑的判断必须被拒绝。理论和信念都是可修正的，理论分析和经过深思熟虑的判断之间的相互作用，在各种各样的案件中确保了理论不只是简单地接受现有的信念（这种信念可能是错误的），而是在系统化和解释这些信念的过程中挑战这些信念。

执业律师往往对他们的职责是什么具有相当坚定的看法。他们认为自己主要是被忠诚服务客户的伦理规范所约束。这意味着客户要定义代理的目标和目的，而律师的工作就是达成这一目的的手段。一个重要的限制是，律师所使用的手段不得违法，而且律师不得为客户的违法行为提供法律顾问或者协助。然而，如果不是这样，许多律师就会主张，他们没有义务考虑公众利益，避免对他人造成伤害，或者担心客户的目标在道德上有问题。律师会对第一章中的错误定罪案做出回应，强调其对当事人威尔逊的责任，以及不考虑洛

---

[2]　See Norman Daniels, "Reflective Equilibrium," *Stanford Encyclopedia of Philosophy*.

根被继续错误监禁的危害的义务。没有法律要求披露威尔逊的供词，而威尔逊拒绝同意披露，因此他的律师有保密的义务。尽管这一结果令人不安，但大多数执业律师都会同意，它正确地表述了他们的伦理义务。

现在讨论指导律师的法律职业伦理的一种理论方法，法律职业伦理所规定的律师基本职责如下："考虑到具体案件的相关情况，律师应该采取那些似乎最有可能促进正义的行动。"[3]该理论通过指导律师考虑他们的决定如何有助于分配社会上稀少的法律资源，以及他们的行动是否有助于按是非曲直解决争端，来阐述这一普遍原则。[4]在执业过程中遵守了这些原则的律师会问，为威尔逊保密是否能更好的促进司法公正。根据案情对洛根一案做出的裁判，会要求法庭至少考虑另一个人已承认参与犯罪并证明洛根无罪这一证据。该理论进一步告诉律师，"尽最大努力在每个案件中达成适当的解决方案。"[5]虽然在许多情况下可以依靠对抗制的制度和程序来公正地解决争端，但在某些情况下，由于制度失灵或无能，这些程序可能不会导致公正；此时，律师必须"对判决的实质性效力承担直接责任"。[6]这一伦理理论还指出，尽管保密信息的披露可能会给客户带来成本，但这些成本必须与非客户因保密而承受的成本相平衡。[7]功利的计算当然会支持披露，因为威尔逊已经因另一个谋杀案而被判终身监禁，所以不太可能因披露而受到任何损害，而对非客户洛根来说，利益则是巨大的。因此，遵循这一理论的律师会认为保守秘密在伦理上是错误的。

执业律师都认识到洛根的案子非常令人痛心，但我相信，在与无数律师就伦理问题进行交谈之后，他们几乎都会坚持自己的立场，

---

〔3〕 William H. Simon, "Ethical Discretion in Lawyering," *Harvard Law Review* 101：1083-1145 (1988)，p. 1090.

〔4〕 Id. at 1093.

〔5〕 Id. at 1096.

〔6〕 Id. at 1098.

〔7〕 Id. at 1143.

伦理与法律：导论

即保密是必要的。在上一段简要总结并得到威廉·西蒙辩护的理论需要披露。法律职业伦理中的反思平衡方法，试图在经验丰富的执业者对这个案件（以及其他许多案件）做出的深思熟虑的判断，与指导律师行为的原则的理论说明之间实现一致。西蒙的理论与律师们经过深思熟虑的判断并不完全相符，这一事实表明，要么律师对自己的伦理义务进行了错误推理，要么该理论需要以某种方式加以修正。律师们可能会觉得西蒙的立场很奇怪，但他确实有自己的观点：律师的角色取决于一套旨在根据案情解决纠纷的制度和程序；如果律师的行为导致该制度未能就其是非曲直达成解决办法，那么律师就不能始终如一地以该制度的社会价值为其行为辩护。律师根据一套理想的程序系统为其行动辩护，这套程序系统可靠地根据案情做出决定，但是这种辩护模式不适用于该制度本身未能产生公正结果的情况。[8]事实上，也许大多数执业律师都犯了错误。这并不是第一次有很多人在某些事情上大错特错——毕竟，在伽利略和哥白尼出现并证明他们是错的之前，每个人都曾认为太阳绕着地球转。没有人相信经过深思熟虑的判断能够决定一个理论是否正确，但或许它们甚至无权获得推定权重或初始权重。

另一方面，一种实践伦理理论得出的结论与传统观点大相径庭，它对其所要研究的职业人士可能影响不大。这不仅仅是一个关于修辞学、说服的可能性或者一些实践者对锁在象牙塔里的学者的蔑视的问题。相反，这是一个关于什么可能使伦理论证的结论更可靠的观点。从高度抽象的先验原则到关于职业人士在实践中应该做什么的结论的推理，可能会遗漏一些对有经验的实践者有重大影响的考量因素。例如，执业律师知道证据和事实是有区别的。证人可能会说那就是证据，但我们如何知道证人没有撒谎或弄错呢？大多数处理诉讼纠纷的律师都有这样的经历：在开始一个案件的时候，他们总是先假定什么是真实的，然后在诉讼过程中新的证据被发现让他

[8] Id. at 1102.

们感到惊讶。因此，律师们养成了隐瞒对事实真相的判断的习惯，
因为他们知道，他们可能会根据部分证据得出错误的结论。正如威
尔逊的律师所见，威尔逊说他犯了罪，但也许他只是在炫耀自己在
监狱里表现得很强硬，或者是暂时精神失常。经验丰富的律师在实
践中能感受到事实的不确定性，他们有理由对要求律师对裁判的有
效性承担直接责任的伦理理论持怀疑态度。经验丰富的实践者经过
深思熟虑的判断具有一定的分量，尽管他们的判断也是可修改的。

　　本书以反思平衡的方法为出发点，既不依赖抽象的理论观点
（比如正义、权利或效用），也不依赖具体案例的结果。反思平衡不
只是在一般与特殊之间来回不定，而是寻求一种论证的动态过程。
在某些情况下，伦理理论可能从直觉或经过深思熟虑的判断开始，
然后为其寻找理论上的正当理由。例如，人们可能会注意到，在对
抗制中，律师认为自己有忠诚的义务，这种义务主要针对他们的客
户，而允许他们无视非客户的利益。然后，理论家可能会寻求理解
是什么伦理原则支持了这种对一个人的偏好，而不是其他人的利益。
在另一个方向上，理论家可能从一般考虑开始，比如正义或真理，
并用它来检验或批判律师的现有实践。一个结构良好的理论将适用
于两个研究方向。它应该解释许多经过深思熟虑的案例判断，但也
应该能够为缺乏伦理正当性的实践提供批评依据。下面的讨论显示，
法律职业伦理辩论中有多少传统观点是被建构的。正如我们将会看
到的，理论家们含蓄地接受反思平衡的方法，并在关于案例的判断
和更一般的理论考虑之间寻求一致性。

第三节　论证的三步模型

　　回想一下弗里德的问题：一名好律师能否是一个好人。这个问
题的答案应该表明，好律师——也就是说，那些遵从职业伦理规范
和职业传统中的责任的律师——都是好人，从某种意义上说，他们
是在回应或尊重对人们本身（而不仅仅是职业人士）很重要的价值

观。回到第一章的隐喻，当人们在考虑该做什么或试图向他人证明
自己行为的正当性时，存在一个道德价值的"土地"或领域。假设
我向女儿承诺，周末去看她的曲棍球比赛。后来，我想起我已经接
受了和几个朋友出去喝啤酒的邀请。对女儿的承诺给了我一个拒绝
邀请的强有力的理由，即使这意味着我将不能做一些我喜欢做的事
情。换言之，承诺改变了承诺的规范性状况；支持做其他事情（和
朋友出去）的理由，因为承诺而不再适用于同样的力量。从道德上
讲，我们可以问为什么承诺具有这种力量。就承诺义务的性质而言，
承诺之所以产生义务，是因为其他人在此基础上形成了期待；承诺
会引起他人的信任，而背叛这种信任则会对被承诺人造成伤害。[9]
我向女儿承诺一定会去，从而使她相信我会去看她的比赛。在这
个例子中，合理期待、信任、背叛和伤害等道德概念被用来解释
一种更复杂的实践，即承诺，它依赖这些基本的道德概念来为责
任奠定基础。换句话说，承诺的实践是用更基本的道德概念来分
析的。

　　承诺和信任等基本价值都是日常道德生活的一部分，但同样的
分析模式也适用于职业责任。我们可以问，律师履行像保密这样的
职业义务，或者一心一意为客户的利益服务，而不顾对他人可能造
成的伤害，他们有什么理由这样做？答案将取决于那些直接或间接
受到律师行为影响的人所认可的考虑。"认可"在这里并不意味着任
何技术，只有那些可能已经倾向于批评律师的人才会说类似的
话——"我可以理解他为什么这么做，虽然一开始看起来很麻烦，
但现在我明白了，我相信律师的行为是正确的。"值得注意的是，这
个正当理由所针对的人都不是职业人士。如果一个正当理由仅仅依
赖于某一职业特有的职责和概念，那么它是不充分的。从某些人的
角度来看，仅仅说出某一司法管辖区伦理准则中的 XYZ 规则要求某

---

　　〔9〕 对于承诺的规范性力量，有许多相互矛盾的解释。See, for example, Seana Valentine
Shiffrin, "Promising, Intimate Relationships, and Conventionalism," *Philosophical Review* 117: 481–
524 (2008).

些行为是不够的，他们实际上是在问，在遵循 XYZ 规则可能会对他人造成伤害时，为什么每个人都应该关心该规则是怎么规定的。

　　法律职业伦理学者通过呼吁得到非律师认可的各种道德考量，为律师的行为提供了无数的职业伦理正当理由。建设性的论点和其他学者提出的批评，往往陷入一种模式。其基本结构是确定一种道德价值，比如尊严、自主、信任或真理，这种价值是由法律制度和法律职业服务的。或者，它可以确定一种似乎与律师的职业责任有关的伦理不当行为。例如，一个案例可能是一个说谎或欺骗的例子。[10] 在阐述如何将相关伦理价值或原则最好地理解为理论问题之后，下一步是表明它需要职业伦理中的某些原则。例如，如果一个理论强调自主性，那么法律职业伦理的含义就可能是，律师不应该拒绝帮助客户进行道德上可疑但合法的项目。[11] 这种价值观也可能为对职业伦理持批评立场提供依据，例如，它表明过分敌对的行为是错误的，因为这种行为侵犯而非支持人的尊严（道德的基本价值）。[12] 也许有必要表明，这种价值是在职业伦理范围内以一种特殊方式得到服务的。例如，普通价值的含义可能不是律师直接按照价值行事，而是间接参与尊重价值的过程。（接下来考虑的案例将是普通价值和职业价值之间那种关系的一个例子。）最后，反思平衡的方法通过将其与经过深思熟虑的判断对案例的反应进行比较，检验这一理论的结果。案例可以出现在理论论证的开始，产生理论必须解释的判断，也可以在中间或结尾进行讨论，作为检验论证结论的一种方式。论证的目的总是要在理论和实践之间找到令人满意的吻合。

---

　　〔10〕　沿着这条思路，丹尼尔·马科维茨（Daniel Markovits）认为，代表客户全面地涉及了在道德层面上被视为撒谎和欺骗的行为。See Daniel Markovits, *A Modern Legal Ethics* (Princeton：Princeton University Press 2008).

　　〔11〕　This is one of the implications of Stephen L. Pepper, "The Lawyer's Amoral Ethical Role：A Defense, A Problem, and Some Possibilities," *American Bar Foundation Research Journal* 1986：613-35.

　　〔12〕　See David Luban, "Lawyers as Upholders of Human Dignity（When They Aren't Busy Assaulting It）," in *Legal Ethics and Human Dignity* (Cambridge：Cambridge University Press 2007), p. 66.

总而言之，旨在证明一名好律师可以是一个好人的论证，一般遵循以下结构：

（1）定义、说明并在必要时解释道德价值的重要性。

（2）表明步骤 1 中的价值涉及一个职业伦理的原则。

（3）检验根据案例所得出的理论。

作为一名法律职业伦理学者和批评家，你可以在任何一个步骤进入争论。例如，你可能认为理论家识别出了错误的基本价值。比如说为什么是尊严而不是平等？或者，理论家可能有正确的价值观，但可能没有正确地说明或应用它。例如，自主（autonomy）是法律职业伦理理论一个看似合理的基本价值，但自主有许多不同的意义或"概念"。[13] 它可能意味着选择自由，或者在康德的意义上它可能指的是，根据一个人为自己意愿的理性法则进行治理。[14] 将自主概念作为职业伦理的基本价值来应用，最终可能对职业伦理理论产生重大影响。理论家对步骤 1 中的基本价值与步骤 2 中所假定的职业责任之间的关系，也可能不清楚或者不一致。或者，基本价值可能并不包含理论家所追求的责任。例如，据称建立于对朋友忠诚价值的积极辩护责任，很容易受到这样的批评：我们根本无权为朋友做任何事情，包括伤害他人。[15] 因此，尽管忠诚的价值可能是一种看似可信的基本道德价值，但它并不能提供理论家在职业伦理领域所需要的支持。熟练掌握这些类型的辩论举措是理解法律职业伦理

---

　〔13〕　罗尔斯在《正义论》（*A Theory of Justice*）中使用了理念/概念的区别，德沃金在法学理论中突出了这一区别。See Ronald Dworkin, *Law's Empire* (Cambridge, Mass.：Harvard University Press 1986). 在德沃金的一个例子中，他的理想法官赫拉克勒斯（Hercules）必须解释美国宪法中"法律平等保护"的权利，以确定平权行动计划是否符合宪法。赫拉克勒斯意识到，平等的理念包含了许多潜在的不一致的平等概念。例如，机会平等的权利不同于结果平等的权利，种族意识的补救行动可能与色盲的理想相冲突，两者都植根于平等的概念。因此，赫拉克勒斯的一项工作就是确定哪种平等概念最适合并证明我们现有的做法是合理的。

　〔14〕　See Luban, *supra*, pp. 75-76.

　〔15〕　See Edward A. Dauer and Arthur Allen Leff, "Correspondence：The Lawyer as Friend," *Yale Law Journal* 86：573-84 (1976).

核心问题的关键，即道德与职业角色的义务之间的关系。

下面对三步论证模型的概述，将从一个案例开始（因此论证的第3步是首先要考虑到的，这并不罕见）。这个案例——法律职业伦理文献中的另一个典型——来自密歇根州律师协会的伦理意见，[16]但是，所描述的事件可能发生在任何地方，而律师的职责在其他普通法司法管辖区基本上是相同的。

根据受害人的报告，一名男子被控侵犯人身，受害人说他于午夜时分在一台自动柜员机旁被钝器击中头部并遭抢劫。被告聘请了一名律师，并向律师承认自己犯了抢劫罪。但出人意料的是，被告告诉他的律师，抢劫案发生在凌晨2点。受害人显然是被弄糊涂了，毕竟被告打了他的头并抢走了他的手表。幸运的是，被告在午夜时分与一名牧师、一名拉比（rabbi）和当地一家银行的董事长打扑克，所有这些人在社区中都以诚实正直著称。律师的调查员跟这三个扑克好友都谈过了，而且他们都确信在午夜时分与被告一起打扑克。律师认为，如果他引入这三名好友的证词，陪审团就会相信他们，并得出结论说，控方没有排除合理的怀疑来证明其案件。被告已承认他犯了抢劫罪，让他的朋友出庭作证合乎伦理吗？

你觉得如何？几乎每一位与我讨论过这个案件的执业律师都认为，让这些朋友出庭作证没有什么错，尽管他们作证的目的是让陪审团相信一些与被告罪行不符的东西。（就反思平衡的方法而言，这是一种非常强且被广泛认可的经过深思熟虑的判断。）考虑到真理的道德价值，引入这种证词怎么可能没有错呢？一般的刑事司法制度和特别的审判程序，至少在一定程度上是为了查明一个基本问题的真相：被告是否犯了他被指控的罪行？尽管牌友们的证词可能是真的，但它支持了一个推论，即律师知道这是假的。许多年前，我的一名学生以他的童年时代给我做了一个很好的类比。在他上高中的时候，他的一项家务就是倒垃圾。一天晚上，他有些犯懒就威胁弟

30

---

[16] Michigan Bar Association Ethics Opinion CI-1164 (1987).

伦理与法律：导论

弟说，如果不把垃圾拿出去就揍他。当他妈妈后来问他是否已经把垃圾拿出去时，他回答说："垃圾在人行道上了，妈妈。"这句话表面上是对的，但它要么是一种不积极的反应，要么是一个与问题相关的彻头彻尾的谎言，"你把垃圾拿出去了吗？"如果这名学生的母亲发现了垃圾是怎么被拿出去的，她一定会非常愤怒。同样，被告和他的朋友在午夜打扑克的事实是真的，但与问题无关，"被告实施了攻击吗？"即使介绍朋友们的证词并不完全是谎言，因为他们的证词是真实的，但这至少是一种欺骗行为，与真理的道德价值不符。

另一方面，刑事司法制度不能诉诸任何手段来查明真相。即使酷刑是获取真相的可靠方法，一个体面的社会也不会允许警察为了查明犯罪事实而把嫌疑犯送上绞刑架。尽管酷刑是一个极端的例子，但其他实践表明，真相并不是刑事司法制度中唯一重要的价值。在大多数普通法国家，被告不能被强迫出庭指证自己。[17]控方有举证责任，这意味着国家要承担未说服的风险——如果控方没有提供足够的罪证，被告就会被判无罪。在美国，举证责任的门槛很高，"排除合理怀疑。"所有这些程序保护，确保政府不会滥用其权力，确保无辜者不会被错误地定罪，确保被控犯罪的人得到公平而有尊严的对待，并非存在于真空之中。抽象权利需要有血有肉的人来行使。法官和陪审员分别对法律和事实做出决定，但辩护律师也需要维护被告的权利。（正如我们将在第八章看到的，检察官也负有与他们在刑事司法制度中的独特角色有关的特殊责任。）在这种情况下，有什么比引入与罪行不符的证据更能证明被告有权要求国家承担高昂的举证责任的呢？

该案件的制度背景，包括被告的权利以及国家排除合理怀疑证明其案情的要求，将其与学生在倒垃圾问题上对母亲撒谎的案件区分开来。因此，它为律师提供了一种重新描述案件的方法："不是撒谎，而是通过法律允许的手段保护被告的权利。"辩护律师角色

---

〔17〕例如，这一权利受到以下法律的保障：美国宪法第五修正案；《加拿大权利与自由宪章》第11节；1990年《新西兰权利法案》第25（d）节；以及英国的普通法。

的这种辩护根本不允许律师做任何事情。很明显，律师不得参与向法庭提供虚假证据或做出虚假陈述。例如，适用的规则规定："律师不得伪造证据（或者）建议或协助证人作伪证"[18]，而且"律师不得在明知的情况下向法庭做虚假的事实或法律陈述"[19]。然而，在本案中，被告的律师会辩称，他并没有试图证明这一提议的真实性：

> 我的委托人没有实施抢劫。
> 相反，律师正试图说服陪审团相信这个提议的真实性：
> 检察官没有排除合理怀疑证明我的委托人犯了抢劫罪。

辩护律师在结案陈词中不会说他的委托人没有犯抢劫罪，只是说控方的证据不足以排除合理怀疑证明被告有罪。（事实上，鉴于委托人已向律师承认有罪，律师将被禁止向陪审团辩称委托人无罪。）然而，只要律师只提供牌友的证词，职业行为准则就允许他这么做，即使这会导致陪审团得出错误结论。因此，律师行为的背景将对情况的相关描述，从谎言或欺骗改为"保护被告的权利"。[20]正如我们将在后面章节中看到的，律师行为的背景对伦理分析存在很大影响。从职业道德的角度来看，刑事辩护律师可以采取的一些行为，如果由检察官或民事诉讼当事人的代理律师来实施，可能会是错误的。我们在阅读这些章节时要考虑的一个问题是，语境是否对道德分析也有影响。

如果这种重新描述是有效的，那是因为思考案件的非律师能够理解，首先，公平或尊严等重要道德价值是如何受到威胁的；其次，这一价值如何保证律师有责任以特定的方式行事。因此，重新描述必须考虑到为律师的行为辩护的伦理考虑。如果成功了，这种类型

---

[18] American Bar Association, Model Rules of Professional Conduct, Rule 3. 4（b）.

[19] ABA Model Rules, supra, Rule 3. 3（a）（1）.

[20] See Arthur Isak Applbaum, *Ethics for Adversaries*（Princeton：Princeton University Press 1999），从重新描述的角度分析论证。

的解释就从道德角度解释了一个相当确定的判断，即律师应该被允许介绍牌友的证词。它回答了弗里德的问题，表明一名好律师——即遵循职业伦理要求为委托人提供有效辩护的律师——可以是一个好人。

第四节 行为模式： 律师角色的两种道德观念

扑克游戏中的不在场证明和刑事辩护律师角色的例子，应该让你对论证的基本结构有一种感觉，从而以"好人"为律师的职业伦理义务辩护。本节采用这种结构来考虑道德和职业伦理之间关系的两个复杂的理论解释：大卫·鲁班对人的尊严的信赖和查尔斯·弗里德从密切的个人关系的价值角度为律师的角色辩护。

一、鲁班：律师和人类尊严

（一）步骤 1：定义和说明道德价值

人的尊严是一种与自由民主国家的制度密切相关的道德价值。[21] 因此，它似乎是支持职业伦理理论基本价值的一个可信的选项。大卫·鲁班认为，使得法律实践在道德上有价值的，是维护人的尊严，而让律师的某些行为在道德上错误的，是他们攻击而不是维护人的尊严。[22] 他立即意识到，在将这一概念随意应用于法律之前，对其做出正确理解至关重要，他对人类尊严的来源进行了一些常见的哲学解释。然而，他反对这些，赞成一种最终是关系的而非形而上学的尊严概念。尊严不是人的财产，而是一个人作为人的一种方式。

---

〔21〕 See Arthur Isak Applbaum, *Ethics for Adversaries*（Princeton：Princeton University Press 1999），从重新描述的角度分析论证。《联合国宪章》序言指出，本组织的宗旨之一是"重申对基本人权、人的尊严和价值、男女和大小国家平等权利的信念"。构成以色列国家宪法的一项基本法题为"尊严和自由"，并在第 4 节中规定，"所有人都有权得到生命、身体和尊严的保护。"《德国宪法》第 1 条第 1 款规定："人的尊严不可侵犯。尊重和保护人的尊严是所有国家当局的义务。"

〔22〕 Luban, *supra*, p. 66.

它与拥有自己的故事有关，与作为一个人语言限度的人类主体性不可言喻的体验有关，在与他人关系中的"我"有关。[23]它与自主不是一回事，尽管概念是紧密相关的。从崇高（康德）到荒谬（美国政治集会上流行的"不要践踏我"的旗子），自主表明了有能力确定行动原则和做出选择的人的价值；相比之下，尊严是一个人的全部财产，而不仅仅是选择。"尊重他人的人格尊严意味着尊重他们的存在，而不仅仅是尊重他们的意愿。"[24]尊重尊严意味着认真对待自己的关心和认同。

（二）步骤2：显示步骤1中的价值涉及一个职业伦理原则

如果尊严有故事可讲，有值得认真对待的关心和认同，在这个世界上有一种完全主观的存在方式，那么律师就可以通过为客户提供讲述故事所需的工具来尊重人类的尊严，让那些对他们有权力的人和机构理解他们的故事，并希望说服其他人以某种方式行动。忽视一个人及其要讲述的故事，并假设他没有值得关注的观点，等于是对这个人的羞辱，对他尊严的侵犯。[25]因此，职业伦理的一个相对普遍的原则来自尊严的价值：律师应该是委托人讲述自己故事的一种手段、一个喉舌或一个声音。更具体的职责遵循这一普遍原则。例如，律师不应以自己的判断，代替委托人自己对在其定罪的上诉中所希望提出的法律论据的判断。[26]他们也不应该欺骗委托人，让他们放弃与委托人自己的认同感相符的辩护，即使有其他可能导

---

[23] Id. at 70-71.

[24] Id. at 76.

[25] Id. at 71-72.

[26] Id. at 74. 鲁班不喜欢美国最高法院琼斯诉巴恩斯案［Jones v. Barnes，436 U. S. 745（1983）］，但在我看来，对律师与客户关系中的决策权分配关注不够，这在《美国律师协会示范规则》第1.2（a）条中得到了承认。将有关战术或技术问题的决策委托给律师反映了非律师专业知识和专业知识的不透明性。律师与客户的关系不仅仅是由合同构成的（其中客户的具体指示应得到遵守），而且还由信义义务构成，因此律师作为具有卓越专业知识的一方，必须始终以客户的最佳利益为出发点。琼斯诉巴恩斯案仅承认在某些情况下存在"客户的最佳利益"的客观意义，而作为客户受托人的律师可能会无视客户所陈述的主观偏好，在这种情况下，很可能会导致客户的惨败。

致更好结果的辩护方式。[27]除了暗示个别律师的伦理责任外，这里所考虑的论证模式还可以支持法律原则或学说，比如不自证其罪的特权或律师–委托人特权。例如，强迫自证其罪，通过"在惩罚一个人的过程中征求他本人的意志，使其与自己分裂"来羞辱一个人。[28]

请注意，这些职责源于对人的尊严的一种特定概念，这种概念强调主体性，并有一个值得认真对待的自己的故事。不同的尊严概念将支持不同的职业责任。例如，把尊严与自主更紧密地联系起来，将使重点转向委托人在不受他人无理干涉的情况下做出选择的能力。例如，斯蒂芬·佩珀的理论强调了在一个复杂、高度管制的社会中，行使自主权与获得有关法律的信息以及根据法律来安排事务所需的专业技术之间的关系。它来源于这一尊严概念，即律师不应以委托人的目标不道德为由，对法律的适用进行"限制"或"筛选"。[29]鲁班并不那么担心法律的适用，因为他的尊严概念强调讲述委托人的故事。因此，即使从大致相同的观点出发的理论，也可能因为责任与基本价值的具体概念相联系而产生分歧。

35

(三) 步骤 3：检验根据案例得出的理论

以尊严为基础的法律职业伦理概念的一个检验案例相当简单。假设律师的描述在关键方面与当事人的描述不同，但并不完全是假的。本章中的扑克游戏案例就是一个例子，而鲁班使用了一个类似的案例（借用自威廉·西蒙）[30]：委托人在将偷来的电视机放在其

---

[27] Id. at 76-79. 虽然鲁班承认他们非常有效，但他还是批评了为大学炸弹客泰德·卡辛斯基（Ted Kaczynski）辩护的律师们，因为他们不屈不挠地试图说服他以精神疾病为借口辩护，从而诱骗他认罪。从卡辛斯基的观点来看，这种策略的问题在于，需要他否认他曾要求发表的反对社会的长篇大论，并以此作为不再抨击科学家的条件。正如鲁班所说，这种精神辩护会使卡辛斯基认为他一生对人类福祉的主要贡献——他为了出版而扼杀的宣言——蒙上污点。如果这份宣言不可信，那么（卡辛斯基）为恐怖主义辩护的理念依据就会消失。Id. at 78. 虽然律师们的行为使卡辛斯基免于死刑，但他们也"摧毁了他的人格尊严"。Id. at 79.

[28] Id. at 83.

[29] See Pepper, *supra*, pp. 617-19.

[30] Luban, *supra*, p. 72, citing William H. Simon, *The Practice of Justice* (Cambridge, Mass.：Harvard University Press 1998), pp. 171-72.

汽车后座时被捕，并被控非法占有偷来的财产。为了给被告定罪，控方必须证明犯罪的一个要素是犯罪意图（mens rea），也就是说，知道电视机被偷的一种精神状态。律师向陪审团辩称，如果有人知道电视机被偷了，他会把电视机放在汽车后备箱里，而不是把偷来的东西放在后座显眼的地方开着车兜风。然而，律师知道被告没有后备箱的钥匙。被告把电视机放在后座的事实，实际上与其犯罪意图没有任何关系，但它有助于为无罪辩护。

36　　步骤 3 的问题不在于是否能以律师的方式，从伦理上允许对故事进行辩论。正如鲁班注意到的，大多数律师会为这里的行为辩护，指出如果有证据证明被告的行为是无辜的，那么就存在合理的怀疑，而且被告有权被判无罪：

> 律师所做的只是把合理的怀疑戏剧化，而不是用抽象的方式为其辩护。这似乎是用一种完全合法的方式来证明合理怀疑。每个诉讼律师都知道，要用一个故事战胜另一个故事。抽象地为合理的怀疑进行辩论永远不会动摇陪审团的先入之见。[31]

这个论证非常有力（我完全同意），但关键问题是：它是否遵循步骤 1 所确定的道德价值和步骤 2 所确定的具体职业责任的概念？请记住，对鲁班来说，人的尊严的本质是主体性——有自己的故事可以讲述。被告的真实故事是他没有后备箱的钥匙。律师争辩说被告一定不知道电视机被偷了，否则他会把它放在后备箱，律师的这一修饰是一个很好的故事，但这不是被告的故事。这是一个关于被告的故事，但鲁班以尊严为基础对法律代理的价值的描述强调，如果人们能够充分表达自己的观点，并掌握足够的信息，知道如何与强大的行动者和机构对话，他们实际上会说些什么。如果被告不是通过律师，而是自己讲述了他的故事，他要么在把电视放在后座的原因上撒了谎，要么就会说出真相并被判有罪。这里为律师的行为辩

---

[31] Id. at 72-73.

护的论点很好，但它最终没有追溯被确定为基础的尊严价值的概念。

反思平衡在这里假定了一个动态品质。理论家不一定被一个糟糕的结果困住。在不需要彻底修改检验用例的情况下，以某种方式调整理论来解释检验用例的结果也许是可能的。鲁班通过主张辩护律师直接和间接地尊重人的尊严，来尝试这样一种修改。正如他所定义的，对尊严价值的直接尊重，要求为委托人的真实故事发声。另一方面，间接尊重意味着参与一个假定无罪的进程，并为获得定罪给控方设置必须承担的沉重负担。"辩护人通过证明可以根据证据来构建一个善意的无罪故事，直接或间接地维护其人格尊严。"[32]作为一个职业伦理问题，基本价值与律师的义务之间必须有多么密切的联系？这个问题没有简单的答案。在这一点上，诉诸制度性机制似乎是合理的。刑事被告只有在遵守旨在保护其尊严的程序后才能被定罪，而且，理解律师在该系统内的伦理义务，而不是直接关于相当抽象的道德价值，这是有道理的。然而，如果这种联系太弱，对律师伦理义务的内容可能会有更好的解释；理论家可能过于努力地把一个案例，硬塞进一种基于特定基础价值的解释之中。这里考虑的下一个理论，可能就是这个问题的一个例子——看看你怎么想。

二、弗里德：律师是朋友

（一）步骤1：定义和说明道德价值

弗里德以一个与鲁班极为相似的前提开始，即人类主体性的中心地位，呼应了佩珀对自主的强调。"有道德之前就有人。我们必须在我们的道德中获得并保持人格的概念，这样假定选择、重视实体自由、道德存在就是有道理的。"[33]从我们独特、主观的角度来看，我们的利益并不等同于整个人类的利益。这并不意味着我们是自私的；相反，这意味着道德始于认识到其他人也处于同样的困境——他们从自己的主观角度看世界，并拥有从这个角度可以理解的利益。

---

[32] Id. at 73.

[33] Fried, *supra*, pp. 1068-69.

在所有可能成为一个人道德关怀的一部分的"其他人"中，某些人——家庭成员和亲密的朋友——成为一个人生活中重要的基本方面。从一个人的主观角度看世界，包括关心与我们站在个性化的（即深厚的、历史的）爱和友谊关系中的人。

主体性的中心地位和个性化关系对人的重要性意味着，也许可以允许偏袒那些与我们关系特别密切的人的利益，而不顾整个人类的福祉：

> 一个人首先有权为自己保留一个关心的领域，然后如果你想把这个关心慷慨地给予与你有具体个人关系的其他人，可以自由地离开那个领域，这样它不仅符合人类的伦理道德，而且是人类伦理的要求。[34]

例如，把自己的资源花在孩子的课外活动上，这在道德上是允许的，即使有可能把花在骑马课和舞蹈课上的钱，用于显著改善无法获得基本需求（诸如洁净水等）的发展中国家人民的福祉。[35]

重要的是要注意到，对于弗里德来说，与朋友和家人关系的道德价值跟它们与这个人的特殊关系有关。弗里德强烈反对一种道德观念，"在这种观念中，我自己的利益消失了，融入了人性的整体"[36]——换句话说，古典功利主义认为，个体是某种数量被最大化的东西。一个人所关心的具体的"他人"是一个足够亲密的人，因此其利益在某种意义上也是行为人的利益。"个体化的爱和友谊的关系……比一般意义上更冷静、更抽象的爱与为人类服务的关系具有不同且更强烈的方面。"[37]这是因为朋友或爱人的利益与行为人的利益，通过共同的历史交织在一起。弗里德认为，人们不会在一

---

[34] Id. at 1070.

[35] 这个特殊的道德问题请参见 Peter Singer, "Famine, Affluence, and Morality," *Philosophy and Public Affairs* 1: 229-43 (1972).

[36] Fried, *supra*, at 1069.

[37] Id. at 1070.

伦理与法律：导论

夜之间成为朋友，因为他所要求的以分享利益为理由的特殊道德关怀，只能随着时间的推移而发展。

作为一名法律职业伦理的批判性学者，你应该已经发现了弗里德理论的一个问题。他很明显是想把朋友之间的关系比作律师与委托人的关系，认为把朋友的利益置于人类整体利益之上的特殊道德许可，在职业生活中与一心一意忠诚于客户的原则是平行的，不管对非委托人会造成什么影响。请注意弗里德所认为的友谊的特点，它们基于道德许可，使一个人的利益凌驾于他人或整个人类的利益之上。扪心自问，这是否也是律师和委托人关系的特征。在一些职业关系中，可能有很长一段共同的历史，但其中许多往往是相对客观的、一次性的交易，没有亲密或分享的经历。此外，机构委托人呢？任何人都能与巴克莱银行（Barclays Bank）建立对个人有意义的关系吗？（也许与巴克莱银行的雇员会建立这样的关系，但一个组织的律师被认为是代表作为客户的该组织本身，而不是个别的官员或雇员。[38]）现在你也许要问自己，在道德领域（我们还没有谈到职业伦理）朋友之间可以为彼此做些什么？是任何事情吗？不要基于一个貌似合理的友谊概念。[39]偏袒和偏心在道德上是有限度的。我可能会为我的朋友保守很多秘密，但如果我知道我的一位朋友计划在波士顿马拉松赛上引爆自制炸弹，我就有道德义务把这个信息告诉警察。弗里德对友谊的类比，或许并没有让他在职业伦理领域得如所愿。

（二）步骤 2：显示步骤 1 中的价值涉及一个职业伦理原则

律师是"特殊目的的朋友"。他是出于法律代理目的的朋友。像朋友一样，他把委托人的需求置于其他人的需求之上，要么是已知的第三方，要么是被称为"社会"或"公共利益"的个人和利益的分散集合，他还表现出对委托人的忠诚和对自己利益的投入。[40]律

---

〔38〕 In the US, see ABA Model Rules, *supra*, Rule 1.13（a）.

〔39〕 尽管我无法抗拒汤姆和雷在全国公共广播（National Public Radio）节目《汽车谈话》（*Car Talk*）中的一个笑话：朋友会帮你搬家。好朋友会帮你搬尸体。

〔40〕 Fried, *supra*, at 1071-74.

师"过分关心某一特定的人，在道德上是不应受谴责的"[41]；朋友就是这样做的，所以律师应该能够完全为委托人的利益辩护，无论多么紧迫，都不必担心其他人的要求。当威尔逊的律师在错误定罪案中保守了他的秘密，即使披露了这个秘密可能会使一个无辜者获得自由，他们对其委托人就像真实和忠诚的朋友一样。当参与扑克游戏案件的律师说服陪审团，对被告是否可能犯罪存在合理怀疑时，律师做了朋友们经常做的事情——帮助一位需要帮助的朋友。保密、积极代理（zealous representation）和对客户事业的专一奉献，都是源于友谊价值的职业伦理原则。

弗里德的许多批评者认为这种说法简直荒谬可笑。[42]两位法学教授在回应弗里德的文章时尖刻地问道：

> 律师是在不期待任何互惠活动或倾向的情况下，在法律体系的规则范围内，促进或保护委托人的利益的人，只要他得到足够的报酬，并且这样做不会造成任何重大的不可预见的个人成本。这就是"友谊"？[43]

自然的友谊与职业的、"特殊目的"的友谊之间存在太多区别。其中最明显的包括：各方之间缺乏共同的历史，导致他们认为自己拥有共同的利益；律师与委托人关系的商业性质；许多律师与委托人关系的交易性质，只涉及一件事（离婚、刑事指控或事故），而不是更全面地关心对方的所有方面；与可憎的人成为特殊目的的朋友的请求；为维护友谊而侵犯他人权利的请求。在许多情况下，律师与委托人关系实际上具有非常客观的特征；一个人付钱给另一个人处理一些复杂或麻烦的问题。这种交易没有什么错，但它恰恰是自然友谊的对立面。

---

[41] Id. at 1074.

[42] See, e. g., Dauer and Leff, *supra*; William H. Simon, "The Ideology of Advocacy: Procedural Justice and Professional Ethics," *Wisconsin Law Review* 1978: 29-144.

[43] Dauer and Leff, *supra*, at 579.

弗里德似乎意识到了这个问题，因为他巧妙地改变了律师优先考虑委托人利益的理由。他写道：

> 我们只需要承认，无论这样做是否符合社会利益，法律至少必须给我们留下一定程度的自主权。个人有反对集体的权利……正是因为法律必须尊重个人的权利，法律也必须创造和支持法律朋友的具体角色。[44]

很明显，弗里德认为真正重要的不是友谊的隐喻，而是这样的基本理念，即个人拥有自主权，应该能够维护可能与公共利益或他人利益相悖的权利。如果这个秘密被泄露，一个无辜者就会被释放。太糟糕了。委托人有自主权。他可以选择不透露他在谋杀案中的角色，而让洛根在监狱里受折磨。回想一下威廉·西蒙职业伦理的基本原则："考虑到特定案件的相关情况，律师应该采取那些似乎最有可能促进正义的行动。"[45]这是弗里德所反对的。一个人不应该在正义的一般概念下受到重视，而应该作为一个拥有自己利益和权利的个人受到重视，因为他也是一个道德主体。友谊的类比可能有点夸张，但相对于个人自主权的重要性，它在该理论中并没有那么重要；个人自主权理应受到法律制度的保护，并通过创造一个被称为"律师"的职业角色的保护，因为律师对特定委托人负有忠诚义务。他写道："律师按道德行事，因为他帮助维护和表达其委托人相对于法律制度的自主权。"[46]

（三）步骤3：检验根据案例得出的理论

阅读弗里德的文章，是一种在行动中反思平衡的体验。从友谊的隐喻到更明确的依赖自主价值的转换，开启了对代理"不值得的"委托人的讨论。"色情作品可能是合法的，但很难得出这样的结论，如果我借出金钱或艺术才华帮助色情作家在行使他的权利时获得成

---

〔44〕 Fried, *supra*, at 1073.

〔45〕 Simon, *Ethical Discretion*, *supra*, at 1090.

〔46〕 Fried, *supra*, at 1074.

功，我就履行了一项道德上有价值的职责。"[47]但是，当然，色情作家的一个自然的朋友会希望他发迹，并借给他金钱或艺术才华。弗里德对此感到担忧，因为基于长期的职业传统，他有一种直觉，就是律师不应该因为代理不受欢迎的委托人而受到批评。然而，朋友可能会因为和坏人在一起而受到批评。民间道德中存在这样的谚语："看你交什么样的朋友，就知道你是什么样的人。"因此，友谊的类比得出的结果，与对案件经过深思熟虑的判断是不一致的。下一步怎么办？修改理论。这就是弗里德所说的友谊隐喻的暗示性，但它的重要方面是其潜在价值，即向自然友谊和合法的"特殊目的"的友谊赋予道德价值；即个体的个性、道德责任、自主性和权利。其观点最重要的含义是，律师不应该干涉公民接触法律的权利。"如果由于对法律的无知或错误信息，个人不追求完全合法的目的，这样权利就会受到侵害。"[48]提供获得法律的途径是一项有道德价值的活动，因为人们需要了解他们的法律权利和义务，以便充分自主。"律师个人无论为谁服务，都是做了一件道德上有价值的事情。"[49]

因此，弗里德将其理论的基础从个人关系（友谊）的价值转向了委托人的自主性。回顾一下，鲁班拒绝承认具有自主权的个人的价值。回头问问你自己：鲁班将如何处理色情作品案？也许你首先要解决一个先前的问题：你认为这个案子应该如何了结？律师是否会因为他们所选择代理的委托人而受到合理批评？如果你的答案是否定的，那么想想哪种理论能更好地解释这种直觉。或者，如果你真的不确定，考虑一下从基本价值观开始的争论，然后决定哪个似乎能更好地解释道德和职业伦理之间的联系。

---

〔47〕 Id. at 1074-75.

〔48〕 Id. at 1075. 这听起来好像色情作品的作者有获得法律援助的权利——也就是说，他可以坚持让律师为他代理。在一些司法管辖区，包括新西兰和英国（但仅限于大律师），所谓的"出租车规则"要求律师接受客户的代理，只要不存在利益冲突并且律师有能力进行代理。在美国、加拿大和其他地方，律师可以出于几乎任何理由拒绝代理。有关出租车规则的进一步讨论，请参见第七章"刑事辩护与当事人选择问题"。

〔49〕 Id. at 1078.

第三章
对抗制

上一章探讨了微观层面的伦理争论，考虑了尊严和自主等道德
价值与其作为职业伦理问题所承担的职责之间的联系。本章转向宏
观层面，但保留了类似的结构。律师们认为，他们的职责在裁判的
对抗制背景下是正当的。本章要考虑的问题是，其一，一般来说这
些职责是什么？其二，什么是对抗制？以及它有何独特之处？其三，
如何从结果主义和义务论这两种道德理论来证明对抗制的正当性？

第一节　律师的伦理世界观

在第一章所描述的错误定罪案中，威尔逊的律师们一直坚称，
他们选择不披露威尔逊的声明，即是威尔逊而不是洛根犯下了这起
谋杀案，而洛根因此在监狱服刑很长一段时间，他们没有做错任何
事情。律师们不认为他们能免于伦理的要求。相反，他们认为自己
遵循的是一套值得尊重的伦理原则。当然，法律以职业规则范围内
的保密义务的形式，要求他们尊重威尔逊不公开承认他杀了保安的
决定。然而，除此之外，律师们认为，一般而言他们做了正确的事，
法律要求他们保守威尔逊的秘密是正确的，所以他们不应该因为遵
守法律而受到道德方面的批评。正如威尔逊的一位律师所言：

> "如果我出卖了他……我可能会感到内疚，那我就无法活下

去了。"他说："我对奥尔顿·洛根被判有罪感到痛苦，并且一直对这种可悲的不公耿耿于怀。我该不该对奥尔顿·洛根做正确的事情，把我委托人的脖子套在绞索里？很明显我的责任在哪里，我的责任在我的委托人身上。"[1]

"出卖"威尔逊的语言揭示了一种对保密伦理责任的道德立场。尽管感到痛苦并相信洛根是不公正的受害者，威尔逊的律师遵循法律，不只因为它是法律，还因为这也是正确的做法。本章的主题是如何从道德的角度为职业伦理原则方案辩护——包括保密、忠诚、党派性以及允许对他人造成某些类型的伤害（强加成本、羞辱等）。这是对第一章所述桥梁结构的一种相当普遍的方法，从司法对抗制中律师伦理义务的一般观察和道德哲学中的一些重要基本概念入手，特别是区分结果主义和义务论的行动理由（或者，就像在法律职业伦理中，为职业人士提供一套伦理原则体系）。

律师关于他对威尔逊所负责任的陈述，包括了涉及他应如何行事的两个原则。第一个可以称为党派性原则。这意味着律师的职责是对委托人的，而不是对第三方、整个社会、公众利益或者对任何人或任何事的。委托人是律师一心一意投入和努力的对象。律师在为委托人代理时不能违法，这是准确的。为了被判无罪而贿赂或威胁证人在伦理上是不允许的，因为这在法律上是不允许的。然而，除了违反法律，律师有义务尽最大努力追求委托人的目标。正如美国律师喜欢说的那样，该责任是"在法律范围内进行积极辩护"。除了党派性，威尔逊的律师的言辞表明了第二个原则，那是一种过滤或把关的规范。该律师说，他对洛根被定罪感到痛苦和悲伤，却又无能为力。这第二个原则被称为中立原则，规定律师不应考虑可能与委托人利益发生冲突或在代表委托人过程中削弱律师活力的原因、价值观、情感、认同感或关系。不能让律师对洛根被定罪的遗憾感

---

[1] Wilson's lawyer Jamie Kunz, quoted in "After 26 Years, 2 Lawyers Reveal a Killer's Secret," USA Today (April 13, 2008).

妨碍他对威尔逊的责任。因此，中立原则将人们通常认为相关的许 多考虑因素排除在律师的考虑之外。

党派性和中立原则如此深植于法律职业的构造之中，使律师们常将其视为理所当然。因此，这种世界观常被称为法律职业伦理的标准概念。[2]律师不只是履行标准概念所规定的职责；他们也相信他们这样做是有道理的，因为从普通的、非职业伦理的角度来看，对立的批评可能会指向他们。因此，第三项原则，即不问责原则（nonaccountability），有时也作为标准概念的一部分。这一原则并没有告诉律师该做什么。相反，它告诉观察者如何从道德角度评价律师的行为。那些称职、勤勉、忠诚地为客户的立场辩护的律师，不考虑他们可能对委托人的目标或实现目标的手段（只要他们不违反法律）感到任何道德疑虑，就不应该受到任何可能恰当地归咎于委托人的道德指责的玷污。

这一标准概念不仅仅适用于在民事或刑事诉讼中代表客户的律师。律师为客户提供咨询、谈判交易、帮助客户遵守法律法规，以及提供其他类型的非诉讼服务，仍然是党派性和中立原则的义务。然而，在职业传统和法律职业伦理学术中，标准概念和对抗制裁判之间往往存在联系。你可能知道，普通法的一个显著特点是法官相对被动。虽然在某些类型的复杂案件中存在例外，但一般来说，法官决定当事人各方向他们提出的问题。提起诉讼的一方的律师——民事诉讼的原告或刑事案件的起诉方——与委托人协商，进行初步调查，并具体说明法院将决定的问题。在民事案件中，这是通过提出一项控诉来实现的，该控诉列举了事实指控以及要求补救的法律依据。在刑事案件中，被告有权先由大陪审团对控方的指控进行评 估，或者控方可以提交一份类似民事诉讼的文件，然后提出事实性

---

〔2〕 对于被认为是标准概念的第一篇陈述文章，see Murray Schwartz, "The Professionalism and Accountability of Lawyers," *California Law Review* 66: 669-98 (1978). 据我所知，这种职业伦理概念的术语起源于 Gerald J. Postema, "Moral Responsibility and Professional Ethics," *New York University Law Review* 55: 63-89 (1980).

论点，并主张这些事实符合犯罪构成要件。被告的律师则有机会回应这些开场白，质疑它们的法律效力或提出单独的辩护。随着诉讼的进行，任何一方当事人都有机会提出动议，要求法官给予各种形式的救济。最后，如果争端进入审判，律师会通过证人证言、文本引入和实物证据来控制证据的提出。

显然，这种描述掩盖了民事诉讼和刑事诉讼的许多细节。然而，一般的观点是，在诉讼的形式和方向的一些重要方面以及事实内容的记录，是由当事人及其律师作为客户的党派代表决定的，而法官仅作为中立、被动的角色或者正如有时所说的"裁判"角色。这是植根于英国普通法的法律体系的一个决定性的结构特点。以普通法为基础的对抗性审判制度（路易斯安那州除外），见之于美国，英格兰、威尔士和北爱尔兰，爱尔兰共和国，加拿大除魁北克以外的所有省份，澳大利亚和新西兰，印度、巴基斯坦和孟加拉国，马来西亚和新加坡，包括牙买加、巴巴多斯以及特立尼达和多巴哥在内的许多加勒比地区国家，以及一些非洲国家，如肯尼亚、尼日利亚和赞比亚。

在源自古罗马法的法律体系中，事情是非常不同的。这些体系通常被称为民法法系，以区别于普通法系，[3]有时也被称为"审
47 问"制度，以强调法官所发挥的积极作用。法国和德国都发展了高度成熟的民法体系，而且这些制度继续作为东亚部分国家（特别是日本和韩国）、拉丁美洲和欧洲大陆法律制度的基础。包括苏格兰、以色列和挪威在内的一些国家，拥有同时包含普通法和民法元素的混合体系。民法法系的审判制度在细节上各不相同，但区别于普通

---

〔3〕 不要被迷惑，因为在普通法系中，律师区分民法和刑法；从这个意义上说，"民事"一词是指两个私人当事方之间或国家与私人当事方之间的一种诉讼，在这种诉讼中，现有的补救办法不包括监禁，而且各种程序性权利，例如无罪推定和无合理怀疑的举证要求，都不适用于被告人。该理论认为，犯罪是对整个社会的错误，而民事错误只涉及受害方。在现实世界中，民事诉讼和刑事诉讼可能相互交织。例如，如果 A 无故殴打 B，B 可能会对 A 提起民事赔偿诉讼（称为殴打诉讼），而国家还可以诉讼 A 犯罪，通常称为攻击和殴打。国家还可以对毒贩和敲诈犯等被告提起刑事指控和单独的民事诉讼，要求没收资产。

法系的统一特征是国家官员——法官、预审法官或具有类似职务的人——控制诉讼过程，从提起诉讼到调查事实，到决定主张哪些合法要求，再到规范证据的引入，以及在审判中询问证人。[4] 在普通法系中，律师所履行的许多职能，例如草拟文件和为客户提供意见，在民法法系中则由相关职业团体的成员（例如公证人）履行。在一些常见的普通法系中，比如英国以及澳大利亚的一些州，出庭律师（barristers）和事务律师（solicitors）的区别也有类似之处，事务律师做好诉讼案件的庭外准备工作，出庭律师在法庭上充当辩护人。但在其他普通法系中，一个单独的职业群体——律师——同时担任这两个角色，而且同一位律师经常在审前和法庭程序中代表委托人。

在民法法系中，即使在理论上，裁判人员也不是一个中立的裁判者，而是在形成诉讼过程中发挥着核心作用。如你所料，律师在民法法系中的角色是非常不同的。说律师在民事法律制度中是被动的有些夸张，因为他们可以通过向法官提交书面意见、建议调查范围，以及在某些制度中向证人提问，以此影响诉讼程序的方向。[5] 然而，律师的角色在普通法系和民法法系中是截然不同的，因此在普通法中律师所面临的许多伦理困境根本不会出现在民法法系的律师身上。例如，民法法系的律师永远不会有机会对一名已知讲真话的证人进行交叉盘问，以使证人的证词看起来是假的。在这种情况下，对证人的询问将由法官进行，因此律师不会面临道德困境。然而，在普通法系中，律师在调查事实、维护法律理论和要求法官做出裁决方面，发挥着更为积极的作用。普通法世界中律师面临的许多伦理问题，都源于许多不同制度行动者之间的分工。

48

---

〔4〕 对于接受过普通法培训的律师来说，约翰·亨利·梅里曼的《民法传统》是一本通俗易懂的介绍民法法系的书。John Henry Merryman, *The Civil Law Tradition* (Stanford: Stanford University Press, 2d edn., 1985). 对这些制度之间的差异进行复杂的理论描述的是，Mirjan R. Damaška, *The Faces of Justice and State Authority* (New Haven: Yale University Press 1986)；对普通法和民法法系的法律职业和司法进行比较研究的是 Geoffrey C. Hazard, Jr. and Angelo Dondi, *Legal Ethics: A Comparative Study* (Stanford: Stanford University Press 2004).

〔5〕 See Hazard and Dondi, pp. 66-69, 涉及民法法系之间差异的警示性说明以及不要"将理想化的以法官为中心的系统与粗暴贬低的对抗制进行误导性比较"的警告。

普通法系的律师可能比他们民法法系的同行更积极，但他们经常声称，道德上的赞扬或指责可能只归因于整个制度，而不是其中的个别行为者。

哲学家们可能普遍关注对抗制，探究它是否作为一套服务于某种社会目的的制度和规范的一部分而被证明是合理的。换句话说，我们可以问如何将对抗制度纳入我们整个政治理想和实践。鉴于法国、德国和日本等民主国家存在民法法系，民主不可能必然需要一种对抗性的司法制度。然而，在对抗制中可能存在着民主理想，并为这些实践提供了理由。例如，与由国家官员主导的民法法系的程序相比，对抗性的审判程序在保护个人权利方面可能做得更好。或者，正如俗话所说，对抗性程序可能更善于查明侦探事件的真相。厘清对抗制的这些不同类型的伦理防线，将有助于区分结果主义和义务论的伦理理论。

第二节　道德理论的两种类型

一、结果主义理论

结果主义作为一种道德理论，认为在任何特定情况下，正确的做法都会产生最好的结果，即善与恶的最大净平衡。[6]结果主义背后的基本直觉是，每个人都应该通过自己的行为让世界变得更美好，以及理性的目的是使某些东西最大化，这里指的是世界上善的数量。结果主义的主要问题包括：①需要考虑的相关后果，例如，如果某件事能给众生带来快乐，那么它是否就是好的，或者某件事因为其他原因（比如产生美、和谐、权利、公平、自主、真理等）是否就是好的或可取的。②评价原则是否适用于个体行为（直接结果主义）或别的东西，比如旨在使行为人的善或性情或动机最大化的规则

---

〔6〕 See generally "Introduction," in Samuel Scheffler, ed., *Consequentialism and Its Critics* (Oxford: Oxford University Press 1988).

（间接结果主义）。③行为的评价应该如何考虑人们之中善的分布，例如，一个拥有数百万贫困人口和为数不多但极其幸福的富人阶层的社会，是否比一个拥有同样数量人口且所有人都拥有充足资源的社会更糟糕。④该理论是指导行为人最大限度地生产相关善，还是仅仅为了达到足够的数量（满足）。⑤评价的立场是公正的［主体中立（agent-neutral）］，还是要从行动者的立场来判断结果［主体相涉（agent-relative）］。为了讨论这一问题，我们可以把很多复杂问题放在一边，集中讨论产生良好结果所决定的正确行为的基本主题。[7]

最著名的结果主义是古典功利主义，由杰里米·边沁（Jeremy Bentham）、约翰·斯图亚特·密尔（John Stuart Mill）和亨利·西格威克（Henry Sidgwick）发展而来。功利主义把好与满足或快乐等同起来——这就是所谓的享乐主义。关于什么是快乐的争论可以从边沁和密尔的两句相反格言中看出：

> 边沁：在快乐的数量相等的情况下，图钉和诗歌一样好。［图钉作为一种无脑儿童游戏当时很流行。现代则是看电视真人秀或玩《愤怒的小鸟》（Angry Birds）。］
>
> 密尔：宁为不满意的苏格拉底，不为满意的愚人。

这里的问题是，快乐是否仅仅是满足，或者欲望的某些对象是否具有内在价值，再或者某些东西是否比其他东西更有价值。哲学中无数的思想实验，更不用说文学和电影中的描写［想想伍迪·艾伦（Woody Allen）的《沉睡者》（Sleeper）中的高潮诱导器（Orgasmatron），或者《机器人总动员》（Wall-E）中久坐不动的娱乐消费者］，其目的都是为了表明，价值不能仅仅归结为愉快的感觉。经济学中使用的"效用"（utility）一词，试图通过认为"好"等同

---

[7] 有一点很有帮助，那就是伦理理论可以通过如何连接权利和善的基本概念来区分，see John Rawls, *A Theory of Justice* (Cambridge, Mass.: Belknap Press 1971), p. 24.

于无论一个人的偏好是什么的"满意"，通过对人们应该渴望什么保持不可知论，完全避免这种争论。无论如何，古典功利主义是不偏不倚的，认为人们有义务促进所有人的利益，而不仅仅是最大限度地满足自己的偏好，密尔"为最大多数人谋求最大利益"的格言概括了这一立场。它也是集合性的，认为快乐是社会所有成员的快乐的总和。尽管情况往往是这样的，当人们拥有或多或少相等的总快乐时，总快乐就会最大化，但平均主义并不是功利主义的要求。"从原则上讲，没有理由不让一些人的较大收益弥补另一些人的较小损失。"〔8〕

二、义务论的道德理论

义务论（Deontology，源自希腊语，意为"责任"）更难定义，但其基本思想是，无论后果如何，有些行为本质上是对的或错的。结果主义认为正确之举是由产生善的东西决定的，义务论则强调正确，并主张善是做正确的事。简单地说，但就常识性道德原则而言，义务论认为，目的不一定能证明手段是正当的。卓越的义务论者伊曼努尔·康德在绝对命令的三种形式之一中陈述了这一想法："以你对待人类的方式行事，无论是以你自己的身份还是以另一个人的身份，总是同时作为一个目标，从不仅仅作为一种手段。"〔9〕以他人为目的的要求，表现了人固有、不可侵犯的价值和尊严。即使可以通过以某种方式伤害一个人来实现伟大的善，道德的义务论方法也会禁止它。尽管在我看来有点奇怪，结果主义和义务论道德推理之间区别的经典例证是这样的：你注意到一辆失控的电车从山上疾驰而下，冲向一辆停在电车轨道上的校车。〔10〕如果电车不停车，就会撞上公共汽车，造成 10 个孩子死亡。你无法让电车停下来，但你注

〔8〕 Rawls, *supra*, p. 26.

〔9〕 Immanuel Kant, *Grounding for the Metaphysics of Morals* (James W. Ellington, trans.) (Indianapolis: Hackett 1981), at Ak. 429.

〔10〕 Originally from Philippa Foot, "The Problem of Abortion and the Doctrine of Double Effect," in *Virtues and Vices* (Berkeley: University of California Press 1978).

意到前面有一个开关可以打开，让电车转向平行轨道。一个流浪汉睡在那条小路上，你离那个流浪汉不够近，不能大喊并叫醒他，也不能提醒公共汽车上的任何人。你会打开开关让电车驶离开校车，以牺牲那个流浪汉的生命来拯救 10 个孩子的生命吗？

电车难题可以用来说明许多伦理问题，包括行为和疏忽之间的区别（在道德上，你是否应该为这 10 个孩子本可以避免的死亡负责，就像你应该为改变电车路线而杀死一个人负责一样？）以及所谓的双重效果原理，它旨在区分一个行为人的主要目的（拯救儿童）和可预见的后果（杀死流浪汉）。[11]然而，就我们的目的而言，它很好地区分了结果主义和义务论的原因。在一种简单的结果主义分析中，该做什么的分析很简单：10 个孩子的死亡比流浪汉的死亡更糟糕，所以正确的行动——在这个世界上，将善的数量最大化，将恶的数量最小化——是切换电车。大多数人有一种直觉，即使正确的做法是让电车转向平行轨道，答案也不是显而易见的。这个问题具有进退两难的性质，无论行为人做出什么样的选择，都会有一些错误，有一些道德上的损失。虽然有可能防止儿童死亡，但将电车改道到另一条轨道上是有问题的，尽管数字明显支持这一选择。你的积极参与——你的代理——会被卷入导致那个人的死亡的事件，而这感觉有点不对劲，即使结果是挽救了十条无辜的生命。

道德理论中存在一些令人不安的东西，它声称：为大多数人寻求最大的好处，即使会对某些人造成伤害，这显然是正确的。适应这种直觉的一种方法是修正结果主义，例如，通过不把评估的重点放在特定的行为上——是否改变电车轨道——而是放在一般规则上，比如"不要故意造成一个人的死亡"。另一种不同的反应是，否认良好的后果是造成伤害的正当理由。睡在电车轨道上的人有权利，而为了救孩子而改变电车轨道违反了其权利，因此这是不允许的。这

52

---

〔11〕 See the ingenious variations in Judith Jarvis Thomson, "The Trolley Problem," *Yale Law Journal* 94：1395-1415 (1985). 汤姆森的"胖子"和"移植外科医生"的变体阐明，一个人的死亡不是拯救其他人的意外后果，而是行为者直接针对的。

一观点有时是通过"哪怕天崩地裂"（Fiat tia ruat caelum）这一格言来表达的——让正义得到伸张，即使天塌下来，用现代术语来说，这被表述为权利优先于善良。在政治伦理中，义务论的考虑禁止个人或国家在没有充分理由的情况下干涉某些重要的个人利益，例如生命、身体完整和财产，而能够在世界其他地方做更大的善并不是一个充分理由。

义务论的原则，比如"没有充分的理由不要伤害他人"，可以通过诉诸理性本身的结构来证明其合理性。康德颇具影响力的伦理学理论试图表明，按照"行为人不能连贯地使意志成为普遍规律"这一准则行事是不理智的。[12]康德的准则是一个普遍原则，它规定了一种行为类型以及在何种情况下可以实施这种行为。然后，绝对命令指出，在理论上，只有在可能让所有人都接受同一准则的情况下，行为人才可以做某事。这个决策程序排除了某些行为，比如说谎和违背诺言。如果每个人都被允许在符合自己需要的时候进行欺骗，那么整个承诺或做出事实表述的实践就会崩溃，因为没有人会依赖其他人关于事实的承诺或表述。此外，行为人将违反其自身道德主体的条件，因为道德原则的有效性取决于其作为一种理性意志行为的自我立法，而理性意志的构成原则是理性的普遍性。康德伦理学不那么抽象地承认，我们属于一个自由平等的群体，在这个群体中追求自己的利益时必须尊重他人的利益。

在威尔逊的律师对错误定罪案所给出的解释中，你可以看到义务论推理的影响。当然，披露威尔逊参与了那起犯罪，成就一个伟大的善举是可能的。无辜的洛根会被从监狱里释放。然而，这样做会侵犯威尔逊与律师进行秘密沟通的权利，因此在伦理上是不允许的。把这个错误定罪的案件类比到电车问题，洛根的继续监禁就像电车向校车疾驰而去——这是世界的一个特征，它就在那里，先于任何人类代理人的介入。威尔逊的律师没有造成洛根的监禁，就像

---

〔12〕 See Andrews Reath, "Kant's Moral Philosophy," in Roger Crisp, ed., *The Oxford Handbook of the History of Ethics* (Oxford: Oxford University Press 2013).

站在电车开关旁边的人没有造成电车失去刹车一样。切换电车就像披露威尔逊的秘密，因为它会对特定的人造成伤害。结果主义认为这种伤害是合理的，因为它导致了善与恶之间更好的净平衡；义务论者会说，为了证明这种伤害是正当的，除了产生善意之外，还需要其他理由——例如赞成或者避免对同一个人造成更大伤害。

第三节　伦理辩护与对抗制批判

在律师的伦理世界观中，党派性和中立原则描述了他们对委托人的义务。律师应当为委托人提供忠诚称职的服务，在法律范围内有效地为他们代理；而且，只要他们是合法的，就不要被他们对委托人的性格、目标或代表他们的手段的任何道德疑虑所左右。这是一种伦理观点，因为律师们认为，这些义务在某种程度上是建立在法律职业之外的道德价值观基础上的。法律职业不像一个犯罪团伙，它确实对其成员施加义务，但不能声称这些义务在道德方面是正当的。喜欢看电视剧《黑道家族》（*The Sopranos*）或电影《好家伙》（*Goodfellas*）的人，都知道"老鼠"——与执法部门合作的一个家庭成员——发生了什么。《好家伙》中年轻的亨利·希尔（Henry Hill）在第一次被捕后得到了一个重要的教训。他的朋友吉米·康威（Jimmy Conway）［罗伯特·德尼罗（Robert DeNiro）饰］这样解释道："每个人都会失手，但你做对了。你什么也没告诉他们，他们什么也没得到。你学到了人生中最重要的两件事：永远不要背叛你的朋友和永远保持沉默。"成为有组织犯罪家庭的一员需要承担一些义务，比如绝不出卖自己的朋友。正如亨利后来所说，"谋杀是每个人遵守规则的唯一方式。你若不遵守规则，你就会遭到打击。每个人都知道这个规则。"

确实有点简单化，理解职业伦理纪律的一种方法，是努力将职业规范的正当性与犯罪团伙的正当性区分开来。它们在规则性质或对违反行为可能实施的制裁方面并无不同，但一个重要的不同之处在于，它们与职业所涉及的更广泛社会的道德认同之间存在着正确关系。在第一章和第二章中，我们讨论了辩护的"桥梁"模式，展示了道德价值和职业义务是如何联系在一起的。许多律师认为，对抗制是一种具有足够道德分量的制度，可以作为职业义务（如积极辩护和保密）的一个正当理由。然而，这一论证缺少一个步骤。对抗制只是一个东西、一个制度、一个事实。要证明那些本来是不合乎伦理的行为是正当的，就必须具备在伦理层面赞扬它的特征。否则，伦理上的联系就像一座通向虚无的桥梁。本章的其余部分将考虑，如何从结果主义和义务论的角度证明对抗制的正当性，从而能够为律师的职业义务提供道德基础。

55　一、结果主义的辩护

结果主义道德理论中的基本观点是，正确的事情会导致最好的结果。结果的可取性是用所产生的一些善（比如快乐、幸福或偏好的满足）来衡量的。对抗制的结果主义正当性依赖于法律制度所产生的一些善。那会是什么？最主要的竞争者是对真理的决心。

民事诉讼或刑事诉讼至少有一个目的是查明某些事情的真相。被告是否承诺向原告交付 10 000 个小构件？撞车时交通信号灯是红色的吗？男仆库瓦锡尔（Courvoisier）谋杀了罗素勋爵（Lord Russell）吗？因此，律师在对抗性制度中所起的作用以及与之相关的所有义务，可以被证明有助于产生真理。然而，对律师最常见的一种批评是他们的行为扭曲了事实，或阻止了事实在审判中浮出水面。律师盘问那些以讲真话著称的证人，使他们看起来不可信；他们主张技术上的辩护，以驳回有价值的要求；他们为已知有罪的委托人进行有力的辩护。[13]看来，律师的职业义务，包括保守委托人的秘密和

---

[13]　See, e. g., Edward F. Barrett, "The Adversary System and the Ethics of Advocacy," *Notre Dame Lawyer* 37: 479-88 (1962). 巴雷特论点的陪衬是一位假想的批评者，他问道："为一个你知道有罪的人辩护难道不是错误的吗？""对一个公正的指控进行技术辩护是否正确？""盘问一个说了实话的证人难道不是明显不诚实吗？"

尽可能令人信服地陈述委托人的案件，用以阻止法官和陪审团（如果适用）决定到底发生什么。对抗制和法律职业伦理标准概念的辩护者，针对这类批评发展了两条主要辩护线。

首先是观察到人们倾向于仓促地下结论。正如美国一份关于律师在对抗制下的职业责任早期且有影响力的报告所指出的那样，如果一名法官试图在没有党派宣传帮助的情况下裁决一场争端，

> 在早期，一种熟悉的模式似乎会从证据中出现；一个独有的标签在等待案件，无需等待进一步的证明，这个标签迅速被分配给它……一开始是一个旨在指导调查的初步诊断，很快不知不觉地倾向于成为证实该诊断的一个固定结论，这会在脑海中留下深刻印记，而所有与之相反的东西都被转移注意力。[14]

认知心理学家会用无意识偏见和启发法，以及框定和确认偏见这样的效应，来表达同样的观点。[15] 在任何情况下，其观点是，党派拥护者对事件的片面陈述，使事实审判者处于暂停判断的状态，直到证据陈述完成。用美国职业责任报告的话说，"对手陈述似乎是对抗这种自然的人类倾向的唯一有效手段，去根据那些尚未完全了解的熟悉事物很快做出判断。"[16] 党派拥护者的角色与罗马天主教会在册封圣徒过程中雇佣的"魔鬼代言人"的角色相对应，后者的工作是收集所有反对圣徒身份的可能论据，以确保法庭的决定尽可能可靠。[17]

这个论点有几个问题。其一，似乎连律师都不相信这一点。每一位出庭辩护律师都知道，为了提供有效辩护，有必要了解案件的

---

[14] Lon L. Fuller and John D. Randall, "Professional Responsibility: Report of the Joint Conference," *American Bar Association Journal* 44: 1159-62, 1216-18 (1958).

[15] See, e. g., Daniel Kahneman, *Thinking, Fast and Slow* (New York: Farrar, Straus & Giroux 2011).

[16] Fuller and Randall, *supra*, p. 1160.

[17] Bennett, *supra*, pp. 480-81.

事实。然而，律师们派出一名调查员去调查到底发生了什么——他们没有聘请另一名"魔鬼代言人"调查员来指出其他陈述证据中的弱点。[18]让两组律师寻找相关证据，似乎只会增加解决纠纷的费用和麻烦。其二，纠正预先判断的倾向，并不能为旨在歪曲或压制真相的策略提供正当理由。如果法官最初认为证人说的是真话，律师强有力的盘问可能会使法官相信证人在说谎或弄错。根据对抗性诉讼的规范，这可能是允许的，但它不能被证明是对发现真相的贡献。其三，或许真相更有可能出现在这样一个过程中：两个实力相当的对手相互竞争，但许多审判涉及双方在资源上的差异。[19]寻找真相的重要目标应该依赖于当事人各方的相对财富，这似乎有悖常理。

另一种辩护方式诉诸当事人律师的诱因。胜诉的前景、更高的职业声誉或许还有更高的费用（要么是在将来，要么是在美国的胜诉收费制度下，按客户赔偿的百分比计算），促使律师更加努力地工作，彻底调查事实，并为其委托人提出尽可能好的诉讼。对抗制的支持者可能会把民法法系的法官想象成无聊的公务员，在粗略审阅了书记员编制的卷宗后就宣布判决。如果存在一个不情愿的证人或难以找到的文件可以证明当事人的情况，那么一个与其当事人目标一致的党派拥护者更有可能找到关键证据。党派之争将原本枯燥乏味的工作——翻遍文件寻找相关证据、采访证人等——变成了一场伴随着竞争刺激的游戏。问题是，不仅这种辩护能使发现真相变成一种附带结果，而且我们有理由相信党派律师比那些负责从更公正的角度发现真相的州官员工作得更努力吗？也许党派律师会有一种诱因，只为那些案件看起来像是赢家的客户努力工作，或者与那些律师倾向于认同的客户努力工作。

---

[18] David Luban, "The Adversary System Excuse," in David Luban, ed., *The Good Lawyer: Lawyers' Roles and Lawyers' Ethics* (Totowa, N. J.: Rowman & Allanheld 1983), p. 96.

[19] Deborah L. Rhode, *In the Interests of Justice: Reforming the Legal Profession* (Oxford: Oxford University Press 2000), pp. 53-54.

对抗制任何基于真相的结果主义论证，必须面对这样的观察结果，即存在于自由民主社会的民法法系，似乎在发现刑事案件中的基本"侦探"问题，以及公平分配各类侵权和合同纠纷的责任方面也做得很好。很难严格地检验这种比较，但是无论普通法系和民法法系哪一个更善于确定真相，人们会期望二者在事实调查程序方面有更大的趋同性。对抗性裁决制度存在的最好解释可能是务实的：这是历史遗留给我们的制度；它运行得相当好，而且可用的替代方案也有自己的问题。它与其他政治理想［比如个人自主以及 **58**（至少在美国和澳大利亚，也许其他地方也一样）一股反政府情绪］非常契合；而且，进行大规模的结构性改革（在一些国家，这将要求修改宪法，以解决陪审团等机构问题）将具有巨大的破坏性。[20] 虽然对抗制还远不够完美，但从结果主义的角度来看，它已经足够好。

二、义务论辩护

在法律职业伦理中，"即使天塌下来也要伸张正义"（let justice be done though the heavens fall）这句话的最终表述，来自亨利·布鲁厄姆勋爵（Lord Henry Brougham）在英国下议院的一次演讲。对此，我们在本书中将有机会经常回顾。布鲁厄姆勋爵解释说，在对抗性司法制度中，辩护人只对委托人负责，律师不应考虑他人的利益：

> 律师在履行职责时，在整个世界上只知道一个人，而这个人就是其委托人。尽一切手段和办法，并不惜对他人造成任何风险和代价，来挽救该委托人，这是他首要且唯一的职责；而在履行这一职责时，他不应顾及他可能给他人带来的惊慌、折

---

〔20〕 See Geoffrey C. Hazard, Jr., *Ethics in the Practice of Law* (New Haven: Yale University Press 1978), pp. 122-29.

磨和破坏。[21]

布鲁厄姆的话很可能出自威尔逊在错误判决案中的代理律师之口。他们有伦理义务不去考虑把洛根关在监狱里的"折磨和破坏"。相反，他们唯一的任务是保护威尔逊的利益，包括"尽一切手段和办法"对他参与犯罪的行为保密的利益。至于对洛根造成的"风险和代价"，是由法律制度承担的，而可以说不是威尔逊代理律师的伦理责任。

"等一下！"你可能会对自己说，"我认为关于义务论的约束的整个观点是，对他人造成伤害是不允许的，即使这样做会为大多数人带来最大的好处。"洛根就像电车难题中的流浪汉，在拯救他人的过程中做一些会将其陷入附带伤害的事情是不允许的。为什么义务论的理由不要求律师考虑洛根的痛苦？对这个问题最好的答案建立在约翰·罗尔斯著名的观察之上，即"功利主义不认真对待人与人之间的区别"。[22]西方自由主义哲学强调每个人的内在价值。这种价值受到个人所拥有的权利的保护，这些权利可以用来防止对某些类型个人利益的干涉，即使这些利益会被其他人所享有的更大的善所弥补。权利承认个体的独特性。威尔逊不是洛根，洛根也不是威尔逊，而且二者都不只是社会计算快乐与痛苦的净平衡的一个占位符。在政治制度的背景下，权利限制个人相互之间所能做的事，甚至以更大的善的名义，限制国家对个人的行为。

---

[21] Quoted in Tim Dare, *The Counsel of Rogues? A Defence of the Standard Conception of the Lawyer's Role* (Farnham: Ashgate 2009), p. 6. 尽管布鲁厄姆的演讲经常被法律职业伦理学者引用，但戴尔（Dare）对案件背景的讨论却是必读的。综上所述，卡洛琳（Caroline）和威尔士王子（Prince of Wales）是包办婚姻，"似乎立刻陷入了深刻、相互、持久的厌恶之中。"他们分居后，卡洛琳和一名意大利骑兵军官成了偶尔有性的朋友（ficends-with-benefits）。当她的丈夫继承王位成为乔治四世（King George IV）国王时，有人向她支付了一笔钱，以换取她放弃女王的头衔；当她拒绝的时候，上议院提出了一项法案，迫使她与乔治离婚，她被以通奸罪起诉。布鲁厄姆对卡洛琳的保护是一种赤裸裸的敲诈手段：他知道乔治秘密地与一位天主教寡妇缔结了一桩重婚，并威胁说，如果卡洛琳的竞争者不让步，他就会揭露这个秘密。政府随后撤销了议案。

[22] Rawls, *supra*, p. 27.

伦理与法律：导论

现代民主国家和超国家的法律文件声称保障许多个人权利。争议最小的所谓第一代权利，保护公民的传统特权。例如，1948 年联合国大会通过的《世界人权宣言》，禁止奴隶制、酷刑、任意干涉隐私以及任意逮捕和拘留。它宣布，人人享有生命、自由、安全、迁徙自由的权利，以及思想、良心和宗教自由的权利。任何被控犯罪的人都有权由独立和公正的法庭举行公正和公开的听证会。更有争议的是享有福利或经济安全的权利，包括受教育、住房、医疗保健和就业的权利，以及从属于社区的权利，比如少数民族或宗教团体的权利。[23] 第一代权利争议最小的一个原因是，它们最密切地追踪着人与人之间的区别很重要这一潜在的道德直觉。有些事情是其他个人和政府不应该被允许对个人做的。相比之下，第二代和第三代权利较少涉及认真对待人与人之间的区别，而更多的是保障一套最低限度的、充分的资源和机会，使所有公民都能繁荣昌盛。这是一个重要的问题，但它与个人的不可侵犯和尊严没有直接联系。

无论如何，人们传统上认为律师的角色与第一代权利有关——个人拥有的消极自由，不受国家干预。党派性原则确保当事人的个性得到认真对待，因为律师的工作是维护当事人的立场，而不顾他人的利益——用布鲁厄姆的话说，就是"不惜对他人造成任何风险和代价"。在刑事案件中，很容易理解为什么代表被告的律师有责任，正如里德勋爵（Lord Reid）所说，"只要他认为将有助于其委托人的案件，无论多么令人反感，都会无所畏惧地提出每一个问题，发表每一个论点，询问每一个问题。"[24] 正如我们将在第七章中会看到的刑事辩护，结果主义的论点要求律师为被告人提供有力的辩护。一个自由社会应该致力于将无辜者被判有罪和被剥

---

〔23〕 See Jeremy Waldron, "Rights," in Robert E. Goodin, Philip Pettit, and Thomas Pogge, eds., *A Companion to Contemporary Political Philosophy* (Chichester: Wiley-Blackwell, 2d edn., 2012).

〔24〕 *Rondel v. Worsley*, 〔1967〕 3 All E. R. 993, 999 (H. L.).

夺自由、财产甚至生命的可能性降到最低。国家有许多权力和大量资源致力于法律实施。此外，刑事被告经常受到污蔑，不仅是作为被告，而且还可能作为已经处于不利地位的社会群体的成员（例如少数民族、穷人、精神病患者）。社会有时会被对犯罪的恐惧控制，无论是一般的犯罪还是特定类型的明显犯罪。由于所有这些原因，就会存在一个重大风险，法官或陪审团可能过于迅速地断定被告有罪。程序性权利，例如无罪推定和检察官排除合理怀疑证明国家案件的要求，会设法防止错误定罪。刑事辩护律师通过代表其委托人主张"每一个问题……每一个论点"，来行使这些程序性权利。

现在你可以看到在第二章所考虑的论点本质上是义务论的。大卫·鲁班基于人的尊严（桥的道德一边的价值）的论点意在表明，刑事被告或任何诉讼当事人有权让自己的声音被听到。这一权利是由把人理解为有尊严的人所赋予的，这与他们作为具有自己利益和承诺的代理人的身份有关。同样，查尔斯·弗里德强调，人格的伦理概念以自由、选择和重视其利益不是整个人类利益的实体为前提。（这里再次呼应了罗尔斯对功利主义的批评，认为功利主义不重视人与人之间的差异。）在第二章，我们讨论了职业责任和特权在微观层面的正当性。例如，扑克游戏一案中的律师，被获准让那三个朋友作证，以支持被告没有犯被指控的罪行的推论。此外，鲁班和弗里德的论点可以在宏观层面使用，为对抗性的裁决制度提供伦理支持，在这一制度下，当事各方有权由接受自己立场的辩护律师代理，提出与之相一致的每一个论点，并且相对有限地履行其对法庭、第三方和公共利益的义务。

从微观评价向宏观评价的转变，意味着考虑的对象从个别律师及其行为，转移到一个由制度、角色、规章和职责组成的复杂的体系。而不是专注于诸如"律师能让三个朋友作为证人，并问他们关于扑克游戏的事情吗？"这样的问题。在这一点上，我们可以不知道这些评估视角中的一个是否优先于另一个。也许，在个案的观点和整个体系的观点之间来回切换，这是可能的。然而，眼下我们将在第四章中，通过法律哲学中最伟大的争论之一，即被称为实证主义和自然法的法律理论之间的争论，从最一般的层面来考虑法律与道德之间的关系。

第四章
法律的本质及重要性

第一节　法律、道德与法律职业伦理

在官方颁布的行为准则和其他权威法律来源中，律师有义务做一些事情，比如为委托人保守秘密和从委托人的立场做有效辩护。因此，试图通过参阅法律（例如"法律要求律师不得披露机密信息"）为律师的行为辩护，这是很有诱惑力的。不过，试想一下，法律可以创造义务，但这可能并不意味着它创造道德义务。假设有人说，在第一章的错误定罪案中代表真正凶手威尔逊的律师，"你隐瞒威尔逊的秘密在道德上做了错事"；对律师来说，说"我有这样做的法律义务"，并不一定是一个充分的回答。法律义务和道德义务之间可能存在鸿沟。也许有办法跨越这道鸿沟（另一座桥！），但必须弄清楚，法律义务是否以及在什么情况下会对道德领域产生影响。

在《哈佛商业评论》（*Harvard Business Review*）上首次发表的一篇文章多少有些令人反感，阿尔伯特·卡尔（Albert Carr）（美国前总统杜鲁门的顾问）对那些认为商人应该遵循普通道德标准（卡尔认为这是宗教传统中所教授的道德）的人嗤之以鼻。相反，卡尔认为，商业应该被理解为一种游戏，就像扑克一样，并且商业的伦理规范应该只是遵循游戏规则。[1]只要某个行为不违法，只要它符合游戏规则，并且事实证明商业游戏允许各种看似错误的行为（包括工业间谍，食品上标注欺骗性标识，解雇年长员工减少养老金成本，汽车制造商对产品安全漠不关心，在保健产品中更换廉价的、可能危险的成分），就是合乎伦理的。[2]

卡尔的文章中有两点值得注意。其中一个是，他从未论证为什么商业游戏具有积极的伦理价值，其价值可能超过由此带来的危害。他呼吁建立一个封闭的规范体系，而没有努力将该体系及其规则与更广泛的伦理问题联系起来。[3]他关于扑克规则使欺骗正当化（原本具有欺骗性）的类比是失败的，因为扑克提供了享受的积极价值，该类比允许欺骗是因为所有参与者都明白欺骗是游戏规则的一部分，并且有平等的欺骗机会，不会对非参与者造成伤害（经济学家称之为外部效应）。卡尔文章的第二个显著特点是，他确实认识到，道德上允许按照游戏规则行事的做法，在实践不合法的情况下就会终止。也许，这只是商人不愿冒刑事起诉或民事责任风险的谨慎观点，但它也表明，卡尔从法律提供的约束中看到了一些道德价值。"如果管理企业的法律发生变化……（企业管理者）将做出必要的调整。但在道德上，他们认为自己没有做错什么。只要他们遵守法律条文，他们就有权经营他们认为合适的业务。"[4]卡尔承认，在商业的"特殊伦理"与更广泛的道德关怀之间，法律是唯一的联系。

律师具有一种强烈的直觉，即从道德上来说法律一定会对他们自己行为的评价产生影响。为了说明这一点，请探讨一个经典案例。[5]

---

[1] Albert Z. Carr, "Is Business Bluffing Ethical?," *Harvard Business Review*（Jan. - Feb. 1968），pp. 143-53.

[2] 卡尔所描述的许多做法都违反了自20世纪60年代末这篇文章撰写以来制定的法律。

[3] 还记得第三章关于有组织犯罪规范的讨论吗？不出卖朋友是属于有组织犯罪家族的"游戏"或实践中的一条规则，但如果与更普遍的道德考虑没有联系，这就不能被称为真正的道德义务。

[4] Id. at 148.

[5] Based, with a few embellishments, on Zabella v. Pakel, 242 F. 2d 452 (7th Cir. 1957).

出借人借给他的邻居（借款人）5000 美元，以帮助其摆脱困境；借款人签署了证明债务的本票，但随后申请破产，债务消灭了。从破产中走出来后，借款人的生意最终兴隆起来，并变得相当富有，而出借人的命运在他失业后变得更糟。出借人要求借款人偿还借款，并在借款人拒绝偿还时提起诉讼，声称借款人曾在破产后做出口头承诺以偿还债务。从合同法角度讲，如果能够证明借款人曾做出偿还其债务的口头承诺，那么该口头承诺就是可实施的。然而，由于出借人律师在破产程序中的疏忽，诉讼时效已过。这意味着借款人将被允许（但不是被要求）主张，从最初的贷款违约到出借人的付款要求，已经经过了太长时间。主张诉讼时效将导致撤销案件，而出借人将因此一无所获。假设借款人能够轻松偿还这 5000 美元，但已指示其律师采取任何必要手段避免还款。如果借款人的律师依据诉讼时效使该案件被撤销，从道德上，你对借款人及其律师会怎么看？

许多律师和法科学生对这个案件的第一反应是，这很简单。法律提供了一个程序性保护——诉讼时效，而它适用于这样的情况。这一程序性权利的使用没有任何滥用或操纵行为；借款人律师完全可以在法律允许的范围内依赖诉讼时效。伦理问题可能是什么？然而，请注意，这个回答忽略了最初的问题。问题是借款人或其律师是否在道德上有正当理由使用诉讼时效期，来避免偿还借款人显然欠下的债务。使案件被撤销的法律权利意味着借款人没有偿还贷款的法律义务，但由于承诺产生了道德义务，借款人在道德上仍然有偿还贷款的义务。我们必须避免犯卡尔在那篇关于商业伦理的文章中所犯的错误，不要仅仅因为做某事被构成社会实践或制度的规则所允许，就认为它具有道德价值。存在一个像法律这样的社会制度也许是件好事，它允许人们计划，形成稳定的期望，并以一种可预测的方式安排他们与他人的关系。若是这样的话，那么对借款人的律师来说，为该制度的运行做出贡献可能是道德上的"加号"，甚至可能超过帮助借款人避免偿还债务的道德上的"减号"。借款人可能不享有这种道德上的许可，因为他不是在扮演一个社会角色，其目的之一是维持一个履行社会价值功能的制度。借款人可能就是一个混蛋。

　　法律与道德的关系是法哲学或法理学研究的重要问题之一。当律师们依靠法律对请求诉讼时效的允许，作为对（律师们帮助借款人避免其在道德上应当偿还给借款人的债务）道德批评的回应时，这背后可能隐藏着一个法理问题。道德或者至少对实践理性（practical reasonableness）的考虑，可能内置于法律的概念之中。这一主张以各种形式成为被称为自然法理论家的法哲学家阵营的特征。或者，一个人可能是一个法律实证主义者，认为法律和道德在概念层面上不存在必要的联系。实证主义并不排除这样一种信念，即遵守法律或支持法律制度的运行具有道德理由，或者法律的要求可能与道德义务相一致；唯一的限制是，道德考量不能成为有效法律的标准之一。

　　一些法律职业伦理学者，尤其是威廉·西蒙曾经提出，法律实证主义与漠视公共利益或非客户利益的态度有关。〔6〕正如我们将在下一节中看到的，法律理论（实证主义）与职业人士对此的态度之间的联系，是哈特-富勒（Hart-Fuller）论战的核心问题之一。西蒙还担心，法官在判决案件时考虑的各种因素，以及他认为律师在决定如何行为时也应该考虑的因素，不能用实证主义的法律理论来解释。〔7〕正如我们将看到的，这是哈特-德沃金（Hart-Dworkin）论战中争论的焦点之一。对西蒙来说，法理学和法律职业伦理是密不可分的。其他法律职业伦理学家在有关法律本质的基本理论问题上争论不休，他们对第五章要讨论的问题更感兴趣，即无论一个人如何看待法律的本质，是否存在遵守法律的道德义务？

　　重要的是要记住，这些问题是可以分开的，而且为了清晰

---

　　〔6〕　See, e. g., William H. Simon, *The Practice of Justice* (Cambridge, Mass. : Harvard University Press 1998), p. 37.

　　〔7〕　Id. at 38-39. 西蒙也不热衷于支持自然法，因此他被德沃金的中间立场所吸引，这一点在本章的末尾得到了考虑。

起见，它们应该是分开的。我们可以把法律的概念作为一个法理问题来探讨，先不谈这些问题，例如，有关法律应该得到实施，适当限制对个人生活的法律规制，根据法律规范的条款人与人之间各种模式的合法与否的区别，法律制度是公正的制度的条件，等等。[8]

一些学者认为，这些属于道德哲学和政治哲学范畴的问题，与法律概念的"纯粹"问题同样重要。然而，当你读了下面关于实证主义和自然法的法理传统的讨论时，一定要区分关于法律的性质或概念的问题——或者，如果你喜欢，法律效力的特点——与道德和政治问题，涉及公民对法律具有的义务，法律应有的内容，公民应该对法律所采取的实际态度（比如尊重、支持、忠诚），或消极的态度（比如怨恨、抗拒或不服从）。

第二节 简单和复杂的实证主义

假设你遇到了如下智力难题：仅用经验事实（即关于世界的可观察事实）对"法律"这一概念做出理论解释。你可以谈论议会做什么，议会有多少成员，他们是如何当选的，谁执行议会随后通过的法律，什么时候人们可能会被关进监狱，等等；但你不能提及诸如责任、权利或义务等规范性概念。你的理论必须考虑到尽可能多的法律特征、法律制度和合法性价值。（也许你可以从列一个清单开始：法律包括把人关进监狱，考虑订立合同和遗嘱，以及调控行为；它由官员管理并由警察执行；它复杂、技术性强，且需要多年的学习才能掌握；等等。）对规范性讨论进行方法限制的原因是，现代形式的实证主义是在自然科学的方法作为获得真理的最佳途径而享有极大声誉的时期发展起来的。每一门学科，包括法哲学，都渴望科

---

[8] Matthew H. Kramer, *Objectivity and the Rule of Law* (Cambridge: Cambridge University Press 2007), p. 143.

学方法的精确，它成功地从理论解释中排除了任何无法观察、测量、检验和验证的东西。这种"科学主义"影响了哲学的许多发展，比如认识论中的逻辑实证主义，它与法律实证主义仅仅具有一种远亲关系。[9]评价性术语，例如称某物为"好的"法律或主张某人有义务遵守法律，除非可以用可观察到的事物来定义，否则应避免使用。正如我们在第三章中所看到的，功利主义者（比如杰里米·边沁）根据所产生的快乐的数量来定义善，这是理解善的概念的一种相当科学的方法。这种方法论上的信奉，持续到致力于法哲学的功利主义者所提出的法律理论，包括边沁和约翰·奥斯丁（John Austin）所提出的法律理论。

奥斯丁试图通过几个基本概念：命令、规则和主权者，从纯实证的角度来解释。[10]在奥斯丁的理论中，命令指的是一种欲望的表达，其背后有一种或明或暗的威胁，如果欲望得不到实现，就会做出令人不快的事情，而这种威胁是由有能力造成伤害的人做出的。边境检查站的一名士兵说"不要再往前走了"，用奥斯丁的话说就是发出一个命令。规则是关于人的类别和行为的类别的通用命令。在他举的例子中，国会通过的一项规定"禁止出口玉米"的法令是一条规则，而海关官员阻止某批玉米出口是在发出命令。最后，主权者是这样一个人，他的命令在大多数情况下都被大多数人习惯性地服从，而他不会反过来习惯性地服从其他人。请注意，在这组理论构建模块中没有任何规范术语。奥斯丁并没有说主权者是一个其命令应该被服从的人，也没有说君主是一个有权统治的人。这符合法律实证主义在解释法律时排除规范性考虑的基本方法论承诺。然后，利用这些概念，奥斯丁就可以将法律定义为主权者颁布的规则（请记住，是一般命令）。用现代术语来说，奥斯丁的叙述始终忠实于法

〔9〕 从词源上讲，哲学中的"实证主义"（法律、逻辑或其他的）一词与它在社会科学中的使用有关，它指的是一种旨在描述世界或解释某些现象的理论，而不是规定应该是什么。例如，经济学家经常抗议说，他们只打算对人类行为做出积极的解释，但却被误解为对人们有理由做什么做出了规范性主张。

〔10〕 See John Austin, *The Province of Jurisprudence Determined* (London：J. Murray 1832).

律与道德的分析可分性的方法论要求。他还从社会渊源的角度——这里指的是主权者的命令——对法律进行了全面解释。

关于诉讼时效的例子，奥斯丁会指出，从道德上讲，无论借款人不偿还他所欠出借人的债务是否是一件坏事，都有可能确定一项允许他这样做的一个有效的法律。然而，即使是这个简单的例子也给奥斯丁提出了一个问题，因为尚不清楚如何将诉讼时效作为一个当事人可以主张的程序性抗辩分析为主权者的命令。没有一个政治官员对公民说过："你必须在规定的时间内提起诉讼……否则你就会遭遇不幸。"诉讼时效为民事诉讼提供辩护，而民事诉讼本身是受害人行使其权利的一种可选方式。认为法律赋予公民以特定方式行动的权力，而不是试图用一个必须遵守的主权者的消极命令来解释法律，这要自然得多。英国哲学家哈特所提出的现代法律实证主义理论，就是为了应对奥斯丁法律解释中的这类困难而发展起来的。

哈特的著作《法律的概念》（*The Concept of Law*），是对奥斯丁理论进行批判的一部精品力作。[11] 他用一种简单而有力的修辞策略，即提问他无法用命令、规则和主权者的解释性术语来解释法律和法律制度的特征，推翻了奥斯丁的论述。例如，法律不只是由"这样做，不那样做"的指示和禁令组成的。它还包括允许人们之间建立权利和义务的工具（即合同法）；指导人们死亡后财产的处置（遗嘱和信托法）；创建汇集投资资金的企业实体，并保护投资者免受个人对企业债务的责任（公司法）；向政府申请各类许可和批准等。[12] 尽管奥斯丁会勇敢地回应，这些原理可以用命令－制裁（command-sanction）术语重新描述，例如，合同法说，"双方都应当考虑，或者他们每个人都将受到合同被视为无效的惩罚"，这似乎是描述合同实际上是怎么回事的一种极其人工的方式。订立合同或者设立公司并不是法律以外的行为，法律也对其加以制裁；确切地

---

〔11〕 H. L. A. Hart, *The Concept of Law*（Oxford：Oxford University Press, 2d edn., 1994）（with Postscript edited by Penelope A. Bulloch and Joseph Raz）.

〔12〕 Hart, *supra*, pp. 27-28.

说，只有通过法律才能使之成为可能。

奥斯丁的命令-制裁模式无法解释的另一个法律例子是，用于管理主权的过渡以及立法权和司法权范围的一套规范。即使在相对简单的情况下，如君主政体，也有继承权规则，规定谁有权在执政的君主死后继承王位。[13] 在一个更为复杂的政府结构中，有无数的规则详细规定了立法者所需要的资格，规定了选举，制定了法律成为法律所必须满足的标准，等等。但是，如果法律必须由主权者作为命令发布，那么这些规则怎么可能成为法律呢？此外，奥斯丁的理论不能解释主权者权力的法律限制，但许多现代法律制度的一个值得注意的特点是，高级政府官员超越其权力的法律边界的责任。

哈特的相关批评影响深远。他指出，奥斯丁的理论不能解释人们有责任或义务遵守法律的理念。哈特将奥斯丁的命令-制裁理论类比为一名持枪歹徒的要求，"把你的钱交给我，否则我就开枪了。"显然，没人会把持枪歹徒的命令称作法律，而奥斯丁会抗议，他自己的理论会否认这一标签，因为该命令不是一般的（规则），而且不是由主权者发布的。然而，哈特使用持枪歹徒的类比揭示了更深层次的东西：奥斯丁的理论把错误的方式与公民的实践推理相联系。哈特用一种过于微妙的语言指出，某人可能感觉不得不把钱包交给持枪歹徒，但这与有义务不同。[14] 有义务是指因为做不到某件事而理所当然地受到批评，并觉得自己被要求做某事，而不管自己想做什么。毫无疑问，许多人之所以至少遵守一些法律，只是因为他们害怕因不服从而被发现和惩罚，但也有一些人因为法律的要求而做法律所要求的事——也就是说，因为他们有义务这样做。

对制裁的恐惧是哲学家们所称的审慎理性（prudential reason）。它与一个人现有的自身利益有关。该法律旨在为超越审慎理性的行

70

---

〔13〕 Id. , pp. 53-54.
〔14〕 Id. , p. 82.

动创造理由——即创造义务。[15] 义务是一个人（在某种意义上）必须遵守的理由。义务的效力并不取决于某人是否因不遵守义务而被抓并受惩罚，也不产生于用来强制遵守义务的外部动机（如持枪歹徒的威胁）。用哈特式的术语来说，奥斯丁的理论不能解释某些人对规则持内在观点的可能性。[16] 从内在观点（internal point of view）接受规则意味着，遵守规则是因为它们是规则，而不是出于规则之外的理由，比如害怕受到惩罚。因为存在着对规则持内在观点的人，还因为奥斯丁的理论缺乏解释这一事实的概念资源，所以他的理论应该被拒绝。

哈特在这里有点像走钢丝。他想利用人们采取内在观点的这种可能性，来批评奥斯丁这种过于简单的命令-制裁理论。然而，与此同时，他致力于法律实证主义的方法论，并因此不能详细说明内在观点是一种道德态度，他也不会试图通过诉诸国家法律的合法性，将国家法律与持枪歹徒的命令区分开来。法律实证主义致力于法律与道德的分析可分性。它必须有可能给出区分法律和非法律的标准，而且（至少在原则上）没有任何标准表明某种规范是道德的要求。对基于社会来源的解释的认同，是为了保持这种可分性。值得注意的是（而这是经常引起混淆的一个原因），采取内在观点并不意味着一个人认为自己有遵守法律的道德义务。它只意味着一个人把规则视为创建义务。困惑的产生是因为法律，像道德一样，旨在强加责任和义务。[17] 然而，正如哈特所说，"义务"指的是一个通用类，包括道德义务、礼仪、游戏规则、风俗习惯等。[18] 某人可能有义务遵守橄榄球联合会的规则，在因向前传球而遭到道德批评之前，不要把球向前传。有义务是指在该义务范围内受到合理的批评。因此，

71

---

[15] 这有时被称为法律规范性问题。See, e. g., Leslie Green, "Law and Obligations," in Jules Coleman and Scott Shapiro, eds., *The Oxford Handbook of Jurisprudence & Philosophy of Law* (Oxford: Oxford University Press 2002).

[16] Hart, *supra*, p. 56.

[17] See David Lyons, *Ethics and the Rule of Law* (Cambridge: Cambridge University Press 1984), pp. 70-71.

[18] See Frederick Schauer, *The Force of Law* (manuscript, forthcoming 2014), § 3. 3.

橄榄球运动员在"橄榄球术语"中因向前传球而受到批评（而且，更重要的是导致其球队失去控球权）。只要有人选择打橄榄球，他就会受到比赛规则的约束，但这些只是比赛规则——它们对不属于橄榄球比赛的行为没有什么可说的。

哈特与奥斯丁的区别，并不在于前者在其解释中加入了道德态度而后者没有。他们的不同之处在于，哈特依赖于不同的社会来源——规则控制行为的理念、内在观点和义务的一般概念——而不是命令和制裁，来解释法律制度的独特之处。其结果是对法律的理论解释优于奥斯丁的理论，因为它可以解释一些法律概念的核心内容，也就是说它创造了义务。但是，哈特的理论仍然在法律和道德之间留下了一条鸿沟，因为对哈特来说，法律上的义务是法律范围内的义务，正如在橄榄球运动中不向前传球是运动员的一项义务。某些规范作为法律的地位并没有说明它是否被禁止、允许或要求，所有考虑的因素都包括道德理由。回到阿尔伯特·卡尔关于商人虚张声势和其他欺骗行为的文章的评论，扑克规则允许虚张声势，而且商业游戏规则也可能允许虚张声势，这一事实并不能说明虚张声势在道德上是否被允许。游戏规则是一回事，道德是另一回事。

因此，理解法律实证主义的一种方法是，将其作为"法律游戏"的规则体系，这些规则可能与道德要求重叠，也可能不重叠。哈特法律制度的基础是法官行为的趋同性和规则制约性。他坚持认为，只有法官才能从内在观点接受和执行一项特定的规则。这就是所谓的承认规则，它指导法官考虑与他们所面临争端的合法解决有关的某些问题。[19] 正如我们所注意到的，哈特式的钢丝是，遵循承认规则（rule of recognition）是法官通过其社会角色适用的一种特殊责任（称之为 O_{LEGAL}，附属于法官的一种特殊法律义务），但这一义务与道德没有任何必然联系（O_{MORAL}，道德上的义务）。基于承认规则的概念，实证主义的一个普遍接受的现代定义是"至少存在一个可能

72

---

〔19〕 Hart, *supra*, pp. 94-95.

的法律体系，其中承认规则没有规定作为任何法律命题的真理条件中的一个道德原则"。[20]法官有义务（O_{LEGAL}）从内在观点实践承认规则，这意味着他们在判决案件时必须相信，如果他们根据未经承认规则规定的因素来判决案件，或者不考虑被规定为法律的因素，将会受到适当的批评。例如，法律体系的承认规则可能包括这样的标准："议会通过并经御准的任何立法都是法律。"如果法官无视最近在议会通过并经过御准的立法，观察者将有理由批评法官没有正确履行职责。

然而，这并不意味着法官在判决案件时必须考虑道德因素（O_{MORAL}）。相反，这种批评是依据规制判断实践的准则。法官将因无视法规而被认为是有缺陷的法官，但不一定要受到道德方面的批评。[21]然而，承认规则可能规定，在判决案件时不考虑道德。如果某一法律体系的承认规则，没有规定一项道德原则作为一项法律命题的真理条件之一，法官就不能以其对法规的道德异议，作为将其视为非法律的理由。但是，承认规则没有理由不指导法官，把道德作为合法性的一个标准。例如，在美国，法官可能必须根据美国宪法第八修正案来判决案件，该修正案禁止"残酷而不寻常的惩罚"。承认规则规定宪法是法律的来源，但宪法似乎提到了道德考虑——即某些惩罚是否"残忍"。如果一个法律实证主义者是"合并主义者"（incorporationist），是"包容性的"（inclusive）或"温和的"（soft）实证主义者，他就会争辩说，只要承认规则是一种社会规则，那么法律理论仍然是实证主义而非自然法，从这个意义上说，它是由法

73

---

〔20〕 Jules Coleman, "Negative and Positive Positivism," in Marshall Cohen, ed., *Ronald Dworkin and Contemporary Jurisprudence* (Totowa, N. J.: Rowman & Allanheld 1983), p. 31.

〔21〕 在哈特的理论中，法律义务原则（legal obligation）依赖于传统的社会实践，如赞扬和批评他人的行为。法律义务领域中最重要的原则是要求法官遵循承认规则。根据哈特对义务的解释，这意味着法官作为一名法官将有理由受到批评，因为他忽视了由承认法官法律制度的规则所定的可适用法律规范。哈特哲学中有争议的一个方面是，他认为道德义务与法律规则和其他常规规则（如礼仪规范和国际象棋或橄榄球等游戏规则）一样，是传统的。See Lyons, *supra*, pp. 72-73.

伦理与法律：导论

官实践的。[22]例如，承认规则可赋予法官自由裁量权，在当事人的立场不公正的情况下拒绝给予救济。诉讼时效的例子涉及一个法律辩护，但其他辩护是公平的，并且只有在当事人没有从事不法行为的情况下才能主张。承认规则承认公平抗辩，因而可能会允许法官提及法外道德考虑。其他实证主义者——"排他的"（exclusive）或"强硬的"（hard）实证主义者——则相反地坚持认为，某物是否为法律，必须在不涉及道德推理的情况下加以确定。[23]包容性实证主义和排他性实证主义，都与哈特关于界定一种特殊类型的法律义务的理论承诺相一致，这种法律义务在分析上与道德义务是可分离的。

法官以其社会角色因不遵守承认规则而受到批评，但需要重申的是，这与道德批评不是一回事。（也就是说，O_{LEGAL} 并不包括 O_{MORAL}。）毫无疑问，哈特的观点没有关于一个普通公民可能或不可能必须遵守法律的道德理由的意义。根据哈特的观点，人们遵守法律的原因"是各式各样的，其中可能经常（尽管不总是）是知道他这样做是最好的。他会意识到不服从的一般可能后果：有些官员可能会逮捕他，还有一些人会因为他违法而审判他，并把他送进监狱"[24]。正如这篇文章所指出的，公民可能只是从外在观点（external point of view）接受基本的行为规则，关注它们只是为了预测他们什么时候会被送进监狱。只有法官才在概念上被要求采取关于法律的内在观点，甚至这也不是一种道德态度。归结起来，哈特法律实证主义的核心主张是，对法律采取某种道德态度（如赞成或反对），不能在概念上成为法律有效性的标准。

哈特对由法律所产生的一种特殊类型的法律义务（O_{LEGAL}）给出了一种错综复杂的解释，但他对道德义务（O_{MORAL}）谈得相对较少。

74

---

〔22〕 Scott J. Shapiro, *Legality* (Cambridge, Mass.: Harvard University Press 2011), pp. 269-70.

〔23〕 Id. at 271.

〔24〕 Id. at 114.

为此，他在著名的哈特-富勒辩论中受到了朗·富勒（Lon Fuller）的抨击，这场辩论的焦点之一是法律实证主义与公民遵守法律的义务（或至少是倾向）之间的关系。[25] 这场辩论是在对 20 世纪三四十年代纳粹德国政权的不人道感到恐惧的背景下进行的。然而，有趣的是，富勒并不认为法律实证主义作为一种理论是有缺陷的，因为它无法解释为什么公民有理由遵守法律。相反，他认为，法律义务和道德义务之间的联系，在法律的实证主义解释上过于紧密。他的观点是，实证主义使公民、律师、法官和其他官员，很容易从具有法律地位的规范的纯粹事实推断出一种道德义务，去做法律要求做的事（或去做法律允许做的事的道德许可）。

哈特和富勒都引用了德国法律理论家古斯塔夫·拉德布鲁赫（Gustav Radbruch）痛苦的回顾性分析。拉德布鲁赫把纳粹统治下的暴行，在一定程度上归咎于当时德国法官、律师和公民对纳粹法律的合法性默许。哈特写道：

> 从纳粹政权轻而易举地利用了人们对法律的屈从——或者，如他所想，在"实证主义"的口号"法律就是法律"［law as law（Gesetz als Gesetz）］所表达——以及从德国法律职业抗议（他们被要求以法律的名义犯罪）暴行的失败，拉德布鲁赫……已经得出结论，即"实证主义"（这里的意思是坚持把法律它本来的样子和它应当的样子分开）有力地促进了恐怖。[26]

哈特和富勒对拉德布鲁赫的判断具有非常不同的反应。哈特将德国法律职业的被动性，描述为对实证主义基本观点的忽视或无知：合法性是一回事，道德是另一回事。某物是法律这一事实很少能说

75

---

〔25〕　H. L. A. Hart, "Positivism and the Separation of Law and Morals," *Harvard Law Review* 71: 593-629 (1958); Lon L. Fuller, "Positivism and Fidelity to Law—A Reply to Professor Hart," *Harvard Law Review* 71: 630-72 (1958).

〔26〕　See Hart, *Positivism*, *supra*, p. 617.

明一个人是否有义务遵守它。[27]另一方面，富勒认为，某种规范作为法律的地位对官员和公民的行为没有影响是荒谬的。在他看来，律师和法官应该认识到，纳粹法律制度在形式上是有缺陷的，因此不公正的法律根本不应该被贴上"法律"的标签。[28]这并不是因为它们要求或允许严重侵犯人权，而是因为它们未能满足公开、不溯及既往和一致性等标准。

在随后出版的一本书中，富勒详细阐述了他所谓的"法律的内在道德"（inner morality of law），他指的是，为了履行指导公民行为的功能，法律必须具备的形式特征。[29]富勒用一个正派但愚蠢的雷克斯（Rex）国王的寓言，说明合法性的形式特征。雷克斯试图通过制定法律来统治王国，但他每一次制定法律的尝试都只会让其臣民感到沮丧和困惑。例如，他任命自己为法官，处理王国公民之间发生的任何争端，但他没有根据原则前后一致地对他面前的案件做出裁判。然后，他试图将所有已判决的案件系统化，编成法典，但将其作为国家机密加以保密，让其臣民不知道约束他们行为的规则。他最终同意发布该法典，但事实证明，其中充满了相互矛盾的指令、模糊得令人绝望的标准或无法满足的要求。诸如此类，直到发生了一场革命……

当哈特和富勒在表面上争论实证主义作为一种法律理论的价值时，他们辩论的言外之意是关于实证主义的传统竞争对手——自然法。不幸的是，自然法可能比实证主义更容易被误解。同样，重要的是要把关于法律的性质或有效性的立场（是什么使一些规范成为"法律"，而不是其他什么东西，比如道德、审慎的要求或私人团体的规则），与关于遵守或尊重法律的义务的论点区分开。当谈论自然法时，很容易混淆这些不同的问题。正如下一节所显示的，实证主

<hr />

[27] 拉德布鲁赫所说的一切实际上都取决于对一个简单事实的重要性的极大高估，即一项规则可以说是一种有效的法治，就像一旦宣布了这一点，就能解决"这种法治应该被遵守吗"这一终极道德问题。

[28] Fuller, *supra*, p. 655.

[29] Lon L. Fuller, *The Morality of Law*（New Haven: Yale University Press, 2d ed., 1964）.

义和自然法作为关于法律的本质或有效性的理论，二者之间的差距可能比人们有时所认为的要小得多。与之类似，当谈到在尊重、支持或遵守法律的义务上采取的立场时，自然法理论家和实证主义者可能没有那么大的分歧。换句话说，哈特-富勒论战中未得到承认的言外之意与法律的本质没有任何关系，而是作为一个规范问题，与法律影响行动理由的方式有关，或者更广泛地说与公民与国家之间的关系有关。正如我们在第五章将会看到的，对于是否存在遵守法律的义务的辩论，至少从柏拉图的对话录《克里托篇》（*Crito*）开始就一直在进行，但它并没有转向是否有可能在不考虑道德因素的情况下确定有效的法律。然而，自然法理论往往被误解为关于法律权威的一种含蓄的主张。

第三节　自然法：古典与现代

"法律的存在是一回事，其优点或缺点是另一回事。"[30] 所以，约翰·奥斯丁提出了法律实证主义的核心主张。然而，在这样做的过程中，他讽刺了自然法理论的核心主张。仔细阅读古典传统中的自然法理论家，尤其是托马斯·阿奎那（Thomas Aquinas），[31] 或约翰·菲尼斯（John Finnis）[32] 等自然法学传统中的现代哲学家的著作，你会很难找到这样一个论点：一种规范只有在具有道德价值的情况下才能算是法律。的确，很难把阿奎那和菲尼斯解读为主要关注特定法律的道德问题。阿奎那是在处理根本性的政治问题，比如公共利益的本质，善政的各个方面，以及政治义务的基础。菲尼斯主要是提出一种对法律进行哲学分析的方法，而不是对法律有效性的检验。没有一个受人尊敬的自然法理论家持有奥斯丁所描述的那

77

〔30〕 Austin, *supra*, p. 184.

〔31〕 Thomas Aquinas, *Summa Theologica*, sec. 90, in William P. Baumgarth and Richard J. Regan, eds., Aquinas on Law, Morality, and Politics (Indianapolis: Hackett, 2d edn., 2002).

〔32〕 John Finnis, *Natural Law and Natural Rights* (Oxford: Clarendon Press 1980).

种立场，即某物是否被视为法律，归根结底是要对该特定的潜在法律的公正性进行个案审查。

自然法的概念从一开始就可能是令人困惑的，因为"自然"这个词在哲学上的用法可能有许多不同的含义。它可能意味着：

> ·从某种程度上源于人性的事实；例如，我们是理性的人，或者我们有某种内在能力或需求。[33]
>
> ·由我们的自然理性能力所发现的一种标准，或其内容和力量与实践理性更广泛的规范有关的一种规范。
>
> ·以某种方式与自然世界的特征有关。（哲学自然主义立场是所有知识最终都建立在经验科学的发现之上。）

在所有这些用法中，自然法和实证主义之间的共同点比人们可能认为的要多，因为后者也有一个从根本上关注关于世界的事实的内涵。自然法理论并不意味着要依赖晦涩难懂的形而上学或上帝的意志。许多自然法理论家过去或现在都是宗教信仰者，但人们可以构建一个完全世俗的自然法理论。的确，一些政治自由主义的完美主义派都非常接近自然法，特别是在上面提到的第一种意义上的自然法。[34]

---

〔33〕 在一篇古怪的科幻小说风格的文章中，哈特推测，如果人类是完全不同类型的生物，那么法律概念的性质就必须有所不同。如果我们像拥有无懈可击外壳的巨型陆地螃蟹，能够像附生植物一样从空气中提取营养，我们就不会容易受到他人的攻击，也不会争夺稀缺资源。巨型附生陆蟹群落的监管与我们这样相互脆弱、依赖的生物之间的互动监管在本质上是不同的。See Hart, *Positivism*, *supra*, p. 623.

〔34〕 自然法理论家约翰·菲尼斯认为，人类幸福的基本形式不言而喻，即生活、知识、游戏、审美体验、友谊、实践理性和宗教。See Finnis, *supra*, pp. 86-90. 世俗政治哲学家玛莎·努斯鲍姆（Martha Nussbaum）定义了一个类似的功能或能力列表，这些功能或能力构成了完整的人类功能或繁荣。这些功能性能力包括生命，身体健康和完整，想象和思想，情感，实践理性，与他人和其他物种的关系，玩耍，还有控制环境。See Martha C. Nussbaum, *Sex and Social Justice* (Oxford: Oxford University Press 1999), pp. 41-42. 努斯鲍姆是一个完美主义的自由主义理论家，这意味着她愿意对人类善的构成采取立场，但她并没有以上帝存在为前提始。就此而言，菲尼斯也是如此，尽管他是一名宗教信徒。菲尼斯和努斯鲍姆的共同之处在于，他们都致力于客观地阐述人类的善。对他们来说，善指的是人们渴望、选择或通过行为表现出的偏好之外的美德。

　　阿奎那以下述方式定义法律："为共同善而制定的理性法令，是由关心共同体的人制定并颁布的。"〔35〕若将这一定义分解为要素，法律就是①与理性有关的东西，即它注定要影响其臣民的实践推理；②指向共同善（阿奎那稍后将讨论只关心自身利益的腐败统治者）；③由有权代表共同体（"全体人民"）采取行动的人制定的；④向其臣民公布。然后他定义了几种不同类型的法律，这些法律按等级顺序排列：

　　（1）永恒法——神治理万物的律法。

　　（2）自然法——我们对永恒法则的理性感知和参与。

　　（3）人法——自然法的"决定"；也就是说，自然法规定并适用于特定的问题。

　　对于阿奎那来说，理解人类社会的法律权威，至关重要的关键步骤是从（2）到（3）。在慎断（*determinatio*）的过程中（我用他的拉丁语术语来明确地把这定义为一个艺术术语），被委以管理社会之重任的统治者，尽最大努力去理解，永恒法应如何被规定为社会治理的具体规则。〔36〕我们是容易犯错误的人，当我们试图理解上帝的法律时必然会犯错误；我们只能透过一扇玻璃模糊地看到："人类理性不能完全参与神的理性的指示，而是按照它自己的模式不完全地参与。"〔37〕此外，永恒法是这样一种高水平的抽象——例如，它关乎人的尊严的价值，与我们的本性有关，就像按照上帝的形象创

造的生物——它对于解决立法者面临的各种具体问题几乎毫无用处。所有人都有尊严，但是当一家报纸报道了一个虚假的谣言（相信它是真的），从而损害了报道对象的声誉时，法律制度应该怎么做呢？尊严需要给予受害者提供救济，还是必须考虑新闻自由的重要对抗价值？

　　在制定一个社会的法律时，诸如此类的无数问题都必须由慎断

---

〔35〕Aquinas, *supra*, Q90.

〔36〕Id. Q95, 2.

〔37〕Id. Q91, 3, ro1.

来解决。不同的社会甚至可能以不同的方式平衡相互竞争的考虑因素。关于新闻自由和诽谤的例子，探讨一下英国和美国的不同做法。仅考虑差异的一个方面，在英国，真相是对诽谤行为的一种积极抗辩，意味着它必须由被告证明；然而在美国，虚假是原告案件的一个组成部分，对此原告负有举证责任。这两种制度都认为，它们在拥有强力公共媒体的开放社会的利益与个人的隐私和尊严这两个方面之间取得合理平衡。正如阿奎那所承认的，尽管在一般原则的层次上可能只有一个普遍真理，"关于实践理性的适当结论，真理或正直对所有人都不是一样的。"[38] 因此，自然法的相同原则导致了人类法的不同决定。这是关于什么是人类法律的一种主张：它是实践合理性原则的一种规范、一种决定，是由那些有权代表社会采取行动的人制定的。因为社会法律的内容在很大程度上取决于该社会的需要、传统和更广泛的规范，所以统治者没有一个直接的读出（reading-off）程序，用来把上帝的法律转化成人类的法律。自然法理论家从来没有想过要否认，在法律的制定和执行过程中存在大量的人类创造力和判断力。

请注意，在讨论自然法时，我们还没有谈及遵守法律的任何道德义务。原因是这样的（没有办法把这个讲清楚）：自然法是一种关于法律的本质的主张；也就是说，为了使某个规范具有法律地位，它在概念上必须是正确的。有关守法义务的问题，实际上是属于道德理论和政治理论，而不属于分析法学。然而，除了哲学家，人们一般不会独立于（诸如法官、律师和公民应该对法律采取什么态度，法律是否规定了一般义务，以及是否存在遵守特定的不公正法律的义务）这样的规范性问题，而问及关于法律本质的分析问题或概念问题。就像哈特和富勒之间的概念之争，迅速演变成关于遵守纳粹德国法律的义务的规范性辩论一样，对自然法理论的讨论也趋向于过渡到对不公正法律的地位的探讨。关于不公正的法律，人们可以

80

---

〔38〕 Id. Q94，4.

问的有关法律本质的概念性问题是"不公正的法律到底算不算'法律'?"规范性问题是"人们是否有义务遵守不公正的法律?"在本节剩下的部分中,请试着让这些问题在你的脑海中保持清晰。

借用美国历史上的一个例子,假设一个正式成立的国家立法机构颁布了一项被称作《逃亡奴隶法》(Fugitive Slave Act)的法令,要求所有公民将逃亡奴隶归还给他们的主人。[39] 它是根据所有普遍遵循的程序制定的(国会多数投票、由总统签署,等等),在法律手册中公布,由警察执行,并在大多数情况下由公民遵守(即使有时是不情愿的)。即使在法令颁布时一些公民认为法令是公正的,但我希望"法令所要求的行动是非常不公正的"这一点是明确的。对于《逃亡奴隶法》,就其地位(法律、非法律甚或其他东西)及其对法官、公民或律师等受其支配者的推理的影响而言,我们能说些什么呢?存在下列几种可能性:

(1)尽管该法令已正式颁布,但由于其极端不公正,根本不是一项法律。"不公正的法律不是法律"这句格言经常被认为是自然法的核心主张之一。

(2)因为该法令是正式颁布的,所以它是有效的法律。虽然它是法律,但也是不可遵守的。按照哈特的说法,这就是纳粹统治下的德国司法部门所忽视的区别。

(3)如果一个规范在形式上存在某些缺陷,比如秘密通过、具有追溯力或要求公民不能遵守的行为标准,它就失去了其作为法律的地位。一个规范如果要求某种不道德行为,例如帮助当局回捕逃跑的奴隶,很可能存在一个或多个这样的正式缺陷,并因而不被认为是法律。

(4)该法令是法律,但它不是被完全意识到的法律。就像

81

---

〔39〕 这个例子以及随后的大部分讨论来自 Mark C. Murphy, *Natural Law in Jurisprudence and Politics* (Cambridge:Cambridge University Press 2006). 关于法官根据《逃亡奴隶法》裁决案件的行为的经典研究是 Robert M. Cover, *Justice Accused* (New Haven:Yale University Press 1975)。

伦理与法律:导论

一只鸭子不擅长游泳，这是它作为鸭子的缺陷（尽管它仍然是一只鸭子），或者一个坏了的闹钟仍然是一个闹钟一样，《逃亡奴隶法》作为法律也是有缺陷的。有缺陷的法律对公民理性的影响是一个悬而未决的问题。

第一种观点合并了与法律有关的概念和规范问题。应当可以使用"法律"一词来指《逃亡奴隶法》，而不必以任何一种方式就遵守法律的义务做出承诺。没有一个明智的人会否认，有些法律是如此不道德，以至于没有人有足够的理由去遵守它们，但从概念上讲，它们仍然是法律。[40]"根据一项名为《逃亡奴隶法》的法令，警长逮捕了逃亡奴隶姜戈（Django），并将其送回密西西比。"法律可能是非常不公正的，但批评的是"不公正的法律"，而不是"不公正的非法律"。一些自然法理论家抵制概念法学和规范法学之间的显著差异。例如，罗伯特·阿列克西（Robert Alexy）认为，在极端不公正的情况下，一种规范丧失了其作为法律的性质。[41]在阿列克西看来，《逃亡奴隶法》将丧失其作为法律的性质。

当然，第二种观点是法律实证主义，它以哈特的理论为代表。某物是否为法律，这是一个社会事实。我们可以看看《逃亡奴隶法》的制定过程，以及社会中法官目前所实施的承认规则，并得出这样的结论，即该法令视为法律。然而，这仍然是一个悬而未决的问题，即是否所有考虑的事情法官都应该执行。作为法官，他们可能有义务——哈特的特殊法律义务感——遵守承认规则，但这并不必然导致这样做的道德义务。从各方面考虑，正确的做法可能是拒绝执行法令。[42]如此一来，法官就可能偏离司法角色，或者，在某些制度

82

---

〔40〕 See Murphy, *supra*, pp. 9-10.

〔41〕 See Robert Alexy, *The Argument from Injustice* (Oxford: Oxford University Press, Bonnie Litschewski Paulson and Stanley L. Paulson, trans., 2002). 阿列克西的讨论集中在古斯塔夫·拉德布鲁赫的立场上，这是哈特与富勒争论的焦点。

〔42〕 "法律实证主义不是一种关于法官道德义务的理论。法官是否有道德义务在任何特定案件中适用法律，这是一个道德问题，只有在道德基础上才能回答。" Andrei Marmor, *Philosophy of Law* (Princeton, N.J.: Princeton University Press 2011), p. 114.

中法官的司法角色在某种程度上可能被理解为，允许其拒绝实施非常不公正的法律。无论如何，法律自身并没有为法官实施或公民遵守《逃亡奴隶法》提供道德理由。

第三种观点是朗·富勒关于法律形式与其创造道德义务的能力之间关系的特殊观点。富勒的形式原则，比如概括性、前瞻性、明确性和公开性，是治理有效性的标准，而不是道德的标准，这容易招致批评。[43]可是，如果一个人愿意模糊概念法学和规范法学之间的界限，富勒的八种立法失败的方式，可以被看作是通过一般规则而不是具体指令来治理社会的失败方式。"通过一般规则进行的治理与管理性指令不同，它假定对被治理者的道德权力存在一定程度的尊重。"[44]与发出以制裁为后盾的命令的持枪者不同，立法者发布了一般规则，承认法律主体是负责任的行为人，能够理解和回应理由。这不是法律的概念性定义，而是关于法治优于其他形式政府的规范性论证。即便如此，富勒的立场是否能保证得出《逃亡奴隶法》不是法律的结论，这一点尚不清楚，因为它存在任何政府制定法律的失败尝试所表现出来的正式缺陷。

第四种观点是自然法理论的现代版本，它承认内在于法律概念的条件满足程度是连续的。就像一个人可以少几根头发但不会秃顶一样，一项法律会有些缺陷但仍然是法律。从技术上讲，我们可以区分法律的存在条件和无缺陷条件（鸭子和闹钟亦是如此）。[45]国家法律是对自然法的决定，而自然法的原则可能存在不止一种合理的决定，特别是考虑到存在多个有时是相互竞争的原则。还记得新闻自由的例子吗？当人类尊严原则适用于公共媒体时，可能会有不相容的决定。决定 A 是美国的做法，比起保护个人隐私和声誉，他

---

〔43〕 See Lyons, *supra*, pp. 77-78.

〔44〕 David Luban, "Natural Law as Professional Ethics: A Reading of Fuller," in *Legal Ethics and Human Dignity* (Cambridge: Cambridge University Press 2007), p. 110.

〔45〕 Murphy, *supra*, p. 25. 在富勒提出的八种不能成为法律的一些方法中，如果它们说明了法律未能作为受法律约束的人采取行动的理由，就可以识别出法律在哪些方面是有缺陷的。Id. at 34.

伦理与法律：导论

们更倾向于坚定的言论自由观念。决定 B 是英国的做法，它在致力于新闻自由的同时，为个人声誉和隐私提供更多保护。由于这两项决定都是合理的，都是为了社会的共同善，因此，任何一项决定都不应仅仅因为与它们在正义问题上存在分歧而被视为有缺陷的法律。但是，《逃亡奴隶法》是一项有缺陷的法律，因为没有任何自然法原则能够以要求将逃亡奴隶归还其主人的形式得到确定。[46]

实证主义与自然法之争，往往涉及严重不公正的法律制度，比如纳粹德国的法律制度，或者蓄奴州主导国家政府时期的美国的法律制度。然而，在本章之初，我们从一个比较单调的诉讼时效案件开始。我们所讨论的法理学理论对这类案件有什么意义吗？也许会，只要他们能更认真地对待法律制度参与者的观点，比如审理案件的法官，为客户提供建议的律师，或者试图弄清楚法律需要什么的公民。罗纳德·德沃金法理学的一大优点是，它把相当普通、日常的法律问题以及必须处理这些问题的律师和法官放在首位。在此过程中，他不仅将道德纳入其理论，而且使它成为法律概念定义的中心。对于德沃金来说，法律从根本上是解释和证明一个社会政治行为的。

第四节　定位德沃金

德沃金的法理学在许多方面与实证主义和自然法的传统重叠。德沃金在其职业生涯的早期就确立了自己作为哈特尖锐批评者的地位，但还不清楚他所提出的替代立场是否应该被视为各种各样的自然法。在早期的一篇重要论文中，德沃金认为，哈特的法律理论强调法律的社会"谱系"（pedigree），无法解释法官实际判决案件的方式。[47]根据德沃金的观点，哈特的承认规则允许法官仅根据制定或发展的方式——比如由立法机关制定的法规或司法判决的比例——

---

〔46〕　See Cover, *supra*, pp. 8-19, 从自然法的角度总结了几个世纪以来对奴隶制的谴责。

〔47〕　Ronald Dworkin, "The Model of Rules I," in *Taking Rights Seriously* (Cambridge, Mass.: Harvard University Press 1977).

来确定某个规范为法律。但是法官考虑的不仅仅是一个规范的谱系，他们还要考虑"在职业中形成的适当感"，即把某些道德原则确定为适当解决法律争端的准则。[48]在他著名的里格斯诉帕尔默案（Riggs v. Palmer）中，[49]遗嘱中指定的继承人谋杀了遗嘱人——他的祖父。法院承认，遗嘱及其留给杀人的继承人的遗产，根据所适用的法规是有效的，该法规规定了遗嘱的某些正式要求。但法院仍然拒绝给凶手遗产，认为所有的法则都受到某些基本准则的约束，比如"任何人不得……利用自己的错误，或为自己的罪孽寻找任何借口，或通过自己的罪行获得财产"。尽管哈特实证主义有可能修改承认规则，将这些准则确定为法律的一部分，但这样做不符合德沃金批评的力量，因为他认为是准则的内容而非其社会来源，使之与法官和法律制度中的其他参与者相关。判决继承人谋杀案的法官与要求适用《逃亡奴隶法》的法官所处的困境不同。规定有效遗嘱要求的法规并没有什么不公平之处。然而，根据德沃金的观点，即使是在一个普通案件中，审判也是一种道德行为，因此法官应做出符合正义原则的裁决，而不仅仅是符合法律的社会来源的裁决。

85　　　德沃金后来提出的观点是，在继承人谋杀案件中，法官们不仅要确定法律的社会来源，而且还要根据正义的背景原则来解释法律。德沃金在《法律帝国》（Law's Empire）一书中讨论此案时表示，里格斯诉帕尔默一案的法院含蓄地采纳了一种法定意义理论，即"法官应该构造一项法规，使其尽可能地符合法律中其他地方所假定的正义原则"。[50]（注意，这是一个规范性的判断理论，从它衍生出了法律的概念理论。）德沃金认为，法官应该理解他们在促进政治共同体的整全性（integrity）方面的作用。以整全性为特征的社会是这样的，在这种社会中，成员之间相互对待，就像受到一套连贯的道德

---

〔48〕　Id. , p. 40.

〔49〕　22 N. E. 188 (N. Y. 1889).

〔50〕　Ronald Dworkin, *Law's Empire* (Cambridge, Mass. : Harvard University Press 1986), p. 19.

　　　　伦理与法律：导论

原则———一种"共同的正义方案"———约束，所有人都以其在社会中的公民身份承诺遵守这些原则。[51]共同体是受共同的原则管理的，"而不仅仅受在政治妥协中达成的规则支配"。这意味着法官有义务超越"他们的政治机构已经做出的特定决定"（由他们的社会来源或谱系来确定），而考虑"这些决定所预设和认可的"潜在的"原则方案"。[52]因此，法官应根据"正义、公平和正当程序原则，为共同体的法律实践提供最佳建设性解释"，[53]对判决结果做出决定，并给出支持判决结果的理由。法官的判决既应符合过去的判决，又应证明这些判决是一个连贯的权利义务体系的一部分，其目的是从政治道德的角度尽可能地向社会展示其最好的一面。[54]在继承人谋杀案中，如果不考虑道德上的原因，比如允许谋杀者根据遗嘱接受遗产的不法性，法官（或试图预测法官判决的律师）将无法确定法律的内容。

在此，我们不可能完全涵盖德沃金与各种实证主义者之间的反复讨论，这些实证主义者修改了哈特的立场，对德沃金的批评做出了回应。[55]对于我们的目的，至少从法律制度参与者的角度来说，重要的是注意德沃金反对法律和道德的分离。法官判决案例或律师建议客户，必须准备对共同体的法律实践提供一个建设性解释，它不仅包括过去的政治决策———法律、行政机关法规、司法判决等———也包括加强和证明这些政治决策的原则方案。继承人谋杀案的判决是为了在道德意义上伸张正义，而不是仅仅依据社会来源来区分法律和非法律。为了搞清楚为什么这对法律制度参与者（尤其是律师和法官）的伦理很重要，我们在本章的开始部分，即诉讼时效案件，

86

---

〔51〕 Id. , p. 190.

〔52〕 Id. , p. 211.

〔53〕 Id. , p. 225.

〔54〕 Id. , p. 249.

〔55〕 For an excellent summary, see Scott J. Shapiro, "The 'Hart-Dworkin' Debate: A Short Guide for the Perplexed," in Arthur Ripstein, ed. , *Ronald Dworkin* (Cambridge: Cambridge University Press 2007).

绕了一圈又回到了这个问题。

想象一下，有人批评代理借方的律师，要求知道他如何帮助客户在欠下的债务上"作弊"。律师回应说，借款人只有其与贷款人的合同中所述的法律义务；对此，评论家回答说，合同义务与由借方承诺所产生的道德义务相重叠。[56] 律师则采取不同的策略，辩称为诉讼时效辩护并非欺诈，因为法律制度拒绝执行过时的义务，其理论依据是，证据随着时间的推移可能会丢失，而且证人的记忆可能会变得模糊。"但是等一下，"评论家说："借款人承认他欠了钱——在这种情况下错误的裁决不会根据不可靠的证据做出。"律师想了一会儿，为这个法令提供了第二个理由，那就是人们不必担心很久以前欠下的债务。批评家承认，当一件真正遥远的过去的事件被所有的参与者遗忘时，这个论点可能是有说服力的；但是，在这种情况下，对于借款人来说，想要避免做他一直都知道是他的责任的事情，这似乎是一个站不住脚的借口。

一个受德沃金启发的观察是，当人们谈论法律时，不可避免会提到法律规则背后的政策。对律师来说，主张诉讼时效的法律效力，并以此作为在批评者看来不道德的事情的理由，这将是一种不恰当的回应。还记得前面关于商业诈骗的文章的讨论吗？作者似乎认为，只要指出"根据游戏规则，某些形式的商业欺骗是允许的"这一点就足够了。这一论点完全不能表达整个游戏会腐败的可能性。商业伦理的评论家指出，除非评论家给出理由说明游戏规则在道德上有所不同，否则某些市场参与者猖獗的欺骗行为，不会因为"游戏规则允许这种行为"的保证而得到平息。德沃金的法律理论解释了为什么法律在道德上有所不同。（在商业伦理方面是否也可以采取类似的理论举动，这是个有趣的问题。）德沃金认为，法律解释在本质上必然是道德的，它试图从政治道德的角度向社会展示其最好的一面。这意味着，律师在决定是否在道德上允许为反对贷款人对借款人的

---

[56] See Charles Fried, *Contract as Promise* (Cambridge, Mass.: Harvard University Press 1981).

索赔请求而做诉讼时效抗辩时，必须判断这样做是否符合诸如正义、公平或程序正当这样的道德原则。[57]

由律师在这一小段对话中所提出的法律—道德论点，通常被认为是合理的，即使是由那些对法律职业伦理的标准概念持怀疑态度的学者提出也是如此。[58]请注意它们是如何将实体法规范（诉讼时效）协调识别的，这可能会由哈特的承认规则加以规定，并在共同体的原则方案中提出证明诉讼时效正当的论据。公平和程序正当都是诉讼时效所涉及的价值，旨在防止不可靠证据的引入和过期债权的诉讼。诚然，该法令能够驳回由借款人引起且未偿还的债务的索赔要求；但是，为了维护另一种利益，比如效率或公平，法律制度经常拒绝对有充分理由的主张的当事方提供救济。[59]因此，在法律职业伦理方面一个德沃金式的举措是，根据其道德和政治承诺的背景，为律师申请诉讼时效的决定辩护，作为对共同体法律制度的建设性解释。

非德沃金主义者该怎么办？正如本章所讨论的，其他关于法律 88 本质的理论对公民、律师和法官应当对待法律的实际态度，留下了一个悬而未决的问题。某人可能是一个法律实证主义者，他认为只根据社会事实完全可能理解法律的概念，他进一步认为，要么①人们有理由尊重法律并且支持法律制度，要么②不存在这样的理由。同样的道理也适用于那些认同自然法观点的人。因此，下一步的讨论是考虑哲学家对法律义务和法律权威的观点。

---

〔57〕 Dworkin, *Law's Empire*, supra, p. 243.

〔58〕 See, e. g., Simon, *supra*, pp. 32–33.

〔59〕 适用于美国联邦法院诉讼程序的民事诉讼规则表明，它们旨在促进"对每一诉讼做出公正、迅速和廉价的裁决"。很明显，这三个目标在很多情况下是相互冲突的。

第五章
法律责任和权威

　　这一章从关于法律本质的概念问题，转移到关于公民与政府关系的道德问题。义务和权威的概念是我们理解法律在社会中作用的核心。如果有人在街角告诉你骑车时要戴头盔，你可能会回答"谁说的？"或者更不礼貌的话。但是，如果你所在的市议会联合起来颁布了一项法令，要求骑自行车的人在市区范围内戴头盔，你可能会得出这样的结论：你现在有理由戴头盔了，即使在新法律通过之前你并不认为自己有必要戴头盔。对此的一种解释是，法律声称或要求对其臣民有权威，即使有时事实证明它并没有权威。[1]一个法律体系声称要发布其臣民认为具有约束力的命令。法律规定骑自行车的人必须戴头盔……所以他们必须戴头盔。人们必须按照法律的规定去做，因为这就是法律。

　　权威可以被理解为命令服从的权利。哈特批评约翰·奥斯丁的法律理论类似于持枪歹徒的威胁："把你的钱包交出来，否则我就开枪了。"持枪歹徒可能有权力命令受害者交出自己的钱包，但他缺乏权威（例如，指令动作的权利）。[2]还记得哈特关于被迫（持枪歹

---

　　〔1〕　每一个法律体系都声称自己拥有合法的权威。如果对权威的要求是法律本质的一部分，那么无论法律是什么，它都必须能够拥有权威。Joseph Raz, "Authority, Law, and Morality," in *Ethics in the Public Domain* (Oxford：Oxford University Press 1994), p. 215.

　　〔2〕　Scott J. Shapiro, "Authority," in Jules Coleman and Scott Shapiro, eds., *The Oxford Handbook of Jurisprudence and Philosophy of Law* (Oxford：Oxford University Press 2002), p. 385.

徒的威胁）与有义务之间的区别吗？义务与权利相关。如果一个人或机构 A，没有权利统治另一个人或机构 B，那么 B 就没有义务服从 A 的命令。如果 A 对 B 有正当权威，那么 B 就有义务服从 A。市议会在其管辖范围内可能是一种合法权威，在这种情况下骑自行车的人就有戴头盔的义务。

"义务"这个词是含混不清的。[3]它可能指一个人有充分理由去做的事情，这可能与其他义务相冲突，或者它可能指一个人"从各方面来看"应该做的事情。前一种责任感可以被称作"显见义务"（prima facie obligation）。[4]后者可以被称为"确定性义务"（conclusive obligation）。显见义务要求一个人去做某事，除非有更令人信服的理由去做其他事情。假设 P 是一名急诊医生，他答应女儿练完垒球后去接她，由于 P 过去总是迟到，他这次特别郑重地承诺会按时到。承诺会创制一个显见义务，并且在缺乏一个更重要的理由来采取不同行动时，它也会创制一个确定性义务。但是现在想象一下，在去垒球场的路上，P 注意到有一个人在路边很痛苦，显然是心脏病发作了。因为他受过医学训练，他能够阻止并可能挽救心脏病患者的生命。许多哲学家会认为 P 有义务停下来提供帮助，甚至认为这种义务超过了 P 对女儿的承诺所产生的义务。从各方面来看，P 应当帮助心脏病患者。也许他应该为自己的再次迟到而向女儿表示深深的歉意，但是考虑到义务的相对重要性，从各方面来看，P 做了正确的事情。正如律师们会说的，显见义务创制了一个有利于做某事的假设，但是该假设可能会被做其他事情的更强理由所推翻或反驳。

许多学者认为，遵守法律甚至没有显见义务，更不必说确定性义

〔3〕 See the helpful discussions in A. John Simmons, *Moral Principles and Political Obligations* (Princeton, N. J.: Princeton University Press 1979), pp. 9–12; Margaret Gilbert, *A Theory of Political Obligation* (Oxford: Oxford University Press 2006), pp. 26–42.

〔4〕 That term is from W. D. Ross, *The Right and the Good* (Oxford: Oxford University Press 1930).

务了。[5]的确，政治哲学中有一个突出的传统，否认公民有遵守法律的义务，或者至少严格地限制了这种责任。[6]这种对权威的怀疑是因为人们是自主的。这意味着，从形而上学的角度来说——也就是说，仅仅因为我们是某种生物——人类有能力选择我们应该如何行动。我们对刺激的反应不是出于一时冲动，也不只是出于本能，而是出于我们可以反省和深思熟虑的原因。我们对自己的选择负责，只是因为我们能够理解并按理由采取行动。这在道德理论和刑法中都是司空见惯的［用普通法迈克纳顿规则（M'Naghten Rules）来表达］，即一个人精神失常，并因而不能鉴别理由和被理由感动，在道德上或法律上都不能被追究责任。然而，能够理解并深思熟虑的人有义务为自己的行为负责。按照当局的指示行事，这似乎与对自己的行为负责不一致。"因为法律这么说"是一种不同于"因为这是正确的事情"的理由。使自己服从他人（包括国王或立法者）的意志，这恰恰是自主行为的对立面。自主是拒绝被统治。一个自主的人可能会做别人让他做的事，但绝不可能因为他被告知要这样做。[7]

对自主权的讨论表明，权威问题实际上集中在这种情况，即没有预先存在的义务去做法律要求的事情。法律禁止谋杀和偷窃，但已经有了不杀人或偷窃的道德义务。有趣的例子是那些像自行车头盔的情况，那里没有预先存在的道德义务或者是法律要求强加的责任与其他义务相冲突的情况。在这些情况下，法律本质上是说，"你应该这么做，因为法律是这么规定的"。回想前一章的《逃亡奴隶法》。美国北部善意的公民可能会认为，在道德上有义务帮助逃出来

---

〔5〕 See, e. g. , Joseph Raz, "The Obligation to Obey the Law," in *The Authority of Law* (Oxford：Oxford University Press 1979).

〔6〕 See, e. g. , Simmons, *supra*；Robert Paul Wolff, *In Defense of Anarchy* (New York：Harper & Row 1970)；M. B. E. Smith, "Is There a Prima Facie Obligation to Obey the Law?," *Yale Law Journal* 82：950-76 (1973). 对于政治责任有更同情的看法，see Kent Greenawalt, *Conflicts of Law and Morality* (Oxford：Oxford University Press 1989).

〔7〕 Robert Paul Wolff, "The Conflict Between Authority and Autonomy," in Joseph Raz, ed. , *Authority* (New York：New York University Press 1990), pp. 26-27.

伦理与法律：导论

的奴隶在加拿大获得自由。然而，这项法律声称要规定确立一项义务，以协助逮捕逃亡的奴隶。法律必须被遵守吗？法律要求返回逃亡的奴隶这一事实是否意味着人们应该这么做？

这个问题可以从具体的法律推广到政府统治其臣民的权利。在这种形式下，它通常被称为政府正当性（legitimacy）的问题。[8]一个正当的政府被认为会产生遵守本国法律的政治义务。政治义务一般是与单一民族国家公民的公民身份（即特定政治共同体中的成员资格）有关的义务。[9]因此，政治义务不同于道德义务，它适用于所有人，只要我们是自主、理性的人。法律理论可能会也可能不会明确地将法律的权威与政府的正当性联系起来。一项法律制度可能大体上是公正的，但公民仍然可能享有不服从某一法律的权利。因此，人们应该谨慎地把有关政府统治其臣民的权利的政治问题，同从各方面来看公民应有责任的判定区分开来。

无论这个问题是关于特定法律（例如《逃亡奴隶法》），还是涉及各国政府，以及由此产生的义务是确定性的还是仅仅是显见的，有几个传统的论点试图表明公民确实有遵守法律的义务。这些是下一节的主题。

第一节　感　激

苏格拉底以腐蚀雅典青年的罪行被判处死刑。在他被执行死刑的前夕，他的朋友去监狱探望他，并敦促他设法逃跑，指出对他的

---

〔8〕 See Richard E. Flathman, "Legitimacy," in Robert E. Goodin, Philip Pettit, and Thomas Pogge, eds., *A Companion to Contemporary Political Philosophy* (Malden, Mass.: Wiley-Blackwell, 2d edn., 2012).

〔9〕 政治义务的特殊性是其令人费解的特征之一。当我从美国搬到新西兰六个月时，我对新西兰的法律和机构负有一些义务，如遵守法律和纳税，但我没有其他义务，如选举投票和在军队服役（在极不可能的情况下，新西兰政府会起草一份草案）。尽管我有理由相信新西兰的政治机构至少与美国的政治机构一样，但这是事实。美国公民身份在道德上与我的一些义务相关，但其他人则不然。因此，政治义务不能取决于国家政治制度是否公正等特征。See Simmons, *supra*, pp. 32-35.

定罪和判决是不公正的，并且他的死亡对其朋友和城市都将是巨大
的损失。但苏格拉底回应说，他不应该以违反雅典法律的方式来回
应一个错误的定罪，因为雅典给了他生命，教育了他，并且给了他
和他的家庭美好的东西。他有机会在成年后离开这个城市，但他选
择留下来并接受其法律的好处，他有义务遵守这些法律。他对法律的
态度应该是感激，而不是蔑视。[10]正如在苏格拉底看来不服从拟人化
的法律是错误的，因为在其他事情中，法律就像是市民的父母。[11]就
像孩子有义务以各种方式赡养父母，公民也有义务支持政府。这种
支持的一个方面将是遵守由政府制定的法律。

今天几乎没有人会把这些法律或政府比作自己的父母，但事实
仍然是，政府为公民提供了大量的福利。就像人们对父母的感激义
务一样，一个仁慈政府的公民也可能因为其提供安全、教育、清洁
的环境和其他好处而有所回报。[12]这种义务是一种回报。但是关于
感激的论点有几个众所周知的问题。[13]一个是只有当 B 使 A 受益
时，A 才有义务感激 B，但是在现实社会中由 B 制定的很多法律，
不是为了 A 的利益而是为了其他人的利益，可能包括 B 依靠一个强
大的势力继续掌权。以《逃亡奴隶法》为例，该法令的制定是为了
使美国南部的奴隶主受益——这对南方官员来说的确是一个很重要
的利益集团，但对那些据称有义务将逃亡奴隶归还其主人的北方公
民来说却不是这样。如果宣称，反对奴隶制的北方人应该通过帮助
抓捕逃跑的奴隶来表达对政府的感激，那会让人感觉很奇怪。

另一个反对意见是，即使假设 A 有感激 B 的义务，但这并不意
味着 A 表达感激的正确方式是做 B 所说的任何事情。遵守法律是一
种相当严格的义务，A 可以通过实行不遵守法律的行为来履行自己

---

[10] Plato, "Crito," Hugh Tredennick, trans., in Edith Hamilton and Huntington Cairns, eds., *Plato: The Complete Dialogues* (Princeton, N. J.: Princeton University Press 1961).

[11] Id., 51e.

[12] 对于一个现代版本的感恩论证，see A. D. M. Walker, "Political Obligation and the Argument from Gratitude," *Philosophy and Public Affairs* 17: 191–211 (1988).

[13] See Smith, *supra*, p. 953; Simmons, *supra*, ch. VII.

的任何感激之责。例如，A 可能会进行例行的、仪式化的表现，比如向国旗敬礼或演唱《天佑女王》（God Save the Queen），或者他可能会做一些需要做出更大牺牲的事情，比如缴纳其应缴的税款。换句话说，不清楚该如何具体规定作为回报的义务的内容。最后，虽然一个人可能对另一个人有报答的义务，这种义务通常会出现在人际关系的背景下，其道德内容可能不会转化为一个环境，在这个环境中福利是由像立法机关、行政机构和执法官员这些机构提供的。[14] 基于这些理由，即使公民有理由对政府提供的某些福利表示感激，这种感激也不代表一种服从法律的责任。

第二节　同意或社会契约理论

在西方政治思想中，最突出的观点或许是国家的合法权威来自生活在其统治下的人的同意。约翰·洛克（John Locke）在其《政府二论》（Second Treatise on Government）中提出的一个颇具影响力的观点是，政治权威只能来自被统治者的同意。（美国读者会从《独立宣言》中读到这句话。）洛克坚持认为，所有人生而自由，不受任何他人意志的支配。[15] 人们自然服从的唯一法律是理性法。[16] 事实上，自由取决于理性——我们只有在理性的范围内才自由，并且能够理解我们应该如何行动。我们受到道德的限制，但我们的自由不受任何其他约束，特别是我们不受任何人任意意志的支配。同时，我们也是天生的社会动物，渴望与他人共同生活和工作。我们可能天性自由，但这种自由的享受是没有保障的。[17] 其他人可能会对我们造成人身伤害或财产损失。因此，我们离开自然状态，通过放弃部分"不受控制地享受自然法的所有权利和特权"，[18] 以换取公民社会的

95

---

〔14〕　Simmons, *supra*, p. 187.

〔15〕　John Locke, *Second Treatise of Civil Government* (1690), ch. IV, sec. 22.

〔16〕　Id. , ch. VI, sec. 57.

〔17〕　Id. , ch. IX, sec. 123.

〔18〕　Id. , ch. VII, sec. 87.

利益，自愿进入公民社会。这些福利包括预先制定和确立并由有权执行合法裁判的公正法官实施的法律。[19]

洛克的论点很好地调和了法律的权威与以同意为媒介的公民自主。自由自主的人可以通过执行一个行为表明他们愿意受约束，以此来强迫自己。承诺的伦理意义和契约的法律制度都可以这样理解。那些知道什么对自己最有利的人，应该自由地通过像承诺这样一致同意的行为来强迫自己。此外，一个承诺可以是有条件的，因此把自由交给主权者不是绝对和不可撤销的，而是取决于主权者履行其契约的目的，比如公正统治。

社会契约作为政治义务理论的问题在于——好吧，契约在哪里？大卫·休谟（David Hume）认为，实际上每一个现实的政府都是"要么建立在掠夺或征服之上，要么两者兼而有之，没有任何对人民的公平同意或自愿服从的伪装"。[20]此外，人们如何解释法律对被剥夺权利的公民的权威，如妇女、奴隶和在雅典的外国人，他们虽然在政府中没有发言权，却受到雅典法律的约束。[21]社会契约理论家可能会回应说，关于离开自然状态和自愿放弃我们的自然权利的那一点是虚构的。除了通过宣誓效忠于新国家而成为公民的移民外，大多数公民从未明确同意服从于一个国家机构的权威，而只是出生在这个国家。休谟正确地指出，公民的实际同意从来没有被给予过，因此理论家可能会依赖于假定或默示的同意，而不是诉诸公民的实际同意。也许通过自愿留在出生国并接受其法律的好处，公民会默许接受这些法律的约束。

96　　默许理论存在众所周知的困境。一般来说，默许是指在面对选择时保持沉默。它仍然必须是真正的同意，是有意给予的——对社会契约理论的唯一修改是，在适当的背景条件下，同意可以从沉默中

---

[19]　Id. , ch. IX, secs. 124—26.

[20]　David Hume, "On the Original Contract," reprinted in Ernest Barker, ed. , *Social Contract* (Oxford: Oxford University Press 1947), p. 151.

[21]　Id. , p. 153.

推断出来，也可以通过语言表达出来。[22]要构成同意，一个人的沉默必须是在以下情况下做出的：很明显同意是被征得的，沉默将构成同意，有表达异议的手段且能以较低的成本实行；同时，同意会得到考虑，而且不同意不会成为报复异见者的理由。[23]通常用来表示同意受州法律约束的行为，不满足这些条件。事实上，正如休谟时代以来的批评家所指出的，政府经常通过某种武力、欺诈和人们对当权者相对不加思考的服从来确保表面上的同意。人们可能没有意识到，他们的忠诚取决于他们的同意，所以他们可能只是出于习惯或对政府的一种错位的敬畏感而遵守法律。未能行使退出选项并不构成默许，因为许多公民可能缺乏物质资源、外语能力、受欢迎的工作技能和移民离开其出生地的其他先决条件，或者他们可能只是宁愿忍受一个糟糕的政府，也不愿离开朋友和家人去一个新的国家定居。

洛克试图从人们积极或消极参与社会的各种方式中推断出默许：

> 因此，每一个拥有或享受政府领土任何部分的人，都会默许并在享受期间尽可能遵守该政府的法律，就像任何政府下的人一样，无论这是他和他的继承人永远拥有的土地，还是只住一周的地方；或者仅仅是在高速公路上自由行驶；实际上，它影响到了该政府领土内的任何人。[24]

洛克的叙述并不要求人们在其他人可以合理推断沉默是为了表达同意的情况下保持沉默，在这些情况下，其他人可以合理地推断出，沉默是为了表达同意。相反，任何接受政府福利的行为都被视为同意。这将"同意"的概念延伸到了极限。有约束力的同意不能

---

[22] Arthur Isak Applbaum, *Ethics for Adversaries* (Princeton, N. J. : Princeton University Press 1999), pp. 116-20.

[23] Simmons, *supra*, pp. 80-81.

[24] Locke, *supra*, ch. 8, sec. 119.

在无意中给出，洛克所引用的许多行为，比如拥有财产和在高速公路上行驶，都不是为了表示同意。许多行为涉及获得一些微不足道的好处，而严格的义务据说就是从这些好处中得到的。在一个国家的领土内呼吸干净的空气无疑是一种好处，但如果是由政府指挥，人们是否因此有义务服兵役？此外，某人可能在一个专制政府的领土内拥有财产，而根据洛克默示同意的说法，他会因此同意被暴君统治。[25]但洛克明确指出，一个由其臣民的同意组成的政府的权力，永远不能超出保护"人民的和平、安全和公共利益"。[26]人民享有不受政府侵犯的财产权和宗教自由等自然权利。因此，明示或默示的同意都不能使侵犯其人民自然权利的政府合法化。

也许，在这种情况下，正当性来自自由而平等的人民所达成的合作安排的质量，而不是仅仅来自同意的事实。沿着这些思路，一个更现代版本的同意理论依赖于假设的公民同意。假设的社会契约理论，最好的例证是约翰·罗尔斯于1971年出版的《正义论》（*A Theory of Justice*），[27]它试图确定多么理性、自由、平等的人会同意处于一个想象中的最初谈判地位。现代假设的社会契约论通常以理性或合理性概念为出发点，并依赖于理性选择的原则来推导出规范政府机构和公民社会的宪法原则。罗尔斯著名的关于原始状态和无知之幕的思想实验产生了正义原则，却也留下了义务的问题。政府机构可能是公正的，但仅仅这一点就能创造出遵守法律的义务吗？有趣的是，是罗尔斯自己在其早期的一篇有影响力的论文中，提出了一种以肯定方式回答这个问题的方法。

98

---

〔25〕 Simmons, *supra*, pp. 84-85, discussing Hanna Pitkin, "Obligation and Consent-I," *American Political Science Review* 59: 990-99 (1965).

〔26〕 Locke, *supra*, ch. IX, sec. 131.

〔27〕 John Rawls, *A Theory of Justice* (Cambridge, Mass.: Harvard University Press 1971) (revised edition published 1999). 对罗尔斯思想通俗易懂的总结，see Samuel Freeman, "John Rawls-An Introduction," in Samuel Freeman, ed., *The Cambridge Companion to Rawls* (Cambridge: Cambridge University Press 2003).

第三节　公　平

罗尔斯与哈特都提出，遵守法律的道德义务可以建立在对公民的公平考虑上。[28]公平原则并不要求任何人明示或默示同意承担义务。相反，公平竞争原则要求我们尽自己的一份力量维持一种合理公正的社会合作计划，我们愿意从中受益，而不是对他人的努力搭便车。公平竞争原则所规定的义务一般涉及小型合作企业。例如，假设在一个小镇上，一条繁忙的高速公路经过，镇上的居民被旅客留下的垃圾所困扰。大多数居民公开聚会，并同意分担清理垃圾的工作，每个居民选择一个周末来完成这项工作。琼斯出城了，没有参加会议；因此，他不同意分担工作的安排。尽管如此，如果琼斯能从新美化的城镇环境中获益，他再拒绝承担他的责任，对他的邻居们就是不公平的。因此，琼斯有义务花一天时间清理垃圾。

来自公平的争论避免依赖于实际同意或默示同意。琼斯没有出席会议，也没有同意分担工作的安排，在沉默被理解为表示同意的情况下，他也没有保持沉默。但是，在琼斯有义务捡起垃圾之前，仍有一些条件需要满足。第一，他必须自愿接受合作方案的好处。第二，如果每个人都不做自己那份工作，那么琼斯及其邻居所享有的福利就会丧失。第三，必须有可能对他人的努力搭便车；也就是说，即使琼斯在指定的参与日期坐在那里看电视，他仍然能够享受到该方案的好处。第三个条件的结果是，合作是不稳定的。如果琼斯知道其他人会尽他们的一份力，即使他不做自己那份工作，他也能从他人的合作中获益。正是这种可能性创造了合作的义务。如果琼斯没有尽到自己的责任就自愿接受合作方案的好处，这对其他居民是不公平的。他尽自己那份力的责任，来自其他居民为了包括琼

---

[28]　See H. L. A. Hart, "Are There Any Natural Rights?," *Philosophical Review* 64: 175–91 (1955); John Rawls, "Legal Obligation and the Duty of Fair Play," in Samuel Freeman, ed., *John Rawls: Collected Papers* (Cambridge, Mass.: Harvard University Press 1999).

斯在内的所有人的利益而做出的牺牲。

你不会惊讶地发现，人们对公平竞争原则作为义务的来源提出了许多问题。首先，什么是自愿领取福利？虽然拥有没有垃圾的街道可能是件好事，但琼斯在这件事上并没有任何选择。邻居们想出了这个办法，实际上也是把它作为既成事实告诉了琼斯。受益和接受利益是有区别的。[29]依靠琼斯在社区的持续居住作为他自愿接受福利的证据，遇到了我们之前所看到的关于默许理论的相同困难。如果没有一个实用且相对成本较低的退出选择，继续居住在一个区域中并不构成同意领取福利。这可能是基于公平的义务描述的一个特性，而不是一个缺陷。即使在没有（实际或默示的）同意的情况下，公平竞争原则也是作为义务的基础。然而，在某些情况下，如果社区成员有机会就此事发表意见，他们可能会被迫为一些本不认为是福利的事情买单。

> 假设我的邻居在一片共有草地上修了一条近路。开阔的草地对我更有利——我不喜欢步行交通，因为不想打扰花儿或兔子。既然有了近路，我就走，而不是绕远路，因为我所珍视的未被打扰的草地已经遭到破坏……如果我拒绝支付我的份额（道路维护费用），是否违反了公平竞争原则？我认为不是。修路这件事不是为了我的利益而组织的，而且它的存在使我的偏好和兴趣受挫。[30]

这个例子背后的直觉是，"其他人应该不会把他们喜欢的任何方案以及随之而来的义务强加给我们。"[31]但不管是不是被迫的，这个方案确实在草地上开辟了一条近路，反对者也自愿使用。它是否因此而成为一种利益？用户是否因为没有支付维护费用而成为搭便车者？

---

〔29〕 Simmons，*supra*，p. 107.

〔30〕 Applbaum，*supra*，p. 128.

〔31〕 Simmons，*supra*，p. 121.

伦理与法律：导论

修订公平竞争原则以保护异议者和无辜受殃者利益的一种方法，是限制对那些积极参与该方案的人的支持义务。因此，相关的区别不是受益与接受利益，而是受益于合作计划与参与合作计划。公平竞争原则可能只约束那些在某些重要方面也是参与者的受益人。"仅仅是某个团体的一员，而其他团体的成员制定了一个方案，这并不足以使一个人成为参与者。"[32]根据公平竞争原则的这项修正案，如果一个城镇的大多数居民想出了一个从公路上收集垃圾的方案，即使琼斯是这个城镇的居民，他也不受公平竞争原则的约束。但是，修正案忽略了一个重要的观点，即搭便车通过自愿接受福利而不为其生产做出贡献，对那些为福利做出牺牲的人来说是不公平的。要是琼斯享受美丽的小镇环境，而又不去清理街道上的垃圾，那他就有点混蛋了。因此，人们可以进一步修正公平竞争原则，寻求确定接受利益的一个中间立场的概念，这个中间立场介于仅仅接受利益（太弱）和积极参与产生利益的计划（太强）之间。走在草地上新修的小路上的人，可以说是自愿接受了这条小路的便利，即使他更愿意让草地保持自然状态。

无论你如何看待公平竞争原则适用于小规模的合作计划，当理论家试图将其转化为大规模社会中政治义务的基础时，它就会遇到真正的困难。[33]如果我们拒绝强迫人们支持一项强加给他们的计划，而不让他们自愿接受福利，那么对于那些仅仅出生在某一特定社会中而在接受福利方面没有真正选择的人来说，很难概括出一种政治义务。多亏了国家和地方政府，我才能呼吸到干净的空气，但在这件事上我别无选择。我甚至可能拥有像《克里托篇》中苏格拉底那样的信仰和态度——感谢政府及其法律提供了清洁空气的好处——但我的许多同胞却没有。他们认为，与所提供的好处相比，政府的负担过重（就成本和对自由的限制而言）。他们可能认为，无论对错，市场机制会比政府监管更能保护环境；或者他们可能认为（再

<hr>

[32] Id., p. 123.

[33] Id., pp. 128-139; Smith, pp. 957-58.

次，不论对错），对其经济成本和效益的严格分析证明，政府施加的一些排放限制是不合理的。这些反对者并不是自愿接受政府的利益，而是将这种大规模合作方案的成果强加给他们。如果我们称他们为搭便车者，我们实际上是在说，公平竞争原则适用于任何从政府活动中获益的人，不管他们对获益的态度如何。这一原则过于宽泛。

第四节　关联义务

公平竞争原则也许不能确切地说明无视民主制定的法律的错误之处，但共同体的成员身份似乎确实对其他成员和共同体本身产生了某种义务。一个更现代的法律义务理论把共同体的成员资格作为基础。当我们在第四章中讨论法的本质理论时，我们讨论了罗纳德·德沃金的观点，即一名法官在解释法律时，必须根据一个特定政治共同体的基本道德认同，识别出一套关于公民权利和义务的融贯原则。[34] "共同体"（community）这个词对德沃金来说非常重要，在其他地方他使用不自然的老式词"互助会"（fraternity）来定位共同体成员之间相互尊重和关心的理想。[35]这可能是因为，人们发现自己被扔在了一起，离得很近。正如霍布斯（Hobbes）或洛克所设想的那样，他们甚至可能同意放弃部分天赋自由，以换取一个强大统治者的保护。[36]德沃金问道，这群人是否会问一个更深层次的问题，也就是

102

---

〔34〕　Ronald Dworkin, *Law's Empire* (Cambridge, Mass.: Harvard University Press 1986), p. 255.

〔35〕　Id., p. 206.

〔36〕　托马斯·霍布斯（Thomas Hobbes）的政治理论始于这样的观察：在自然状态下，每个人都是自己行为正义性的裁判者。每个人都同意，自己有权对他人的攻击进行自卫，但这种权利的范围和诉诸这种权利的场合存在分歧，而这种分歧导致了不稳定和暴力。人们唯能达成一致的是，由于每个人都渴望自己身体和财产安全，而且认为战争状态下比在和平状态下更有可能自我保护是荒谬的，因此每个人都有必要放弃其自然自卫权（以及相应的判断自卫权是对是错的权利），并接受一个共同的权威——君主的判断。自然状态下的冲突源于人们对什么构成危险和自卫权利范围的分歧。因此，和平可以通过选择一个共同权威的判断而不是每个人自己的判断来建立。See the helpful discussion in Richard Tuck, "Hobbes," in *Great Political Thinkers* (Oxford: Oxford University Press 1992).

从"根据关于这意味着什么的一些连贯的概念，每个人都和其他任何人一样有价值，而且每个人都必须被平等对待"这一不言自明的真理得出了什么结论？[37] 我们可以假设人们的行为是自私的，只是简单地试图最大程度地满足他们的喜好。这当然是霍布斯的观点，这种共同体将表明其成员之间相互关心的失败。德沃金称这样一个薄弱的联盟为"规则手册共同体"，并认为它次于友爱或真正关联的共同体。只有根据道德权利和义务的一致方案采用和解释法律，才能恰当地表达所有公民的固有尊严和平等。只有这些法律才能主张道德上的正当性。

关联义务（associative obligations）是"反唯意志论者"，意思是为了受法律约束，不需要像表示同意或自愿接受利益这样的故意行为。通过这种方式，他们回想起苏格拉底在《克里托篇》中所做的类比，即他对家庭的义务与对雅典法律的义务之间的类比。我们出生在一个家庭，并对其他家庭成员负有义务；我们出生在一个政治共同体，同样对我们的公民同胞负有义务，其中之一就是遵守共同体的法律。关联义务的效力被认为不仅来自出生在某一特定共同体的偶然事件，还被源于对共同历史的参与，这一点在共同体的法则中得到了体现。因此，关联义务也是特殊的。不管怎样，《逃亡奴隶法》是我作为美国公民的历史的一部分，就像《怀唐伊条约》（Treaty of Waitangi）是新西兰政治史上独特的一部分一样。美国奴隶制的遗产和作为毛利族与欧裔白种人合作关系的新西兰两民族宪法，不能不影响公民、律师和法官处理涉及社会中少数群体权利的法律问题的方式。作为一名美国公民（和律师），重要的是，作为一个历史事实，我所在的社区采用了一项特殊的权利和义务方案。[38] 从某种意义上说，那段历史是强加在我身上的，就像苏格拉底发现自己出生在他的家庭里、出生在雅典城一样。

关联义务的力量不一定仅仅来自共同的历史。共同体也是由共

---

〔37〕 Dworkin, *supra*, pp. 213–14.
〔38〕 Id. at 211.

同表现出的对共同方案的认同态度所组成好的。[39]共同认同不同于社会契约。相反，这是作为共同事业的参与者，一种以第一人称复数思考和说话的共同的"我们感"（us-ness），一种我们都在一起的信念。如果出现了涉及共同体成员对彼此的权利和义务的问题，这是他们共同的问题。如果两个人对一个共同资源的使用产生争执，或者一个人在做另一个人认为损害其利益的事情，解决这一争议应从每个人都是其成员的共同体的观点出发——每个人都认识到，无论解决方案的内容是什么，应当通过一个尽可能尊重所有受影响的人享有平等尊重和关心的权利的进程，来达成这一目标。[40]斯科特·夏皮罗（Scott Shapiro）曾援引规划的逻辑来解释法治的价值，这很有帮助。[41]共同体面临的问题需要从一个共同观点出发来解决。共同体成员需要规范来指导、组织和监控共同体内个人和团体的行为。[42]法律允许共同体解决有争议的问题，并建立一套指导共同体成员的准则。规划的简单逻辑指出，从今以后共同体成员不应自己考虑应该做什么，而应征求规划的指导意见。[43]因此，共同体的法律在某种程度上是有道德价值的，它解决了所有共同体成员共有的一个问题——即依赖其他效率更低的命令模式的麻烦和成本。[44]

104

义务关联理论的批评者会指出，我们开始的问题是自主与权威之间的张力。让别人来统治自己，是我们对道德力量的放弃，是责任的缺失，是（如萨特会说的）背信弃义。如果"他人"是一个被称为"共同体"的模糊集体，就如同如果统治者是一个绝对的君主一样，情况也是如此。社会契约和公平理论至少可以将政治义务的力量，定位于个人自愿决定放弃自由或接受合作安排的好处。关联

---

〔39〕 See, e. g. Margaret Gilbert, "Group Membership and Political Obligation," *The Monist* 76: 119-31 (1993).

〔40〕 I made an argument along these lines in W. Bradley Wendel, *Lawyer and Fidelity to Law* (Princeton, N. J.: Princeton University Press 2010).

〔41〕 Scott J. Shapiro, *Legality* (Cambridge, Mass.: Harvard University Press 2011).

〔42〕 Id., pp. 200-03.

〔43〕 Id., p. 275.

〔44〕 Id., p. 213.

义务似乎需要大量不情愿的参与者，而这些参与者恰好只是因为历史和地理的偶然而进入一个特定的群体。此外，在人们之间的关系是直接和私人的情况下，家庭或小团体可能会产生义务，但这些类型的关系在大型政治共同体中是不典型的。[45]可以说，我们大多数的交流都是保持一定距离的，而不是和那些我们觉得有任何真正个人认同的人。我们对他们所负的责任是有限的，例如不以特定方式伤害或利用他们，而不是像同等的关心和照顾这样沉重的责任。最后，为了适应对感恩义务的批评，一个人的部分身份可能是政治共同体的成员（一个美国人，一个新西兰人，等等）；但这并不是说，承认成员资格的最适当方式是遵守当时碰巧掌权的任何政府的法律，而不顾诸如这些法律的公正性等独立的规范性考量。

义务问题的迷人之处在于，尽管大卫·休谟、罗伯特·保罗·沃尔夫（Robert Paul Wolff）、约翰·西蒙斯（John Simmons）和约瑟夫·拉兹（Joseph Raz）等思想家对政治义务的论点提出了一些非常有说服力的批评，但许多人仍然认为，法律的要求是有区别的。实际上，纽约州有一项法律，要求所有的自行车都要安装喇叭或铃铛，而我对我的自行车没装喇叭或铃铛存在一种模糊的内疚感。在我看来，这是一项愚蠢的法律，因为我可以通过喊叫而不是按铃更有效地引起行人的注意（当然是法律的要点）。但我相信，我没有按铃是做错了一件事，因为这是法律。当然，这只是一个微不足道的错误行为——它不会让我夜不能寐，也不会敦促我去买一个铃铛。尽管我很熟悉沃尔夫、西蒙斯、拉兹等人的批评，但我仍然觉得自己有义务去做法律要求我做的事情。

第二章关于反思平衡的讨论表明，如果我们通常有一种直觉认为有遵守法律的义务，但从理论上考虑我们却得出了相反的结论，那么我们有两种选择。一种是拒绝我们的直觉，因为它没有得到充分支持，也许还试图教育公民，他们没有遵守法律的义务。第二种

---

[45] A. John Simmons, "Associative Political Obligations," *Ethics* 106：247－73（1996），pp. 256–57.

是继续完善我们的理论，以期使它们更好地符合我们的直觉。一种可能的理论改进是探索多元而部分重叠的义务基础会起作用的可能性，或者义务的真正基础是某种同意、感激、公平和关联理论的混合。[46] 理论不一定是全有或全无的。上一节给出的所有论据都对它们有利。苏格拉底在《克里托篇》中提到了许多，在 2500 年后，人们仍在讨论这些问题。你可能会确信，没有义务遵守法律，即使是表面上看起来很弱的义务也没有。没关系。紧紧抓住这种感觉，想想如果人们没有遵守法律的义务，律师和法官的角色会受到什么影响。然而，下一章将转移到举证责任。为了论证，假设存在遵守合理公正法律体系之法律的义务。这项义务何时到期？大多数人会回答，"当法律不公正时"。第六章讨论不公正的法律和法律制度的问题，以及非暴力反抗与良心反对的反应。

---

[46] See the suggestion in Richard Dagger, "Political Obligation," *Stanford Encyclopedia of Philosophy*.

　　　　　伦理与法律：导论

探讨一下赫尔曼·梅尔维尔（Herman Melville）的中篇小说 106
《比利·巴德》（*Billy Budd*）中维尔（Vere）上尉的困境。主人公比利（Billy）是一个善良而单纯的水手，他被恶毒的上士克拉格特（Claggart）诬告为反叛。由于患有语言障碍而无法为自己辩护，比利打了克拉格特并将其杀死。维尔认为自己别无选择，只好召集一个军事法庭，探讨判比利在战时殴打上级军官的重罪。《比利·巴德》的许多读者并不知道，队长维尔的角色是模仿梅尔维尔的岳父，马萨诸塞州最高法院的首席大法官莱缪尔·肖（Lemuel Shaw）；他以反对奴隶制而闻名，同时也是执行《逃亡奴隶法》的几项判决的发起人。[1]梅尔维尔显然是想让其读者把维尔看作一个明智、仁慈和正派的军官。与此同时，他也代表了法律的严肃性和刚性与正义的鲜明对比。被克拉格特诬陷的比利是无辜的，维尔也知道他是无辜的，但维尔还是说服其他军官下令处决比利，提醒他们宽大处理可能会鼓励皇家海军在战时发生兵变。

和虚构的维尔上尉一样，真实的肖法官是一个正直的人，但他别无选择，只能遵守法律，把逃亡的奴隶送回他们主人身边。在肖法官看来，无论《逃亡奴隶法》多么不公正，在一个对奴隶制问题分歧严重的国家，它都是一个令人遗憾的必然选择；这是一个政治上的妥协，

---

〔1〕 See Robert M. Cover, *Justice Accused*（New Haven：Yale University Press 1975）.

避免了内战带来的更糟糕的结果（当然，内战最终还是结束了）。不管同意还是不同意肖法官的推理，大多数历史学家都把他看作一个面对真正义务冲突的正派人，而不是一个艾希曼式（Eichmann-type）的官员在一个巨大的机器上愚蠢地充当一个齿轮。[2]与维尔上尉一样，肖法官认为他有义务遵守法律，尽管他面前的案件明显不公。

你对法律职业伦理标准概念的态度，律师可以将道德责任推给法律制度，而不是接受个人对其行为的道德责任，很可能取决于你是否相信法律是一种有价值的社会制度，或者它是否仅仅是强者巩固对弱者统治的另一种手段。[3]一般来说，律师相信他们可以通过参与法律制度利用法律来伸张正义，总体来看他们在社会中也取得了一些成绩。如果你倾向于相信，社会上现有的政治和法律制度相比于保护人的尊严、自主和平等，更能产生困难、压迫、不平等和不公正，你可能就不会那么容易接受为标准概念辩护的论点。你可能会发现，律师像维尔上尉和肖法官一样有选择的余地——他们不需要只是不加批判地遵守法律，而是应该在其职业活动与正义之间寻求更深层次的联系。另外，你可能会在职业角色中看到更多的创造力和判断力。也许维尔上尉可以做点什么来强调叛变是不能被容忍的，但这也考虑到他承认比利是无辜的。如果像中尉、法官或律师这样的职业角色允许创造性和运用判断，那么律师的角色可能不像党派性原则、中立原则和不问责原则所建议的那样简单。尽管我非常赞同政治自由主义和法治，但我们很难忽视法律不公的普遍性。

---

〔2〕 尽管这一解释存在争议，但哲学家汉娜·阿伦特（Hannah Arendt）对阿道夫·艾希曼（Adolf Eichmann）受审的描述已经成为"平庸的邪恶"理念的代表——也就是说，可怕的反人类罪可能由一个由个人组成的系统实施，而这些人在个人层面上可能不是出于仇恨，而是出于诸如晋升愿望之类的琐碎考虑。See Hannah Arendt, *Eichmann in Jerusalem* (New York: Viking 1963). 肖法官对艾希曼的描述与阿伦特不同，因为肖法官仔细考虑了他的责任，而艾希曼只是在讨好他的老板。重要的是要记住，阿伦特从未打算否认艾希曼的责任；相反，她的观点是，当一个人参与大规模谋杀系统时，主观上无害的意图并不能否定责任。See Susan Neiman, *Evil in Modern Thought* (Princeton, N. J.: Princeton University Press 2002), pp. 270-77.

〔3〕 For an example of this critique, see Allan C. Hutchinson, "Calgary and Everything After: A Postmodern Re-Vision of Lawyering," *Alberta Law Review* 33: 768-86 (1995).

因此，本章试图为前两章所描述的法治的优点增加一点细微的差别， 108
并提出法律职业伦理的含义。

第一节　非正义的类型

不公正可以发生在许多层面。如果一个法律制度只是极权政府用来保留权力、压制异议和控制人口的工具，那么它可能是完全非正义的。或者，一个法律制度的不公正可能是局部的而不是全面的。例如，一个政府可能允许政治敌对和表达不同意见，可能有总体运行良好的法院，因此它只是从多数人的观点出发，而剥夺少数群体重要的政治或社会权利。在种族隔离政权下的南非和 20 世纪上半叶的美国南部地区，其法律制度的特点是，从占人口多数的白人的角度来看，这些法律制度运行得很好。从少数民族公民的角度来看，它们是非常不公正的；但在某种意义上，这种不公正是局部的。马丁·路德·金（Martin Luther King, Jr.）有句名言："任何地方的不公正对任何地方的公正都是一种威胁"，[4]但是，如果来自南非或美国占主导地位的社会群体的两名公民就合同的履行发生了争议，那么，法院对该争议的解决很可能符合任何可以想象得到的司法标准。严重或普遍的地方不公正会使一个法律制度完全不公正，但至 109少在原则上这两种不公正感之间是存在区别的。

法律制度的不公正可能以正式的方式表现出来，也可能在实质上是非正义的。极权主义制度在合法性方面往往具有形式上的缺陷，例如使用秘密的法律、有追溯力的法律以及腐败的法官，他们为了达到政权的目的而不惜无视法规和先例。[5]但是一个政府的制度即

---

〔4〕　Martin Luther King, Jr. , "Letter from Birmingham Jail" (April 16, 1963). Hugo Adam Bedau, ed. , *Civil Disobedience in Focus* (London: Routledge 1991), pp. 68-84.

〔5〕　纳粹德国的法律体系就是这种虐待的历史例证。See Ingo Muller, *Hitler's Justice: The Courts of the Third Reich* (Cambridge, Mass. : Harvard University Press 1992); Lon L. Fuller, "Positivism and Fidelity to Law: A Reply to Professor Hart," *Harvard Law Review* 71: 630-72 (1958), pp. 650-52.

使出于善意也有可能无法成为法律。正如在《法律的道德性》（The Morality of Law）第四章中所讨论的，朗·富勒讲述了一个虚构的统治者——善意但笨拙的雷克斯国王的故事。[6]尽管雷克斯尽了最大努力，但他似乎从未将其政府管理方式变成法律。他一次只处理一个案件，而不考虑是否有原则可以解释为什么一个案件与另一个案件被区别对待。他起草了一部法典，但把它锁在卧室的一个箱子里。当他最终发布其法典的公开版本时，人们发现该法典起草得非常糟糕，晦涩难懂，甚至连专业的律师都无法理解。诸如此类。无论富勒的理论是否应当被称为自然法的一个版本，人们普遍认为他的八项准则是合法性的标志。法律应该表现出①普遍性（采用的是形式规则而不是个案指令）；②公布；③前瞻性；④明确；⑤逻辑一致性；⑥可行性——也就是说，它们能够得到遵守；⑦稳定性；⑧公布的规则与其实际执行之间相一致。在富勒的寓言中，雷克斯国王不是一个邪恶的独裁者，他只是无能。然而，由于不尊重合法性的准则，他试图制定法律，结果使他的国家变得更糟。

对一个真正的法律制度进行富勒所启发的批判，可能会聚焦于由美国政府在古巴关塔那摩湾（Guantánamo Bay）为审判可疑的恐怖分子而设立的军事委员会制度。[7]这里的关键词是"可疑的"，因为似乎只有一小部分囚犯与恐怖主义有关。"许多（被扣押者）声称，他们的身份是错误的：一些人是被赏金猎人抓获的，他们不在乎自己是否找到了合适的人，而另一些人则是由受折磨的俘虏说出名字的。"[8]一个公正、得体的法律制度，应该包括确定是否监禁错了人等问题的程序。然而，美国政府最初辩称，被扣押者根本没

---

〔6〕 See Lon L. Fuller, *The Morality of Law* (New Haven: Yale University Press, rev'd edn., 1964).

〔7〕 See, e.g., Clive Stafford Smith, *Eight O'clock Ferry to the Windward Side: Seeking Justice in Guantánamo Bay* (New York: Nation Books 2007); Joseph Margulies, *Guantánamo and the Abuse of Presidential Power* (New York: Simon & Schuster 2006); Alexandra D. Lahav, "Portraits of Resistance: Lawyer Responses to Unjust Proceedings," *UCLA Law Review* 57: 725-87 (2010).

〔8〕 David Luban, "Lawfare and Legal Ethics in Guantánamo," *Stanford Law Review* 60: 1981-2026 (2008), p. 1987.

伦理与法律：导论

有资格享受任何正当程序；政府官员的这种说法足以使他们被无限期关押一段时间。美国最高法院驳回了这一立场，并认为被扣押者有权获得一个有意义的机会，质疑他被扣押的事实基础。[9]政府的回应是建立了战斗状态审查法庭，但试图阻止被扣押者在这些法庭上有律师为他们代理。当律师最终被允许代表被扣押者时，会面临着在他们和委托人之间"挑拨离间"（drive a wedge）的系统性企图，包括要求律师把信件和便笺交由政府官员审查，以确定是否含有机密信息。富勒肯定会欣赏这件具有讽刺意味的事：决定材料是否属于机密的标准本身就是机密。[10]一些律师还被要求签署一份权利放弃书，不再反对法庭未来将采用的程序，尽管他们不知道这些程序的内容可能是什么。[11]规则和程序经常在没有通知的情况下改变，其结果是使律师在其客户看来似乎无能为力，并播下不信任的种子。[12]简而言之，关塔那摩监狱的不公正主要是程序性的。这是富勒秘密、有追溯效力、临时判决的噩梦，这些判决配不上法律的头衔。

除了表现出形式或程序上的不公正（出于这些目的，这些术语可以被理解为相同的意思）之外，如果一个法律制度允许或要求道德上的不当行为，那么它可能在实质上是不公正的。在德国纳粹时期通过的法律，符合所有正式的合法性标准——它是不溯及既往的、公开的、一贯遵从的、能被遵守的，等等——但它常常是实质上不公正的。例如，《纽伦堡法》（Nuremburg Laws）禁止犹太人从事医生、律师或记者的工作，即使它是由德国国会按照其通常程序通过并以完全一致的方式执行的，也是不公正的。这种实质性的不公正可以是全面的，也可以是局部的。"纳粹德国"是邪恶政权的代名词，有许多在其他方面还算得体的民主政治制度下的公民认为，他们国家的法律在以下方面存在实质性的不公正，比如允许或禁止堕

111

---

[9] *Hamdi v. Rumsfeld*, 542 U. S. 507（2004）.

[10] Luban, *supra*, p. 1990.

[11] Lahav, *supra*, p. 726-27.

[12] Luban, *supra*, pp. 1997-98.

胎（或允许或限制某些程序的可用性，或施加某些条件）；允许或禁止在公立学校祈祷；参与或禁止试图纠正历史上被边缘化群体的错误行为的政府决策；虐待罪犯或者对精神疾病患者不给予足够的帮助；或者利用税收、财政或监管手段，要么加剧经济不平等，要么逐步重新分配收入，以减少经济不平等。根据一些公民真诚、善意的判断，允许、禁止或要求这些事情的法律是不公正的，即使这些法律是由公正的立法机关通过正常程序制定的，并得到公正、无偏见的执行。

在一个相当公正的社会中，许多法律上的不公正可能并不严重，但可能以日常骚扰和侮辱人类尊严的形式出现。"在日常交流中，有色人种的男女必须证明他们的尊严，"一位非正义理论家写道，"一开始，他们不会受到陌生人的敬而远之或恭敬的对待"，[13]而白人男性享受着受到尊重的表面上的权利。当人们在与法律体系的官僚机构打交道时，这种微妙的不尊重可能会加剧，因为这些机构往往把每个人都当作要处理的问题来对待，而不是当作应该受到尊重的人来对待，从而使每个人都失去人性。

112

第二节　批判法学与法律政治学的区别

法律哲学家们倾向于从形式特征的角度来讨论法律的概念，这些形式特征是法律为了成为法律所必须具备的，而不是其他东西，比如道德原则或风俗习惯。特别是法律实证主义者，热衷于否认法律与道德之间的任何必要联系。因此，人们能够得到这样的印象：实证主义者否认法律可以在有争议的道德和政治问题上站队。对不公正的法律持批评态度的人有时认为，法律是一个中立的、没有价值的推理领域，与政治不同；在政治中，个人和机构可以在有争议的社会问题上采取立场。批评人士随后指出，表面上中立的程序可

---

〔13〕 Iris Marion Young, *Justice and the Politics of Difference* (Princeton：Princeton University Press 1990)，p. 59.

能会起到巩固某些实质性权利和义务的效果，而这些权利和义务对社会中相对弱势群体不利。损害社会中相对弱势群体的利益。例如，法律史学家莫顿·霍维茨（Morton Horwitz）认为，在工业革命期间发展起来的侵权法原理，其效果是偏向于雇主的利益而不是工人的利益，以至于为新兴产业提供了经济补贴。[14]值得注意的是，实体法向大公司利益倾斜的转变，伴随着霍维茨所说的法律古典主义出现；法律古典主义的原则相信法律与政治的分离，并认为可能从纯逻辑考虑推导出法律类别（如侵权与合同、侵权法中的责任和过失等）。法治可以显得中立和不带政治色彩，其效果是减弱了对商业资本主义的批评以及伴随工业化而来的日益扩大的不平等。

批判法学研究（critical legal studies，CLS）是大约20世纪70年代和80年代法学界一些相关思想运动的总称，这些运动努力揭开法律对中立的伪装——表明那些看似中立、非政治、自然或理性的东西，实际上是围绕法律的范围和内容进行政治斗争的结果。[15]批判法学研究有许多不同的流派。一个流派强调法律的逻辑不确定性、结果的偶然性，以及法官和法律制度内的其他参与者享有的自由裁量权，用以实现他们自己的意识形态目标。[16]这一流派与其他学科（比如文学批评）的后现代主义和解构主义学术有密切联系。一个不同的流派更符合左派政治理论，它关注法律和权力相互为用的方式，法律在社会边缘群体的从属地位中所起的作用，以及（更抽象地）权力构建一个理解世界的独特方式的途径，据称是中性的，但实际上是高度意识形态的。[17]女权主义法律理论和批判种族理论在某些

113

---

〔14〕 Morton Horwitz, *The Transformation of American Law, 1780—1860* (Cambridge, Mass.: Harvard University Press 1977).

〔15〕 See generally Mark Kelman, *A Guide to Critical Legal Studies* (Cambridge, Mass.: Harvard University Press 1987); Guyora Binder, "Critical Legal Studies," in Dennis Patterson, ed., *A Companion to Philosophy of Law and Legal Theory* (Malden, Mass.: Blackwell 1996).

〔16〕 See, e.g., Duncan Kennedy, *A Critique of Adjudication {fin de siècle}* (Cambridge, Mass.: Harvard University Press 1997).

〔17〕 See, e.g., Roberto Mangabeira Unger, *Knowledge and Politics* (New York: Free Press 1987).

方面与批判法学重叠——例如，在强调所谓中立的法律对掌权和无权的社会群体的不同影响方面——但也有重要的争论点。[18]一些学者强调了实证法在保障少数民族道德权利中的作用。例如，帕特里夏·威廉姆斯（Patricia Williams）认为，权利的法律论述为非裔美国人提供了一种手段，将他们的需求或利益（这些需求或利益历来被占人口多数的白人忽视）描述为权利问题：[19]

> 对历史上被剥夺权利的人来说，赋予权利象征着他们人性中所有被剥夺的方面：权利意味着一种尊重，将一个人置于自我和他人的参照范围内，将一个人的地位从人的身体提升到社会存在。[20]

权利在适用上可能是不确定的，但它们确实提供了一种方式，将无权者的人性表现给一个由多数人主宰的国家。

尽管对批判法学进行概括是危险的，但有一个主题值得强调，那就是对法律中立性的批判。法律具有政治和伦理的议题，它占据一个位置。但它是在展示公正的公众形象的同时做到这一点的。正如我们在第五章开头所提到的，如果一个陌生人在街角告诉你骑自行车要戴头盔，你可能会回答说："你到底是谁？"如果你被告知法律庄严地要求你要戴头盔，那么你的反应可能不同。"噢，法律规定要这样做——那好吧。"这正是批判法学学者试图揭露和批判的态度。如果做法律所要求的事情是没有意义或不公正的，那为什么某物的法律身份会产生影响呢？或者，如果做法律要求的事情是有意义的，那么为什么法律的要求是与之相关呢？不管别人怎么说，也

114

〔18〕 See, e. g. , Kimberle Crenshaw, "A Black Feminist Critique of Antidiscrimination Law and Politics," in David Kairys, ed. , *The Politics of Law: A Progressive Critique* (New York: Pantheon Books, rev'd edn. , 1990).

〔19〕 Patricia J. Williams, "The Pain of Word Bondage," in *The Alchemy of Race and Rights* (Cambridge, Mass. : Harvard University Press 1991).

〔20〕 Id. , p. 153.

伦理与法律：导论

许戴自行车头盔是个好主意。[21]这一思路听起来应该很熟悉，因为它是第四章中所讨论的哈特-富勒论战的核心。哈特和富勒在把纳粹政权的指令称为"法律"的重要性方面存在分歧。实际上，哈特的意思是说，所有关于纳粹时期公民和官员在法律方面的行为的有趣问题，都是关于国家正当性和法律义务遵守的政治和道德问题。它们不是关于法律本质的概念性问题。富勒回应说，这两类问题不能混为一谈。如果某物声称是法律，那么它隐含地要求人们正确地服从。

无论你对哈特-富勒论战中所探讨的概念问题持何种观点，即便是在或多或少公正的法律制度中，要否认某些不公正法律的存在，也需要几乎故意的盲目。像加拿大、新西兰或英国这样的国家，拥有还算公正的民主社会，可即便如此，可能还是存在一些具体的法律，要求公民做一些他们认为在道德上错误的事情，或者阻止他们做一些他们认为在道德上应该做的事情。当然，如果每个公民都能自由地做自己认为最好的事情，从道德上讲，法律将失去其解决多元社会中不可避免的道德分歧的能力。法律创制义务的主张不能是绝对的，但良心的要求也不能是绝对的。在某些情况下，一个公民关于应该做什么的观点，必须通过一个还算公平的政治程序来决定应该做什么。然而，一个公正的社会也会认识到，在某些情况下给予有道德动机的公民除了守法之外另一种选择的重要性。非暴力反抗（civil disobedience）与良心反对（conscientious objection）是处理法律与道德不可避免的冲突的两种相关策略。

---

[21]　在阐明权威概念方面做得最多的学者是约瑟夫·拉兹。他区分了理论权威和实践权威，前者具有认知功能——也就是说，它们告诉人们适用于它们的理由。例如，如果一家汽车安全研究机构确定某一品牌的汽车不安全，我可能会根据该机构的权威选择不购买该汽车。机构不会改变适用于我的理由；它只是告诉我一些我不知道的事情。这样，它是一种理论权威，就像文中告诉别人戴自行车头盔是个好主意的人一样。See Joseph Raz, *The Morality of Freedom* (Oxford: Oxford University Press 1986), p. 52. 相比之下，实践权威具有规范性力量。实践权威的指令为行动创造了一个新的理由，取代了先前存在的理由。See Joseph Raz, *The Authority of Law* (Oxford: Oxford University Press 1979), pp. 16-17. 权威的正常理由是，通过接受权威的指令作为约束，权威主体可能会更好地遵守适用于他的理由。Joseph Raz, "Authority, Law, and Morality," in *Ethics in the Public Domain* (Oxford: Oxford University Press 1994), p. 214.

第三节　非暴力反抗和良心反对

一方面……

> 大多数写过这个主题的哲学家都认为，至少在民主社会中，遵守法律总是有强大的道德理由。[22]

另一方面……

> 尽管我们可能坚信不服从是错误的，但我们大多数人也认识到，至少有些时候服从法律是错误的。[23]

你可能认为遵守法律是一种义务，而且是一种相当强烈的义务。然而，几乎没有人会认为这是无论如何都必须遵守的绝对义务。在某种程度上，一个特定的法律或一个完整的法律制度可能很不公正，以至于没有有效的道德论证可以提供一个人应该按照法律规定去做的结论。然而，作为一个道德上的正当性问题，某物被伪装成法律这一事实，并不创制一项义务要求人们去做未来的法律所规定的事情；而且，事实上遵守法律可能在道德上是错误的。就像富勒所说，法律的不公正可能是程序性或形式上的，也可能是实质性的，因为没有人应该因为盗窃食物而被处死；但无论如何，这种不公正是如此明显且严重，以至于在道德上不可能有服从的理由。

在哈特-富勒论战中，毫无疑问，极其不公正的纳粹法律不值得公民效忠。相反，争论的焦点是，如何才能最好地从理论上说明这些指令缺乏正当权威——它们应该像富勒所说的那样被称为"非法律"，还是不需要遵守的法律？尽管历史上有其他同样不公正的法律制度，比如南非的种族隔离制度，但大多数读者将有幸受制于至少是

---

[22]　Smith, *supra*, p. 972.

[23]　A. John Simmons, *Political Philosophy* (Oxford: Oxford University Press 2008), p. 40.

适度公正的法律制度的权威；可以这么说，这个社会"在很大程度上是秩序井然的，但仍然有一些严重的违法行为发生"。[24]在这些大多公正的法律制度中，公民、律师和法官所面临的伦理难题与局部、不全面的不公正有关。在这些情况下，即使法律是由基本公正的政府机构通过合理公平的程序制定的，受法律约束的人也会认为不遵守特定法律是有正当理由的，因为那样做是不道德的。这不同于简单的不服从和希望不被抓住、惩罚，或出于对法律要求的无知而采取行动。我们感兴趣的案件涉及出于道德上动机的行为。[25]

以一个基本公正的社会的公民为例，法律要求公民在武装冲突中服兵役，公民认为这是非法的、不公正的，涉及侵犯人权，也违反了公民的宗教信仰，因为宗教信仰禁止参与战争行为。主张对要求服兵役的法律的合理反抗，可以采取两种形式中的一种。

非暴力反抗是"一种公开、非暴力、自觉但违反法律的政治行为，其目的通常是改变政府的法律或政策"[26]。关于这个定义，有几点值得注意。首先，非暴力反抗不诉诸行为人的个人信仰。相反，它诉诸社会共有的正义观。在我们的例子中，公民将不会依靠自己的和平主义宗教信仰来为自己辩护，而是会呼吁政治共同体中的大多数人对国际法和人权原则所做的承诺。非暴力反抗是公开的，而不是隐蔽的。它的执行方式也表现出对政治共同体及其法律机构的尊重。文明反抗的公民不仅参与公开的行动，而且愿意接受行动的法律后果。因此，非暴力反抗是"在忠于法律的限度内不服从法律"。[27]

非暴力反抗的典型例子，包括非裔美国人在种族隔离的午餐柜台静坐，无视法律要求黑人和白人顾客分开就座的规定，以及圣雄甘地（Mahatma Gandhi）领导的违反英国法律"向海洋进军"的制

---

〔24〕 Rawls, *Theory of Justice*, *supra*, p. 363.

〔25〕 Joseph Raz, "A Right to Dissent? Civil Disobedience," in *The Authority of Law* (Oxford: Oxford University Press 1979).

〔26〕 Rawls, *supra*, p. 364.

〔27〕 Id., p. 366.

盐游行。美国民权领袖马丁·路德·金（Martin Luther King, Jr.）受到甘地的鼓舞，用一种非暴力的方式来抵制法律上的不公正，这种方式强调压迫者和被压迫者都是同一个政治共同体的成员，在这个政治共同体中，正义必须得到充分实现。[28]罗尔斯认为，非暴力反抗在多元民主社会中起到了稳定的作用，它引起了公众对严重偏离政治共同体正义感的关注。[29]在午餐柜台静坐和"向海洋进军"的例子中，普遍存在的侵犯人权的法律行为，最终被针对非暴力反抗而做出的法律修改所纠正。这是一种改变法律的策略，而不是简单地把一个出于道德动机的公民从一个两难困境中解救出来，这一困境涉及在尊重法律与尊重其道德信仰和承诺之间做出选择。

良心反对并不是一种诉诸政治共同体大多数人的正义感的行为。相反，它是以受影响公民的个人信仰为基础的，这些信仰可能与大多数人的信仰不同，大多数人认为遵守法律的要求将涉及严重的道德违反。[30]只有那些公民合理认为严重违反道德的法律，公民才有理由基于良心不遵守。许多哲学家认为，一个明显正当的良心反对的例子，是出于宗教原因拒绝服兵役。如果要求服兵役的法律是通过一个公平的民主程序制定的，那么大多数公民的宗教信仰显然不会与服兵役发生冲突。然而，也可能有少数宗教团体的成员致力于和平主义，他们出于对更高法律的义务感而拒绝遵守国家的法律。与非暴力反抗不同，非暴力反抗是一种旨在改变法律的公开政治行为，而良心反对是一种私人行为，参与这种行为的人认为，在特定情况下按照法律要求行事在道德上是错误的。[31]实际上，良心反对者的主张是，法律可能合理地要求许多事情，但在某些时候，法律的要求必须屈从于个人作为一个自主主体对其行为负责的义务。一个得体的法律制度很可能会为良心反对提供一些空间。例如，许多

---

〔28〕 Robert K. Vischer, *Martin Luther King Jr. and the Morality of Legal Practice*（Cambridge：Cambridge University Press 2013），pp. 210-13.

〔29〕 Id. , p. 383.

〔30〕 Greenawalt, *supra*, p. 313.

〔31〕 Rawls, *supra*, p. 369.

国家法律免除和平主义宗教派别成员的兵役。一个公正的社会，可以通过容忍忠诚、有思想的公民出于道德动机的反对而变得更强大而不是更弱。

从分析的角度来看，有可能把从公民和国家的角度提出的问题区分开来：从公民的角度来看，什么时候良心的要求会压倒守法的理由？从国家的角度来看，从事出于道德动机行为的公民，无论是非暴力反抗还是良心反对，应该受到惩罚吗？如果不需要回答的话，第一个问题比较容易分析。相关公民考虑他可能必须遵守法律的理由——不论是对所获利益的感激、对他人的公平、对共同体的归属感，或诸如此类——并将这些理由与采取相反行动的理由进行比较。（希望避免惩罚或不便可能是一个因素，但这不是一个道德理由。）正如士兵有服从上级军官命令的义务一样，如果该命令严重侵犯人权，那么上级军官的命令也可以被推翻；在适当情况下，公民的守法义务可以被免除。[32]这种出于道德动机的不服从与无政府主义不是一回事。不服从的公民承认尊重法律和其公民同胞的普遍义务。公开非暴力反抗，很少诉诸良心反对，这一要求体现了对大多数支持法律的公民的尊重。反对服兵役的公民必须接受因拒绝服兵役而受到可能的惩罚，但仍然基于一种更高尚的道德义务而拒绝服兵役。

从国家或政府官员的角度来看，第二个问题更为复杂。一方面，许多政府官员在执法方面拥有自由裁量权。《比利·巴德》中的维尔上尉可能决定不以叛变罪审判比利，也不为他减刑。检察官可能出于多种原因决定不追究触犯刑法的人的责任，包括将稀缺的执法资源分配给更严重的犯罪行为的愿望，罪犯对社会没有危险的信念，甚至从道德的角度认为严格执法不合理的判断（见第八章）。美国司法部长最近的一项决定为检察官的自由裁量权提供了一个有趣的例证，即在根据州法律允许将大麻作为娱乐或医疗用途的州，不执行

119

---

〔32〕 David Lyons, *Ethics and the Rule of Law* (Cambridge：Cambridge University Press 1984)，pp. 84-85.

反对拥有大麻的联邦法律。[33] 联邦刑法仍然适用于大麻的销售和持有，但出于尊重这些州公民的决定等政策原因，联邦检察官行使了他们的自由裁量权不去执行这些法律。自由裁量权的存在并不意味着政府官员可以为所欲为。他们必须有充分的理由来执行或不执行某项法律。执行法律的理由包括尊重大多数支持法律的公民的意愿，维护公共秩序，防止无法无天，以及维持法律作为解决道德问题分歧的手段。维尔上尉绞死比利的决定，是受到了英国皇家海军可能发生的兵变的影响。在大麻案中，司法部长必须保持执行联邦毒品法的理由与大麻合法化支持者的主张之间的平衡；后者认为这些法律是不公正的，是对稀缺执法资源的浪费。这一过程涉及道德、政治和实践的推理，以图最好地实现政府执法机构的目标。在民主政治体制下，与战时在船上不同，这些执行决定受到政治控制。如果支持严格的联邦毒品法的公民有足够的积极性和组织性，他们可能会在即将到来的选举中将司法部长的决定变成一个问题。

第四节　律师与非正义

在普通公民和法官、检察官等政府官员之间，律师占据着一个有趣的中间地带。在很大程度上，公民可以视法律为理所当然。假设一项法律将不履行义务兵役定为犯罪。一个有道德动机的公民可能必须决定，是接受法律所规定的惩罚并拒绝登记参加征兵，还是遵守法律并违背良心行事。无论哪种情况，法律都只是一个数据点，是在决定如何行动时需要考虑的东西，但在内容和应用方面或多或少是固定不变的。相比之下，许多政府官员在解释和执行法律方面拥有自由裁量权。被任命或选举的检察官，可以决定不惩罚以非暴力反抗行为焚烧征兵证的公民。法官可能判定，根据更广泛的宪法原则，对征兵登记法的最佳解释，不应成为惩罚拒绝登记服兵役的

---

〔33〕 Ashley Southall and Jack Healy, "U. S. Won't Sue to Reverse States' Legalization of Marijuana," *N. Y. Times* (Aug. 29, 2013).

公民的正当理由。[34]律师并不是真正的国家官员，但他们在解释和将法律应用于公民活动方面确实发挥了重要作用。从社会学的角度来看，法律职业扮演着公民与国家之间的一个中介角色。因此，对于律师来说，与可能存在争议的不公正法律的权威有关的问题，以一种特别微妙的方式出现。下面的例子不像《比利·巴德》中的维尔上尉和《逃亡奴隶法》案例中的肖法官所面临的困境那么戏剧化，但很好地说明了律师在决定如何行事时应该给法律的权重问题，还显示了律师在个人和政府之间发挥中介作用的方式。

法律援助律师为与政府打交道的收入有限的人士提供法律援助。他经常被要求帮助委托人获得各种形式的政府福利，如食物和住房援助。一天，他采访了一位在事故中致残后希望申请政府收入援助的委托人。这位委托人与他的堂兄住在一起，不用付房租；但即便如此，他也只能勉强维持生计。律师知道，按照可适用的规则，从家庭成员取得的免租金住房可算作实物收入，并应在委托人申请福利时申报。如果委托人公开他的免费住房，他每月的津贴将减少150美元。律师聪明地意识到他可以建议委托人向其堂兄支付一笔象征性的费用——比如每月5美元——这样就不必再申报免费住房的收入。如果委托人丧失这每月150美元，他将无法完成一个教育项目，这是他摆脱贫困、实现经济自立的唯一真正机会。律师是否应该建议他向其堂兄支付这笔象征性的款项？

黛博拉·罗德和威廉·西蒙讨论过这种假设。他们都认为，减少委托人的福利是不公平的。[35]正如黛博拉·罗德所指出的，"许多贫困的委托人有令人信服的援助要求，而法律却没有承认"，包括要求获得足以满足基本生活需要的收入。[36]然而，根据可适用的规

---

〔34〕 A position taken by Dworkin. See Ronald Dworkin, "Civil Disobedience," in *Taking Rights Seriously* (Cambridge, Mass.: Harvard University Press 1977), pp. 207–11.

〔35〕 William H. Simon, "Ethical Discretion in Lawyering," *Harvard Law Review* 101: 1083–1145 (1988), pp. 1105–06; Deborah L. Rhode, *In the Interests of Justice* (Oxford: Oxford University Press 2000), pp. 76–79.

〔36〕 Rhode, *supra*, p. 76.

则，每月向堂兄支付 5 美元的诡计显然是一种欺诈，因此，律师提出支付 5 美元的建议就等于建议委托人逃避法律。[37]假设这一观察结果是正确的，尽管法律上的结论说这是一种欺诈，那么建议委托人支付象征性的费用在道德上是否合理呢？人们可能会采取以下几种立场。

一、法律因解决道德冲突而应得到尊重

律师不应以道德判断代替法律要求。在此，遵守法律的律师并没有表现出对权威绵羊般的顺从，而是作为一个以整个社会的名义解决有争议的道德问题的机构，对法律做出了适当的回应。在这种情况下，支付残疾津贴的资金可能很少，因此必须根据需要的标准来分配。在一个理想世界中，政府将有足够的资金来保证所有公民有最低限度的收入来满足基本的生活需要；但是，在短缺的时候，必须做出艰难的分配决定。人们可能会对用于做出这些分配决定的标准产生分歧，因此需要通过法律来解决这一冲突，并建立一个稳定可行的方案，向有需要的人发放收入援助。无论从道德还是从法律的角度来看，律师的付款建议都是一种欺骗，因为法律体现了对稀缺资源相互竞争的权利要求之间艰难但必要的权衡。[38]因此，尽管律师可能真诚地认为减少委托人的利益是不公平的，但其建议应该是委托人必须报告实物收入。如果律师对这个案件中的不公正感到困扰，他可以请求该机构破例，努力改革法律，或者在公共论坛上批评它，但可能不会简单地忽视它。

二、法律与道德不是一回事

关注法律作为法律是否有效，这掩盖了法律与道德的关系。法

---

[37] 西蒙文章中提到的规定，要求减少收入支持以反映实物收入，是基于一项已不复存在的国家规定。然而，美国现行的联邦法规规定，如果申请人接受包括住房在内的实物支持和维护（IKSM），那么有关补充安全收入（即残疾）福利的规定同样要求减少三分之一的福利金额。See 20 C. F. R. § 416. 1130. 如果申请人支付的食物和住宿费用低于按比例的数额，则被视为收到 IKSM。根据这些规定，中立的决策者（如行政法官）会得出结论，即使申请人向其堂兄支付了 5 美元，但申请人仍在接受 IKSM，因为 5 美元远低于家庭开支的比例份额。

[38] See Chapter 9 on civil litigation for a similar argument.

律可以成为一种使不公正根深蒂固的手段。特别是，法律可能有助于使不平等合法化。通过默许减少其委托人的利益，律师可能会被认为赞同这样一个结论，即其委托人在分配正义方面不应得到更多。还记得哈特在哈特-富勒论战中的立场吗？他认为，德国法律界不质疑遵守纳粹法律的道德性的倾向，

> 真正依赖于对以下事实重要性的严重高估，即一个规则可以说是一个有效的法律规则，就像它一旦被宣布，对"这一法律规则应当被遵守吗？"这一最后的道德问题就是结论性的。[39]

因此，法律要求报告实物收入这一简单的事实，在道德问题上并不是决定性的，"律师应该建议委托人不要支付象征性的报酬吗？"建议客户进行欺诈的律师可能会因此受到行业纪律的约束，[40]但如果律师认为自己在道德上有义务帮助委托人获得足够的收入支持，他可能会选择违反法律并接受可能的惩罚。用批判法学的语言来说，律师可能试图通过揭露法律加剧社会不平等和法律制度下的不公正来使法律"政治化"。[41]然而，要做到这一点，律师必须将自己定位为法律制度中的"内部人"；否则，其批评将被视为无政府主义。持不同政见的律师必须小心行事，在将法律的不公正置于公众的审视和批评之下时要表现出对法律的尊重。因此，他与公开违反法律并以改变法律为目标的非暴力反抗的公民是相似的。

---

〔39〕 H. L. A. Hart, "Positivism and the Separation of Law and Morals," *Harvard Law Review* 71: 593-629 (1958), p. 618.

〔40〕 在监管律师的美国法律中，州法院采用了《美国律师协会示范规则》第1.2（d）条的一个版本，该版本禁止律师"建议客户参与或协助客户从事律师知道是犯罪或欺诈的行为"。

〔41〕 Neta Ziv, "Lawyers Talking Rights and Clients Breaking Rules: Between Legal Positivism and Distributive Justice in Israeli Poverty Lawyering," *Clinical Law Review* 11: 209-39 (2004), p. 228; Hutchinson, *supra*.

三、法律的解释不能脱离道德

我们不应这么快就假定，法律实际上要求报告实物收入，或禁止以名义支付作为变通办法。这是西蒙对这个问题的处理方法，他受到了罗纳德·德沃金法理学的启发。[42]西蒙指导律师考虑法律的实质价值，而非只是考虑法律的形式表现。这些规定可能要求申报实物收入，但如果得到适当解释就会不要求这样做。可能存在一种更基本的权利，也许是作为一个宪法问题给予最低限度的收入支持。该规定的文本必须根据更广泛的宪法原则来解释。对于德沃金来说，适用法律的法官的职责应当被理解为对共同体法律实践做出最好的建设性解释，这必然需要遵循公正、公平和正当程序等政治道德原则。[43]在继承人谋杀案中，因为"任何人都不能从自己的错误行为中获利"这一原则，即使遗嘱遵循了《遗嘱法》的所有正式要求，遗嘱的受益人也无权继承他的遗产。西蒙问，如果法官可以这样推理，那为什么律师不应该也被要求这样做呢？如果一名律师能够合理地得出结论，认为对共同体法律原则的最佳建设性解释不需要报告实物收入，那么律师就不会因建议客户支付5美元而构成欺诈。

这些立场都有弱点。第一项选择要求律师积极参与他真诚地认为不公平的事情。纳粹德国的恐怖只有在无数公民、律师和政府官员的默许下才可能，因为他们都很愿意忽视法律的不公正。第二项选择并不能为律师提供太多的救济。律师面临着一个巨大的不公正，比如纳粹德国的法律或《逃亡奴隶法》，他可能会从道德的角度来决定，除了违法和接受惩罚别无选择；这似乎是对一种更具结构性的不公正的极端回应，这种不公正是基于贫困和不平等的社会问题。第三项选择项似乎重新引入了法律意图要解决的道德分歧。黛博拉·罗德认为，"一位贫困的母亲挣扎着逃避福利事业，与一位富有的高

---

[42] Simon, *supra*, pp. 1106-07.

[43] Ronald Dworkin, *Law's Empire* (Cambridge, Mass. : Harvard University Press 1986), p. 225.

管试图逃避税收，两者的立场是不同的。"[44]也许如此，但有关残疾津贴的规定，针对的是如何在一些可能应得的索取者之间分配稀缺资源的不同道德问题。

请注意，这些选项都在一定程度上与第二章所讨论的区分角色的道德概念相一致。第一章提出，用一个由一座桥连接两块土地的地理比喻来理解这个问题。这座桥将道德价值与法律职业伦理的特殊义务和权限联系起来。处理不公正现象的选择要注意桥的两边。从职业伦理上讲，律师不能在法律对其委托人不利的时候任意无视法律，也不能建议其委托人无视法律。从道德上讲，律师不禁感到一种不公平，因为其委托人的利益将被削减到使他无法完成一项重要的职业培训计划的程度。法律职业伦理理论面临的挑战是同时尊重这两个规范领域。本案中的行为人是律师，这至少会带来一些不同——律师的社会角色必然涉及对合法性价值的认同。一个可能的原因如下：如果委托人自己想出支付 5 美元的小诡计，从未征求过法律意见，而只是未将免费租住房屋申报为实物收入，这可能是错误的；但如果律师建议他这么做，这将更糟糕。我并不一定赞同这种观点，但重点是，无论人们如何看待公民尊重法律的义务，可以说律师有更苛刻的义务。同时，律师不应该是守法的机器。即使是在以职业角色行为时他们仍然是道德主体。即使只是制造一种遗憾的感觉，即法律对于实物收入是不灵活的，客户困境的不公正在某种程度上也是相关的。这本书的目的不是要让你相信任何特定的解决方案都是正确的，而是要让你信服道德和职业义务之间的张力是法律职业伦理的一个深刻的结构性特征。

另一种可能性应当被考虑，而且它将作为进入这本书下一部分的过渡。这种可能性是，"律师"的社会角色不应被理解为一个整体，而应被区分为具有不同职责的子角色。政府福利案件中律师是作为一名顾问，告诉委托人法律要求什么以及如何遵守法律。律师

126

---

〔44〕 Rhode, *supra*, p. 79.

的行为本质上是前瞻性的，它们影响委托人将来要做什么。值得注意的是，至少在普通案件中，律师的建议不会得到任何官方的国家决策者的审查。律师会告诉委托人该做什么，委托人会跟着去做，事情就这样结束了。因此，律师是委托人的一种私人立法者。作为一个对比案例，人们可以想象一位律师被要求为一位被控在残疾人福利制度上欺诈的委托人辩护。在这种情况下，律师的行动将是后顾性的。委托人的行为将是给定的（律师所能做的一切都不会影响到他们，因为完全是过去的事了），律师唯一的工作就是敦促法庭不要因为委托人的行为而惩罚他。不像咨询案件，律师对法律的解释被提供给官方的国家决策制定者——法院，法院可以接受或拒绝它。委托人可能希望对要求报告实物收入的规定的适用提出挑战。对当事人的正式诉讼使他有机会以公开方式质疑案件的公正性，而不是简单的偷偷摸摸的逃避法律。

由于所有这些原因，人们可能会认为在诉讼案件（即法院或其他法庭未决的案件）中代表委托人的律师，应该有更大的自由来依赖法律解释，这些解释与律师作为顾问或交易规划师的情况相比缺乏先例的支持。人们可能会进一步主张，委托人是否被指控犯有刑事罪行（在这种情况下，他可能会面对国家的权力着眼于严重剥夺自由的可能性），或者该诉讼是否是双方当事人之间的民事诉讼，这是有区别的。这些都是桥的职业伦理一边的论点，但它们仍然与道德一边需要考虑的因素有关。根据以下因素，比如律师的角色是前瞻性的还是后顾性的，当事人的身份（私人的或政府的，个人的或团体的），以及事关双方当事人利益的问题（财产、自由甚至生命），一个相当复杂的法律制度可能需要或至少允许律师的社会角色在功能上被分化。律师的伦理义务可能因其是公诉人、刑事辩护律师、民事诉讼当事人的代理律师、顾问或交易规划师、政府或大公司的律师、法官或其他中立的决策者而有所不同。第七章将讨论律师伦理角色的这一语境化，这是民法法系和普通法系中实际法律制度的一个特征。

第二部分

律师的多重角色

刑事辩护与当事人选择问题

第一节　你如何能代表此人？

肯尼斯·默里（Kenneth Murray）是加拿大安大略省多伦多市北部一个小镇的刑事辩护律师，他受保罗·伯纳多（Paul Bernardo）聘请，为其就绑架、强奸和谋杀的指控进行辩护。[1]伯纳多已经因与在安大略其他地方发生的几起强奸案有牵连而被捕，而警方怀疑他参与谋杀两名失踪少女，还发现她们的尸体上有性虐待的痕迹。警察搜查了伯纳多的家，并没有发现任何罪证。随后，伯纳多告诉他的律师默里，他家的卧室里装有摄像头，他和他妻子不仅折磨、强奸还杀害了这两名女孩，还录下了他们的行为。（伯纳多的妻子由单独的律师代理。[2]伯纳多想让其律师看这些录像带以便为自己辩护，是他的妻子而不是他杀了那些女孩。）默里去了伯纳多的家中，并按照伯纳多的指示，找到了藏在灯具里的录像带。默里把录像带

---

〔1〕　The account of this case is based upon Austin Cooper, Q. C. , "The Ken Murray Case: Defence Counsel's Dilemma," *Criminal Law Quarterly* 47：41（2009）; and Christopher D. Clemmer, "Obstructing the Bernardo Investigation: Kenneth Murray and the Defence Counsel's Conflicting Obligations to Clients and the Court," *Osgoode Hall Review of Law and Policy* 1：137 – 97（2008）. Mr. Cooper served as defense counsel for Ken Murray in the obstruction of justice prosecution.

〔2〕　你能想一想为什么伯纳多和他的妻子必须分开代理吗？考虑每个被告的利益以及他们之间的差异，然后询问一名律师是否可以同时代表两名被告。

带回办公室看了看。这些录像带确实展示了由伯纳多和他的妻子所做出的几个小时的恐怖行为，包括妻子给她自己的妹妹注射了一剂有毒气体，这随后导致了妹妹的死亡。

132　　刑事辩护律师经常声称他们不知道其当事人是否有罪。警察说一件事，当事人说另一件事，这是为了事实审判者（法官或陪审团）把事情弄清楚，并确定发生了什么。判断其当事人是否有罪不是律师的工作。事实上，根据律师对法庭的一些职责（我们将在本章后面讨论），可能律师最好不知道当事人是否有罪。然而，伯纳多的案件表明，律师不仅可能有相当强烈的怀疑，而且实际上可能知道当事人做了他被起诉的行为。保罗·伯纳多向他的律师承认了自己的参与，并且当律师观看录像带时所有可能的怀疑都被消除了，至少对于伯纳多所参与的许多严重强奸案来说是这样。录像带还提供了有力的旁证，证明伯纳多也杀害了这两名女孩。不用说，在这种情况下，理性的人可能不会对惩罚的适当性产生分歧——就像例如对猥亵或持有少量毒品的起诉。尽管如此，律师默里仍然继续为伯纳多代理。

　　作为加拿大的职业伦理问题，默里不需要为伯纳多代理。[3]一些继承了英国普通法传统的法律制度，包括英格兰和威尔士、澳大利亚、新西兰、印度和马来西亚的法律制度，把所谓的驿站规则（cab rank rule）视为一种职业义务。[4]其理念是，律师不能在潜在客户中挑挑拣拣，而是必须按照客户在律师事务所出现的顺序接待

----

〔3〕 Alice Woolley, *Understanding Lawyers' Ethics in Canada* (Markham, Ont. : LexisNexis 2011), p. 46-52.

〔4〕 See, e. g. , Code of Conduct of the Bar of England and Wales, Rule 601; *R v. Ulcay & Toygun* [2007] EWCA Crim. 2379 (Court of Appeal), ¶39; New Zealand Rules of Conduct and Client Care for Lawyers §4; New South Wales Barristers' Rules §21; Bar Council of India, Rules on Professional Standards, Rules on an Advocate's Duty Toward the Client, Rule 1; Malaysian Bar, Legal Profession (Practice and Etiquette) Rules 1978, Rule 2. See also Stan Ross, *Ethics in Law: Lawyers' Responsibility and Accountability in Australia* (Sydney: Butterworths 1995), pp. 143-54; Duncan Webb, *Ethics: Professional Responsibility and the Lawyer* (Wellington: Butterworths 2000), pp. 153-61. 英国的这项规则不适用于律师，但在马来西亚、新西兰和澳大利亚的一些州，法院和办公室代理都适用该项规则。

他们，就像人们从等候的队伍中搭乘第一辆出租车一样。在利益冲突或者大律师没有资格接受代理的情况下也有例外，而实际上，大律师通常可以通过他们的办事员规避驿站规则。[5]然而，驿站规则代表了重要的伦理理念，律师不应该因为发现客户被指控的罪行令人反感而拒绝他们，而是应提供最高质量的职业代理，不管律师可能有什么道德上的疑虑。这是中立原则，是法律职业伦理标准概念（第三章）的第二部分。由此可见，尊重驿站规则的律师应免受基于其所代表委托人的批评。这就是不问责原则，是标准概念的第三个方面。中立原则和不问责原则共同努力，确保所有被告都能得到代理。正如里德勋爵为驿站规则所做的著名的现代辩护中所陈述的：

> 如果律师必须为这样的人辩护的话，任何一个通情达理的人都不会因为他与这样一个客户有联系而轻视律师；但是，如果律师可以挑挑拣拣，选择为这样一个委托人辩护，那么其声誉可能会受损，而委托人可能很难获得适当的法律援助。[6]

如果律师可以自由地拒绝为被控犯有严重罪行的人辩护，此人就有可能得不到辩护，那么法律所赋予他的权利就会变得毫无意义。因此，"你怎么能为这样一个人代理？"这一问题的答案是"我必须这么做，原因是法治有赖于客户能否获得法律代理"。

即使在美国和加拿大这样没有正式驿站规则的国家，当律师因代理特定委托人而受到批评时，中立的理想也常常得到维护。因

---

　　〔5〕 See John A. Flood, *Barristers' Clerks: The Law's Middlemen* (Manchester: Manchester University Press 1983). 我用的是美国术语，接受"代理"，英国或澳大利亚的大律师会谈论接受律师的陈述或指示。律师倾向于使用接受"聘请"的术语。

　　〔6〕 *Rondel v. Worsley* [1969] A. C. 191. 托马斯·厄斯金（Thomas Erskine）代表托马斯·潘恩（Thomas Paine）因出版《人的权利》（*The Rights of Man*）而以叛国罪受审，他在经典的驿站规则辩护中说：从任何辩护人都可以被允许说他将或将不站在王室和他每天坐着执业的法庭上被传讯的当事人之间的那一刻起，英格兰的自由就结束了。如果辩护人拒绝辩护，从他对指控或辩护的看法来看，他承担了法官的角色；不，他在审判前就承担了。
R. v. Paine (1792), 22 State Trials 357, 412 [quoted in Tim Dare, *The counsel of Rogues? A Defence of the Standard Conception of the Lawyer's Role* (Farnham, Surrey: Ashgate 2009), p. 10].

此，例如，当乔治·布什总统任内的一位国防部官员批评知名律所为恐怖分子嫌疑人提供代理服务时，许多律师纷纷为这些律所辩护。保守派法学教授查尔斯·弗里德［没错，其《律师为友》（*The Lawyer as Friend*）的文章我们在第二章中提到过］，写信支持为被扣押者代理的律师事务所：

> 这是一个建立在法治基础上的国家的骄傲，因为它使每个人都有一个积极辩护人在法庭上捍卫自己的权利；这还是在这样一个国家自由职业的骄傲，因为为不光彩的人提供代理不仅是可敬的（任何律师都可以自由地为自己选择的任何人提供代理），而且确保每个人都能获得这样的代理是律师的职责。［7］

弗里德承认"任何律师都可以自由地为自己选择的任何人提供代理"，但他仍然呼吁建立以驿站规则为基础的中立理想，因为与法治相关的更普遍的价值要求，即使是为不光彩的委托人提供辩护的律师，也不会因为支持其委托人的诉讼而受到批评。

加拿大的律师经常就特定的法律职业伦理问题来讨论伯纳多案，即当律师在收到犯罪的物证时其职责是什么。［8］但该案显然也提出了一个道德问题，涉及那些被指控犯有几乎无法想象的罪行之人的代理问题。仅仅想到保罗·伯纳多就足以让大多数人毛骨悚然，所以想象一下作为伯纳多的律师——花时间和他交谈，调查犯罪，长时间准备可能让他获得自由的辩护。什么样的人会这样做？又为什135 么会这样做？你可能已经把这个问题与你自己国家的一些可怕的犯罪联系起来思考过，并且对刑事辩护的伦理感到疑惑。毫不奇怪，这个问题对刑事辩护律师来说至关重要，他们中的许多人都为自己为

---

［7］ Charles Fried, Op-Ed, "Mr. Stimson and the American Way," *Wall Street Journal* (January 16, 2007). 我提到弗里德的政治取向——他曾在罗纳德·里根总统任期内担任副检察长——只是为了指出，对驿站规则和职业中立理想的支持跨越了传统的左/右意识形态的界限。

［8］ See Alice Woolley et al., *Lawyers' Ethics and Professional Regulation* (Markham, Ont. : LexisNexis 2008), pp. 383-94.

坏人代理而写了有说服力的说辞。[9]为辩护而提出的论据一般都强调类似的考虑，其中许多具有悠久的传统，可以追溯到英国普通法的历史。当你通读它们的时候，不要把这些辩护看作是法律历史的问题，而应看作道德的问题。它们在多大程度上诉诸桥的道德一边的考虑？你是否认为，道德论述证明替被控犯有滔天罪行的人辩护是一种职业伦理上的责任（或至少是许可）？刑事辩护中的道德问题不仅涉及是否为委托人代理的最初决定，还扩展到辩护中所用的手段。公众有时谴责律师使用看似具有欺骗性的手段来说服陪审团，让他们相信国家还没有证明其案件。请将下列论点视为一种尝试，不仅为了证明代表谁的决定是正确的，也是为了证明采取何种方法是正确的。

一、即使是被指控犯有可怕罪行者，也应得到刑事司法制度有尊严的对待

在一个自由民主的国家，每个人都有自己的权利，包括被国家有尊严和尊重地对待的权利。用罗纳德·德沃金的名言来说，权利的部分含义是"胜过"（trump）其他考虑，就像在某些纸牌游戏中，主牌中的低牌将胜过另一花色的高牌。[10]德沃金的观点是，权利可 136

---

〔9〕 See, e. g. , Abbe Smith and Monroe Freedman, *How Can You Represent Those People?* (New York：Palgrave MacMillan 2013)；Alan M. Dershowitz, *Reasonable Doubts：The Criminal Justice System and the O. J. Simpson Case* (New York：Touchstone 1997)；James S. Kunen, "How Can You Defend Those People?" *The Making of a Criminal Lawyer* (New York：Random House 1983)；Seymour Wishman, *Confessions of a Criminal Lawyer* (New York：Times Books 1981)；Abbe Smith, "Defending Defending：The Case for Unmitigated Zeal on Behalf of People Who Do Terrible Things," *Hofstra Law Review* 28：925-61 (2000)；Charles J. Ogletree, Jr. , "Beyond Justifications：Seeking Motivations to Sustain Public Defenders," *Harvard Law Review* 106：1239-94 (1993)；Michael E. Tigar, "Defending," Texas Law Review 74：101-110 (1995)；Barbara Babcock, "Defending the Guilty," *Cleveland State Law Review* 32：175-87 (1983)；John B. Mitchell, "The Ethics of the Criminal Defense Attorney-New Answers to Old Questions," *Stanford Law Review* 32：293-337 (1980). Babcock and Tigar both updated and republished their essays in Smith and Freedman, *supra*.

〔10〕 See Ronald Dworkin, "Rights as Trumps," in Jeremy Waldron, ed. , *Theories of Rights* (Oxford：Oxford University Press 1994).

能胜过另一个"说明整个共同体目标的政治决定的背景理由"。[11]
换句话说,从社会福利的角度来看,罪犯受到惩罚且不能再犯罪可
能是一件好事。然而,从权利的角度看,个人被有尊严地对待的权
利胜过这种背景上的正当理由,因为它对集体或社会福利的考虑
很有吸引力。个人权利的正当性并不在于它们有助于实现共同的
社会目标,比如预防犯罪和惩罚罪犯。相反,该正当性只取决于
每个人的内在价值和尊严。请记住,在第二章中大卫·鲁班说过,
每个人都不应该被羞辱,而这种羞辱包括对待他人就像他们没有值
得认真对待的观点。[12]如果羞辱的人剥夺了他们的尊严,那么代表
他们,用一种强大的行动者不得不认真对待的方式给他们一个表
达自己的声音,就是尊重他们尊严的一种方式。更具体地说,律
师保护与尊严有关的个人权利,例如免于非法搜查和没收财产的
权利,以及免于被迫作不利于自己的证词的权利。人们不会仅仅
因为被指控犯下可怕的罪行就丧失这些权利。即使像保罗·伯纳多
这样的人,在判定其有罪或无罪的过程中,也应该得到有尊严的
对待。

二、判断真相是陪审团或法官的职责;辩护律师无权判断当事人有罪或是坏人

对抗性裁决制度要求当事人自己向法院提交证据和论据。与民
法法系法官在侦查活动中发挥积极作用不同,普通法系的法官在对
抗制中相对被动。该制度的运作在很大程度上取决于律师提供的
"投入",包括证人的证词、文件和实物证据,以及关于对提出的证
据适用法律的辩论。因此,作为一个职业伦理问题,辩护律师最重
要的职责之一就是避免对当事人的有罪或无罪形成任何看法。有时

137

---

[11] Id. , p.153.

[12] See David Luban, "Lawyers as Upholders of Human Dignity (When They're Not Busy Assaulting It)," in *Legal Ethics and Human Dignity* (Cambridge: Cambridge University Press 2007), pp.71-72.

候，那些被指控做了可怕的事情的人最后被证明是无辜的。[13]一个名叫约翰·德米扬鲁克（John Demjanjuk）的人于 1977 年被捕，他以"伊凡雷帝"（Ivan the Terrible）为人所知，被指控在特雷布林卡（Treblinka）集中营担任警卫，并要对数千人的被害负责。他被定罪并被送往以色列，在那里被判处死刑。他的律师迈克尔·泰格（Michael Tigar）因为为德米扬鲁克代理而受到新闻界甚至其他律师的大肆辱骂，直到他证明美国政府撒谎并隐瞒了证明其他人才是"伊凡雷帝"的证据。正如泰格所说，如果一名律师不愿意承受批评，不愿意承担为一名被指控的纳粹战犯代理的道德代价，那么一个无辜者在被单独监禁七年之后会被绞死。

除了决定是否为某个特定的委托人代理（在没有严格的驿站规则的司法管辖区），律师还可以做很多事情来影响寻找真相的过程。然而，很明显，辩护律师不应该直接致力于查明事实真相。相反，他们提出与关于其当事人有罪的国家理论不符的证据，并试图通过交叉询问证人来显示偏见、不确定性或矛盾等手段，以破坏国家的案件。这是一个简单而有力的观点：过程的目标（发现真理）不一定是过程中个体参与者的目标。对抗制发现真相的功能，确实对被禁止有意提供虚假证言的律师的职责产生了一些影响（我们在下一节将讨论这个问题）。但是，确定事实真相的系统性目标，并不要求律师拒绝向已知或被强烈怀疑有罪的委托人提供代理。

前刑事辩护律师和法学教授芭芭拉·巴布科克（Barbara Babcock）称这是为刑事被告代理的"法律主义或实证主义的理由"。[14]与法律实证主义有什么联系？回想一下第四章的讨论，法律实证主义可以被理解为一种游戏规则理论，这种游戏跟扑克、象棋或橄榄球一样，但重要的是它只是一种游戏规则理论。法律是一回事，道德是另一回事。因此，作为一位法律实证主义者的刑事辩护律师可能会认为，

138

[13] Woolley, *supra*, p. 374.
[14] Babcock, *supra*, pp. 177–78.

自己不会比那些在打牌时虚张声势的人更容易受到道德批评。[15]当事人的实际罪行以及随之而来的道德谴责，并不是律师所关心的。对这一论点的回应应该相当明显：与扑克等真正的游戏不同，刑事司法体系的"游戏"影响的不是参与者，比如犯罪的受害者和因为犯罪威胁而感到不安全的人。这些非参与者不赞成服从游戏规则，所以还不清楚为什么他们必须遭受游戏规则所允许的结果的后果，比如对一个获得自由可能会犯下更多罪行的罪犯宣告无罪。然而，请注意，法律实证主义并不否认规则体系可能具有道德目的；它只是否认，为了算作"法律"，规则体系必须具有道德目的。因此，某人可以是一个法律实证主义者，并相信（和大多数律师一样）刑事司法体系旨在一系列道德上值得追求的目标，比如查明关于某人是否犯罪的真相，遏制警察和检察官的权力，以及确保被告受到有尊严的对待。

三、无论如何，谁知道真相是什么？

这种代表犯罪当事人的辩护是前一种辩护的变体，前一种辩护将查明真相的责任分配给另一个决策者。然而，这个版本直接诉诸认识论的怀疑论（idea of epistemological skepticism）。律师会这样说：

139

> 真相存在于无底洞的底部。[16]真相存在于你能证明和不能证明之间——这是我们知道的。[17]

不那么引人注目的是，律师们指出，所有人都倾向于做出事后被证明是错误的仓促判断，因此律师们学会了在调查和诉讼的早期

---

〔15〕 "The law proceeds on what is made to appear according to the rules of the game, not on what 'really' is." Geoffrey C. Hazard, Jr., "Quis Costodiet Ipsos Custodes?," *Yale Law Journal* 95: 1523-35 (1986) (book review), p. 1529.

〔16〕 Civil defense lawyer Jerome Facher, quoted in Jonathan Harr, *A Civil Action* (New York: Random House 1995), p. 340.

〔17〕 Lawrence Joseph, *Lawyerland: What Lawyers Talk About when They Talk about Law* (New York: Farrar, Straus & Giroux 1997), p. 127.

阶段暂停判断，直到他们知道事实是什么。[18] 基于不完整的证据，某件事可能看起来是一种方式，但当所有证据都存在时它就变成了另一种方式。认知心理学告诉我们，一旦我们假设某件事是真的，我们就会无意识地倾向于注意到证实这一信念的证据，而忽视与之相反的证据，这种倾向被称为确认偏差（confirmation bias）。[19] 暂时搁置自己的判断可能有助于减轻确认偏差，并让律师们更好地为他们的委托人发展强有力的案例。辩护的基本规则之一是站在对手或法庭的角度来考虑自己的案件，以便对对手可能的立场做出有效反应。律师们还提醒我们，证人可能有错误的记忆、偏见，在某些情况下还有撒谎的动机。证人的陈述只是事件的一种说法，在考虑其他证据之前，应该对其持怀疑态度。政府的证人可能在撒谎，而更糟糕的事，比如官方迫害或掩盖真相的行动，可能正在进行。

思考干草市场（Haymarket）的审判，无辜者被草率地对待，而只有那些逃脱绞索的人在几年后才能被赦免。萨科（Sacco）和凡泽蒂（Vanzetti）被卷入了由联邦政府煽动的排外歇斯底里（xenophobic hysteria），最明显的是司法部长 A. 米切尔·帕尔默（A. Mitchell Palmer）。最近，克利夫兰（Cleveland）的一名汽车工人被判为特雷布林卡的"伊凡雷帝"；他不仅是无辜的，而且政府欺骗了联邦法院，使他被引渡到以色列接受审判。[20]

考虑到不确定性的风险、错误判断的代价，以及质疑国家所提供证据的真实性的无数理由，辩护律师更倾向于不从真实或虚假的

---

〔18〕 Hazard, Geoffrey C. , Jr. and Dana A. Remus, "Advocacy Revalued," *University of Pennsylvania Law Review* 159: 751–81 (2011).

〔19〕 See, e. g. , Thomas Gilovich and Dale W. Griffin, "Judgment and Decision Making," in Thomas Gilovich, Dacher Keltner, and Richard E. Nisbett, eds. , in *Social Psychology* (New York: Norton, 2d edn. , 2011), pp. 246–58.

〔20〕 Michael E. Tigar, "Defending," *Texas Law Review* 74: 101–110 (1995), p. 104.

角度思考，而是考虑他们在审判中可以用有效证据证明什么。

从为委托人提供有效代理的角度来看，对委托人是否有罪采取一种适度公正甚至怀疑的态度可能是一件好事；但当律师知道委托人有罪时，这就不能避免道德问题。毫无疑问，有时律师能够肯定地说，或者至少达到"排除合理怀疑"的程度确认，他们的客户是有罪的。这一章以保罗·伯纳多的案件开始的一个原因是，他的律师能够看到他的当事人犯罪的录像证据。委托人有时会告诉律师他们犯了罪，如果有机会他们也会撒谎（尽管为了避免规制虚假证据提交的法律规定的影响，辩护律师宁愿不听委托人这么说）。[21]也有这样的情况，委托人可能会否认犯罪，但做出一个令人难以置信的描述，这个描述除非委托人在撒谎，否则没有理性的人能得出结论。在许多情况下，甚至在大多数情况下，关于真相是不可知的这一论点，如果律师对事情的真实性深信不疑，它对问题并不起什么作用。对于这些案件，律师必须求助于这里所讨论的另一个论点。

四、查明被告是否犯了被指控罪行的事实真相，是这个过程的一个但不是唯一的目标

刑事司法制度服务的其他目标包括，用至少一点点的人类尊严来对待被卷入其中的人（论点1），并如人们通常所说的那样制约国家权力。事实上，刑事案件中的对抗制故意设计得使人们难以得出有罪的结论。被告一开始是被假定无罪的，只有陪审团在排除合理怀疑的情况下相信其有罪才可能被定罪。[22]律师们喜欢引用布莱克斯通（Blackstone）的话，他说十个有罪的人被释放总比一个无辜者

---

〔21〕 For example, the client in *State v. McDowell*, 681 N. W. 2d 500（Wis. 2004），said "I'll say what I need to say to help myself out and if I have something untruthful to say I'll say that. I need to help myself out."

〔22〕 美国刑事诉讼中确立了"排除合理怀疑"的有罪证明标准，而其他普通法系国家的法律中也确立了无罪推定作为对个人权利的保护。See, e. g., Section 11（d）of the Canadian Charter of Rights and Freedoms and Section 25（c）of the New Zealand Bill of Rights Act 1990.

被定罪要好。[23]这一原则显然在要求国家严格遵守旨在保护无辜者免受错误判决的程序方面发挥了重要作用。因此，刑事审前和审判程序的目的，是促进不同于确定被告有罪或无罪的目标。例如，在无证搜查中，如果有罪证据是由警察侵犯被告的权利而获得的，那么它可能会被排除在程序之外。即使该证据是有罪的有力证明（例如它包括一公斤可卡因和一份顾客名单）如果警察只是在没有搜查证的情况下闯入被告家中并发现了物品，陪审团就可能不会考虑。辩护律师会提出一项隐瞒证据的动议，而检察官在审讯时不会提出这样的动议。刑事辩护律师的主要职能是"监督警察"（police the police），充当针对政府权力滥用的监督人，并通过为个人客户提供代理来履行这一监督职责。[24]

如果程序的设计是为了进一步实现诸如防止国家权力滥用和保护被告权利等目标，并且如果人们相信权利是"王牌"（trumps）（也就是说，根据保护个人不受整个社会名义的虐待），由此断定，即使律师知道当事人有罪，但他为当事人代理的行为在道德上也是正当的。尽管保罗·伯纳多很令人讨厌，但他有权利，而且他犯下了不可否认的可怕罪行这一事实，在他通过公正的程序被定罪之前，并不能导致这些权利被剥夺。一个得体的社会是不会允许伯纳多基于他在遭受酷刑后的供词而被定罪的。同样，确保执法人员尊重所有公民的隐私权，这是一种社会利益。因此，律师有理由认为，如果警察在没有搜查证的情况下采取行动，那么他们在没收录像带证据方面就做错了。虽然这可能会导致对谋杀者的无罪释放，但警察、检察官和其他政府行为者有必要了解，为了制止国家权力的滥用，他们对公民权利的侵犯会产生这样的后果。刑事审判不仅关乎伯纳

142

---

[23] See William Blackstone, *Commentaries on the Laws of England* *358. For the connection between Blackstone's maxim and the "beyond a reasonable doubt" evidentiary standard, see Kevin M. Clermont, *Standards of Decision in Law* (Durham, N.C.: Carolina Academic Press 2013), pp. 29-30.

[24] See Johnnie L. Cochran, Jr., "How Can You Defend Those People?," *Loyola of Los Angeles Law Review* 30: 39-43 (1996), p. 42.

多是否犯罪，还关乎警察和检察官是否遵守旨在保护个人权利的规则。

　　甚至在被判有罪之前，刑事被告可能会经历基本自由被严重剥夺。涉嫌犯罪的人要受到逮捕和个人搜查，他们的财产可能根据搜查令或允许的公认例外而遭到搜查和扣押，而且对犯罪的指控会带来严重的社会耻辱，这种耻辱可能很难或不可能反驳。对犯罪的定罪，还可能因罚款或没收"受污染"的资产、监禁、在某些国家中甚至死亡而伴随着财产损失。此外，刑事定罪往往有重大的附带后果，例如丧失投票权、不得拥有枪支或从事某些职业。一位曾在一起谋杀案中担任陪审团成员的历史学家，描述了自己被关在酒店房间里思考当天发生的事情，并记录下自己的反应。在审判接近尾声时，他写下了一份有见解的报告，为他所见证的这一看似奇怪的程序做出了具体解释："我们已经看到了国家的力量"，报告简单地写道。陪审员们并不是仅仅以一种抽象的方式欣赏国家权力，而是每天都在体验它的具体表现形式：

　　　　国家可以控制你的人，可以拒绝让你回家，可以派持枪的人看着你撒尿，可以阻止你接近律师，可以让你在公共场合局促不安，也可以强迫你温顺地回答，最终可以送你进监狱——显然，这一切甚至没有指控你犯罪。[25]

　　那个历史学家并不完全正确——国家至少必须指控被告犯罪——但他的观点得到了充分接受，即国家可以使用强制手段剥夺公民通常认为理所当然的权利（如能够在使用卫生间时不被持枪的人看着）。这种权力需要以某种方式加以制衡，这是刑事辩护律师角色的本质。

---

〔25〕　D. Graham Burnett, *A Trial by Jury* (New York：Knopf 2001), pp. 160-61.

五、许多罪行是由那些严重社会不公（比如贫穷和种族主义）的受害者犯下的，因此他们值得同情和支持

刑事司法系统的全部权力经常被用来对付已经无权无势的共同体成员——有色人种、穷人、移民、失业者和年轻人。正如美国公诉人兼法学教授阿贝·史密斯（Abbe Smith）注意到的：

> 惩罚被认为是几乎所有社会问题的答案。我们似乎不能以足够快的速度建造监狱，而且我们正在把年轻的非裔美国人驱逐出社会。[26]

许多刑事辩护人被吸引到这项工作，将其作为一种为弱者奋斗和为社会正义工作的方式。另一种解释是，他们的动机并不是为了被告所在共同体的利益，而是满足于为个人提供一点关注，以及在法律影响到个人生活时减轻其可能的严酷性。[27]

许多刑事辩护律师开始同情他们的当事人，尽管他们被指控犯有严重罪行。律师们认为，他们的委托人面对一个没有人性、可怕的系统会感到恐惧、不知所措，因此需要有人把他们当作人来对待。[28] 这种同理心与查尔斯·弗里德认为律师是有特殊目的的朋友（第二章）存在很大不同。[29]弗里德确实想从朋友之间强烈个性化的情感纽带中，归纳出一种职业伦理上的忠诚义务。但他将这个比喻延伸到其临界点；他认为，当一个人代表一个陌生人或一个机构时，他应该更喜欢一个可识别的个人利益而不是社会福利。然而，对于许多刑事辩护人来说，友谊不是一种比喻，而是为委托人代理的一种

144

---

〔26〕 Smith, *supra*, p. 952.（统计数据显示，在一些城市，超过一半的18岁至35岁的非裔美国青年在监狱或者受到刑事司法系统的监管。）See also David Cole, *No Equal Justice：Race and Class in the American Criminal Justice System*（New York：New Press 1999）.

〔27〕 See Babcock, *supra*, p. 178（calling this the "social worker's reason" for working as a public defender）.

〔28〕 See, e. g., Ogletree, *supra*, pp. 1271-74.

〔29〕 Charles Fried, "The Lawyer as Friend：The Moral Foundations of the Lawyer-Client Relation," *Yale Law Journal* 85：1060-89（1976），p. 1070.

活生生的体验，这些委托人在世界上非常孤独，需要有人把他们当人看待，而不是作为被司法系统的机器残酷淘汰的怪物或社会弃儿。一些律师出于宗教原因，向被控犯罪的人提供照顾和关怀。例如，门罗·弗里德曼（Monroe Freedman）为受难的人们唤起了犹太人理想中的"同情",[30]而一位基督教律师可能会认为，为有罪的当事人代理是一种牧师的行为，因为他认识到从神学的角度来说我们都是有罪的。[31]辩护律师常常必须面对由其委托人对律师可理解的不信任所造成的障碍，因为这种不信任是谴责他们的体制的一部分。但是，在许多情况下，律师可以把他们的委托人理解和描述为有血有肉的人，而不仅仅是抽象的概念。

这些论点都依赖于缩小辩护律师的道德空间。这不难看出，为什么为那些被控犯有十恶不赦罪行的人辩护，似乎是一种与道德完全无关的行为。刑事辩护律师不仅与被指控的杀人犯和集中营的看守之类的人厮混在一起，而且他们还献出生命中无数的时间，倾其所有的技能和训练来帮助他们逃脱惩罚。本节的论点旨在表明，律师的角色实际上并非与道德无关。相反，辩护律师的道德角色是特有的，在某种意义上是特殊的，或者是关心某些价值而不是其他。从范例上看，最重要的价值是对客户的忠诚，但辩护律师也表达了对法治价值的忠诚，比如坚持国家只在正规、公正的管理程序下行使权力。在道德和职业伦理之间的桥梁上允许有一些道德考量穿过，但不允许有其他的。这些考量是什么以及它们在多大程度上是合理的，仍然是备受争议的问题。

迈克尔·泰格为他向被指控的"伊凡雷帝"提供代理服务的决定，进行了富有说服力的道德辩论：

> 我们必须记住大屠杀（Holocaust），而且我们应该追剿和惩

---

〔30〕 Monroe H. Freedman, "Why It's Essential to Represent 'Those People'," in Smith and Freedman, *supra*, pp. 76-77.

〔31〕 Thomas L. Shaffer, *On Being a Christian and a Lawyer* (Provo, Utah: Brigham Young University Press 1981), pp. 75-76.

罚其肇事者。如果我们不能给予那些被指控犯有大屠杀罪行的人与我们给予任何被指控犯有罪行的人同样的合法性和正当程序，那么我们就玷污了这种记忆，也玷污了这种追求。正是因为参与大屠杀这种有罪的指控是如此可恶，所以判断这一指控是否正确的方法应该是无可非议的。[32]

泰格在与梦露·弗里德曼（Monroe Freedman）的辩论中提出了这一辩护，后者坚持认为律师对他们选择的委托人负有道德责任。弗里德曼指出，泰格曾经站在学生激进分子一边，这些激进分子曾纠察了华盛顿特区的一家大型律师事务所，而这家事务所选择在一起空气污染案中为通用汽车公司（General Motors）代理。[33]泰格敦促该律师事务所的律师们扪心自问这个道德问题：

> 你站在哪一边？这个决定在于你是会将你的技能、天赋和资源用于维护绝大多数美国人的利益，还是用于维护少数拥有污染和镇压工具的美国人的利益。[34]

在为刑事被告和民事诉讼当事人辩护的道德标准是否有所不同？ 146
委托人是一个无权无势的个人还是一个庞大的跨国公司，这有关系吗？问律师"你站在哪一边"这样的道德问题正当吗？或者，不问责原则是否减轻了律师必须为其委托人的选择辩解的压力？从每个委托人都有权利请律师这一命题，是否可以推出一个特定的客户有权让你做他的律师？换句话说，如果你知道委托人将会被代理，你是否可以获准拒绝代理？当拒绝违背正义利益的委托人（比如烟草

---

[32]　Michael E. Tigar, "Setting the Record Straight on the Defense of John Demjanjuk," *Legal Times* (Sept. 6, 1993), reprinted in Monroe Freedman and Abbe Smith, *Understanding Lawyers' Ethics* (New Providence, N. J.: LexisNexis, 4th edn., 2010), Appendix A, p. 371.

[33]　See Monroe H. Freedman, "The Lawyer's Moral Obligation of Justification," *Texas Law Review* 74: 111-118 (1995).

[34]　Id. at 113 (quoting Debate at George Washington University Law School [1970]; transcript on file with the Texas Law Review).

公司或污染者）代理律师的判断时，我们能否始终如一地赞扬那些为民权事业工作的律师（比如在 1940 年代和 1950 年代为整个美国南部种族隔离案件辩论的律师)？如果一名律师可以拒绝付不起律师费的委托人，那么该律师如何才能一直避免因为选择为可憎的委托人代理而遭受道德上的谴责？请思考一下与以下案例相关的伦理问题。

纽约（或伦敦、多伦多、悉尼）一家著名的律师事务所，已经与一家面临大屠杀幸存者集体诉讼的瑞士银行接洽。诉讼指控该银行接受了纳粹从德国军队占领的犹太人领土上偷走的黄金，包括从在集中营被害者的牙齿上提取的黄金，这些黄金被换成瑞士法郎，反过来资助希特勒庞大的军事机器。假设这个问题有两种变化：

147　　A. 该律师事务所的合作伙伴（包括犹太伙伴）与活跃在犹太人事务的其他律师事务所的律师进行了广泛咨询，并被告知只有在目标是确保该银行在以一种令大屠杀幸存者满意的方式解决这一案件时采取了负责任的行动，为该银行代理才是可以接受的。[35] 律师事务所告诉银行，只有当银行的目标是全面披露过去，找到一个"以世界舆论为衡量标准的"公平解决方案，并在各方面"比犬牙还要干净"时，它才会接受这种代理请求。[36]

---

〔35〕 这个例子来自纽约克拉瓦斯（Cravath）、斯瓦恩和摩尔（Swaine & Moore）律师事务所，以及华盛顿特区威尔默（Wilmer）、卡特勒和皮克林（Cutler & Pickering）律师事务所对瑞士信贷代表权的争议。我把这两个案件的事实混合在一起，目的是使讨论变得更加困难。See, e. g., Blaine Harden and Saundra Torry, "N. Y. Law Firm to Advise Swiss Bank Accused of Laundering Nazi Loot," *Washington Post* (Feb. 28, 1997), p. A3; *In re Holocaust Victims Assets Litigation*, 319 F. Supp. 2d 301, 303 (E. D. N. Y. 2004) (federal judge excoriating Swiss banks for "continually distort[ing] and obscure[ing] the truth"); see also Christine Parker and Adrian Evans, "Case Study 2.1: The Nazi Gold," in *Inside Lawyers' Ethics* (Cambridge: Cambridge University Press 2007), pp. 37–39. For an in-depth discussion see Michael J. Bazyler, "Gray Zones of Holocaust Restitution: American Justice and Holocaust Morality," in Jonathan Petropoulos and John K. Roth eds., *Gray Zones: Ambiguity and Compromise in the Holocaust and Its Aftermath* (New York: Berghan Books 2005), p. 339.

〔36〕 This is the version of the Cravath firm's conduct described in John J. Goldman, "Venerable Firm in Spotlight for Holocaust Assets Case Role," *Los Angeles Times* (Apr. 3, 1997).

B. 律师事务所的律师们从一开始就认识到，集体诉讼涉及管辖权、法律选择和诉讼时效等复杂问题。有许多合理的法律依据主张，该诉讼应当被法院驳回。该银行志在减少向受害者及其家属支付赔偿的财务成本，还特别担心可能会有人对它提出欺诈性赔偿。此外，该银行热衷于"澄清事实"，在其看来这意味着否认或最小化其在纳粹暴行中的共谋[37]。律师事务所同意为银行代理，并提供"积极辩护"，在法庭上捍卫银行的权利。

律师事务所应该接受银行的代理请求吗？银行的目标是全面而彻底地披露信息（说法 A），还是强烈反对共谋的指控并将其经济风险最小化（说法 B），这有区别吗？在这两种情况下，银行是否受到道德批评——也就是说，不问责原则是否适用？在美国没有驿站规则，所以作为管理律师的法律问题，律师事务所有以任何理由接受或拒绝代理的自由裁量权。

第二节　撒谎、告知与为合理怀疑而争论

刑事辩护律师经常被指控撒谎，或者至少在为一个已知犯有罪行的委托人辩护时做出欺骗性辩护。辩护律师通常回应说，评估指控的真伪不是他们的工作——这是陪审团的任务，政府也有责任在合理怀疑之外证明自己的案子。就目前而言，这种反应还算不错，但它仍然让一些人对辩护人在审判中使用的策略感到不安。传统上，律师把自己理解为"法庭的官员"；这意味着，除了其他方面，他们被禁止使用他们知道是在撒谎的证人的证词。[38]因此，目前尚不清楚，国家排除合理怀疑证明有罪的要求，是如何用来许可与事实不符

148

---

〔37〕　根据美国地方法官爱德华·科曼（Edward Korman）的观点，这一版本的事实似乎是对上述行为的合理推断。See *In re Holocaust Victims Assets Litigation*，319 F. Supp. 2d 301（E. D. N. Y. 2004）.

〔38〕　See, e. g., American Bar Association, Model Rules of Professional Conduct，Rule 3. 3（a）；Code of conduct of the Bar of England and Wales, Rule 302.

的故事的，至少在律师看来如此。[39]答案是，确立一些现实描述的真伪从根本上是一个通过讲故事说服别人的问题，如果律师没有讲述与当事人的罪行不符的故事的自主权，那么他就没有办法维护当事人被推定无罪的权利。考虑一下刑事辩护律师提供的这个例子。[40]有用的是，这个案子涉及的不是可憎的罪行，而是相当无聊的犯罪。然而，它提出了一个重要的道德问题，即律师在为委托人代理时在多大程度上有理由夸大事实。

　　一个人带着一件最多值几美元的便宜物品离开商店后，因涉嫌入店行窃而被制止。在经理跟他说话时，店里有人喊了一声："失火了!"经理必须回到里面去。当经理再出来的时候，那个所谓的商店扒手还在那里，站在人行道上。他同意接受搜查，经理发现他口袋里有 10 美元。在实际的案件中，当事人向其律师承认打算偷那个物品。因此，关于这件事的事实真相，任何以"因此我的委托人不可能有盗窃货物的意图"结尾的故事都是错误的。然而，在审判中，辩护律师使用这些数据来证明被告不可能有偷窃的意图。如果他有这样的意图，他一定会利用火灾报告提供的机会逃离现场。他留下来和经理谈话的事实表明，他一定有一个合理的解释——例如，他心不在焉地把财产放进了自己口袋。这一解释得到了委托人有足够的钱支付货款这一事实的支持。律师代表受审的当事人辩称，整个事情是一个无辜的错误。

　　这个故事是虚假的吗？也许吧。为了便于讨论，假设客户向其律师承认自己打算偷东西。根据可适用的行为规则，律师将不被允许向陪审团做结案陈词，包括"我的当事人无意盗窃货物"这一陈

<hr>

〔39〕 Sissela Bok defines lying as communicating a message with the intention that others believe something the speaker does not believe. See Sissela Bok, *Lying*: *Moral Choice in Public and Private Life* (New York: Pantheon Books 1978), p. 13. By relying on the speaker's belief, this definition sidesteps the question of whether the speaker knows the message is untrue.

〔40〕 John B. Mitchell, "Reasonable Doubts Are Where You Find Them," *Georgetown Journal of Legal Ethics* 1: 339-61 (1987). 该案例在结构上与第二章讨论的扑克游戏不在场证明和电视被盗案相似。

述。这种陈述是一个直接的谎言。然而，当涉及讲述一个与委托人关于他打算偷东西的陈述不一致的故事时，大多数刑事辩护律师认为这是可允许的欺骗，被认为是切实落实被告排除合理怀疑被证明有罪的权利的唯一途径，并使举证责任完全落在了原告身上。为了维护被告的权利，其辩护人不仅要能够证明控方的说法是不真实的，还要能够讲述自己与被告的罪行不一致的故事。陪审团是被故事说服的，而不是被控方对事实的温和否认说服的。辩护律师不能仅仅局限于对控方的案件吹毛求疵，因为孤立的证据没有任何意义，因此无法说服。说服是一个意义形成的过程，而意义是通过将事件组合成一个有方向或目的的连贯的故事来传达的。

在这个例子中，如果辩护律师只是简单地对陪审团说"国家没有排除合理怀疑证明自己的案件"，那么他实际上就是在胡言乱语。若能和缓地陈述事实，而又不提出与被告罪行不符的解释，比如，"我的当事人口袋里有 10 美元；经理进屋时他没有跑"，这也好不到哪里去。因为这将是对证据的真实陈述，但除非证据的含义已向陪审团说明，否则意义不大。要做出这种辩护，唯一可行的方法就是把这些点串起来，就像讲一个故事一样："现在，如果我的当事人真的打算偷东西，经理一进屋去处理火灾他不就马上逃跑了吗？他等着经理回来这一事实表明，这只是一个无辜的错误。考虑到他口袋里也有足够的金钱来支付财产，这也肯定是正确的解释。"这个故事的含义是错误的——当事人承认意图盗窃财产——但是辩护律师必须被允许讲述当事人的故事，以此作为维护当事人权利的一种方式，正如律师所说的，要求国家拿出证据。作为一种人类心理学，人们通过讲故事来理解事件并说服彼此。[41] 如果不允许律师讲述与罪行不符的故事，就会削弱当事人在审判中排除合理怀疑来确定其罪行的权利。

150

---

〔41〕 See Anthony Amsterdam and Jerome Bruner, *Minding the Law*（Cambridge, Mass.：Harvard University Press 2000），pp. 111-42；Nancy Pennington and Reid Hastie，"A Cognitive Theory of Juror Decision Making：The Story Model，" *Cardozo Law Review* 13：519-57（1991）.

稍微深入一点，这可能会被一些读者认为是诡辩，律师可能会否认代表当事人讲述的故事是虚假的，因为法律叙述中的真伪并不仅仅是平淡无奇的事实报告——当事人到底有没有偷东西？相反，一个在审判中讲述的故事是一个更广泛叙述的一部分，在此过程中法律的意义得到了阐述，包括因为这个犯罪而惩罚这个人是否合法这样的问题。法律要求我们效忠，这取决于它是理解对其臣民来说"听起来是正确的"的一种方式。叙事不仅构成了那些在审讯中讲述自己故事的人的现实，而且也构成了正义的理念。如此理解，辩护律师的故事的结论不是"我的当事人没有偷东西"，而是"我的当事人不应受到惩罚"。事实数据是叙述的一部分，关于"赏罚""责备""责任""理由"和其他规范性概念的显性或隐性的主张也是如此。一个故事是否可信，取决于它是否正确地理解了事件所包含的事实和价值。"叙述是一种话语模式，它直接考虑作为法律基础的规范性因素——事物的一种合法、规范的状态的存在，这种状态在某种特定的环境或背景下被某些人类行为复杂化了。"[42]特别是关于刑事审判，参与者的话语是指责的言辞，其目的是查明和恢复共同体成员之间的正确关系。[43]因此，共同体通过基于惩罚或仁慈的故事而做出的谴责判断来创造和维持自身。

在刑事辩护中，最困难的道德困境出现在律师代表当事人所讲述的故事可能会加深和加剧对被害人的伤害时。在商店行窃的故事中，受害者是一家商店，预计会因盗窃而损失一定数量的存货。这并不能为被告的行为开脱，但人们很容易把受害者视为一个无名无姓的公司，比起辩护律师所代理的个人客户更不值得关注。（如果他认为这将导致他的叙述与客户应受谴责的程度不一致，一位试图说服其受众的律师会知道如何巧妙地传达这一信息。）但许多犯罪受害

---

〔42〕 Amsterdam and Bruner, *supra*, p. 141.

〔43〕 See James Boyd White, "Making Sense of What We Do: The Criminal Law as a System of Meaning," in *Heracles' Bow: Essays on the Rhetoric and Poetics of the Law* (Madison: University of Wisconsin Press 1985), pp. 207-09.

伦理与法律：导论

者是个人，而且受害人有时认为刑事审判过程是第二次受害。在刑事审判中，被告可能会讲述与自己应受谴责的程度不一致的故事，但同时也会对另一名参与者造成严重伤害。在这种情况下，律师确实是在实践由布鲁厄姆勋爵在为卡洛琳女王（Queen Caroline）辩护时所认定的道德原则（第三章）："用尽一切手段和办法，不顾他人的危险和代价，挽救当事人是律师首要的也是唯一的职责；在履行这一职责时，他不得顾及自己可能给他人带来的惊恐、折磨和破坏。"很少有案件能像强奸案中刑事被告的代理那样生动地说明对另一个人施加的折磨和破坏，在强奸案中被告试图基于同意来证明自己无罪。[44]探讨一下这个例子：

152

被告在一个中型大学城郊区的一间加油站工作，这里也是被指控攻击的地点。所谓的受害人是一名 22 岁的女子，她是该校神学院的研究生。被告起初不愿谈论此事，但最终告诉律师他与该年轻女子发生了性关系，但这是双方自愿的。他说自己以前见过她几次，他们在一起谈情说爱。在讨论中的那个晚上，他描述了她是如何找到他的，他们在她的车里开始交谈，一件事接着另一件事，然后他们发生了性关系。他们被另一辆来到加油站的车打断了，当被告下车帮助那名顾客时，该年轻女子开车走了。该年轻女子告诉警方和大陪审团，她在深夜从一个会议回来，她在会上提交了一份文件，这时她注意到自己的车快没油了，她在加油站停了下来向服务员求

---

〔44〕 这个例子是从门罗·弗里德曼那里借来的，他是对抗制最坚定的捍卫者之一。See Monroe H. Freedman, *Lawyers' Ethics in an Adversary System* (Indianapolis: Bobbs-Merrill 1975), pp. 43–45. 在弗里德曼教授和阿贝·史密斯合著的书中，这个问题仍是重点。See *Understanding Lawyers' Ethics* (New Providence, N. J.: LexisNexis, 4th edn. , 2010) § 7. 12, pp. 207–08. 史密斯教授以非常敏感的态度撰写了一篇文章，为一名被指控在警察局住宅内暴力袭击海地移民艾布纳·路易玛（Abner Louima）的警官辩护。律师的辩护包括暗示路易玛的受伤可能是由双方同意的同性恋行为造成的。See Smith, *supra*, pp. 930–32. 史密斯指出，尽管这些指控如此令人震惊，以至于其他警察打破了众所周知的"沉默的蓝色墙"，并指证被告，但公众的愤怒是如此之大，以至于"那些负责人显然需要至少扳倒一些涉案的警察，如果被告被判有罪，他将面临长期监禁，很可能会面临被其他囚犯攻击的重大风险"。Id. at 939. 在这种情况下，史密斯辩称，被告应得到有力的辩护，辩护律师不应担心对他人的伤害，也不应基于自己在陪审团偏见和歧视方面的道德顾虑而不热心地为其当事人辩护。Id. at 951–54.

助，这时他强行进入她的车，威胁她并违背其意愿与其发生了性关系，直到另一辆车驶进加油站才停下来。

在调查过程中，律师发现所谓的受害人在与其现任未婚夫订婚前，曾与至少两名当地其他男子有过恋情。其中一个叫琼斯，他仍然对与年轻女子分手感到痛苦。当律师采访琼斯时，他说这个年轻女子轻浮，有一点狂野和反叛的气质。他讲了一个与她一起去参加聚会的故事，在她消失了一段时间后，发现她和他们共同的朋友史密斯在楼上的房间里衣衫不整地躺在床上。琼斯说，他愿意作证，并非常怀疑所谓的受害人被强奸。在与被告的第二次谈话中，他向律师承认他的第一个故事是假的，他确实强迫该年轻女子违背自己的意愿发生性行为。他拒绝考虑对较轻的指控认罪。现在该怎么办呢？

传唤琼斯作为证人的目的是迎合一种古老而有害的成见：被强奸的女性通常会通过调情或穿着挑逗的方式招致性侵犯，而女性之前的交往行为暗示着她未来会有引诱男性的倾向。

> 在强奸案中，受审的总是受害人。她愿意与过去的情人发生性行为的事实，将被用来表明她也想与暴力的陌生人发生性行为；对于"这个想要给男人找麻烦的复仇心重的女人"这种性别歧视的思维定式，足以把她不同意性交的举证责任推给她。[45]

即使被告最终被判有罪，在法庭上作证被盘问她过去的性行为，以及耐着性子听完琼斯含沙射影的证词，这些经历都是一种羞辱。其他被强奸的受害人注意到这个过程对原告证人的影响，可能不愿报告性侵犯。出于这个原因，许多司法管辖区制定了所谓的强奸保护法规，禁止在强奸起诉中引入原告证人性史的证据。然而，这些法规只禁止引入不相关的性史证据，但如果有合理的同意辩护，有

---

〔45〕 David Luban, *Lawyers and Justice* (Princeton：Princeton University Press 1988), p. 151.

经验的刑事辩护律师通常能够引入证据。假设辩护律师可以引入证据——作为一个伦理问题，律师应该这么做吗？

大卫·鲁班从"刑事程序必须确保强奸受害者能够站出来指控攻击者，而自己的性取向不会成为审判的核心"这个前提出发进行了论证，其结论是刑事辩护律师必须停止"允许让受害人看起来像妓女一样被盘问"。[46]对滥用国家权力、贫穷和边缘化的关切，以及证据（这些证据通常可以证明刑事被告积极的辩护合理）的不可靠性，必须平衡男性对女性的持续暴力的问题。强烈的对抗性伦理观念的捍卫者可能会承认对妇女的伤害，因为她们被迫在法庭上忍受屈辱性盘问；但这些捍卫者坚持认为，他们特殊的伦理关怀的唯一对象，是其自由可能面临严重剥夺的当事人。例如，阿贝·史密斯讨论了布鲁厄姆勋爵的演讲和现代进步人士对积极辩护的批判。[47]进步人士本来会同情犯罪辩护律师，但他们担心布鲁汉姆式（Brougham-style）的辩护所造成的附带损害，这种损害涉及妇女、GLBT、少数族裔和其他被社会剥夺权利的群体。从进步人士的角度来看，史密斯的回应是，律师关心被边缘化的人是恰当的，但这种关心应该通过对被告忠诚和积极辩护的价值，一次只表达给一个当事人。她写道："当刑事辩护律师在努力为面临丧失自由或生命的个人代理时，给刑事辩护律师增加额外的负担来使世界变得更美好，这是完全错误的。"[48]正如在职业中立的保守辩护（查尔斯·弗里德所说）中一样，进步人士对刑事辩护的批判表明，法律职业伦理可以以有趣的方式跨越传统的政治范畴。伦理不应沦为政治。

回到在第二章开始的三步论证，[49]在这个案例中，包括可能会导致所谓的受害人蒙羞的证词引入和交叉询问，在桥的道德一边支持有力辩护的相关价值是什么？考虑一下鲁班对人性尊严价值的诉

---

[46] Luban, *supra*, p. 151.

[47] See Smith, *supra*, pp. 951-52.

[48] Smith, *supra*, p. 952.

[49] ①定义、说明和解释道德价值的意义；②表明步骤1中的价值包含职业伦理原则；③用案例检验得出的理论。

求，它植根于人的主体性——作为一个道德主体意味着世界上存在一个第一人称的视角，从而有一个故事可以讲述。将尊严作为一种基本价值的依赖，似乎与鲁班早些时候（在桥的职业伦理这一边）的观点相悖；鲁班认为，律师在伦理上不应被允许将强奸案审判的焦点转移到原告证人的性行为上。[50] 对虚假故事的讨论表明，讲述客户的故事的伦理责任，是由鲁班的人类尊严概念所引发的，它要求律师提供支持客户故事的证据，即使律师认为客户的故事是假的。如果这里允许违反诚实的伦理义务，那么律师也可以同样被允许违反通常不羞辱他人的道德义务。

---

〔50〕 See Katherine R. Kruse, "The Human Dignity of Clients," *Cornell Law Review* 93: 1343-64 (2008), p. 1346 ("当律师通过表达当事人的主体性来维护当事人的人格尊严，等于是侵犯他人的人格尊严时，我们不清楚律师应如何解决冲突")。

第八章

公诉人

在刑事司法系统中，人民是由两个独立但同样重要的群体代表的，包括调查犯罪的警察和起诉罪犯的地区检察官。这些是关于他们的故事。

在过去的二十年里，只要在英语世界的任何地方，人们只要打开电视机就会听到对这部经久不衰、不断重播的连续剧《法律与秩序》（*Law and Order*）的旁白介绍。但是请注意这些熟悉的话语中有些奇怪的地方：人民由检察官代表。助理地区检察官在法庭上调查事实、与证人交谈、审理案件时都有一个上司（即一个被选举或任命的政治官员），但从理论上讲，他们的委托人是一种被称为"人民"的抽象概念，或者在英联邦国家则是"国王"。这些国家的刑事案件的标题都是"R诉被告"（*R v. Defendant*），其中"R"代表雷克斯或雷吉纳（Rex or Regina）——国王或女王。检察官声称，他们以国家或整个社会的名义采取行动，试图惩罚危害共同利益（common good）的行为。这使他们不同于大多数其他律师，后者为了一个可识别的客户工作，其利益也可能不同于共同利益。虽然在理论上他们代表共同利益，但检察官是由国家雇用的。原则上，所有律师都是"法庭上的官员"，意思是他们的权威在某种程度上来源于司法系统。此外，检察官还要服从政府官员的指示。在大多数普通法国家，检察官是一个被任命的职位。（就像在很多事情上美国都是个异类，很多城市和县的首席检察官都是民选官员。）正如代表公司的律师原则上代表股东通过选举产生的董事会行使职权一样，检察官代表全体公民通过选举和任命的政治官员的某种组合行使职权。

有关检察官的法律义务出现了许多技术问题。例如，他们必须向被告及其律师披露证据吗？如果可信，这些证据可能会否定被告的罪行。检察官必须传唤所有可信的重要证人吗？在提出指控或寻求起诉之前，检察官必须对被告的罪行有多少把握？当一名检察官随后发现了倾向于证明某人被错误指控的证据时会发生什么？这些以及相关的问题在律师协会颁布的职业行为规则中都有涉及（在美国则由州法院颁布）。[1]司法判决、法规和条例也规定了检察官的法律义务。[2]然而，与这本书的主题相一致，这一章分析作为一个伦理问题的检察官职责，试图将道德考量与职业伦理联系起来。它通过讨论一个涉及个人伦理、等级组织的规范和法治之间的冲突的案例来探讨这些问题。

第一节　司法官员

法院和律师协会对检察官职责的官方声明，强调了他们作为

---

〔1〕　See, e. g., Western Australia Barristers' Rules §88 (a)（"作为检方案件的一部分，检察官必须传唤所有证人……他们的证词是可接受的，是陈述所有相关情况所必需的"）；Code of Professional Conduct for British Columbia, Rule 5. 1-3, Commentary（"检察官……应及时向辩护律师或直接向无律师代表的被告披露一切有关和已知的事实和证人，无论这些事实和证人是否倾向于表明有罪还是无罪"）；Bar Council of India, Rules on Professional Standards, Rules on an Advocate's Duty Toward the Client, Rule 6（"出庭参加刑事审判的辩护人应以不会导致无辜者被定罪的方式进行诉讼。辩护人不得压制任何可证明被告无罪的材料或证据"）；American Bar Association Model Rules of Professional Conduct, Rule 3. 8 (h)（"当检察官知道有明确而令人信服的证据证明被告……被判犯有被告没有犯下的罪行时，检察官应寻求补救"）。对于加拿大检察官法的精彩概述，see Michael Code, "Ethics and Criminal Law Practice," in Alice Woolley et al., eds., *Lawyers' Ethics and Professional Regulation* (Markham, Ont.：Lexis-Nexis 2008).

〔2〕　例如，在美国，如果检方未能披露对辩方至关重要的证据或信息，即可能导致陪审团宣布被告无罪，被告可能会获得新的审判。*Brady v. Maryland*, 373 U. S. 83 (1963).

"司法官员"的角色。[3]人们可能会问，这到底是什么意思，还有司法官员为人们承担了哪些通常不属于律师职业伦理的职责？毕竟，许多代表私人客户的律师会说，他们的角色与正义有关。[4]最笼统的回答是，检察官被要求更直接地瞄准正义的目标，包括确定事实真相和确保法律程序的参与者得到公平对待，而其他律师只允许以间接促进正义目标的方式行事。例如，在一个重要的案件中，加拿大最高法院说：

> 在我们的法律中，刑事起诉既不是个人之间的较量，也不是力图定罪的国王与努力争取无罪释放的被告之间的较量，而是一种调查，其中检方不应该有任何感情或敌意，而应该抱着确定事实真相的单一观点……控方律师应把自己看作是协助其管理的司法官员而不是辩护人。[5]

法院所理解的"辩护人"可能以其当事人（"努力争取无罪释放的被告"）利益为目标，而司法官员必须以查明真相的"单一观点"为目标。辩护律师的工作是为委托人的无罪开释提供任何可用的法律和事实依据。如果当事人是有罪的，那么无罪释放就是不公正的——好吧，就这样吧。代表当事人寻求正义不是律师的工作。相比之下，检察官的职业行为规则强调，检察官必须协助法院确定事实真相。[6]他们应该把自己看作是政府官员，而不是私人当事一

---

〔3〕 See, e. g., *Berger v. United States*, 295 U. S. 78, 88（1935）.

〔4〕 See, e. g., William H. Simon, *The Practice of Justice*（Cambridge, Mass.：Harvard University Press 1998）, p. 2（从"律师提供的正义价值为其角色提供了道德基础"开始）.

〔5〕 *R. v. Boucher*,〔1954〕S. C. J. No. 54, 110 C. C. C. 263 at 272（internal quotations, citations, and alterations omitted）.

〔6〕 See, e. g., New South Wales Barristers' Rules § 82（"检察官必须公正地协助法院查明真相，必须公正地寻求将所有相关证据清楚地提交给法院，并且必须寻求协助法院提交充分的法律，以使法律能正确适用于事实"）.澳大利亚其他州也有同样的规定，see, e. g., Western Australia Barristers' Rules § 82 and Victoria Barristers' Rules § 134.

方的代表。[7]因此，他们的义务被描述为在试图给被告定罪时表现出"克制的热情"（controlled zeal）。[8]作为一名司法官员，意味着要有目标，这种目标不同于那些可以向其寻求指导的实际客户所定义的目标。相反，它意味着以正义的价值为指导。

检察官不仅必须直接以正义为目标，而且他们在这样做时还必须与关于正义要求的不同意见作斗争。[9]与作为客户代理人的辩护律师不同，检察官有自己的选民。这里的复数词"选民"很重要。检察官代表"人民"（或被具体化为"王权"的公共利益）。[10]"人民"的概念是一个抽象概念，但人民有自己的利益和立场，还可能不认同别人。犯罪受害者和感到自己受到执法人员不公平对待的社会群体成员，与刑事司法系统相比有着非常不同的利益。检察官必须设法调和这些有时相互冲突的利益，并为了全体人民的利益而不是其直接政治上级的利益而行动。

作为正义是一种可争议标准的一个例子，考虑一下非裔美国人法学教授、前检察官保罗·巴特勒（Paul Butler）关于罪犯和警察在少数族裔社区构成的威胁的观察结果：

> 年轻的黑人男性是最常见的犯罪受害者，也是最有可能被指控犯罪的人……你穿过街区，盯着街角的毒贩，他们让你的社区变得不安全。然后，当警察们小心翼翼地缓缓驶过，警察们仔细地打量着你，你也盯着他们看……在我长大的芝加哥种族隔离社区，黑人对执法的看法和现在一样。有些时候，我的

160

---

[7] See, e. g., Law Society of Upper Canada [Ontario] Rules of Professional Conduct, Rule 4.01 (3), Commentary（"在担任检察官时，律师的主要职责不是寻求定罪，而是确保通过根据案情进行公平审判来伸张正义。检察官行使的公共职能涉及大量自由裁量权和权力，必须公正、冷静地行事"）。

[8] Alice Woolley, *Understanding Lawyers' Ethics in Canada* (Markham, Ont.: LexisNexis 2011), pp. 278-80.

[9] R. Michael Cassidy, "Character and Context: What Virtue Theory Can Teach Us About a Prosecutor's Ethical Duty to 'Seek Justice,'" *Notre Dame Law Review* 82: 635-97 (2006).

[10] R. Michael Cassidy, "Some Reflections on Ethics and Plea Bargaining: An Essay in Honor of Fred Zacharias," *San Diego Law Review* 48: 93-110, p. 95.

邻居们不是在抱怨警察如何对待他们，而是在抱怨警察在他们需要的时候从来没有出现过。[11]

对巴特勒及其邻居们来说，正义包括警察的公平对待和警察的保护。警察对黑人间的犯罪行为漠不关心，以及警察对这些社区的居民（尤其是年轻的非裔美国人）表现得咄咄逼人，这些都是缺乏正义的表现。巴特勒决定成为一名检察官，来"帮助受害者，而不是成为一名警察或另一名黑人"，并致力于"实际上是为了维护有色社区的安全和自由的执法干预"。[12]正如这个例子所显示的，正义是哲学家们所称的本质上有争议的一个概念。[13]确定正义的意义，从而确定检察官寻求正义的伦理责任的内容，要求人们对正义的不同组成部分，例如安全、尊重人格尊严、免受任意骚扰和保护权利，分配权重或优先级。然而，其他人可能会分配不同的权重或优先级。这些不仅仅是品位或偏好的不同，而是代表构成正义概念的各个组成部分的不同的理性排名。因此，"以正义概念为中心的争议是完全真实的：这些争议虽然不能通过任何形式的辩论来解决，但却可以通过完全可信的论据和证据来维持。"[14]律师们可能会无休止地争论正义需要什么，但理性地解决这场争论是不可能的，因为伸张正义意味着关注其各种组成部分的价值，比如公共安全和对个人权利的尊重，这些都不能被简化为其他价值。

检察官在诉讼的每一个阶段都可以自由决定：调查和起诉哪些

〔11〕 Paul Butler, "How Can You Prosecute Those People?," in Abbe Smith and Monroe H. Freedman, eds., *How Can You Represent Those People?* (New York: Palgrave MacMillan 2013), p. 16. 芝加哥一个少数族裔社区的警察引发了类似的恐惧，see Ta-Nehisi Coates, "The Gangs of Chicago," *The Atlantic* (Dec. 18, 2013) （"从未在这些社区生活过的人必须明白的是，就像骗子、杀手和帮派一样，警察是另一支必须协商和处理的暴力力量。但与帮派不同的是，警察的暴力就是国家的暴力，因此对这些社区不负责任"）。

〔12〕 Butler, *supra*, p. 17.

〔13〕 See W. B. Gallie, "Essentially Contested Concepts," *Proceedings of the Aristotelian Society* 56: 167-98 (1956). 第二章提到的罗尔斯和德沃金所采用的理念与概念的区别，是基于加利（Gallie）关于本质上有争议的概念的想法。

〔14〕 Id., p. 169.

嫌疑人，提出什么指控，是否提供辩诉交易，以及向法庭推荐什么判决。尽管在形式上受制于法律和制度，但在每一个阶段检察官都有相当大的权力。例如，在美国许多州和联邦刑事体系中，被告只有在大陪审团提出起诉后才有权被起诉。[15]虽然大陪审团在英国已不再使用，但该权利深深植根于英国普通法，并被认为是对国家官员逮捕和拘留公民的专断权力的一种约束。在大陪审团程序下，检察官必须提供倾向于显示可能原因的证据，这意味着提供（大致）足以支持一个理性人相信被告犯了被指控罪行的信息。然而，从被告的角度来看，大陪审团程序的问题在于，检察官只是出示证据，但检察官不需要出示支持关于被告无罪的主张的证据[16]。因此，人们普遍认为，大陪审团只是检察官决定对被告提起诉讼时的橡皮图章。纽约州最高法院的前首席法官曾提议废除该州的大陪审团制度，因为用他的话说，一个称职的检察官可以让大陪审团起诉一个火腿三明治。[17]

　　对较轻的罪行做出指控决定和提出接受认罪答辩，同样是由检察官的自由裁量权决定的。同样的事实可能与较轻的罪行和较严重的罪行相一致。[18]在一篇关于刑事辩护的经典文章中，芭芭拉·巴布科克（Barbara Babcock）讲述了她的当事人杰拉尔丁（Geraldine）的故事，她因第三次持有海洛因而被起诉。在那起案件中，检察官本可以指控杰拉尔丁持有毒品，但却选择指控她是毒贩，并寻求很长的强制性判决；后来，他拒绝就一项简单的占有指控认罪，迫使杰拉尔丁接受审判。[19]

162

---

　　[15]　See US Constitution, amendment V（"任何人不得因死罪或其他臭名昭著的罪行而被追究责任，除非经大陪审团提出或起诉……"）。第五修正案的这一规定尚未纳入第十四修正案，因此不适用于国家刑事诉讼程序。然而，许多州都有自己的宪法或法定的大陪审团权利。

　　[16]　*U. S. v. Williams*, 504 U. S. 36 (1992).

　　[17]　See Marcia Kramer and Frank Lombardi, "New Top State Judge: Abolish Grand Juries and Let Us Decide," *New York Daily News* (January 31, 1985).

　　[18]　*U. S. v. Batchelder*, 442 U. S. 114 (1979).

　　[19]　See the updated version of Babcock's article, which is clearer about the prosecutor's decision making: Barbara Babcock, "'Defending the Guilty' After 30 Years," in Smith and Freedman, *supra*, p. 6.

检察官被指示根据为正义服务的伦理义务做出这些酌情决定。然而，正如我们所看到的，正义在本质上是一个有争议的概念。对杰拉尔丁实施最大限度的惩罚，是对正义概念的一个组成部分的回应——即公众对毒品流行对公共安全的影响的关注。[20] 对毒贩实施严厉惩罚可以说是促进安全和秩序的一种方式。正义的另一个组成部分将强调恢复犯罪所破坏的社会平衡。[21] 惩罚犯罪的正当性可能与支持守法义务的公平竞争原则（见第五章）密切相关。刑法执行的规则是为了社会中每个人的共同利益而制定的。为了让每个人都能从刑法规则中受益，个人必须承担自我约束的责任，"克制那些如果满足就会直接干扰或产生以规定方式干扰他人的重大风险的倾向"。[22] 杰拉尔丁的辩护律师将她描述为，其"可怕的童年和多年的海洛因依赖对她人格发展造成的损害"的受害者。[23] 即使假定她吸毒的习惯造成了干扰他人利益的重大风险，她也可能只是缺乏在反社会倾向上保持自我克制的能力。如果这种描述是正确的（当然，出于第七章所述的原因，检察官可能有理由对辩护律师讲述的故事表示怀疑），那么也许酌情起诉的决定应该考虑到杰拉尔丁不应受到最严厉惩罚的理由。可以想象，在如何处理杰拉尔丁的案件上，理性的检察官会出现意见分歧。值得注意的是，这些都是关于正义本身的要求的不同意见，因为规制检察官行为的法律赋予他们自由裁量权，以决定追究哪些指控，以及在审判前是否提供辩诉交易。

　　由于检察官被指示使用其依法授予的自由裁量权来寻求正义，一些有关法律与道德之间冲突的问题，与理解律师可以扮演的这一特殊角色的伦理无关。如果规制检察官的法律要求他们基于正义的

163

<hr />

[20]　在 20 世纪 60 年代末和 70 年代初，也就是巴布科克文章所报道的时期，美国政治被公众犯罪和违法行为近乎歇斯底里的情绪所主导。理查德·尼克松 1968 年成功竞选总统集中在"法律和秩序"的信息。See, e. g., Dennis D. Loo and Ruth-Ellen M. Grimes, "Polls, Politics, and Crime: The 'Law and Order' Issue of the 1960s," *Western Criminology Review* 5: 50–67 (2004).

[21]　See, e. g., David Johnston, *A Brief History of Justice* (Malden, Mass.: Wiley-Blackwell 2011), pp. 76–77 (讨论亚里士多德的矫正正义理论).

[22]　Herbert Morris, "Persons and Punishment," *The Monist* 52: 475–501 (1968), p. 477.

[23]　Babcock, *supra*, p. 7.

考虑行事，那么法律和道德之间就不存在紧张关系，也不存在"角色区分"，因为法律包含了道德。[24]正义在本质上是一个有争议的概念，这意味着对于自由裁决的特定行使是否公正将存在长期的争论，这就是正义等多元概念的本质。但是，不同正义概念之间的冲突，不同于本书的重要主题——法律义务和道德之间的冲突。道德在很大程度上是检察官的职责之一。回到第一章和第二章的桥梁结构，正义的道德理想直接体现在职业伦理原则中；也就是说，在确保正义得到伸张的过程中，检察官应该行使他们的自由裁量权。

然而，在某些情况下，检察官角色的法律要求可能与道德相冲突。下面举一个例子，一名检察官至少像他的监督者所界定的那样违反了自己的角色要求，因为他相信真理和正义的价值要求他这样做。在某种程度上，这个案件又回到了本书开篇所提到的错案。然而这是不同的，因为在第一个错案中律师代表的是另一个被告。以下案件的律师是检察官（一名司法官员）他认为司法对他的要求超出了其角色所允许的范围。当你读这个案子的时候，思考一下这个问题：哪个律师（或者两个都有，或者一个都没有）的行为是正确的，为什么？

第二节　英雄抑或叛徒？

此案涉及纽约市曼哈顿地区检察官的办公室，该办公室因其在《法律与秩序》中虚构的描写而闻名世界。丹尼尔·比布（Daniel Bibb）是真实的曼哈顿地区检察官办公室的一名律师。[25]他的职位

---

〔24〕　约瑟夫·拉兹会质疑文本中的分析顺序。他不会问法律是否包含道德，而是从道德高于法律开始，问法律是否可以排除道德。See Joseph Raz, "Incorporation by Law," *Legal Theory* 10: 1-17 (2004).

〔25〕　对于案件的历史，see David Luban, "The Conscience of a Prosecutor," *Valparaiso University Law Review* 45: 1-31 (2010). 鲁班对本案的叙述基于公开的信息以及一些与参与者的沟通。然而，在考虑此类案件时，必须记住，在不违反律师的专业保密义务的情况下，某些事实可能不会被披露。该义务在客户代理结束后继续履行。所有普通法律体系都对律师规定了保密义务。See, e. g., ABA Model Rules, supra, Rule 1. 6, Comment〔20〕; Solicitors' Regulation Authority〔England and Wales〕Code of Conduct 2011, Chapter 4; Federation of Law Societies

相当高，也很受人尊敬——这种类型的律师在处理棘手而敏感的任务时值得信赖。他被要求重审一个案件，在这个案件中有新的证据表明有人被错误定罪。最初的起诉起因于一家夜总会的枪击事件。显然，其中一名保镖把一位顾客赶了出去，在这一过程中还打了他的脸。这位顾客决定在凌晨三点半回来报仇，两名男子从一辆汽车里出来开枪打死了保镖。目击者称枪手是两名男子——奥尔梅多·伊达尔戈（Olmedo Hidalgo）和大卫·莱姆斯（David Lemus）。莱姆斯曾向一名妇女吹嘘自己杀了人；这名妇女告诉了她的一个朋友，该朋友报了警。然而，一名调查另一案件的侦探从检举人那里得知，夜总会枪击案实际上是乔伊·皮洛特（Joey Pillot）和托马斯·"斯班吉"·莫拉莱斯（Thomas "Spanky" Morales）所为。侦探将这一信息告知了曼哈顿地区检察官办公室，但被告知线人是错的，因为明确的证据指向莱姆斯和伊达尔戈。[26]此外，另一名警官也听说杀人的是乔伊和"斯班吉"，但当他跟进此事时，他把绰号"斯班吉"和另一名男子弗兰基·菲格罗亚（Franky Figueroa）搞混了，后者在案发当晚就在监狱里。因此，警官断定，关于乔伊和"斯班吉"的消息一定是错的，并将这一信息传送给了地区检察官办公室。[27]在审判中，陪审团探讨了提供的证据，判定伊达尔戈和莱姆斯犯有谋杀罪，并判处他们 25 年监禁。

随后，乔伊·皮洛特和"斯班吉"·莫拉莱斯因不相关的犯罪行为被捕。该案的检察官希望利用皮洛特的证言来指控莫拉莱斯，并

[Canada], Model Code of Professional Conduct, Rule 3. 3. 它在一定程度上与法律职业特权（在美国称为 attorney-client 特权，在加拿大称为 solicitor-client 特权）重叠，但在与本讨论无关的适用性方面存在差异。

　　〔26〕　正如鲁班所指出的，侦探和检察官很清楚告密者有时会撒谎。Luban, *supra*, p. 5. 将自己的责任最小化和夸大他人罪恶感的动机是显而易见的。因此，我们应该小心，不要认为指控皮洛特和莫拉莱斯的线索一定是真实的。See, e. g., Steven M. Cohen, "What Is True? Perspectives of a Former Prosecutor," *Cardozo Law Review* 23：817-28 (2002). 有趣的是，后一篇文章的作者曾在曼哈顿地方检察官办公室工作，在他离开办公室成为辩护律师后，在比布随后的起诉中为莱姆斯和伊达尔戈辩护。See Luban, *supra*, p. 6.

　　〔27〕　Luban, *supra*, p. 4 n. 21.

给予他免予起诉的豁免权。皮洛特说，他和莫拉莱斯几年前在夜总会开枪杀人，莱姆斯和伊达尔戈就是因为此案被定罪的。然而，地区检察官认为，即使皮洛特和莫拉莱斯也牵涉其中，也不意味着莱姆斯和伊达尔戈是无辜的，因为审判中的证言与枪击事件发生时其他人在场的可能性是一致的。丹尼尔·比布被要求对此案进行调查，并提出建议向他在曼哈顿地区检察官办公室的上司汇报。在与六十多人面谈之后，比布确信伊达尔戈和莱姆斯根本没有参与其中。至于莱姆斯为什么吹嘘自己参与了杀人，他说这是为了给一个"喜欢黑帮和暴徒"的女人留下深刻印象；他想要展示"他是一个硬汉和玩家，而不是一个'拿着公交卡的傻瓜'"。[28]然而，办公室里的其他律师认为，是莫拉莱斯和皮洛特与莱姆斯和伊达尔戈一起实施了杀人。毫无疑问，这四个人是在同一个街区长大的，在同一个酒吧里晃荡。正如地区检察官办公室的其他律师所指出的那样，陪审团确实毫无疑义地相信莱姆斯和伊达尔戈牵涉其中。

166　　　法官下令重新审判莱姆斯和伊达尔戈。比布的上司命令他继续辩称莱姆斯和伊达尔戈有罪，同时起诉莫拉莱斯谋杀。（由于存在与皮洛特的豁免协议，检察官不能指控他犯罪。）可适用的职业行为规则要求检察官进行调查，以确定被告是否在获悉"新的、可信的和重要的证据"后被错误地定罪，而这些证据表明被告没有实施犯罪。[29]新的证据表明有另外的人——莫拉莱斯和皮洛特——参与其中，但不一定能证明伊达尔戈和莱姆斯的参与。地区检察官办公室的律师进行了一项调查，对调查结果存在合理分歧。假设地区检察官办公室内部进行了一场全面而公正的辩论，所有证据都由经验丰富的律师提交。考虑所有的证据和论证，并考虑到"检察官的职责是寻求正义而不仅仅是定罪"这一原则，[30]在曼哈顿地区检察官办公室的

---

〔28〕 Luban, *supra*, p. 7.

〔29〕 ABA Model Rules, *supra*, Rule 3. 8（g）.

〔30〕 American Bar Association Standards Relating to the Administration of Criminal Justice, The Prosecution Function, Standard 3-1. 2（c）.

指导律师得出结论，寻求这个案件的正义需要比布做出积极努力，在为伊达尔戈和莱姆斯的前科辩护的同时，也试图让莫拉莱斯为他在谋杀中所扮演的角色负责。

停下来思考一下比布应该做什么。他个人确信伊达尔戈和莱姆斯没有参与谋杀，并且他是与数十名证人面谈的律师。尽管如此，我们还是有理由相信伊达尔戈和莱姆斯确实有罪，尤其是莱姆斯自己的声明证实他参与了谋杀。比布的上司已经命令他继续下去，特别是寻求对伊达尔戈和莱姆斯重新定罪。思考以下三个问题：

（1）实际上：在这种情况下律师有什么选择？

（2）职业伦理上：律师的角色特别是检察官的角色需要什么？

（3）道德上：从各方面考虑比布应该怎么做？

一、实际解决办法

在这种情况下，律师似乎有几种选择：第一种是简单地做他被命令做的事。这一选择不一定反映了检察官的失职。相反，这可能只是对这样一个现实的让步，即检察官只是一个复杂系统的一部分，受到许多机构行动者施加的压力，而每个机构行动者都有其自己的议程：

> 在刑事司法体系中，检察官必须与案件中多个具有不同主张的角色竞争——包括受害人、警察、被告和其他证人。检察官还必须与系统中的许多利益相关者保持良好的工作关系——包括法官、其他法院人员、执法机构和检举人。检察官面临来自关心此事的公众和媒体的外部政治压力，以及来自典型的民选公职人员的内部压力。[31]

---

〔31〕 Cassidy, *supra*, p. 652.

案件中的事实也可能模棱两可。在这个案件中，可能有动机撒谎的证人提供了相互矛盾的证言。[32] 比布对证据有一种看法，而他的上司有另一种看法。

第二种选择是在地区检察官办公室内提出进一步的上诉。这个问题表明，内部对这个问题进行了全面而公正的辩论，而且有关实际案件的已知事实表明，比布积极地向办公室的指导律师提出了自己的意见。[33] 但是，在其他案件中，律师可能错误地假定上司的决定是最终的，而实际上有可能说服上司采取另一种明智的行动。所有的律师，包括那些私人执业律师，由律师做出的决定都被要求与他们的委托人协商。[34]

第三种选择是辞职，要么要求脱离案件由另一名律师接替，要么干脆从地区检察官办公室辞职。[35] 然而，正如比布所指出的那样，从本案中辞职并不能确保正义得到伸张，因为他极有可能会被办公室的其他律师取代，而这些律师会尽职尽责地履行自己的职责。[36] 此外，拒绝起诉莱姆斯和伊达尔戈的这种明显的不服从，可能导致比布从办公室被解雇——这不是一个有吸引力的选择，正如比布所说，"我有妻子和三个孩子，还有房贷和大学学费需要支付，所以不能失去工作。"[37]

二、作为一个职业伦理问题的职责

第七章论述了刑事辩护律师所面临的伦理问题和为被告人积极辩护的原则。然而，正如本章开头所指出的，作为一个职业伦理问

---

〔32〕 See, e. g., Luban, *supra*, p. 9 n. 52（报道称，一名在枪击案中指控"斯班吉"·莫拉莱斯的证人可能是为了报复她丈夫的兄弟"斯班吉"在其丈夫在伊拉克服役期间强奸了她）。

〔33〕 Luban, *supra*, pp. 8–9.

〔34〕 Restatement (Third) of the Law Governing Lawyers § 20 (1).

〔35〕 See, e. g., ABA Model Rules, *supra*, Rule 1. 16 (b) (4)（允许律师在"委托人坚持采取与律师有根本分歧的行动"的情况下退出代理）。没有检察官回避的单独规定。

〔36〕 Luban, *supra*, p. 13.

〔37〕 Id.

题，检察官的职责是不同的。检察官的基本义务不是担任积极辩护者，而是作为公共利益的代表——就像有时人们说的是"司法官员"。[38]检察官责任声明的问题在于，如前所述，正义的要求并不是自定的。因此，在决定正义要求什么时，有人可能会问职业伦理的附属原则是否可能是，律师应当接受来自上司的指示，至少在上司的指示能够合理解决有争议的职业伦理问题的情况下是如此。[39]尤其是当一名检察官被指示为"人民"的利益行事时，将决策权赋予一名任命或选举的政治官员是有道理的。[40]在这个案例中，根据冲突的证据，包括莱姆斯做出的互相矛盾的声明（首先，对那个他想要给她留下深刻印象的女人来说，他参与了枪击；其次，对警察来说，他只是在吹牛，想让自己听起来像个硬汉），律师可能会合理地决定，是继续尝试让莱姆斯和伊达尔戈负责，还是努力纠正他们的冤假错案。因此，"谁来决定？"作为一个职业伦理问题，可以通过遵从指导律师的指示得到解决。即便如此，这也不能解决道德问题。

三、道德义务：什么穿过了桥？

职业伦理和政府机构内的指挥系统不会耗尽道德的内容。即使是以律师和复杂的等级组织机构的参与者这样的专业身份行事，律师仍然是一个道德主体。有时，除了他们的职业责任之外，道德要求人们跳出他们的角色义务，去做正确的事情。在写这本书的时候，美国公众对爱德华·斯诺登（Edward Snowden）所披露的美国国家

〔38〕 "检察官负有司法部长的责任，而不仅仅是辩护人的责任。"ABA Model Rules, *supra*, Rule 3.8, Comment〔1〕.

〔39〕 在管理律师的美国法律中，这个问题有一个有趣的解决方案。每一位律师都有遵守职业行为准则的个人责任——不存在仅仅服从命令的"纽伦堡辩护"。See ABA Model Rules, *supra*, Rule 5.2（a）. 然而，如果（且仅当）监管律师的指示代表了"有争议的职业责任问题的合理解决"，那么律师按照监管律师的指示行事就不受纪律约束。Id., Rule 5.2（b）.

〔40〕 See Luban, *supra*, pp.23-24（引用法律职业伦理学者的话，强调地方检察官办公室的负责人代表人民行事）.

安全局（NSA）的间谍活动展开了激烈辩论。美国国家安全局是一家专门监控电子通信的情报机构。[41]斯诺登曾作为承包商为美国国家安全局工作，并获得了高度机密的安全许可。根据他自己的职业伦理（为政府机构提供信息技术服务）和其雇主与政府的合同条款，斯诺登显然有保密的伦理义务。然而，他认为自己有压倒一切的道德义务揭露美国国家安全局的非法活动，包括有组织地违反关于"在没有获得授权的情况下禁止窃听"的联邦法律。斯诺登向记者披露的文件显示，美国国家安全局一直在非法获取公民和非公民的电子邮件和移动电话记录。不出所料，公众舆论出现了分歧，一些人将斯诺登视为英雄，另一些人则认为他是叛徒。他披露的信息揭露了政府广泛的违法行为和侵犯美国公民的隐私权，但也（按政府的说法）损害了情报收集工作，这些工作曾阻止了另一场"9·11事件"规模的恐怖袭击。斯诺登违反他保密的职业义务，捍卫他所认为的基本隐私权和政府权力的限制，这样做正确吗？这些都是律师所面临的问题，他们必须处理职业伦理义务和作为人所适用的道德要求之间的冲突。

即使是像曼哈顿地区检察官办公室这样优良的机构，有时也会表现得很糟糕。[42]公共安全、治安和犯罪问题有时会主导地区或全国的选举，为证明他们把危险人物关进了监狱和保护守法公民免受犯罪侵害，检察官办公室的律师可能会感受到巨大的政治压力。除此之外还有心理上的影响，这使得人们在集体行动中很难承认错误和抵制压力。[43]相反，心理上的影响也会使人们对自己判断的正确

---

〔41〕 对于故事的梗概，see Barton Gellman, "Edward Snowden, After Months of NSA Revelations, Says His Mission's Accomplished," *Washington Post* （Dec. 23, 2013）；James Bamford, "They Know Much More Than You Think," *New York Review of Books* （Aug. 15, 2013）.

〔42〕 总的来说，曼哈顿地区检察官办公室以公平行事和认真履行检察官作为司法部长的职责而闻名。其他州检察官，如路易斯安那州新奥尔良的奥尔良教区地方检察官办公室，则以不惜一切代价获胜而闻名。See, e. g., Emily Bazelon, "Playing Dirty in the Big Easy," *Slate* （Apr. 18, 2012）.

〔43〕 See, e. g., Philip Zimbardo, *The Lucifer Effect*: *Understanding How Good People Turn Evil* （New York：Random House 2008）.

性过于自信。[44]组织文化可能使个人更容易或更难以遵守其伦理义务。基于这些考虑，当个人面临制度失灵的情况时，应该承担什么样的责任？

在本案中，检察官丹尼尔·比布做了一件非同寻常的事。正如大卫·鲁班所描述的那样，他"抛弃"了这个案子。也就是说，他试图确保控方在努力给伊达尔戈和莱姆斯定罪时不会成功。正如比布自己所说，"我已经尽我所能去输"。[45]他与辩护律师谈到了他在案件调查期间积累的证据及其对辩方的影响。他还对不愿露面的目击者施加压力，证明伊达尔戈和莱姆斯没有参与。比布还为辩方证人准备了他在盘问中要问他们的问题。（准备证人作证的做法在美国一般是允许的，但在其他普通法司法管辖区是禁止的。[46]）当他们为辩方作证时，他没有试图破坏他们的信誉，就像他作为控方律师通常会做的那样。[47]在比布看来，他一直在履行他作为一名司法官员的义务，确保向法院提交真实的证据。正如他的批评者所看到，他承担起了民选地区检察官办公室主任应尽的责任。

人们对丹尼尔·比布案（或爱德华·斯诺登案）的反应，很大程度上取决于他们的性情、世界观或对规则和权力等级结构的态度，以及他们对平缓渐进的改变或更激进的改革的偏好。反过来，这些态度可能与关于人性和政治关联的更基本信念有关。[48]比布和斯诺登的支持者可能会强调个人良知的首要地位，以及每个人思考什么

---

〔44〕 See, e. g. , Daniel Kahneman, *Thinking*, *Fast and Slow* (New York: Farar, Straus & Giroux 2011), pp. 252–58.

〔45〕 See Benjamin Weiser, "Doubting Case, a Prosecutor Helped the Defense," *New York Times* (Jun. 23, 2008).

〔46〕 See, e. g. , Code of Conduct of the Bar of England and Wales, Rule 705 (a) ("大律师不得就证人的证据进行排练、练习或指导")。加拿大和澳大利亚的立场似乎处于美国和英国之间的中立立场。 See, e. g. , Woolley, *supra*, pp. 187 – 90 (Canada); New South Wales Professional Conduct and Practice Rules 2013, Rule 24 (identical language and rule numbering in Queensland).

〔47〕 See Luban, *supra*, pp. 11–13.

〔48〕 See, e. g. , Yuval Levin, *The Great Debate: Edmund Burke, Thomas Paine, and the Birth of Right and Left* (New York: Basic Books 2014).

172 是共同利益的能力。[49] 评论家可能会看到诸如正义等概念的可竞争性，并注意到个人对共同利益的片面有限的看法。检察官难免会纠缠于像正义和共同利益等概念中所隐藏的本质上的歧义，因为他们的伦理义务要求他们考虑这些价值。即使是不像丹尼尔·比布"抛弃"起诉那样引人注目的案件，也可能涉及律师试图协调相互冲突的正义概念。自由裁量的决定，比如是否起诉、指控什么罪行以及如何协商辩诉交易，都直接涉及本质上有争议的正义概念。因此，与跟其他律师的伦理相比，检察官的伦理跟其他公职人员的伦理更为相似。然而，正如下一章将显示的，必须处理不确定性和分歧的不仅仅是检察官。在非刑事纠纷中代表当事人的律师也有这样的义务，即不仅要为当事人积极辩护，还必须考虑到他人的利益，甚至是正义。

---

[49] 例如，西蒙说，我对比布案的分析揭示了一种威权主义冲动。See William H. Simon, "Authoritarian Legal Ethics: Bradley Wendel and the Positivist Turn," *Texas Law Review* 90: 709-26 (2012), pp. 711-12.

第一节　民事律师与刑事律师不同的伦理世界　173

除了起诉和为刑事案件辩护外，律师还有很多工作要做。这一章和随后的章节，将在其他情况下讨论律师的伦理责任。有趣的是，当律师们思考这些伦理问题时，他们通常会想到刑事辩护律师是律师职业伦理的典范。请从伦理的角度来考虑对职业行为准则的批评：

> 在过去，也就是在世纪之交，法律明文规定，律师在诉讼中对当事人的义务以"温暖的热情"（warm zeal）代表当事人。而今，在最新的规则中，"温暖的热情"一词被删除了。相反，当前的职业行为规则（本质上）说，"我们真的意味着'温暖的热情'，但我们讨论职业精神和能力等，是因为我们害怕，如果我们说'温暖的热情'，人们会认为这意味着你需要为委托人而成为一名狂热者，但没人喜欢狂热者。"所以在软化规则和软化职业形象的名义下，"温暖的热情"是一个受到威胁的物种。他们用棒把"温暖的热情"都打死，来给富人做

外套。[1]

　　你能告诉我这个批评家是在实施什么样的法律吗？律师迈克尔·
泰格是一名富有激情和天赋的辩护人，他的职责是为那些不受欢迎
的被控犯罪（以及从事刑事辩护）的委托人辩护。棒打孩子的热情
是一个有趣的说法，但对为富人做外套的担忧表明，尽管泰格更广
泛地谈到在诉讼中代表委托人，但他实际上是在考虑代表那些在失
去人性的国家机器面前无能为力的人。"温暖的热情"可能是对刑事
辩护中党派性原则的一种适当解释，但在其他实践中它是有问题的，
包括在民事诉讼中代表争议的当事人。

　　第三章简要介绍了普通法系与民法法系之间的区别。这里的相
关区别是在一个普通法法律体系中刑事诉讼和民事诉讼之间的区别，
即两个或两个以上的当事人之间的争端，即使大多数争端在审判前
由当事人协议解决，但原则上也可以通过审判来解决。与刑事案件
是由检察官以统治者的名义提起不同，民事诉讼通常是由私人（个
人或公司）的名义提起的。他们不寻求惩罚罪犯，而是行使某种类
型的法律权利。寻求的救济通常是金钱赔偿，或被称作禁令的做或
不做某事的指令。民事诉讼可能出现在以下背景中，包括：意外事
件和人身伤害（受侵权法管辖），履行和违反合同协议，工作场所歧
视或不公平劳动行为，离婚和孩子抚养纠纷，环境污染，不公平竞
争，专利和版权等知识产权保护，等等。非刑事诉讼的当事人不享有
与刑事被告相同的权利，而这一权利往往在宪法文件中有所规定。[2]
民事诉讼当事人确实有权得到公正审判，在某些情况下也有权得到

---

[1] Michael E. Tigar, "Litigators' Ethics," *Tennessee Law Review* 67：409 - 24（2000），
p. 411. "温暖的热情"一词来自美国律师协会的《职业伦理规范》第15条。《伦理规范》于
1908年通过，并继续作为美国律师协会关于职业道德的官方声明，直到1969年通过《职业责
任示范守则》。

[2] The New Zealand Bill of Rights Act 1990，例如，除其他权利外，还保障刑事被告人
获得迅速审判的权利、无罪推定、免于被迫自证其罪的特权以及与控方证人对质的权利。See
§ 25. Section 11 of the Canadian Charter of Rights and Freedoms and Article 6 of the European Con-
vention on Human Rights, which provide similar protections.

陪审团的审判，但刑事被告享有不可比拟的更广泛的保护。特别是在大多数情况下，跟被控严重犯罪的刑事被告一样，无法负担律师费用的委托人没有权利请求由国家出钱聘请律师代理。[3]

本章要讨论的问题是，民事诉讼和刑事诉讼之间的法律区别是否会产生伦理差异。面对现代国家的资源、技术和愤怒，孤独的个人形象是强大的，而且这是对律师的一套伦理原则的自然推论，这些原则强调专一的忠诚、奉献、无畏、顽强和独立——所有这些品质都可以用泰格的"温暖的热情"一词来概括。许多人开始理解甚至钦佩那些律师，他们坚决为被指控最严重犯罪的人辩护。你对XYZ公司的一名律师有同样的感觉吗？该公司对承诺发货的 1000 个小部件没有按时交付而感到失望，导致小发明的生产延迟和利润的损失。在合同中争论损失风险的分配，或者在诸如"在可行范围内尽快"之类词语的解释上诡辩，在某种程度上似乎不那么高尚。然而，民事案件中的律师也在保护其客户的权利，并确保纠纷公正地按照是非曲直有序地得到解决。民事诉讼的当事人可能不面临监禁或死刑，但其重大利益可能会受到威胁。最重要的分类区别是，在民事案件中国家不寻求剥夺公民的自由。本章要讨论的一个问题是，这一区别是否像律师们认为的那样具有伦理分量。有时，民事诉讼中当事人的困境与刑事被告的困境一样引人注目。回到第六章关于法律不公正的主题，如果你认为法律有时（或总是）是一种压迫的工具，那么它在民事案件中的适用可能与在刑事诉讼中一样具有压迫性。

本章的伦理分析围绕两个民事案件展开。第一个案件涉及一名贫穷的委托人在与州房屋委员会打交道时的代理。第二个案件是初创公司与专利持有人之间的知识产权纠纷。除了这些案件都属于刑

---

〔3〕 在美国，最高法院的一个名为"吉迪恩诉温赖特"的案件（*Gideon v. Wainwright*, 372 U. S. 335〔1963〕）确立了贫困被告有权由州任命并支付辩护律师的费用。"民事吉迪恩"（civil Gideon）一词因此成为一种简略的说法，指的是将任命律师的权利扩大到涉及同等重要利益的民事事项的运动。See, e. g., Rebecca Aviel, "Why Civil Gideon Won't Fix Family Law," *Yale Law Journal* 122: 2106-24 (2013).

事/民事分界线的一边，它们似乎没有什么共同点。当你阅读这些案例时，思考一下律师的职责是否相同。如果你认为它们是不同的，那么它们应该根据客户案件的正义或法律价值而不同吗？（这两起案件都没有什么法律价值。）如果一项法律不承认的权利在道德上是正当的，那么律师的创造力在多大程度上是合理的？

第一个案件涉及一名由一个法律援助诊所代表的委托人。这些诊所存在于许多国家，为无力负担律师费用的民事案件当事人提供法律援助；在此，律师没有由国家支付律师费用的法律权利。在特拉维夫（Tel Aviv）的一家法律援助诊所的律师，在与房东的纠纷中代表委托人。[4]诊所的许多委托人是穷人、失业者和阿拉伯人，这意味着他们生活在以色列社会的边缘。虽然公共住房援助可用于收入低于一定门槛的人，但保守的政府已削减了可获得的福利金额，并收紧了资格标准。[5]然而，与此同时，经济繁荣提高了全国的租金。结果，住房援助往往不能支付全部租金，即使是在公共住房方面，政府最近采取的政策调整了租金支付，以便更密切地跟踪私人市场。因此，许多居民因未付租金而被驱逐，这些居民需要法律服务来帮助他们处理驱逐程序。

安妮塔（Anitta）是一名二十多岁的女人，最近刚和她的丈夫离婚，她的丈夫是个瘾君子，在婚姻中对她进行身体虐待。她很早就结婚了，而且从来没有在外面工作过。作为一个有两个孩子的单身母亲，安妮塔有资格领取收入补助和住房津贴，但综合津贴不足以覆盖她的房租和用以帮助她女儿治疗严重哮喘的处方药。结果，在过去的两年里，她被迫搬了三次家，给她孩子们的学校生活造成了很大影响。面对可能被赶出第四套公寓的情况，安妮塔绝望了。她得知附近一幢公共住房里有一间空着的公寓，于是她和家人干脆破

---

〔4〕 这个案例取自 Neta Ziv, "Lawyers Talking Rights and Clients Breaking Rules: Between Legal Positivism and Distributive Justice in Israeli Poverty Lawyering," *Clinical Law Review* 11: 209-39 (2004)，稍微修改。

〔5〕 Id., pp. 217-18.

门而入并搬了进去。她用自己所有的家具为自己和女儿们创造了一个朴素而舒适的家。[6]当她收到来自州住房管理局的驱逐通知，通知要求她立即终止对公寓的非法占领，她向法律援助诊所的律师寻求代理。律师们提交了一份意向，要求驳回驱逐程序，声称驱逐安妮塔将违反一项基本的、宪法所赋予的住房权利。以色列最高法院从未裁定存在宪法赋予的住房权，但律师们认为，如果法院倾向于确立这样一种权利，那么安妮塔的情况将是一个很好的试验案例。（如果被要求坦率地评估宪法挑战的价值，律师们会承认不太可能成功。）[7]与此同时，质疑宪法将使对安妮塔的驱逐推迟数年。律师们还向住房部提交了一份行政请愿书，要求调整安妮塔的住房津贴数额。律师们相当肯定这份请愿书会被驳回，部分原因是安妮塔非法占用了一个公共房屋单元；但是，他们通过多层次的审查，再一次指望行政请愿的解决，让她有更多的时间住在公寓里。他们还希望这一延迟能让安妮塔在与公共房屋委员会的谈判中获得更多筹码。

一个明确"政治化"的律师概念（见第六章）可能认为，为了推迟对安妮塔的驱逐，安妮塔的律师在伦理上被允许使用提交大量意向和请愿书的策略，即便在法律上成功的可能性很小。该案件确实与典型的刑事辩护代理有许多共同之处，包括一个穷困潦倒的当事人与冷酷无情的官僚机构斗争。但这是否意味着她的律师有权以在刑事诉讼中应有的"温暖的热情"为她代理？监督这家法律援助诊所的律师承认，"民事律师因为细致、过度地使用不必要且累人的程序，一再被控滥用法律制度"。[8]公共房屋委员会的律师认为，虽然安妮塔确实需要帮助，但还有其他需要更多帮助的家庭，而且他们有权得到安妮塔非法占用的公寓。可否让代表安妮塔的法律援

---

[6] Id., pp. 221-22.

[7] See id., p. 235 n. 74（注意到最高法院认为《基本法》"明确承认财产权，但不承认住房、教育、卫生和最低生活保障等社会权利"）。因此，律师们的策略是争辩说，住房权是宪法保障的人的尊严权利的一个方面。

[8] Id., p. 233.

助律师以布鲁厄姆勋爵的原则做出回应，即他们不必顾及"他可能给别人带来的惊恐、折磨和破坏"？布鲁厄姆原则最明显可适用于讨论中的"他人"本身由律师代表的情况，特别是在刑事辩护中，除了检察官之外国家还雇用执法人员、调查人员和法医专家。然而，在这种情况下，其他有需要的家庭不太可能拥有自己的律师，所以他们的利益在安妮塔和公共房屋委员会之间的冲突中将得不到代表。用军方的委婉语来说，他们的利益在被代表的双方的战斗中是"附带损害"。律师们认为，安妮塔应该有一个像样的地方居住，并为她的孩子们创造稳定的生活。从这个政治化的角度来看，他们是在伦理上被允许只为安妮塔在法律上实际拥有的权利（该权利在这个案件中不允许她留在公寓里）辩护，还是党派性原则也允许他们提出挑战和辩护，他们有理由认为这些挑战和辩护不是出于拖延驱逐安妮塔的目的，这有很大的不同。

如果你相信，为了把安妮塔关在公寓里，安妮塔的律师有理由把她的驱逐程序变成《荒凉山庄》（Bleak House）里的詹狄士（Jarndyce）和詹狄士案，那么请讨论一下你对下面这个案件的反应。名字平淡无奇的盈富泰克公司（InfoTech, Inc.）是一个专利主张实体——通俗地说，就是一个"专利流氓"（patent troll）。它的商业模式是从破产的公司（通常是失败的技术创业公司）获得专利。盈富泰克公司没有将专利授权给其他生产和销售该技术的公司，而是等待一项涉嫌侵犯其专利的发明进入市场。然后，它会浮出水面要求收取高额的技术使用许可费，并威胁称，如果该公司不支付许可费，它将以专利侵权为由起诉该公司。有经验的专利律师估计，在专利侵权诉讼的初级阶段进行辩护的费用为 100 万美元，而如果需要进行审判，费用可能攀升至 250 万美元。盈富泰克公司最近瞄准了苹果、安卓智能手机及平板电脑的软件应用程序开发商。这些应用程序使用了苹果和谷歌授权的技术，允许用户在应用程序内购物。盈富泰克公司辩称，尽管它可能已经将这项技术授权给了苹果和谷歌，

179

伦理与法律：导论

但它必须得到任何打算使用它的应用程序开发商的单独授权。[9]许多应用程序开发商都是小型初创企业。它们通常依靠创始人的出资，希望开发出有足够前景吸引风险资本融资的技术。盈富泰克公司知道，由于小开发商无力为侵权案件辩护，他们可能会支付要求的许可费。正如美国法律所允许的，一家律师事务所以或有费用（contingent fee）为基础代表盈富泰克公司。根据其或有费用协议，该律师事务所从应用程序开发商支付给盈富泰克公司的许可费用中收取40%。盈富泰克公司提起的所有诉讼都已结案，因此目前还没有司法判决来判定应用程序开发商使用内购技术是否侵犯了盈富泰克公司的专利。

安妮塔的律师代表一个贫穷脆弱的个人，而盈富泰克公司的律师却在帮助一家商业模式可能会对小企业家提起诉讼的公司，这有什么不同吗？它应该对伦理评价产生影响吗？从政治化的角度来看，答案是肯定的；从政治自由主义的观点来看，比较传统的做法是强调，安妮塔没有获得其律师正在寻求的救济的法律权利。写出这个住房案件是为了让代表安妮塔的法律主张显得有点可疑；这些律师不会因藐视法庭或其他原因而受到惩罚，但就其本身而言，对宪法的挑战不太可能获得成功。针对初创公司的专利案件更有可能是有理有据的，尽管有人可能会说它们是对专利制度的滥用，因为专利制度的目的是为有用技术的创新和发展创建激励机制。即使侵权索赔本身有一些成功的可能性，解决这些案件的公司之所以这么做，主要是由于为一个侵权案件辩护的费用。

这里的问题是要确定安妮塔案和专利案的哪些特征，对代表其委托人进行民事诉讼的律师的伦理责任和权限产生了影响。在安妮塔的案件中，在桥的道德一边的潜在相关特征，包括她的无能为力， 180

---

〔9〕 这个问题是基于 Lodsys LLC 在电子自由基金会（Electronic Freedom Foundation）网站上的描述。See Julie Samuels，"App Developers：Lodsys is Back：It's Time to Beat This Troll"（April 3，2013），available at https：//www. eff. org/deeplinks/2013/04/app – developers – lodsys – back.

她的理由的正义，以及创建普遍的住房权的重要性；"专利流氓"一案中的相关问题是，允许专利权持有人拖延发布有用技术直到它被偿清这一做法的不公正，以及盈富泰克公司商业模式明显的卑劣。这些特征的相关性取决于你对政治化的法律职业伦理概念或基于法治考虑的法律职业伦理概念的支持程度。至少从一个进步的政治角度来看，一个政治化的方法将通过假设安妮塔的理由是公正的而专利钓鱼是肮脏的来区分这两个案例。因此，出于职业伦理的考虑，律师们有正当理由提出大量提议，以推迟对安妮塔的驱逐。另一方面，一种以法治为起点的方法会主张，含有党派性原则、中立原则和不问责原则的标准概念，源于诸如平等和人的尊严等基本道德价值，但律师不会直接根据这些价值行事。相反，他们在确定公民在住房或知识产权方面应有哪些权利的过程中发挥作用。

关于其委托人法律权利（与他们的道德定位截然不同）在律师伦理责任中处于中心地位的争论，始于对正义存在分歧的可能性。以安妮塔案为例，大多数读者会同意，安妮塔在生活中经历了不幸应该得到同情，应该能够为她的孩子创造一个稳定的环境。简而言之，人们希望说，安妮塔有权利，这是一个道德问题，也可能是个法律问题。但是她有什么法律权利？她又有针对谁的法律权利？这些权利包括什么？拥有权利意味着，一个人利益或幸福的某个方面是一个充分的理由（其他一切都是平等的），要求另一个人对权利持有人承担责任。[10]责任可能仅仅是不干涉。安妮塔有不受他人虐待的消极权利，因为她是一个贫穷的阿拉伯女人。有争议的是，道德和法律上的权利可能导致其他人的积极义务。例如，如果一个人处于非常需要帮助的情况下，那么他可能有获得他人帮助的积极权利，而且提供这种帮助的风险和成本对另一方来说很低。[11]第二代人权承认公民享有与其他公民同等地过上体面生活所必需的经济和社会

〔10〕 Joseph Raz, "Rights-Based Moralities," in Jeremy Waldron, ed., *Theories of Rights* (Oxford: Oxford University Press 1984), p. 183.

〔11〕 See, e. g., Michael Walzer, *Spheres of Justice* (New York: Basic Books 1983), p. 33.

条件。如果没有足够份额的满足健康生活所需的必需品，任何人都不能行使其可能拥有的任何权利；饥饿和贫困与社会和政治的平等是不相容的。[12]因此，安妮塔可能争辩说，她在道德和法律上有获得适当住房的请求权，该权利与整个共同体的责任是相关的。[13]

为了使其他公民能够过上体面的生活，政治共同体的其他成员应该为资源的公平分配做出贡献的范围，以及确保人们得到充分照顾而不会对依赖和搭便车产生激励的最佳手段，当然都是现代民主国家中一些最具争议的政治问题。当对许多次要的社会、政治和经济问题保持怀疑时，人们可能会同意安妮塔应该得到一些公众的支持。例如，政府为了提供免费或低成本的住房而干预住房市场，可能会扭曲市场，并导致不受欢迎的附带后果。比如，许多经济学家认为，租金控制规定有利于现有租户，但会损害未来租户的利益，并导致现有租赁房屋的数量和质量全面下降。[14]住房部门指出，其他家庭对住房的需求更大，这表明公共住房供应不可避免会出现短缺。在安妮塔的案例中，当一个人试图明确哪些责任与住房权相关时就会遇到困难。稀缺性等实际问题，与如何在竞争住房单元的申请人中确定优先次序等问题上的规范性分歧结合在一起。

专利案件中也出现了类似问题："专利流氓"一词意味着对客户 182行为的负面评价，但更为中性的"非实施实体"（nonpracticing entity）一词涵盖了许多购买专利组合的公司。非实施实体的辩护者辩称，它们为知识产权的二级市场做出了贡献，而二级市场帮助小发明者将他们的知识产权货币化。[15]此外，通过将许多较小的专利合并到

---

〔12〕 See generally Jeremy Waldron, "Two Sides of the Coin," in *Liberal Rights* (Cambridge：Cambridge University Press 1993), pp. 5-10.

〔13〕 根据与之配对的义务区分不同类型的权利，对权利和义务相关性的经典处理，可见 Wesley Newcomb Hohfeld, "Fundamental Legal Conceptions as Applied in Judicial Reasoning," *Yale Law Journal* 26：710-70 (1917).

〔14〕 See, e. g., Edgar O. Olson, "Is Rent Control Good Social Policy?," *Chicago-Kent Law Review* 67：921-45 (1991).

〔15〕 See, e. g., Paul Schneck, "Not So Scary After All：In Defense of Patent Trolls," *Forbes* (Feb. 1, 2013).

投资组合中，它们纠正了小投资者和大型科技公司之间资源的不平衡。很少有小型初创公司有能力提起侵权诉讼，但如果它们能将专利权转让给拥有更大资源的其他所有者，那么就可能会吓阻潜在的侵权者。正如几家初创科技公司的创始人所写的：

> 我已经非常习惯让大公司抄袭我的初创企业的产品和技术，而在这个过程中却无忧无虑地忽视了我初创企业的每一项专利权。要么是他们认为我们只会"走开"，要么是我们永远都不可能有能力恰当地实施我们的专利。我确定他们相信，如果事情变得更糟，我们最终会和他们对簿公堂；他们会简单地利用他们的资源来寻找一些模糊的现有技术，或者他们可能会获得一些我们无意中侵犯的专利，以便强迫达成某种交叉许可协议，或者只是把整个过程拖得很长让我们耗尽资金和精力。所有这些都是为了避免不得不许可我们或者收购我们，或者只是尊重我们的专利权而不与我们竞争。从初创企业的角度来看，专利经纪人和专利流氓的出现，意味着所有专利，甚至是初创企业的专利，都需要被更加严肃地对待，因为人们永远无法确定谁将最终拥有或实施这些专利。[16]

非实施实体也可能充当经纪人，最终导致技术被有资源的公司推向市场，将发明者的想法转化为实际应用。

重点不是争论安妮塔有权待在公寓里，也不是争论允许"专利流氓"起诉应用程序开发者。相反，问题的关键在于，理性的人可能会对人们和机构之间应该对彼此有什么样的权利产生分歧。"多元主义与合理分歧是现代民主的政治格局不可消除的特征。"[17]正如在第一章所指出的，多元主义与道德相对主义不是一回事。相反，

---

〔16〕 Ian Maxwell, "In Defense of Patent Trolls," *IP Strategy* (May 29, 2013), available at http://ipstrategy. com/2013/05/29/in-defense-of-patent-trolls/.

〔17〕 Tim Dare, *The Counsel of Rogues? A Defence of the Standard Conception of the Lawyer's Role* (Farnham, Surrey: Ashgate 2009), p. 61.

它是一种关于人类善、目的和价值的多样性的主张。[18]道德哲学家大卫·罗斯（David Ross）给出了一系列显见责任（prima facie duties）——即如果没有竞争的义务，这些义务将具有约束力——但他接着指出，这些义务往往是相互冲突的。罗斯的清单包括因承诺和损害赔偿义务而产生的责任，由所提供的服务引致的感恩的责任，基于"世界上还有其他的生命，他们的状况我们可以改善"这一事实的仁慈责任，以及不伤害他人的责任。[19]这些价值之间的冲突不容易解决，因为它们产生于不同的观点存在形式上的不同，并且需要各种各样的基本考量。最近，约翰·罗尔斯对理性的多元论进行了解释，综合了宗教、哲学和道德的学说，他称之为判断负担（burdens of judgment）。[20]这些判断负担包括评估与行动有关的经验证据的困难，对各种竞争元素的权重的不同意见，我们对许多诸如善、权利和正义的概念的模糊性和不确定性，以及经历过不同生活的人的经验和观点之间的差异。

对法律和社会的理论阐述往往始于一种假想的自然状态。（例如，我们可以回想一下在第四章中对洛克社会契约理论的讨论。[21]）问题是，人们无法在真正的自然状态下开始将安妮塔和"专利流氓"的案例概念化，因为国家补贴住房和知识产权保护的权利本身就依赖于一个复杂的政治和法律制度体系。然而，在你能做到的范围内，试着想象一个非常普遍的问题，大致符合其中一个案例的事实：要么是一个贫穷的单身母亲，需要一个像样的地方住；要么是有人发明了一项有用的技术，但被指控是从真正的发明者那里偷来的。在这种情况下应该怎么做呢？一种可能性是让争端各方设法解决问题，

------

〔18〕 See, e. g. , Thomas Nagel, "The Fragmentation of Value," in *Mortal Questions* (Cambridge：Cambridge University Press 1979), p. 128.

〔19〕 W. D. Ross, *The Right and the Good* (Oxford：Oxford University Press 1930), p. 21.

〔20〕 John Rawls, *Political Liberalism* (New York：Columbia University Press 1993), pp. 55-58.

〔21〕 See also Scott J. Shapiro, *Legality* (Cambridge, Mass：Harvard University Press 2011), pp. 155-56 ["我从书中最古老的把戏开始。我……把（一群人）放在'自然状态'中，并描述他们创建法律体系的各种原因"]。

但是即使在一个没有交易成本和战略行为的理想世界里，多元主义和分歧的存在意味着我们不能指望人们能够就他们应该享有的权利和承担的义务进行推理、深思熟虑并相互说服。另一种选择是将争议提交给一个以智慧闻名的中立决策者，此人是各方都认为其决定具有约束力的决策者——一种典型法官或仲裁者。如果这就是所采用的策略，那么人们就会期望处境相似的当事人注意原型法官所做的决定，因为如果他们发现自己处于类似的争端中，他们就能够预测如果案件被提交给同一个决策者会发生什么。从前法律的自然状态到法律体系的关键一步是认识到，如果每个人都能事先确定决策者在发生争议时将如何决定，那么他们的境况将会更好。这将要求决策者为其决定提出理由，这些理由涉及当事方的一般特征；也要求决策者遵循过去的决定，只要该理由同样适用于他们正在考虑的争端。

自然状态的故事可能有点勉强，但它们确定了现代法律制度的一个重要特征：法律制度使人们对待彼此，计划自己的行动，并对他人的行为形成稳定预期，即使存在罗尔斯所谓的判断负担。尽管人们可能在一个首要的道德问题上对一个人应该拥有的住宅权利补贴程度，以及像安妮塔这样的人应比其他贫困家庭拥有多大的优先权产生分歧，但对立法机构、行政机构或法官实际赋予的权利达成一致可能要容易得多。人们可以简单地查阅（假设的）宪法、住房法、住房部颁布的法规以及住房案件中法院的判决，而不是通过所有与住房政策有关的道德、经济和实际问题进行推理。正如斯科特·夏皮罗所指出的，法律的权威与法律在解决关键社会问题中的作用有关：

185

      考虑到现代生活的复杂性、争论性和任意性，指导、协调和监控行为的道德需求是巨大的。然而，出于同样的原因，让人们自己通过即兴创作、自发的命令或私人协议解决社会问题，或者共同通过共识或个性化层次形式解决社会问题，都是极其昂贵和危险的。相比之下，法律制度能够以合理的代价回应这种对规范的巨大需求。[22]

法律代表的是一个混乱、繁琐的过程，这个过程试图通过一个复杂的道德或实际问题进行推理。在这个过程中，它为人们和机构以特定方式行事创造了理由。应用程序开发商可能必须向盈富泰克公司支付它所要求的许可费，因为盈富泰克公司是由法律制度所创造的一项财产的持有者，这项财产被称为专利，它有权要求应用程序开发商停止使用专利技术。同样，政府可能会迫使安妮塔及其孩子们搬出公寓，因为占用该公寓的权利是由管理公共住房的法律规定的，这可能会给另一个家庭更高的优先权。

从桥的职业伦理一边理解律师角色的一种方法是，律师在能使客户理解、维护和保护法律体系赋予他们的权利的范围内做得很好。可以说，如果律师从事的行为具有否定或干扰法律赋予公民的权利的效果，那么从职业伦理的角度来看他们就是不法之徒。否认权利的一种方式是不称职地代表客户，使委托人失去主张其原本拥有的权利的机会。[23]律师这样做可能是因为缺乏经验或疏忽，或者是因为委托人的案件与另一个委托人的代理之间存在利益冲突。如果律师使当事人失去了法律制度所赋予的权益，那么律师就会因为未能履行角色的核心职能而遭受道德上的批评。本章的其余部分，将讨论律师可能存在的另一种类型的伦理不当行为。如果一名律师在诉讼中代表自己的委托人时，或者给他带来的利益超过了法律所赋予

186

---

[22] Shapiro, *supra*, p. 172. 下面是第四章关于法律本质的快速回顾。夏皮罗称自己为实证主义者。他为"道德目标论"辩护，即"法律的根本目的是纠正与合法性环境相关的道德缺陷"。Id. , p. 213. 合法性的情况就是文本中描述的那些条件——即一个有复杂问题需要协调和解决的社区。鉴于夏皮罗声称"法律在道德上是有价值的……因为我们面临许多严重的道德问题，而这些问题的解决方案是复杂的、有争议的和武断的"，id. , p. 396，我看不出他为什么不咬紧牙关，把他的理论放在自然法传统中。你怎么认为？

[23] 美国法律中的一个标准例子是 *Togstad v. Vesely*, *Otto*, *Miller & Keefe*, 291 N. W. 2d 686（Minn. 1980）. 在该案中，律师因为疏忽而使当事人相信她没有对虐待其丈夫的外科医生提出有效的医疗事故索赔。因为客户认为她没有提出好的索赔要求，她没有提起诉讼，而诉讼时效已过。随后，法律禁止她起诉这位外科医生。当她后来发现律师的疏忽时，她起诉了律师，并向律师追讨了如果没有律师的疏忽本可以向外科医生追讨的金额。

他的权利，或者导致另一个人（不是该委托人）失去了法律所赋予他的权利，那该怎么办？安妮塔的案例和"专利流氓"的案例都是为了说明这种伦理分析。人们可能有这样一种直觉，即这些案件中的律师正在滥用或操纵法律制度，他们所做的事情在某种意义上是合法的，但却给他们的委托人带来了法律不打算提供的好处。以下部分将讨论这个有趣的法律职业伦理问题。

第二节　诉讼滥用与法律现实主义问题

党派性原则指导律师在法律允许的范围内追求委托人的目标。在对标准概念的早期批判中，大卫·鲁班提出了一个重要的法理问题：当律师被指示在法律允许的范围内为委托人代理时，"法律的限制"被理解为律师的预测会降低对委托人的某种法律处罚（比如对滥用诉讼的制裁）吗？或者法律官员在善意地解释法律时会怎么做？对法律界限的这两种解释，都应归功于 20 世纪二三十年代起源于美国的"法律现实主义"法学运动。[24]法律现实主义论点最普遍的形式是，法官在裁决案件时所依据的不是判例和成文法中所规定的权威规则。[25]现实主义者的目标是法律形式主义，即只要查阅可适用的法律渊源，就能确定法律问题的正确答案。[26]在现实主义者之后的几十年里，哈特在《法律的概念》中对形式主义进行了毁灭性的批判。他的一个看似简单的见解实际上是非常有力的："特定的实际情况不会等待我们彼此区分开来，并被标记为一般规则的实例……

187

---

〔24〕　对于法律现实主义运动中经典文章的收集，see William W. Fisher Ⅲ, et al. , eds. , *American Legal Realism* (Oxford: Oxford University Press 1993). "美国"法律现实主义这一名称并不是为了表达狭隘主义，而是为了将这一运动与斯堪的纳维亚法律现实主义这一截然不同的流派区分开来。

〔25〕　See, e. g. , Brian Leiter, "Legal Realism," in Dennis Patterson, ed. , *A Companion to Philosophy of Law and Legal Theory* (Oxford: Blackwell 1996), p. 261.

〔26〕　See, e. g. , Shapiro, *supra*, pp. 240-42.

规则本身也不能站出来声明自己的实例。"[27]哈特这个著名的例子，将意义和语言之间关系的要求，与关于法律和裁决的论题结合起来。它表明，法律本身并不完全确定其适用的范围，而必须由法官以可能涉及一定程度的创造性或判断力的方式适用于案件。

　　假设一个法规规定"公园内禁止车辆通行"。这条规定是否适用于自行车、滑板、头顶飞过的直升机、公园里匆匆赶来抢救心脏病患者的救护车、使用乘骑式草坪割草机的园丁、停在战争纪念碑顶上的退役军用吉普车，等等？[28]哈特指出，语言在本质上是开放的。[29]一个词可能有一个固定的核心含义，但也可能有一些有争议的情况。[30]无充分理由驾车穿过公园，显然是"公园内禁止车辆通行"这一规定的核心含义。自行车是一个有争议的例子。它在某些方面类似于汽车的核心实例——它有轮子，是一种交通工具，跑得快，并有可能对行人是一种危险——但在其他情况下是有区别的（例如没有噪音和污染）。因此，哈特认为法律形式主义一定是错误的，因为基于语言和意义之间的关系，法官在将一般规则适用于特定案件的事实时必须具有自由裁量权。[31]为了确定自行车在相关方面是否与汽车的核心实例相似，法官必须考虑法规文本以外的其他因素。相关性标准"取决于贯穿法律制度的许多复杂因素，以及可能归因于该规则的目标或目的"。[32]如果这项规定的目的是消除噪音，并将公园保持为宁静的绿洲，那么拒绝将一辆吉普车停放在战争纪念碑上是没有意义的。尽管如此，自行车仍然是一个棘手的问题，因为它们安静而快速；它们不会制造噪音，但它们对于那些想

188

　　[27]　H. L. A. Hart, *The Concept of Law* (Oxford：Oxford University Press, 2d. edn., 1994), p. 126.

　　[28]　对于战争纪念碑的例子，see Lon L. Fuller, "Positivism and Fidelity to Law：A Reply to Professor Hart," *Harvard Law Review* 71：630-72, p. 663.

　　[29]　Hart, *supra*, p. 128.

　　[30]　The core and penumbra terminology is from H. L. A. Hart, "Positivism and the Separation of Law and Morals," *Harvard Law Review* 71：593-629, p. 607.

　　[31]　Hart, *supra*, p. 127.

　　[32]　Hart, *supra*, p. 127.

要散步或让孩子在公园里玩耍的人来说可能是危险的。因此，关于自行车案件的法律是不确定的，因为规定中"车辆"一词很模糊。[33]

在实践中，语言的模糊性和开放性意味着法官有很大的创造空间。如果法官必须以事实而非以法律为依据来裁决案件，并对案件中什么是公平或公正进行大量的法外推理，那么从法律的角度来说，人们怎么能批评法官得出两种不一致的结果呢？根据"禁止车辆通行"的规定，允许自行车通行的法官和禁止自行车进入公园的法官，显然对公园合理的使用平衡存在分歧。然而，谁也不能说法律是错的。然而，模糊性和开放性并不意味着任何事情。在某种程度上，对规定的解释将使语言达到其临界点。一名法官维持了对一名滑板运动员的罚款，因为他违反了"禁止车辆通行"的规定，这可能是错误的。虽然自行车可能是一个很好的例子，但滑板是汽车一般概念的一个实例，这是非常令人难以置信的。另外，只有最严厉、最教条的法官才会维持对救护车司机的罚款。虽然救护车显然是一种交通工具，但该规定必须被理解为包含紧急情况的隐含例外。因此，更多的不确定性产生于这样一种可能性，即一项规定将被解释为甚至不适用其明文规定的案件。

189　　法律现实主义者把不确定性问题作为法哲学的核心。[34]法律现实主义也提出了一个问题，这个问题一直延伸到法律职业伦理的基础。[35]标准概念指明，律师应该在法律允许的范围内为其委托人担任辩护律师（党派性原则），不考虑非客户的利益或公共利益（中立原则），以及他们这样做不应该受到道德上的批评（不问责原则）。然而，正如鲁班所指出的，法律界限的概念是含糊不清的。他写道："每个律师都知道一些交易技巧，可以用来让对手脱离法律的

---

〔33〕 Id., pp. 130-31.

〔34〕 例如，司法自由裁量权的概念随后成为哈特与德沃金关于法律实证主义的辩论中心。对于一个有用的概述，see Shapiro, *supra*, pp. 261-65.

〔35〕 See David B. Wilkins, "Legal Realism for Lawyers," *Harvard Law Review* 104: 468-524 (1990).

沙漠。"比如使用程序演习推迟诉讼和增加诉讼成本，或者基于这样的假设申请无价值诉讼，即对方更愿意以低成本解决争端，而不是承担在整个审判过程中为案件辩护的费用。[36]（从安妮塔的案例和"专利流氓"问题来看，这些技巧听起来应该很熟悉。）使用这些"交易技巧"是在法律允许的范围内的，因为这些技巧本身是由法律规定的。律师用以延长诉讼的各种程序手段，是构成对抗性裁决制度的议事规则的产物。根据对法律本质的任何理解，贿赂或威胁证人显然超出了法律的界限，但作为现实主义者的律师就不会认为仅仅为了造成拖延而提出一系列提议有什么不妥，只要他有足够的信心相信自己不会因此而受到法律惩罚。鲁班把这种对法律界限的理解称为"低现实主义"（Low Realism），以区别于"高现实主义"（High Realist）的主张，即法律的内容是由善意解释权威规则的人类官员所决定的。[37]

在最近对标准概念的修正版本的辩护中，蒂姆·戴尔（Tim Dare）同样认识到了法律现实主义给法律职业伦理带来的问题。他认为，律师确实有义务"积极而专心地追求委托人的利益，直至法律的限制"。[38]但这并不意味着，律师有权"通过法律为委托人争取任何能得到的利益"。[39]戴尔接受了积极辩护的原则，但对他所谓的"细微热情"（mere zeal）和"过度热情"（hyper-zeal）进行了区分。细微热情是律师的伦理要求，是律师为委托人争取法律制度赋予他们的权利代表客户行事的努力，因为委托人没有专家的帮助自己无法做到这一点。[40]一个具有细微热情的律师就会在法律所规定的委托人法律权利的范围内为委托人辩护。戴尔接受了哈特关于语言不确定性的论点——他不是形式主义者——并理解法律可能是适度不

190

〔36〕 David Luban, *Lawyers and Justice* (Princeton: Princeton University Press 1988), p. 75.

〔37〕 David Luban, "The Lysistratian Prerogative: A Response to Stephen Pepper," *American Bar Foundation Research Journal* 1986: 637-49, pp. 646-47.

〔38〕 Dare, *supra*, p. 75.

〔39〕 Id., p. 76.

〔40〕 Id., p. 77.

确定的。他还承认，在一些类似的案件中，法官和律师可能会对法律的要求产生合理分歧。然而，法律并不是根本不确定的，即使每一个案件中的法律问题都没有一个正确的答案（例如"自行车是交通工具吗？"），有些答案可能比其他的更糟，而有些可能是完全错误的。至于我们如何知道哪些答案更好或更差，戴尔表示我们必须只做律师和法官该做的事情："提出论据，查阅判例和法规，厘清特定法律机构的观点的含义，等等。"[41]

使用鲁班或戴尔的分类，党派性原则可以理解为：

鲁班	戴尔	党派性要求律师去……
低现实主义	过度热情	使用"交易技巧"，如果必要，为客户争取法律可以规定给予的任何利益
高现实主义	细微热情	为委托人争取法律制度赋予他们的权利

鲁班和戴尔都声称，至少在原则上有可能确定委托人实际拥有的法律权利，并将这些权利与一个聪明的律师根据法律可能获得的附带利益区分开来。[42]在住房权利案中，该问题规定，安妮塔的律师对宪法和公共房屋委员会提出的挑战，基本上不可能获得成功。分析一个复杂的宪法或行政法问题，需要更多的法律背景知识而不是法律职业伦理；但大多数律师和法官会认为，至少在很多情况下，可以区分什么是委托人有权根据法律得到的和通过法律程序可以获得的附带利益。鲁班和戴尔进一步认为，这种区别造成了规范性差异；也就是说，按照高度现实主义来理解，律师可以在法律允许的限度内进行辩护——即仅仅对代表他们的委托人表现出热情——但只是获得法律规定可以给予的利益，这在伦理上是不允许的。

因此，我们只剩下两个问题：一个是规范性的，另一个是描述

---

〔41〕 Id. , p. 82.

〔42〕 我将这些附带利益称为意外之财，并将其与应得权益区分开来。See W. Bradley Wendel, *Lawyers and Fidelity to Law* (Princeton：Princeton University Press 2010), pp. 73-76. 因此，我接受低现实主义与高现实主义或过度热情与细微热情之间的区别。

伦理与法律：导论

性的。规范性问题是，为什么党派性原则应该取决于，为委托人取得的利益是否属于真正的法律权利，而非附带利益。这里的问题是，要求律师为客户缓和辩护可能使律师成为双重代理人。一方面，律师是委托人利益的辩护人；另一方面，律师必须像法官一样思考，并确定客户是否对某物拥有真正的法律权利，或者委托人的目标是否仅仅是辩护的附带利益。虽然根据律师管理法这种情况不是技术上的利益冲突，但它似乎涉及一种分裂的忠诚。描述性问题是，细微热情和过度热情之间的区别，或真正权利和附带利益之间的区别，是否站得住脚：律师或法官真的能区分法律权利和附带利益之间的区别吗？如果这样，如何区分？

一、规范性问题：为什么律师限于细微热情？

在我看来，这是两个问题中比较容易解决的一个。如果你接受法律在某种程度上是确定的，即真正的法律权利与仅仅通过法律制度的程序可以获得的利益之间是有区别的，接下来的伦理问题是，为什么党派性原则应该局限于获得真正的法律权利。坦率地说，从事过度热情的辩护是欺骗。政治和法律制度为委托人分配了某些权利。律师的角色是根据法律的目的来理解的，尽管有判断的负担，但法律的目的是让人们生活在一起，协调他们的活动。由于律师的角色义务是从制度上界定的，因此律师需要协助委托人确定和保护法律制度所赋予的权利。律师的工作是"在法律制度下代表委托人行事。追求不受法律保护的利益不是他们的工作"。[43]律师可能知道如何利用法律程序，来获得一些不是委托人的权利而是客户想要的东西。但这与可能接触到麻醉剂的医生或能够设计出复杂避税手段的会计师没有什么不同。专家知识既可用来造福，也可用来为害。在合理理解的法律职业伦理规范范围内，律师仅被允许为客户获取那些由法律分配给委托人的利益。

192

---

[43] Dare, *supra*, p. 80.

这种观点的一个变体，集中在律师与委托人关系的本质上。在法律术语中，律师是委托人的代理人。任何委托-代理关系都涉及委托人将代表委托人行事的权力委托给代理人，这种委托关系的产生往往是因为代理人具有委托人所缺乏的某种技能或机会。如果我有一幅很有价值的画想卖掉，我可能会指定一家像苏富比（Sotheby's）这样的拍卖行作为我出售这幅画的代理人。这家拍卖行在艺术品估价和拍卖方面具有我所缺乏的独特专长。在我看来，授权苏富比拍卖这幅画是有道理的，因为利用他们的专业技能是实现我出售这幅画目的的一种手段。在律师与委托人关系中，委托人也有一个类似的目标，这个目标的最佳实现方式是将代表委托人行事的权力委托给代理人。委托人的目的是确定自己拥有什么权利，或者提起诉讼来保护或维护这些权利。当然，委托人可能有其他目的，例如赚钱或找地方居住；但是，就法律制度而言，委托人的有关目的是确定其权利的内容，并采取合法步骤来保障这些权利。法律制度对非法律目的漠不关心。根据法律制度的机构来界定其角色的任何行动者，例如法官和律师，只关心与委托人的法律权利有关的那些利益。律师是其委托人的代理人，只是在其委托人的目的涉及法律制度所分配的权利时才作为委托人的代理人。

戴尔举例说明了委托人的法律目的（即那些涉及权利的目的）与细微利益之间的区别。[44]稍微修改一下这个例子使其保持在民事诉讼范围内，假设一个委托人向他的财产保险公司提出索赔，要求赔偿火灾给委托人的仓库造成的损失。火灾保险单的条款，不包括故意纵火的保险范围。一名证人目睹该名委托人放火焚烧仓库以获取保险收益，并准备代表保险公司作证，证明火灾是有意为之。如果该名证人消失，这将符合委托人的利益。委托人考虑雇佣两个不同的代理人：①一名职业杀手去除掉证人；②一名律师去起诉保险公司，要求其必须支付火灾保险单。尽管杀死证人或起诉保险公司

---

〔44〕 Dare, *supra*, p. 79.

都符合当事人的利益，但很明显杀死证人不属于律师的职责范围。这个例子被夸大了，但是仍然提出了一个重要的观点，即角色是根据社会制度来定义的行为者，该行为者的伦理责任是由该制度的功能来决定的。正如戴尔写道：

> 法律的制度性权利构成了律师的责任。作为一名律师，他们可以而且应该回应我的请求，指出这不是他们的工作，以帮助我处理这些"法律以外"的利益（比如杀死证人）。他们的工作是代表委托人行事，与法律制度相关。[45]

这种区别在不那么戏剧化的案件中仍然存在。如果安妮塔的律师能够通过提出宪法和行政的挑战把事情弄糟，并将她的迁出推迟数年，那么，当且仅当这些法律挑战缺乏价值时，他们才会因为仅仅为安妮塔争取附带利益而没有保护她的权利而受到批评。如果它们代表了保护现有权利的一种貌似合理的尝试，或者如果它们是建立新的宪法权利的一种真诚努力，那么安妮塔的律师可能并应当提出它们。但是，如果它们只是拖延战术，本身没有成功的希望，那么这些律师就是在滥用法律程序来维护其委托人的利益，但不是其合法利益。作为律师的伦理责任问题看，善意解释的法律规定了律师为其委托人争取的利益（细微热情的律师的目标）与附带利益（过分热情的律师的目标）之间的界限。例如，规定美国律师职业行为规则的一个条款规定，就法律问题提起诉讼或为诉讼辩护或采取某种立场是不允许的，"除非这样做有法律和事实依据而非轻率而为，包括对现有法律的扩展、修改或撤销的善意论证"。[46]该规定接下去免除刑事辩护律师的这一要求，允许他们"为程序辩护，要求案件的每一个要素都被确立"。然而，民事诉讼律师则不同，他们必须承担一定的责任，以确保他们对委托人的代理不超出法律制度

〔45〕 Id.
〔46〕 American Bar Association, Model Rules of Professional Conduct, Rule 3. 1.

赋予委托人的权利范围。

这并不意味着，律师对其行为没有合理的道德理由。但是，他们不能依赖这里所考虑的辩护模式——也就是说，法律具有伦理意义，因为它代表了一种在道德上有吸引力的方式，来解决一个政治共同体内由冲突和分歧所引起的严重社会问题。事实上，正如与安妮塔案件相关的律师所写的，在法律的伦理意义的概念与法外价值之间存在着一种张力：

> 我们的直观感觉是，至少从表面上看，国家要求所有人服从法律，包括在公共住房领域，这是有道理的。为公共资源的分配设定一定标准的需要，对日益增长的无法无天现象的担忧，维修公寓的真正需要以及为此目的的资金短缺——这些都是我们倾向于同情的主张，或者至少是很难立即放弃的主张。因此，在非法占用房屋的案件中的律师职业，需要公益律师与这种最初的倾向作斗争；但也要质疑，认为它是人们可能用以接触、分析和判断这种行为的唯一范式。[47]

195   这是一个重要的限定条件。这里给出的关于法律权威的论证可能不是我们评价律师行为的"唯一范式"。从伦理上讲，应该允许律师直接根据法律制度所不承认的法外价值和注意事项采取行动。这些问题包括历史上的资源不平等导致现有住房不平等，新自由主义政策大幅减少用于社会福利项目的国家资源，以及日益增长的贫困。[48]值得赞扬的是，安妮塔的律师认识到，为法律的软弱、不稳定和偶然性辩护将削弱其作为律师的正当性；也就是说，作为一个在法律制度内的人，他为其委托人主张法律权利。[49]人不能两全其美，同时主张：①一个人作为律师的角色有一些独特之处，因为它

---

〔47〕 Ziv, *supra*, p. 213.

〔48〕 Id., p. 216.

〔49〕 Id., pp. 216-17. See also id., p. 229（注意到接受诸如房东/房客等类别区分以及过去导致一些人成为房东而另一些人成为房客的资源分配是"进入法律领域的先决条件"）。

与法律制度所赋予的权利有关；和②法律制度对权威的要求是软弱的，并且在权利分配不公的情况下应不予考虑。

重要的是，为带来法律变革，不要忽视法律内部存在的资源。律师不受限于提起诉讼，只要其委托人权利要求的依据已经确立。诉讼可以寻求延续某些法律原理的演变，扩大在先前的案例中以胚胎形式被承认的权利，推翻因社会变化而变得过时的先例，甚至承认一种全新的权利要求方式。专业的民俗学突出了法律的转折点，此间法官果断地改变了现状。例如，每一位美国律师都能讲述这个故事：最高法院如何推翻了此前在普莱西诉弗格森案（*Plessy v. Ferguson*）中做出的裁决，即黑人和白人儿童"隔离但平等"的学校设施，没有违反美国宪法中的平等保护条款。[50]在经历了长期、顽强、精心策划的对高等教育和其他政府机构的种族隔离制度提起诉讼的策略之后，民权律师提起诉讼，最终最高法院在布朗诉教育委员会案（*Brown v. Board of Education*）中做出裁决，"隔离但平等"原则不再是好的法律，各州不再被允许维持种族隔离学校。[51]普莱西案判决后，民权律师不道德地对种族隔离制度提起宪法挑战，这不能成为任何适用于民事诉讼的法律职业伦理理论的含义。[52]

在很大程度上，法官会给律师一些空间来提起诉讼，以寻求法律上的改变。只要律师们能找出一些论据，证明新案子应该与旧案子区别对待——包括社会变化或案件之间的事实区别——法官就不太可能对提起无价值诉讼施加法律制裁。这并不意味着任何事情都会发生，法律可能在某一时刻变得足够稳定，以至于没有合理的基础来挑战它。[53]但是，如果存在对现有法律的扩展、修改或撤销或

---

[50] 163 U. S. 537（1896）.

[51] 347 U. S. 483（1957）.

[52] 还记得第二章三步论证结构的步骤 3——对照案例测试理论结果吗？质疑种族隔离的律师的行为是正确的，甚至是英雄式的，这一规范性结论已得到充分证实，因此，一个结论相反的理论极不可能被接受。

[53] 该语言来自（美国）《联邦民事诉讼规则》（Federal Rules of Civil Procedure）第 11 条，该规则授权法官对在没有充分事实和法律依据的情况下提交任何诉状、动议或其他文件的律师实施制裁。

者制定新法律的空间，讲伦理的律师可以提起诉讼。我对以色列法律一无所知，但从对代表安妮塔的描述似乎有理由认为，体现在《基本法》中的人类尊严的权利，可以被解释为包括住房的权利，尽管最高法院曾否认《基本法》中存在一个单独、独立的住房权。如果这一理由确实存在，那么安妮塔的律师们在寻求建立这一新的宪法权利的同时，又把安妮塔和她的孩子们留在公寓里，这一点几乎不值得批评。

二、描述性问题：如果有的话，是什么赋予了法律确定性？

在讨论安妮塔案件的背景中，存在一个关于法律确定性的主张。尽管该问题只是规定宪法挑战不太可能成功，但这是有经验的律师能够做出的判断。的确，律师的许多独特专长在于，就某项主张或辩护如果被主张将获得成功的可能性做出判断。关于成功可能性的判断往往不是二元的。律师们习惯于用粗略的概率术语来思考，不是量化的，而是潜在地安排在这样一个连续体上：

无价值的 | - (1) --- (2) -- (3) ----- (4) ------ (5) -- (6) -| 有价值的

(1) 几乎可以肯定是个失败者。接近一个案件，在这个案件中，法官可能会因为律师提起无聊的诉讼而对他实施制裁。

(2) 希望渺茫。虽不受制裁，但不太可能成功。从委托人的角度来看，这可能是浪费时间和金钱。

(3) 有成功的机会。从委托人的角度来看，也许值得一试。

(4) 千钧一发；两种情况都有可能。

(5) 相当不错的说法，但也有一些明显的弱点。不确定但可能成功。

(6) 就像美国律师（和篮球迷）说的那样，这几乎是板上钉钉的事。

很难找到比这更精确的方法了。律师和法官使用"貌似可取的"

或"严肃的"的法律论据等术语来描述连续体中的位置（2）。美国财政部一项有关避税措施的规定，允许律师就避税手段的使用提出建议，前提是该手段"在法律上有切实可行的可能性"；[54]而美国律师协会表示，律师可以建议委托人在纳税申报单上表明立场，只要该立场有"合理的法律依据"。[55]这种语言暗示了连续体上介于（3）和（4）之间的东西。

至于律师如何做出这些判断，这本身就是一个问题。它是在法学院以及在实践中的培训和社会化过程中获得的独特的专业知识。有人可能会说，法律推理是一门技艺，就像建筑、设计、绘画、乐器演奏以及精读和文学批评一样。这是一种技艺的性质，很难用非技艺相关的术语来理论化。[56]最近，我努力向一群非音乐家解释"乐句"（phrasing）是什么意思，以及为什么弗兰克·辛纳屈（Frank Sinatra）、埃塔·詹姆斯（Etta James）和威利·纳尔逊（Willie Nelson）都是以乐句优美闻名的歌手。诸如"重点和时机上的微妙变化产生声音的形状线"这样的定义是有用的，只有当一个人听了足够多的表演，才有可能领会像音乐"线条"（line）这样的隐喻性概念，并理解表演者如何在歌曲结构的限制下发挥创造力。你可能会从一些你有经验的活动中想出这样的例子。重点是，法律推理就是这样。如果对诸如音乐或法律推理这样的工艺不是"内行"，很难理解它是如何表现得很好或很差的。许多实践的专门知识，部分是由知道何时做得好而构成的。它不能被简化为独立于实践之外的规则。

这是解释法律的确定性的一个颇有争议的方法，它依赖于从亚里士多德的伦理学开始的美德伦理传统。在亚里士多德的传统中，每一项活动都有一个特定的目的或善（good）。优秀或美德是一种特性，它使参与实践的人能够实现其特有的目的。实践美德需要判断，

〔54〕 Treasury Department Circular 230, 31 C. F. R., Subtitle A, Part 10, §10.34.

〔55〕 American Bar Association, Standing Committee on Professional Ethics, Formal Ethics Opinion 85-352 (1985).

〔56〕 See Wendel, *supra*, Chapter 6.

这是一种性格特征，并且不能简化为规则的机械应用。[57]"美德的实践展示了维持社会角色所需要的品质，以及在某些社会实践领域表现出的卓越。"[58]如果你接受本章给出的功能性解释，那么好的律师是那些以法律特有目的（即在政治共同体中把权利和责任分配给公民）为目标的人。美德是在一个共同体内形成的，所以一个好的律师的判断也反映了共同体社会对公民权利的判断。[59]下一章将讨论不同的情况，其中判决的执行是律师伦理的核心——即为委托人提供法律咨询，而不是在民事或刑事诉讼中为他们代理。

---

〔57〕 See Aristotle, *Nicomachean Ethics*, 1.7, 1097a（W. D. Ross and J. O. Urmson trans. 1984）; Alasdair MacIntyre, *After Virtue*（Notre Dame, Ind.: University of Notre Dame Press, 2d edn., 1984）, pp. 14-51.

〔58〕 MacIntyre, *supra*, p. 187.

〔59〕 MacIntyre, *supra*, p. 151. 如果你反对亚里士多德对法律推理的描述，另一种现代描述（我相信它与古典传统有很多共同点）使用了解释性社区的概念，它约束社区成员的活动。See Stanley Fish, *Is There a Text in This Class? The Authority of Interpretive Communities*（Cambridge, Mass.: Harvard University Press 1982）; Owen M. Fiss, "Objectivity and Interpretation", *Stanford Law Review* 34: 739-63（1982）. 如果你相信法律确定性是其他东西的属性，比如语言（尽管哈特在《法律的概念》中提出了批评）或政治道德（遵循罗纳德·德沃金的"正确答案"命题），我们正在进行一场法理学辩论，它远远超出了法律职业伦理导论的范围……但却是一场非常好的辩论！

伦理与法律：导论

第十章
为客户提供咨询

第一节 难以找到一名好的咖啡师

你的客户是一家在新西兰四大城市〔奥克兰（Auckland）、惠灵顿（Wellington）、克赖斯特彻奇（Christchurch）和汉密尔顿（Hamilton）〕成功经营一系列精品咖啡馆和咖啡店的公司。[1]该公司的总裁也是大股东，要求你起草一份雇佣合同提供给申请人。他特别担心的是，新员工可能会在公司待上一两年，以发展与客户和供应商的关系，并在离职和建立竞争之前掌握咖啡采购员、烘焙师、咖啡师和经理的技能。你的客户解释说，咖啡业务在很大程度上取决于与客户和供应商之间密切的个人和专业关系，以及优秀的咖啡师和咖啡烘焙师的特殊技能。

你的客户公司的总裁听说过在雇佣合同中使用限制交易条款（有时称为竞业禁止条款）。他带着一份由新西兰雇主和制造商协会（EMA）准备的合同样本来到你的办公室。样本合同包括 EMA 对各种条款的解释和包含这些条款的理由。关于贸易限制条款，它表示：

> 威慑（deterrence）是在雇佣合同中加入限制贸易条款的一

---

〔1〕 这个例子来自奥克兰大学（University of Auckland）的蒂姆·戴尔教授。

个很好的理由。有时，这可能是在你的雇佣协议中加入这一条款的唯一可靠理由；大多数的贸易限制条款在法庭上被证实是不可执行的。

　总裁说，"威慑，正是我想要的。我要你草拟一份最强有力的条款。我希望该条款明确说明，考虑到丰厚的薪水，我雇佣的人在停止为我工作后的四年内，不能在新西兰任何地方的咖啡行业担任任何职务。"

　　你指出，这样的条款几乎肯定是不可执行的，而如果它在法庭上受到挑战，法官会得出结论，认为公司没有权利设置如此全面的限制。"你是说这是违法的？"总裁问道。你回应说这可能过于言过其实了。虽然人们可以想象，从违反刑法的意义上讲合同是非法的（即合同用于运送可卡因），但在这种情况下，说没有权利列入贸易限制条款，这只是法院拒绝执行的问题。然而，你进一步提出，有一些实际的理由支持一个更温和的条款。"虽然法院可以推翻整个合同，但更有可能的是，他们要么修改不合理的条款，并将其作为修改后的条款予以执行，要么将其全部废除，从而让你的前雇员不受限制地与你竞争。如果加上一条更温和的条款，该条款法院可能会接受，而不是冒着被法院完全否决的风险，这不是更好吗？"总裁没有被说服。"这些我都知道，"他说，"我不准备在合同内容上让步。我想让你用你的法律技能来起草这个合同，其中包含我所要求的条款。即使存在法院不执行的风险，它看起来确实是合法的，而且令人生畏，所以我雇佣的任何人在与我竞争时都会三思而行。"咖啡公司是一个有价值的客户，而法律服务市场竞争激烈。你知道，如果你对总裁说不，他可能会把生意带到街上另一个更听话的律师那里。

　　总裁离开后，你开始考虑情况的伦理问题。适用于新西兰律师的职业行为规则，规定有两项责任似乎与总裁的指示有关：

　　·律师必须仅为正当目的使用法律程序。律师不得利用或故意协助利用法律或法律程序，以使他人的声誉、利益或职业遭受不必要的尴尬、痛苦或不便。[2]

 · 律师不得建议客户从事其明知是欺诈或犯罪的行为，也不得协助任何其明知是欺诈或犯罪的活动。律师不得故意协助隐瞒欺诈或犯罪行为。[3]

 根据可适用的法律，起草带有律师知道或有理由认为无法执行的条款的合同，这既不构成犯罪也不构成民事欺诈。但是，法律程序只能用于"正当目的"这一规定的影响是什么？如果该律师包含无法执行的条款，该律师是否以给他人的利益或职业造成不必要的不便为目的而使用法律？[4]

 请注意，总裁试图操纵合同的内容，以获得公司不具有法律权利的东西。从本质上讲，他是在强迫员工继续留在公司工作，尽管他们有离开公司的合法权利。很有可能，这家咖啡公司能够支付较低的工资，因为员工认为他们被禁止为竞争对手工作。（总裁表示，他打算慷慨地对员工进行补偿，但或许一旦他们被固定在工作岗位上，公司就会对未来的加薪采取强硬态度。）然而，律师并没有建议使用贸易限制条款。一般来说，客户会就代理的目标对律师进行指导，但是在这个案例中，是总裁提出了使用激进的合同条款的想法。如果客户不会因为在合同中包含了这一条款而受到法律惩罚（不管这一条款在针对前雇员的情况下是否具有可执行性），那么律师可能只会提供中立的技术建议，来帮助客户实现一个合法的目标。至少，这是一种理解标准概念在客户咨询中的应用的方法。

---

 [2] Lawyers and Conveyancers Act（NZ）2008, Lawyers：Client Conduct and Care Rules § 2.3.

 [3] Id. § 2.4.

 [4] 新西兰关于律师伦理的主要文本建议，规则应按照第九章中规定的区分来解释，区分细微热情和过度热情或权利和附带利益。"在某些情况下，客户希望利用某些合法的法律机制，但使用法律的动机与法律的目的不一致。"Duncan Webb, *Ethics：Professional Responsibility and the Lawyer*（Wellington：Butterworths 2000），§ 13.5, p.353. 然而，提到客户的动机是有潜在的，因为客户可能会寻求捍卫他们的法律权利，有一些是值得赞赏的，而有些咨询客户则不是，而且对律师来说，确定客户的动机将是一项负担。应该有可能确定法律的内容，而参考主张法律权利的当事人的主观心理状态。在伦理问题上而不是在法理上，可以想象律师可能被要求只代表有正当动机的客户行事，但这一立场似乎是少数人的观点。

第二节　庭外律师：独立判断的理想

先不管法律责任的问题，[5]在这种情况下律师的伦理责任是什么？你可能想说类似的话——"在法律允许的范围内，积极为客户所期望的结果辩护"。事实上，许多律师把这句话作为对律师在任何情况下的伦理责任的简略概括。律师甚至有可能受到布鲁厄姆勋爵言辞的鼓舞，认为他不必担心"他可能给别人带来的惊恐、折磨和破坏"，包括咖啡店的员工相信他们无法改变工作。但是，请注意此示例与前面讨论的案例之间的区别。这里的律师并不是在法院或任何其他类型的法庭上就诉讼事项代表客户。没有对方律师提出支持另一方观点的法律论据或证据。最重要的是，没有法官和程序来公正地解决有关事实和法律的不确定性。实质上，律师在这个问题上既是辩护人又是法官。

这个问题假定，一项宽泛全面的贸易限制条款可能不会得到法院的支持。这是律师应该知道的事情。一位为许多像咖啡公司这样的客户提供咨询的业务律师（business lawyer），很可能已经见过许多类似的案件走上法庭，而且很可能对合同一方在合同条款失效前维护其权利的力度有相当可靠的认识。客户花钱的原因之一是他们律师拥有经验和判断力。律师没有给出道德上的建议，而只是指出，如果雇员提出挑战，总裁所期望的合同条款很可能被推翻。因此，人们可能会认为，在律师和当事人之间存在也应当存在一种伦理上的劳动分工。律师的工作是根据律师的培训和经验提供有关法律的技术信息。这一职能的伦理方面，是使用合理的技能和勤奋来提供称职的建议。在此，当律师告诉客户合同条款不太可能得到支持时，

---

[5]　这一问题的提出是为了使律师不可能因渎职而承担责任。在另一种情况下，如果客户不知道贸易限制条款将失效的风险，并随之增加诉讼费用和麻烦，则律师可能因未能将这些风险告知客户而承担责任。See Paul D. Carrington, "Unconscionable Lawyers," *Georgia Law Review* 19：361-94 (2002), pp. 384-85.

他就履行了这一职责。如果律师的建议是错误的，我们可以批评他工作做得不好；然而，如果没有一些粗心大意的证据，人们只能说律师做了一个好律师应该做的事情——他给了客户正确的法律建议。至于在这种情况下所做出的道德决策，是为了客户且仅为客户自己。律师无权事后批评其当事人的道德决定。而且，他在道德问题上没有什么特别的专长，那么客户为什么要为这种建议付费呢？

法律职业伦理有着悠久的传统，挑战着这种关于律师职责的技术官僚观点。这种相反的传统强调，律师的职责是在适当的时候对其客户说，"是的，法律允许你这样做，但不要这样做。"[6]这种通常被称为"职业主义"理念，包括律师作为一个明智的顾问的职责，而不仅仅是一个精通法律的人。专业的咨询是全面的，包含客户情况的所有方面，包括经济、战略、公共关系和道德方面。律师不是客户的喉舌或工具，而是在很大程度上独立于客户。作为一名职业律师，最宝贵的品质是判断力，这是多年来在了解可适用的法律的同时，也了解客户的目标和价值的过程中所积累的经验。判决理念的核心是律师有义务通过代表客户为公众利益服务，要么阻止他们的客户以不公正或违背公共利益的方式行事，要么更积极地寻求建立互利的合作安排。[7]

耶鲁大学法学院前院长安东尼·珂容曼（Anthony Kronman）是 205当代这一观点的主要支持者。他写道，律师职业伦理的标志是判断力的运用，或者是他所说的"实践智慧"。[8]代表客户行使专业判断意味着有能力以同情但也超然的态度看待客户的立场。超然需要独立——在这种情况下，不是律师独立于国家（尽管这也很重要），

〔6〕 Mary Ann Glendon, *A Nation under Lawyers* (New York: Farrar, Straus and Giroux 1994), p. 35 (quoting Archibald Cox).

〔7〕 See William H. Simon, *The Practice of Justice* (Cambridge, Mass.: Harvard University Press 1998), pp. 128-32 [描述了与路易斯·布兰代斯（Louis D. Brandeis）有关的职业主义概念，布兰代斯是一名企业律师，后来成为美国最高法院法官]。

〔8〕 Anthony T. Kronman, *The Lost Lawyer: Failing Ideals of the Legal Profession* (Cambridge, Mass.: Harvard University Press 1993).

而是律师独立于客户。律师必须欣赏客户的观点，但不一定赞同它，同时也要站在他人的立场看待问题，并考虑他们自己的利益和投入。[9]律师是客户的忠实代表，同时也是有公德心的专业人士，在维护得以实现客户利益的法律框架和法律制度的完整性方面发挥着重要作用。[10]不同于积极辩护的理想——它（至少在其核心的布鲁厄姆勋爵版本中）指示律师不要考虑他人的利益，职业判断的理想，对于那些即使在为客户服务时也被要求平衡相互冲突的利益的律师来说，并不容易实现。独立使法律成为一种职业，而不仅仅是一种商业或贸易。

在不那么崇高的意义上，行使独立的专业判断意味着，在我们的例子中，律师应该努力理解咖啡公司在维持长期雇佣关系方面的合法利益，同时也应该努力感受员工自由选择换工作所带来利益的吸引力。律师还必须在律师的职业角色约束下调和客户的经济利益，这可能要求律师拒绝起草一份无法执行的合同条款。做这种伦理选择没有公式或算法。珂容曼选择"判断力"这个词来表达亚里士多德关于实践智慧（*phronesis*）的观点，即实践智慧是通过教育、训练和经验形成的一种美德或品格特质。[11]并不是每个人都有资格做出独立的判断。有些律师比其他律师要好。珂容曼提倡回归实践智慧的美德作为律师的道德理想，其中一个批评就是其与生俱来的精英主义。作为他理想的典范，珂容曼选择了一些"律师-政治家"（lawyer-statesmen），他们曾在精英律师事务所轮流担任政府职务。[12]但我们没有理由相信，只有成为律师事务所名义合伙人的前政府官员，才能出色地代表客户做出判断。很普通的律师，无论在小城镇还是大城市，都可以获得独特的专业知识，包括能够很好地商议案件，将其视为价值冲突的实例，以同情且超然的态度了解客户的情况，并最终为客户做出明智的决定。[13]也许没有人会用"政治家"的标签

---

[9] Id., pp. 69-70.

[10] Id., p. 364.

[11] Id., p. 41.

[12] Id., pp. 11-12, 283.

[13] Id., pp. 361-63.

　伦理与法律：导论

来描述一位在奥克兰中央商务区（CBD）代表当地企业的律师，然而，该律师可能已经通过长期代表客户，获得了提供最能协调客户利益和公共利益的建议的能力。

另一个对珂容曼关于判断力是律师伦理理想的提议的批评是务实的：许多律师获得实践智慧所必需的经验的条件可能已不复存在。代表大公司客户的律师，不再是处理客户业务所有方面的通才顾问。相反，公司直接雇佣的律师（被称为"内部"法律顾问）处理公司的大部分日常事务。当需要聘请"外部"律师事务所时，通常是为了特定的事情——诉讼纠纷或合并等交易。因此，外部律师变得高度专业化，他们的专业知识主要集中在一种业务上，如雇佣诉讼、环境合规、为股东诉讼辩护、并购、房地产金融、资产证券化等。法律服务市场的竞争也比以前激烈得多。与公司客户和外部律师事务所之间的长期关系不同，客户现在把新业务放在一个竞争性招标程序中，这个程序被称为（在行业中使用的性别歧视术语）"选美比赛"，在这个程序中，律师事务所会在价格和专业知识上针锋相对。矛盾的是，律师与客户之间关系的长期性，帮助确保了律师对客户的独立性。如果一名律师对客户说"不"，客户就不太可能把生意转到其他律师事务所。它不仅没有被普遍采用，而且可能已经向市场上的其他参与者发出了信号，表明客户正在做一些有点危险的事情。然而，如今客户聘请数十家外部律师事务所处理各种事务，并认为任何律所都可能是可替代的，这种情况并不罕见。因此，说"不"的代价要高得多，其结果可能是客户业务的损失。考虑到律所内部的竞争压力，合伙人争相证明自己在律所利润中所占的份额是合理的，[14] 他们的动机是默许客户的目标，只要他们不违反法律。

在为个人客户提供服务的市场部门，由于放松市场管制（在一些国家，最明显的是在英国）和广泛采用数字信息技术，律师面临

207

---

〔14〕 对于一位精英律师事务所的律师屈服于这种竞争压力，最终被判破欺诈罪的引人入胜的故事，see Milton C. Regan, Jr., *Eat What You Kill: The Fall of a Wall Street Lawyer* (Ann Arbor: University of Michigan Press 2004). 里根的书也为本段讨论的竞争压力提供了有益的概述。

着新的竞争压力。[15]在英国,《2007 年法律服务法案》(Legal Services Act of 2007)是根据戴维·克莱门蒂爵士(Sir David Clementi)撰写的一份报告制定的,该法案导致英格兰和威尔士的法律协会(Law Society)和律师协会(Bar),分别放弃了对事务律师(solicitors)和大律师(barristers)职业的许多传统监管。[16]其结果是,来自现有消费者服务提供商[在英国被称为《乐购法》(Tesco Law),以一家大型连锁超市命名]聘请的律师构成了竞争威胁。[17]人们对高街律师(High Street lawyers)的一种担忧是,乐购的律师会像大公司的任何其他雇员一样行事,而不是把自己理解为一个有学问的职业的成员。客户会去《乐购法》寻求独立的专业判断吗?此外,客户可能根本不去律师事务所,而是依赖诸如"法律遵升"(LegalZoom)等在线文件准备服务来处理日常法律事务。像"大声法律网"这样的组织是为了有效利用信息技术而建立的,它不太可能提供独立的专业判断,而这正是职业主义的标志。很难想象,客户的电脑会得出这样的结论:"是的,法律允许你这么做,但你不能这么做。这事糟透了。"

　　这些务实的观点,没有一个在伦理方面对珂容曼做出回应。独立性和专业判断仍将是伦理理想,即使律师越来越难以实现这些理想。(诚实仍然是一种伦理理想,即使撒谎和侥幸逃脱惩罚是很诱人的。)对珂容曼的职业主义概念进行伦理批判,必须强调一种不同的伦理价值。回到我们的桥梁结构,珂容曼确定了"公共利益"相关的基本道德价值(步骤 1),并认为它承担在职业伦理范围内的责任,行使职业判断,协调客户的利益和公众利益(步骤 2)。但是,公共利益是正确的基础价值吗?对客户忠诚、保护客户尊严和自主

---

[15] See Richard Susskind, *The End of Lawyers? Rethinking the Nature of Legal Services* (Oxford University Press, 2008).

[16] See John Flood, "Will There Be Fallout from Clementi? The Repercussions for the Legal Profession after the Legal Services Act 2007," *Michigan State Law Review* 2012: 537-65.

[17] See, e.g., Neil Rose, "'Tesco Law'-Not the Big Bang, But it Will Change the Face of Legal Services," *The Guardian* (March 25, 2011).

权的价值发生了什么变化？为了继续评价珂容曼关于实践智慧对职业伦理的中心地位的论证，我们将放宽本章开头问题中的一个假设。

第三节　客户的结构

正如最初所写的，这家咖啡公司的总裁被想象成一个精明的商人，几乎不关心员工的利益。这幅人物漫画突出了由律师引起的一些伦理问题，但这绝不是所有客户的直接表现。客户也有自己的价值观，但并不总是像埃比尼泽·斯克鲁奇（Ebenezer Scrooge）那样。许多客户都有动力去做正确的事情，而不只是为了看看他们能获得多少好处。更重要的是，律师可能事先并不知道其客户的价值观是什么，因此，如果认为客户必然需要关于如何走到允许和非法行为之间的界限的建议，那就错了。[18] 强调忠诚、党派性和积极辩护的法律职业伦理概念，可能默认客户总是只对自身利益最大化感兴趣。如果修改本章的问题，使客户没有提出限制贸易条款，而只是就公司与雇员的合同征求律师的意见，那么如果律师认为公司想让员工尽可能地难以换工作，那么他可能无法达到客户的目标。假设该律师在与其他商业客户打交道时使用了激进、宽泛、限制性的贸易条款，而这些客户对结果是满意的（例如提高员工保留率）。律师可能认为，咖啡公司的总裁也希望有同样的合同安排。然而，律师不知道的是，总裁可能对雇佣关系的条款（他可能更倾向于不那么积极地保护公司的权利，因为他认为这对员工的士气有好处）和公司对法律的立场（他可能不想做一些在法庭上受到挑战时被禁止的事情）持有不同态度。因此，律师应该从与总裁进行开放式对话开始，了解他希望在公司的雇佣合同中实现什么。

具有讽刺意味的是，珂容曼的替代方案，鼓励律师寻求一种协调客户利益和公共利益的立场，这也可能导致律师把他们的客户视

〔18〕 Katherine R. Kruse, "Beyond Cardboard Clients in Legal Ethics," *Georgetown Journal of Legal Ethics* 23：103-54（2010）.

为人物漫画（caricatures）。律师作为明智的法律顾问的理想，可能默认客户在做出道德判断方面不如他们。珂容曼警告律师，不要在狭义的工具性术语中理解他们的职业角色。他所批判的法律职业伦理图景，赋予了律师在本案中的两种责任：①给总裁关于使用贸易管制条款的法律后果的准确信息（在这种情况下，如果受到质疑它很可能会失效），和②"执行客户做出的任何决定，只要是它合法的"；对客户的目标应当是什么，以及该目标是否值得追求，恰恰是客户"进行了真正的深思熟虑"。[19]目的和手段之间的这种划分反映在美国的律师法（可能在其他普通法制度中也有相应的法律）中，该法律认为这既是职业行为规则的问题，也是普遍适用的代理法的问题。[20]与这一观点相反，珂容曼认为，"大多数律师会……同意，

210 他们对客户的责任不仅仅是对客户的目标进行初步澄清，还包括帮助客户做出明智的选择"。[21]因此，遇到这个问题的律师，不仅应该问咖啡公司的总裁想要什么样的雇佣合同，还应该尝试引导他做出明智的决定。这意味着律师认为的是明智的吗？还是这个决定实际上是明智的？如果对"什么才是实际上明智的"这个问题存在分歧，那么究竟应该以谁的观点来判断当事人的目的是否明智呢？是律师的观点还是当事人的观点？如果有人相信律师的角色包括超越律师专业知识狭隘的、工具性的律师专业知识概念，主要涉及法律方面的技术知识和经验，并寻求将其扩大到提供实践智慧和帮助客户做出明智的选择，那么这些都是必须解决的问题。

---

〔19〕 Kronman, *supra*, p. 123.

〔20〕 American Bar Association Rules of Professional Conduct, Rule 1. 2 （a）（"律师应遵守客户关于代理目标的决定，并与客户协商实现代理目标的方式"）；Restatement （Third） of the Law Governing Lawyers § 21（总结代理法中关于律师与委托人之间决策权分配的规定）。本章中的问题是在新西兰提出的，我认为那里的职业行为规则也支持同样的分析，尽管从规则的表面上看不太清楚。See Lawyers and Conveyancers Act （NZ）（2008），Lawyers：Client Conduct and Care Rules, Preface, informing clients that，"无论你的律师提供什么法律服务，他都须与你讨论你的目标以及如何更好地实现这些目标。" See also Duncan Webb, *Ethics：Professional Responsibility and the Lawyer* （Wellington：Butterworths 2000）§ 5. 3（讨论律师对委托人应尽的合同和信托义务）。

〔21〕 Kronman, *supra*, p. 129.

珂容曼所批判的观点不仅得到了法律的认可，而且它诉诸在桥的道德一边的价值，该价值在自由民主的社会中引起了很大共鸣。告诉律师他们有责任协调客户利益与公共利益（正义、道德或其他），这可能会妨碍客户的自主权。假设客户是一个有能力的成年人，对于在与员工的合同关系中采取强硬态度，难道他不应该自由决定是对还是错吗？换句话说，珂容曼关于明智建议的概念，将律师置于一种家长式的角色中。诸如律师、医生和心理治疗师等专业人士，当他们做出病人或客户有权为自己做出的决定时，会表现出家长式的作风。[22]因此，人们可以通过强调自主的道德价值与避免家长作风的职业伦理原则之间的必然联系，来批评珂容曼并支持职业关系中劳动分工的手段/目的。此时，珂容曼有两种选择。[23]他可以在桥的道德一侧诉诸另一种价值（论证的第一步），也可以否认他所支持的职业伦理概念会对自主造成不恰当的干扰（这是论证的第二步的一个变体）。他很可能两者都做。[24]

首先，在桥的道德一边，珂容曼可能承认自主是自由民主的一项重要价值，在考虑其行为对公众利益产生影响的公职人员或专业人员的职责时，这绝不是唯一重要的价值。自主可能只是工具性价值。也就是说，在其他条件相同的情况下，人们自主行事是件好事，但自主选择的不道德行为没有道德价值。[25]让我们来探讨第四章的例子，一个人在急需用钱的时候借了钱，然后在这期间发了大财，之后却拒绝偿还。我相信大多数人会做出一种粗略的、理论前（pre-theoretical）的道德判断，认为借款人没有偿还债务是错误的。借款人自主选择不偿还债务的事实，并不会改变评估结果。当然，如果

〔22〕 See David Luban, "Paternalism and the Legal Profession," *Wisconsin Law Review* 1981：454-93, p. 458.

〔23〕 请记住第二章中三步论证的结构：①定义、说明和解释道德价值的意义；②表明步骤 1 中的价值包含职业伦理原则；③用案例检验得出的理论。

〔24〕 再次强调，本次讨论的目的不是以某种方式说服你对珂容曼的法律职业伦理理论的看法，而是说明这些立场是如何被拆散和批评的。

〔25〕 See David Luban, "The Lysistratian Prerogative：A Reply to Stephen Pepper," *American Bar Foundation Research Journal* 1986：637-49, p. 639.

211

有人拿枪指着借款人的头说"如果你还钱，我就开枪打你"，那不能偿还贷款是可以原谅的。但是，仅仅因为我们不指责人们在胁迫下的行为，相反的原则就不成立。但是，仅仅因为当人们在胁迫下行事时，我们不会责怪他们，相反的原则就不成立。做出一个自由、不受强迫的错误决定，仍然是错误的。在道德领域——再次，不考虑法律制度是否有充分理由承认权利的问题——仅仅有权利做某件事并不证明这种行为是正当的：

> 如果一个行为看起来任意或反复无常，例如，如果我在公共场所面朝西倒立一个星期，或者和我讨厌的人结婚，或者一气之下烧掉了我的股票，或者在大选中随机投票，在受到质疑时，我的行为不会显得更合理或站得住脚；当我回答说"我有权利这样做，我是在行使自己的权利"时，旁观者也不可能更容易理解我为什么这样做。[26]

因此，律师的角色及其作为职业伦理问题的特有职责，必须与桥道德一边的自主之外的其他一些价值相联系。

虽然珂容曼没有明确提出这种联系，但他似乎是在呼吁对自然法传统至关重要的东西，即政治共同体的共同善（common good）。[27] 他提到了公共精神（public-spiritedness）的理想，还论证了法律职业伦理的概念，在这个概念中，律师应该有内化一种公德心（civic-mindedness）的态度，并且能够把对其客户利益的关注放在一边。[28] 他还依赖于存在一种政治友爱的感情——即尽管在共同体的目标和

---

[26] Jeremy Waldron, "A Right to Do Wrong," *Ethics* 92：21-39 (1981), p. 28. 沃尔德伦确实认为，拥有道德权利可能意味着不受他人干涉的义务，但这种自治的概念无助于法律职业伦理标准概念的支持者。桥梁结构要求道德方面的价值包含职业伦理原则。如果道德权利所产生的一切都是不干涉的义务，那么它就不支持律师作为职业伦理问题有义务捍卫当事人的自主权，这通常被理解为党派之争的原则。

[27] See, e.g., Mark C. Murphy, *Natural Law in Jurisprudence and Politics* (Cambridge：Cambridge University Press 2006), pp. 61-63; John Finnis, *Natural Law and Natural Rights* (Oxford：Oxford University Press 1980), pp. 154-56.

[28] Kronman, *supra*, pp. 127, 141-43.

抱负方面存在分歧，而这种分歧会使公民彼此分离，但同情的纽带存在于政治共同体成员之间。[29]如果共同善和政治友爱是重要的道德和政治价值，那么律师就可以理解他们的角色是帮助实现这些价值。事实上，这就是珂容曼所设想的联系。其法律职业伦理概念的核心原则，是在代表客户时运用判断或实践智慧。他认为实践智慧应该考虑公共利益。"当其他选择无法用任何共同的价值尺度来衡量时，一个判断比另一个判断更明智的原因是它促进政治友爱的倾向。"[30]在咖啡公司的例子中，律师不会对其客户表现出家长式的行为，因为客户和律师一样有义务考虑共同善。总裁可能想要限制员工（取决于问题是如何被说明的），但是需要或兴趣与价值是不同的。[31]当一个人知道另一个人将要屈服于会导致违背其价值观的欲望时，第一个人可能会合理地干涉第二个人的自由。

213

珂容曼试图使法律职业成为公共利益的监护人，不是因为客户也没有关心公共利益的理由，而是因为律师通过培训和经验，在特定案件中可能比客户更善于确定公共利益的要求。律师有一种独特的专长，包括对案件进行周密的考虑。[32]他们帮助其客户在一些事情上做得更好，而这些事情客户已经有理由去做——也就是，去决定哪些行为符合公共利益。一个遵循珂容曼法律职业伦理概念的律师，会理解总裁在这个案例中寻求建议的目的，是在雇佣合同涉及的所有相互冲突的价值之间取得适当平衡，其中包括公司对稳定、训练有素的劳动力的利益，以及员工对获得合理补偿和取得换工作的灵活性的利益。

而后，在桥的职业伦理一边，珂容曼可能依赖于，在诉讼中作为辩护人代表客户，与在不关乎诉讼纠纷的事情上为客户提供法律咨询之间的区别。当律师在诉讼中为客户代理时，律师必须只考虑

---

〔29〕 Id. , p. 93.

〔30〕 Id. , p. 97.

〔31〕 Luban, pp. 471-73.

〔32〕 Kronman, *supra*, p. 362.

客户的利益，而不关心对他人造成的"惊恐、折磨和破坏"。（从标准概念来看，这就是中立原则。）确保公共利益和他人利益受到保护，是对抗制的制度和程序的职责。犯罪受害人的利益基本上是由检察官代表，而在民事案件中对方当事人通常会有自己的律师。对于可能被律师的问题骚扰或羞辱的证人，证据规则禁止滥用质询，主审法官可以介入加以限制。法律的解释是在考虑双方律师的陈述后做出判决的法官的职责。初审法院的裁决须经上诉法院审查，并由当事各方的律师介绍有关问题后再次审查。在诉讼中将自主作为基本价值是有意义的，因为在做出最终判决之前，有许多制度机制可以确保当事各方的利益得到公平考虑。然而，在咨询的情况下，如果没有对方律师，没有法官，没有证据和程序方面的规则，也没有上诉的可能性，那么可以这样说，律师可能会被要求平衡客户利益和公共利益。

对客户进行咨询的实践，揭示了法律职业伦理的标准概念中存在的模糊性。在标准概念上，律师应该是党派代表，寻求促进其客户的合法利益，并对其他可能受其代表行为影响的人的利益保持中立。可以说，在标准概念中公开的术语是客户的利益。客户可能希望以公共利益的方式行事，或者至少考虑会受其行为影响的其他人的利益。咖啡公司的总裁可能更喜欢快乐、积极的员工，而不是那些在法律上有义务不寻求其他就业机会的员工。这可能是诉讼中的情况，也可能是客户法律咨询中的情况。例如，假设律师起草的合同中包含全面限制贸易条款。现在，假设公司最好的一位咖啡烘焙师决定离开，并在一个与公司的任何咖啡店都没有直接竞争的地方开设自己独立的咖啡店。这时，总裁会有第二个选择：要么就合同提起诉讼，知道诉讼不太可能成功，但希望前雇员可以和解以避免诉讼费用；要么为前雇员祝福，并雇佣一名替代者。

律师接受的培训是发现和分析法律问题，预测风险，并提出保护客户法律利益的解决方案。律师在代表客户的所有阶段应该意识到，他们的培训制造了使客户对象化的风险——也就是，把他们视为仅仅是一个法律利益的集合，而不考虑作为道德主体和可能与受其行为影响者重叠的社会共同体的成员，他们是否拥有与他们在法律下所享有的全部权利不一致的利益。即使限制贸易条款是可执行的，总裁可以选择不去使用它。珂容曼将法律职业伦理作为实践智慧的构想，将指导咖啡公司的律师去考虑客户利益和公众利益。他的提议听起来可能有些宏大，好像律师应该像高级政府官员一样进行推理，只是没有通常的政治问责机制来约束他们的权力。（珂容曼不断提到"律师-政治家"的理想也于事无补。）呼吁律师要有公德心，在一定程度上掩盖了在完全普通的事务（如咖啡店雇佣合同）中代表客户对他人利益的影响，而客户自己可能会关心他人利益。即使是坚持法律职业伦理的标准概念的律师也应该记住，忠实的客户服务取决于能够确定客户的实际利益，而不是一套碰巧符合客户法律权利的假想目标。

在一种情况下，因为客户实际上不是一个真正的人，所以很难将其当作有血有肉的人来对待。对有正式组织的企业实体（特别是上市公司）的代理，依靠的是法律拟制，公司在独立存在的实体意义上被拟制为"人"，它们有权拥有财产、订立合同、起诉和被起诉、主张某些法律权利，以及做一些具有真实的人的特征的其他事情。[33] 下一章，总结我们在特定实践背景下对法律职业伦理的审查，考虑代表实体客户所产生的伦理问题。

〔33〕 你可能已经注意到，总裁是咖啡公司的大股东。增加细节是为了在本章中进行道德分析，可以将总裁和公司等同地视为律师的委托人。如果总裁作为股东的代理人，而股东本身由董事会代表，情况会更加复杂。

第十一章

代表公司：律师是守门人？

第一节　悬而未决

LVP 公司位于澳大利亚新南威尔士州（New South Wales）纽卡斯尔（Newcastle），是一个先进的电动汽车锂钴氧化物电池的私人生产厂家。最近，该公司开发了一种用于航空航天的电池，并赢得了一份合同，为跨国飞机制造商博比斯（BoeBus）公司供应新喷气式飞机所用电池。[1] 很大程度上因为这份合同，LVP 公司扭转了财务业绩，并开始了其第二个盈利年度。你是 LVP 公司的总法律顾问。一天晚饭时，公司的一位工程师，也是你大学时代的一位老朋友，向你吐露了他最担心的事情。他确信，电池可能会出现热失控的情况，在某些情况下会导致电池过热甚至着火。尽管当 LVP 公司赢得了与博比斯公司的合同时，电池通过了所有适用的设计和安全标准，但是公司最近的测试让该工程师相信，如果对飞机的电力系统提出不寻常的要求，就会发生热失控。新的博比斯飞机包括先进的电力系统，可能会把沉重的负荷放在电池上。飞行中的火灾，尤其是锂

---

[1]　这个问题改编自美国上诉法院前法官约翰·费伦（John Ferren）的一篇文章中的一个问题，see "The Corporate Lawyer's Obligation to the Public Interest," *Business Lawyer* 33: 1253-69 (1978). 与波音 787 遇到的问题有任何相似之处，纯属巧合。

离子电池特有的快速加速火灾,几乎肯定会带来灾难性后果。你的朋友说他已经把这项研究通知了公司的总裁,但被告知不要与任何人讨论它。

第二天,你向总裁提到你听说了电池的问题。总裁指出,虽然大多数工程人员认为存在热失控的危险,但少数人员包括一些最有经验的工程师,认为新测试没有危险或者最坏的可能是不确定。总裁强调,这些电池符合欧盟和北美航空当局所规定的所有法律安全要求。他还说正在考虑改变电池的组成,所以在适当的时候,任何问题——他认为无论如何都不会存在——无疑将得到解决。你建议通知客户(包括博比斯公司)不利的测试结果,并承诺用新开发的电池替换已经投入使用的电池,但是总裁强烈反对。他不仅提到测试结果相互矛盾的解释,也提到最近公司财务业绩的好转;事实上,现在公司25%的销售额都卖给了博比斯公司,而且在 LVP 公司在当地开设生产工厂之前,这个社区已经经历了经济困难,而 LVP 公司雇用了大量员工。总裁力劝你不要管这件事。

根据澳大利亚法律[2](在公司法的所有相关方面与整个普通法世界相似),影响公司的主要决定是由董事会做出的。董事由公司股东选举产生。碰巧,董事会的例会被安排在工程师披露信息后的那一周举行。作为总法律顾问,你有责任向董事会报告与公司有关的法律问题。因此,你向董事会报告了工程师所告诉你的有关热失控问题的情况。总裁随后在董事会上发言说:"我很欣赏提出与安全相关的所有问题,但我可以向董事会保证,工程人员已经彻底调查了热失控的可能性,他们做了一系列额外的测试,得出结论认为没有理由相信存在安全问题。正如你们所知道的,我们一直在改进产品,我们正在开发一种新的电池系列,它将有更大的安全保护边际。我们认为,目前没有必要采取任何行动。"董事会商议后决定什么也不做。董事会主席指示你"考虑结束这件事"。

---

〔2〕 Corporations Act (2001). See also Christine Parker and Adrian Evans, *Inside Lawyers' Ethics* (Cambridge: Cambridge University Press 2007), ch. 9.

你对董事会的决定考虑得越多，你就会越烦恼。当你还是个孩子的时候，你和家人曾在美国生活过一段时间，你永远不会忘记和你的小学同学们一起观看美国"挑战者"航天飞机发射的经历，那次发射搭载了有史以来第一位去太空旅行的老师。当数百万学生惊恐地看着时，"挑战者"在起飞几分钟后爆炸成一个巨大的火球。随后的调查确定，为航天飞机建造固体燃料火箭助推器的一家航空航天承包商的工程师，对发射当天早上异常寒冷天气预报中一个关键部件的性能表示过担忧。然而，该公司的高级经理和美国航天局的官员无视他们的担忧，下令发射继续进行。[3]促使发射的原因之一是担心取消发射会产生巨大的经济成本，以及担心人们认为该机构效率低下。你认为，总裁和董事会可能过于专注于利用航空电池的经济成功来推进公司的转型，而没有给予足够的安全考虑。你相信你在工程部的朋友细心且消息灵通，并且不倾向于夸大风险。

你很清楚自己对客户负有保密义务。根据新南威尔士州的律师规则，未经客户授权，你不得披露机密信息，除非通信属于职业责任的一个例外。[4]保密义务以及所有其他的职业行为准则，适用于那些被公司雇佣的所谓"内部"律师。[5]你已经知道，客户不会同意向其顾客（包括博比斯公司）披露有关电池的信息，因为总裁和董事会都指示你认为事情已经结束。（你也知道总裁与董事会的几位成员关系密切，而董事会很可能支持总裁做出的任何决定，包括解雇公司的总法律顾问。）保密规则的一个例外是，允许"为了防止即将发生的对客户或他人的严重人身伤害"而进行披露。[6]很明显，由飞行中的火灾引起的坠机会造成严重伤害，但是这种伤害是"即

---

[3] See Diane Vaughan, *The Challenger Launch Decision: Risky Technology, Culture, and Deviance at NASA* (Chicago: University of Chicago Press 1996).

[4] Law Society of New South Wales, *Professional Conduct and Practice Rules 2013 (Solicitors' Rules)*, Rule 9.

[5] Law Society of New South Wales, Corporate Lawyers Committee, *Handy Hints for In-House Counsel* (2012); Parker and Evans, *supra*, pp. 212-13.

[6] N. S. W. Solicitors' Rules, *supra*, Rule 9. 2. 5.

将发生的"吗？你的噩梦是在世界的某个地方有一架飞机正在起飞，而它的电池可能会着火，但你没有信息表明是这种情况——只是存在热失控的风险，至于这种风险有多严重，工程师们有争议。澳大利亚律师协会的一些领导人强调，企业律师有伦理义务考虑更广泛的公共利益概念，而不仅仅是狭隘的法律问题。[7]当然，你主要的伦理义务是对你的客户、公司，而且你以前从未考虑过披露机密信息，即使你怀疑公司员工有不当行为。作为公司的律师，你的工作是处理公司内部的这类问题，而不涉及政府监管机构。但这次感觉不同。你是做什么的？

第二节　律师是守门人和吹哨人

假设有一架博比斯飞机坠毁了，其原因可以追溯到你的客户所制造电池在飞行中引起的火灾。如果有证据表明，该公司的律师知道安全问题但什么都没做，你是否怀疑公众会强烈抗议？愤怒可能恰当地集中在该公司及其高层管理人员身上，但也可能有很多人受到指责，其中包括对律师的严厉批评，因为他们知道这种危险，却没有采取措施保护那些依赖公司产品安全的人。当大公司的不当行为被曝光时，人们自然想知道专业顾问是否知道这些不当行为，并想尽一切办法来阻止它。例如，20 世纪 80 年代，美国发生了一系列与管理者腐败和政府监管机构疏于监管有关的银行倒闭事件，一位联邦法官对受聘为银行提供咨询的律师（和会计师）的失败，发表了著名评论： 220

> 当这些明显不正当的交易在完成时……这些专业人士在哪里？
>
> 为什么他们没有一个人站出来说话，或者退出交易？

---

　　[7]　See Parker and Evans, *supra*, pp. 216–17, 238–39 (讨论一家石棉制造公司在石棉相关疾病的受害者提出的人身伤害索赔要求上的努力)。

当这些交易生效时，外部会计师和律师在哪里？

难以理解的是，在所有的专业人才都参与其中（包括会计和法律人才）的情况下，为什么没有至少一名专业人士揭发这件事，以阻止它的过度发展。[8]

法官选择的"吹哨"（blowing the whistle）一词颇具煽动性，在储蓄和贷款行业崩溃的余波中（例如当地的小银行原本打算接受个人存款，并为购房提供贷款资金），围绕着律师在为企业客户提供咨询时应扮演何种角色，人们展开了激烈斗争。律师认为，他们被要求扮演一个新角色——守门人，这要求他们采取积极措施来防止客户进行财务欺诈或其他类型的错误行为，至少在得知客户正在进行的不法行为后不要保持被动。

严格来说，"吹哨"和"守门"（gatekeeping）是两码事。"吹哨"是指一个组织内部的行动者，公开披露该组织的不正当行为。当一名律师得知其客户（一个医疗设备制造商）计划将有缺陷的肾脏透析机运送给发展中国家的一位"只买便宜货"的顾客，遂将其出售计划报告给了政府监管机构，从而阻止了这批货物的运送。[9]"吹哨"是一个非凡的事件，相当于非暴力反抗（见第六章），其中通常负有保密伦理义务的专业人员认为，保护非客户的利益或公共利益的需要足以令人信服，因此违反保密的职业伦理责任是必需的。相比之下，"守门"并不是什么特别的事。这是许多律师（以及公共会计师等其他专业人士，以及评级机构等机构）每天都在做的事情。

"守门人"是"通过准备、核实或评估他们收到的信息披露来为投资者服务"的行动者。[10]例如，评级机构评估证券发行人的信誉。至少在美国，许多机构性投资者被禁止持有未被公认评级机构评为"投资级"的证券。类似地，公司律师如果对客户在证券登记

---

[8] *Lincoln Saving & Loan Association v. Wall*, 743 F. Supp. 901, 920 (D. D. C. 1990).

[9] *Balla v. Gambro, Inc.*, 584 N. E. 2d 104 (Ill. 1991).

[10] John C. Coffee, Jr., "The Attorney as Gatekeeper: An Agenda for the SEC," *Columbia Law Review* 103: 1293-1316 (2003), p. 1296.

声明中所做的陈述不满意，可以通过拒绝向证券交易委员会（SEC）申请注册而拒绝批准。[11]要想成为有效的"守门人"，律师或其他专业人士必须在一定程度上独立于聘用他们的客户；因为"守门人"的基本职业伦理义务是，对不符合获得同意、批准或评级的必要标准的交易不予同意。[12]在大多数情况下，"守门人"通过简单地拒绝同意来履行职责，而"吹哨人"则公开或向政府机构披露不当行为。

有组织的律师界一直在努力反对任何可能妨碍律师基本角色的义务——即站在客户和国家之间。在 20 世纪 70 年代，一起备受关注的公司欺诈案发生后，律师们表示，他们对于证券交易委员会的执法行动将产生"把律师从客户的辩护人变成吹哨人和警察"的效果感到震惊。苏珊·科尼亚克（Susan Koniak）长期对律师在面对客户不当行为时的被动性给予批评；正如她所指出的，"律师界对 SEC 的指控的激烈反应怎么说都不过分；提及乔治三世国王（King George III）的回归是司空见惯的，言辞暗示所有美国人的自由都处于危险之中"。[13]在安然（Enron）等美国公司曝出财务会计丑闻后，SEC 提议出台新规，赋予公司律师更多的义务，让他们担负起"守门人"的职责；此时，律师界也提出了类似抗议。[14]一位律师

222

---

[11] 在美国，继中央银行（Central Bank）和斯通里奇（Stoneridge）两起最高法院案件之后，律师会计师等次要参与者的证券欺诈责任状况变得复杂起来。For a careful treatment see *Pacific Investment Management Company LLC v. Mayer Brown LLP*, 603 F. 3d 144 (2d Cir. 2010). 本人未就澳大利亚、加拿大、英国或其他地方的证券欺诈法律方面的专业知识进行陈述。本文中的讨论仅旨在举例说明法律职业监管的方法，并对律师作为把关人的角色进行伦理分析，而不是分析律师事务所对证券欺诈的责任。

[12] Coffee, *supra*, p. 1297. 即使是对扩大把关义务持批评态度的律师也承认，许多日常的律师工作都非常恰当地要求律师充当守门人：在典型的合同安排下，如果没有相关律师的大量意见，包括对披露做出负面保证的意见，证券发行就无法进行。即使是诉讼律师也是守门人，当在签署一份诉状时，他通常会做出应有的调查或丰富多彩的陈述。Evan A. Davis, "The Meaning of Professional Independence," *Columbia Law Review* 103：1281 - 92 (2003), p. 1283.

[13] Susan P. Koniak, "When the Hurlyburly's Done: The Bar's Struggle with the SEC," *Columbia Law Review* 103：1236-80 (2003), p. 1249.

[14] See, e. g., Lawrence J. Fox, "The Fallout from Enron: Media Frenzy and Misguided Notions of Public Relations Are No Reason to Abandon our Commitment to Our Clients," *Illinois Law Review* 2003：1243-59.

界的领导人，他是一家代表金融机构和其他大型企业的律师事务所合伙人，批评了拟议中的法规，呼吁"法律职业的角色是个人或组织与政府政治部门之间的独立壁垒"。[15] 尽管这位合伙人没有提到乔治三世国王的回归，但他确实担心律师行业会受到美国司法部的监管。"如果政府律师决定了整个律师行业（或者你尤其是作为一名律师）应该如何行事，那么你将更难抵抗温和或坚决的政府压力。"[16] 合伙人的论证诉诸独立的价值，但也依赖于对客户忠诚的中心地位，因为这是职业伦理的基本价值。这可以追溯到布鲁厄姆勋爵的声明（见第三章），律师"在这个世界上只认识一个人，而这个人就是他的当事人"。

　　然而，请注意，该合伙人的论证中可能有些地方出错了。在刑事辩护代理的背景下，它始于一个无疑很重要的理想，即法律职业的独立性保护个人自由免受全能国家的侵犯——"个人或组织与政府政治部门之间的一个独立壁垒"。但是这一论证犯了哲学家们所称的范畴错误，因为它假设了法律职业的一个子集的属性（例如，刑事辩护律师的伦理原则）是所有法律职业者都必须遵守的。简单地说，刑事辩护律师的伦理权利和义务的许多特征，如果不加以修改就不能适用于其他情况。我们已经看到，在非刑事诉讼中代表客户的律师，没有刑事辩护律师同样的伦理空间来主张毫无根据的法律要求。[17] 例如，如果刑事辩护律师认为没有不重要的理由可以推翻对被告的定罪，那么他们可以向法院申请撤回诉讼；而且，如果他们确实寻求撤回许可，他们会被要求在提出请求的同时，简要陈述"记录中任何可能支持上诉的东西"。[18] 相比之下，在民事判决的上诉中，代表客户的律师可能会因为追求无关紧要的上诉而受到法庭

---

〔15〕 Davis, *supra*, p. 1281.

〔16〕 Id. , p. 1291.

〔17〕 See American Bar Association, Model Rules of Professional Conduct, Rule 3. 1.

〔18〕 *Anders v. California*, 386 U. S. 738, 744 (1967). Anders was modified in some respects by *Smith v. Robbins*, 528 U. S. 259 (2000), but the differences are not relevant here.

制裁。[19] 毫无疑问，刑事辩护律师的职业伦理，应以辩护律师在个人与国家之间所起的作用为基础。其他类型律师的伦理可能建立在不同的基础上。

为了在这场看似棘手的讨论中取得一些进展，让我们再次使用第二章中的三步论证，它旨在证明职业伦理原则是正当的：

（1）定义、说明并在必要时解释道德价值的意义。
（2）证明第一步中的价值包含职业伦理原则。
（3）用案例检验得出的理论。

还请记住，反思平衡的方法，旨在找到理论与实践之间令人满意的契合。因此，我们可能想从律师在实践中代表公司的方式的观察中回溯，并寻求一个理论上的正当理由，来解释我们对律师在职业伦理方面应承担什么职责的直觉。或者，我们可以从我们认为在构建专业人员的伦理责任时应考虑的规范性因素开始。例如，保护投资者免遭金融欺诈，或者保护乘客免遭因电池故障而导致的飞机失事，这些目标可能与代表公司的律师所承担的责任有关。

冒着过于简单化的风险，想象一下"守门人"和"雇佣的枪手"双方之间的辩论。"守门人"是那些认为律师应该拒绝为其客户从事非法或有害行为提供帮助的人，比如苏珊·科尼亚克或前述联邦法官。他们认为自己的伦理义务与会计师或证券评级机构的类似。如果客户从事不法行为，律师的伦理义务至少是不提供帮助，并在必要时退出代理。但是，在极端情况下，如果这些步骤不足以防止伤害，律师可能还必须考虑"吹哨"——也就是，披露预期的不法行为，以防止其发生。另一方面，"雇佣的枪手"是那些了解自己伦理义务的人，他们与刑事辩护律师或至少是民事诉讼律师类似。他们坚持法律职业伦理某种形式的标准概念（见第三章）。也就是说，他们最重要的职责是为客户服务，包括忠诚和严格保密（党派

224

---

〔19〕 Federal Rules of Appellate Procedure, Rule 38.

性原则），并且在很大程度上不考虑他人的利益（中立原则）。在律师与客户关系的范围内，律师被鼓励尝试劝阻客户不要采取律师认为可能非法或有害的行动。但是，如果委托人坚持不顾律师的建议，律师不得披露与代理有关的任何信息。首先探讨双方的论点（有些不切实际和夸张），然后我们可以把它们映射到三步结构上。

一、"守门人"

有两种方法可以捍卫不协助客户不当行为的伦理义务。第一个是概念上的。"法律"是"法律人"的前半部分。要清楚地说明律师这一角色的独特性质，唯一的方法是参考法律。除此之外，律师与其他类型的顾问没有什么不同，比如商业顾问。商业顾问没有错，但他们缺乏为客户提供咨询并在法律上代表客户的独特角色。有时候，律师的参与对于客户从事非法行为是必要的，比如在安然公司的一些高级经理通过交易诈骗投资者数十亿美元。[20]利用法律援助来违反法律，在概念上与律师的角色是不相容的。这样做就像建筑师设计一栋倒塌的建筑，或者工程师设计一辆无法运行的汽车；这些失败直击作为一名角色独特、拥有特殊伦理权利和义务的专业人士的核心意义。

"守门人"职责的第二个论点，不是概念性的而是规范性的。即使在上述飞机电池一案中没有明显的违法行为，也可能延伸了概念上的争论，即没有涉及潜在违法行为的律师有义务披露客户的不当行为。但律师们一直认为，他们不仅仅是客户的代言人。律师是对司法执行负有特殊责任的公众公民。公共利益必须是任何合理的法律职业伦理概念的核心。当客户允许潜在的危险部件被纳入客机时，一位被动地坐在那里的律师实际上会让人们面临巨大的安全风险，即使这位律师本人并没有参与客户的决策。[21]律师也是道德主体，

---

[20] Koniak, *supra*, pp. 1239-43.

[21] See, e. g. , Deborah L. Rhode, *In the Interests of Justice: Reforming the Legal Profession* (Oxford: Oxford University Press 2000), p. 50.

他们必须像其他人一样为自己的行为承担个人责任；做一名律师并不能免除普通道德的要求。[22]如果客户推销电池的结果是一场灾难性事故，怎么会有人能问心无愧地知道，通过警告客户是有可能防止事故发生的呢？

二、"雇佣的枪手"

我们同意，律师独特的伦理角色是在法律范围内代表客户。但"守门人"的论证遗漏了极其重要的一点——即对律师为客户提供建议并使他们遵守法律的实际背景的任何评价。现实生活中很少有明确的事实。电池制造商不会对律师说："我们知道这些电池在飞行中会着火——我们该怎么办？"相反，事实的形式是不确定的测试数据和工程师们的不同预测。在事实的一个版本上，电池是危险的；在另一版本上，它们跟任何新的复杂产品一样安全。众所周知，人们很难对风险做出判断，尤其是对罕见的事件；当所讨论的事件让人联想到死亡和破坏的生动画面时（比如"挑战者"的发射），人们往往会给极小的可能性赋予极高的权重。[23]此外，法律可能不明确或不确定。该公司可能有责任向监管机构披露显示可能发生飞行故障的测试数据，但也可能是，如果法律得到适当解释就不需要披露。客户理应得到律师对其应做之事的最佳判断，并得到所有相关证据和法律的支持。但在审议事实和法律的过程中，需要客户相信律师是在同一团队中的，可以这么说。为公司工作的人不能总是担心，他们所说的任何事情都会被报告给政府监管机构。

现在考虑在三步骤结构中的论证：

（一）步骤 1：定义、说明并在必要时解释道德价值的意义

到目前为止，你应该警惕一种道德价值模糊或本质上存在争议的可能性。回顾在第八章对检察官寻求正义的责任的讨论。正义可

---

[22]　Id., pp. 17-20.

[23]　Daniel Kahneman, *Thinking, Fast and Slow* (New York：Farar, Straus & Giroux 2011), pp. 322-23.

能意味着不同的东西，例如，取决于一个人是否考虑犯罪受害人、被告、犯罪猖獗社区的居民或受到警察骚扰的少数族裔公民的观点。指示检察官伸张正义，只是把争论的焦点从职业伦理转移到潜在的道德价值上，而没有为如何解决这些价值冲突提供任何指导。"雇佣的枪手"在此也对公共利益概念的模糊性提出了类似诉求，[24]他们还指出，事实也可能是不确定的。事后看来，人们很容易认为，安然公司的律师知道该公司从事欺诈性交易，或者该电池公司的律师知道存在安全问题。在许多情况下，律师们可能存在或多或少是有根据的预感或怀疑，但却不知道甚至不坚信有不法行为正在发生。因此，"雇佣的枪手"所吸引的不是道德价值，而是价值多元化的元伦理条件和不确定性的认识论问题。

（二）步骤 2：证明第一步中的价值包含职业伦理原则

如果"雇佣的枪手"对他们价值多元化和不确定性的诉求具有说服力，那么对客户忠诚的原则和律师与客户沟通的保密原则自然就会遵循。正如美国最高法院所述，专业保密的目的（包括律师-当事人特权）是为了"鼓励律师与其当事人进行充分而坦率的沟通，从而促进在遵守法律和司法执行过程中更广泛的公共利益"。[25]伸张正义的愿望是令人钦佩的，但对于律师提供有效的法律建议，必须清楚律师最主要的忠诚是对客户，而且律师不是某种也作为政府代理人的"双重间谍"。[26]因此，职业独立的伦理原则，是促进公正、投资者保护和公共安全等道德目标的一种间接方式。"雇佣的枪手"强烈反对要求律师直接按照这些道德目标行事的努力。他们反对"为了解决甚至是重要的社会问题而损害律师的独立性"。[27]我

---

〔24〕 See, e. g. , Austin Sarat, "The Profession Versus the Public Interest: Reflections on Two Reifications," *Stanford Law Review* 54: 1491-99 (2002), p. 1498 (认为公众利益在任何争论中都只是一种权宜之计——它是一种"没有人能正确反对的东西"——但它缺乏内容)。

〔25〕 *Upjohn Corp. v. United States* 449 U. S. 383 (1981).

〔26〕 See Fox, *supra*, p. 1247 ["最终，我们的保密规则通过把律师变成警察，创造了一个比任何（守门人）想象的都好得多的社会"]。

〔27〕 Davis, *supra*, p. 1291.

们一次又一次地遇到这样的争论：律师应该在这个体系中扮演自己的角色，有效地为客户服务，保持信心，并相信整个法律制度能够照顾到非客户的利益和公众利益。

在论证的这个阶段，"守门人"有一个回应。他们认为，这些"雇佣的枪手"专注于独立于政府监管机构的理念，却没有充分重视独立于其客户的重要性。忠诚和保密是职业伦理的原则，但提供客户可能不想听到的坦率建议也是如此。还记得在第十章讨论的珂容曼的观点——职业主义意味着不仅仅是为客户提供技术援助吗？好的律师还能提供明智建议、实践智慧和独立判断。所有这些都需要与客户保持一定的距离，这样律师才能给出公正的建议。一位公司律师的领导在 1974 年的一次演讲中阐述了这一理想：

> 在证券事务中（除了那些辩护显然是适当的情况），律师将必须以一种更类似于审计师而不是律师的方式发挥作用。这意味着几件事。这意味着，他将不得不行使一定程度的独立性，而如果他在其他事务（通常包括商业决策）中也是管理层的亲密顾问，这种独立性可能会让他感到不舒服。这意味着他必须清醒地认识到自己对从事证券交易的公众的责任，因为如果没有他的专业存在，这些交易将永远不会发生。这意味着他将不得不采用一种健康的怀疑态度，这种态度是一个好的审计师对管理层的代表必须采用的。[28]

对管理层的健康怀疑是"温暖的热情"和对客户忠诚的对立面，但它可能是必要的，因为律师是在法律范围内代表客户。

在电池制造商的案例中，律师可能会建议客户，"是的，法律允许你（对不利的测试结果只字不提），但不要这样做。这事糟透了。"[29]忠诚是一件好事，但过度的忠诚可能会导致律师忽视在法

---

[28] Quoted in Coffee, *supra*, p. 1299.

[29] Mary Ann Glendon, *A Nation under Lawyers* (New York：Farrar, Straus & Giroux 1994), p. 35 (quoting Archibald Cox).

律上代表客户的特殊性。正如第九章对"低现实主义"和"高现实主义"的讨论所表明的那样，客户的利益与客户的法律权利是有区别的。职业伦理原则必须能够解释这种差异。"守门人"可能会说，"雇佣的枪手"的论点的问题在于，它无法区分就客户的利益代表客户和就客户的法律权利提供建议。

(三) 步骤 3：用案例检验得出的理论

在电池制造商的案例中，正确的做法是什么？如果你认为是要向客户或监管机构披露不利的测试结果，你如何回应"雇佣的枪手"对不确定性的担忧，以及维护律师与客户之间的信任和信心关系的重要性？如果法律不要求披露信息，那么做这些决定是律师的职责而不是总裁或董事会的职责吗？另一方面，如果你认为律师应该保持沉默，那么你是否放弃了律师作为一名有公德心的专业人士的理想呢？律师的良心怎么样？即使以专业身份行事，律师仍是道德主体。如果发生了由公司的电池导致的事故，那么是法律制度间接促进了公共安全的目标，这对律师来说可能是冷冰冰的安慰。这里没有明确的答案。"守门人"与"雇佣的枪手"之间的争论如此持久，因为双方都诉诸似乎至关重要的职业角色特征。"雇佣的枪手"强调律师–客户关系的代理结构，其中客户对律师进行一般性指导，律师提供技术专长。"守门人"回应称，律师与客户之间的关系不同于其他代理关系，它与法律有着密不可分的联系。律师的权力只扩大到促进客户的合法利益。对此"雇佣的枪手"回答说，确定客户合法利益的范围是在不确定、部分信息和不明确的情况下进行的；至关重要的是，客户要相信他们的律师会对他们进行无罪推定，而不是在没有正当理由的情况下"吹哨"。对此，"守门人"回应称，有时"吹哨"是正当的，是保护公众免受伤害的唯一途径，如此而已。

第三节　命令链条

我们还没有讨论电池制造商的律师所面临问题的一个特征，即总裁和董事会主席不采取进一步行动的指示。那些指示有什么道德分量吗？当律师想到权威时，他们通常想到的是法律的权威。事实上，这是第五章关于法律义务的主要主题之一。然而，权威可以采取其他形式，它的另一种表现形式是一个等级组织，其中下级对上级负有忠诚的义务。马克斯·韦伯（Max Weber）经典的官僚组织理论，强调了官僚组织执行复杂任务的能力，这些复杂任务具有"简洁性、快速性、不含糊性……连续性、谨慎性、统一性、严格的从属性、减少摩擦、减少物质和个人成本"等特点。[30]现代商业公司体现了官僚的理性，但却背离了它的一些典型特征。公司的决策过程是分级的也是分散的。权力集中在最高层，但任务一般都被委派给下属，他们期望下属能够认清老板的目标并实现它们。在这种类型的组织中，"细节被降低，信用被提高"。[31]下属们被期望能产生"没有混乱并发症的成功结果"，并承受巨大的压力向上级传达好消息，这样他们的老板才能沐浴在成功的荣耀中。[32]反过来，老板保护他们的下属并给予他们特权。组织内的每个人都明白这些心照不宣的规则，比如：不要让你的老板感到尴尬或当众反驳他；永远不要绕过他；告诉你的老板他想听到的；如果你的老板想要你放弃什么，那就放弃它。[33]

不同于韦伯的官僚主义概念（在此概念中，权威是非个人的，来

---

〔30〕 Max Weber, "Bureaucracy," in H. H. Gerth and C. Wright Mills, ed. and trans. , *From Max Weber: Essays in Sociology* (Oxford: Oxford University Press 1946), p. 214.

〔31〕 Robert Jackall, *Moral Mazes: The World of Corporate Managers* (Oxford: Oxford University Press 1988), p. 20.

〔32〕 Id. , pp. 21, 42-43.

〔33〕 Id. , pp. 19, 109-10.

自组织的等级性质），个人关系是公司内部权力的重要组成部分。[34]
当错误发生和"责备时间"到来的时候，忠诚的下属可能期望从公司内部的高级"法师"或"教父"那里得到保护。然而，如果没有保护者，下属可能会成为替罪羊，他们必须被牺牲来保护上级。[35]
为了奖励和责备，衡量成功的标准取决于组织内的社会结构和个人忠诚。[36]在这个系统中，道德问题被认为是模糊的，并且与完成任务的总体要求相冲突。[37]"官僚主义把所有的道德问题立即转化为实际问题。"[38]

一个关于健康和安全问题的故事，来自公司内部伦理决策的社会学研究，可能有助于说明伦理和组织中的权威结构之间的冲突。[39]怀特是一家大型纺织制造公司的职业健康经理。纺织厂的一个特点是自织布机不断发出噪音，怀特开始担心工人们正在经历严重的听觉损失。他主张采纳政府监管机构提出的一项计划，该计划将包括严格执行听力保护要求，以及对工人和管理人员进行更广泛的培训。怀特后来发现他的报告和建议被忽视了。问题是，相对于管理者的社交圈——组织中真正的决策者，他是一个局外人。他的直接上司认为自己是纺织工业利益的倡导者，反对众多的批评，他对政府提出的法规持敌对态度。怀特没有与公司里任何一位有权势的"教父"建立起恩惠关系，而这位"教父"本可以把他的顾虑告诉高级管理层。最可恨的是，他将自己的担忧作为一个道德问题提出，但没有将其与公司的主导价值（例如产量与工效）联系起来。"独立的道德评估判断从属于官僚工作场所的社会复杂性。"[40]相比之下，更有能力的经理塔克，能够通过与同事保持团结来避免潜在

---

〔34〕 Id. , pp. 133, 192.

〔35〕 Id. , pp. 85-90.

〔36〕 Id. , p. 45.

〔37〕 Id. , pp. 117-21.

〔38〕 Id. , p. 111.

〔39〕 See id. , pp. 101-05.

〔40〕 Id. , p. 105.

的责任灾难，这表明他可以被信任不会在公司外部谈论这个问题，也不会在公司内部处理事务的社会关系网络中工作。[41]塔克明白，而怀特不明白，道德问题必须被转化为公司的制度逻辑。[42]

这篇关于组织社会学的文章，并不是说公司是道德黑洞。管理者也是人，他们关心诚实、公平和产品使用者的安全等价值。但是，正如律师有一个独特的道德世界（在标准概念中其特点是党派性、中立和不问责），公司经理也可能会对某些价值给予特别重视，比如忠诚、诚信、谨慎和对上级的尊重：

> 一个以职业伦理为基础的道德判断在这个世界里毫无意义；在这个世界里，职权关系的礼仪，保护和覆盖老板、关系网和自己的必要性，取代了所有其他的考虑，而且对行动不负责任成为常态。[43]

规范公司生活的隐性规范，对道德决策的制定方式有很大的影响。电池制造商的例子提到了"挑战者"航天飞机的发射决定，这已经成为在商业伦理和组织决策中研究的经典案例。在这个案例中，工程师们建议不要在低温下发射，理由是担心关键安全性能的表现。制造固体燃料火箭助推器的公司的高级经理们表示，他们必须做出"管理决定"。这产生了微妙而强大的影响，把讨论的重点放在支持发射航天飞机的理由上，这与工程中通常的默认立场（即发射不应该进行，除非它是安全的）相反。此外，这个问题被框定为一个管理决策，而不是一个伦理决策——也就是说，不是一个牵涉到航天飞机上宇航员生命的决策。[44]当潜在的受害者仅仅是统计上的抽象概念，

---

〔41〕 Id., pp.128–33.

〔42〕 Id., p.112（将制度逻辑定义为"复杂的、经验上构建的因此是偶然的一套规则、奖励和制裁，男性和女性在特定的背景下创造和再创造，这样他们的行为和伴随的观点在某种程度上是规范化的和可预测的"）。

〔43〕 Id., p.111.

〔44〕 See Max H. Bazerman and Ann E. Tenbrunsel, *Blind Spots: Why We Fail to Do What's Right and What to Do About It* (Princeton: Princeton University Press 2011), pp.14–16.

而不是决策者所认识的真实的人时，决策过程中伦理考虑的"衰退"就更加明显了。[45]与宇航员是公众人物不同，在电池事件中受到伤害威胁的乘客是无法确认的受害者。

在组织中做出的伦理决策，在原则上与一个孤立的道德主体审慎考虑他必须做什么没有什么不同。相关价值是相同的。不同的是，组织内部的人常常无意识地承受着从事不法行为的压力。人们很容易相信，大规模的组织腐败是"几个害群之马"的结果——一些不讲伦理的人设法让其他人不情愿地屈从于他们的意志。然而，行为伦理学的研究表明，善意的人往往在不知情的情况下容易陷入腐败模式。[46]正在考虑职业生涯的学生可能认为，他们将能够抵制从事不道德行为的压力；但是，他们可能没有意识到，当伦理问题出现时，很难识别这些心理过程。例如，自私的或者对组织及其目标非常有利的先期行动，通常是在时间压力下做出的，缺乏重要的伦理考量。

> 许多引发腐败循环的行为，都是直觉判断系统的产物；这意味着它们很快就能达成，很少被有意识地考虑，并且它们在道德上的怀疑是无意的。此外，他们往往是压力的产物，需要快速做出决定。[47]

仓促决定发射"挑战者"就是一个很好的例子。高级管理层必须迅速决定向航天局提出什么建议，而且几乎是不假思索地将其作为管理决策提出。一旦做出了初步决定，它可能会通过心理机制

---

〔45〕 Id., p. 98. "伦理衰退"这一词来自行为伦理学的一篇重要论文，see Ann E. Tenbrunsel and David M. Messick, "Ethical Fading: The Role of Self-Deception in Unethical Behavior," *Social Justice Research* 17: 223-36 (2004).

〔46〕 描述这些过程的最好的、简短的、通俗易懂的论文（作者是社会心理学先驱之一）是 John M. Darley, "The Cognitive and Social Psychology of Contagious Organizational Corruption," *Brooklyn Law Review* 70: 1177-94 (2005). Another excellent overview is David Luban, "The Ethics of Wrongful Obedience," in *Legal Ethics and Human Dignity* (Cambridge: Cambridge University Press 2007).

〔47〕 Darley, *supra*, p. 1183.

　　　　　　　　伦理与法律：导论

（比如损失厌恶）而被锁定，这导致人们（再次无意识地）认为，放弃某样东西的痛苦要比得到它带来的快乐大得多。[48]在一定程度上做出发射决定之后，再改变到不发射的决定，将会带来比经理们一开始就决定不发射更高的感知成本。对团队忠诚的考虑，可能会促使组织中的个人遵循他们认为是由高级管理层决定的行动路线，并遵循团队的道德观点。[49]

综上所述，我们可以回到"雇佣的枪手"和"守门人"之间的辩论。行为心理学认为，由于要融入组织客户的文化的微妙压力，职业独立性可能很难维持。[50]怀特和塔克的故事表明，要想赢得高级管理层的信任，通过同事和上级的关系网工作，不被视为爱管闲事的人，并在组织内真正把事情做好，这需要相当的技巧。[51]在电池制造商的案件中，如果总裁决定不通知客户不利的测试结果，那么律师在决策过程中可能会被边缘化。律师不应该一开始就假定，他们的客户都对坦诚的建议不感兴趣；但是，在某种程度上，客户的经理们决定忽视律师所说的（与其对本组织最佳利益的看法不一致的）任何事情，可能会变得很明显。在这一点上，律师要做出一个极其困难的决定，这可与第六章中讨论的良心反对和非暴力反抗的重大道德问题相媲美。不同角色的职业伦理的本质，有时会与道德要求发生冲突。人们希望这在自己的职业生涯中不会经常发生，但在组织中负有决策责任的律师，可能会发现自己在这个问题上处于律师的身份。

本章第二部分的讨论，仅仅触及了丰富、新兴的行为伦理学文献的表面。说句公道话，得再写一本这么长的书才行。然而，在诸如法律职业伦理等固有的实践学科中，应该更多地关注现实生活环

---

〔48〕 Kahneman, *supra*, pp. 292−94.

〔49〕 Darley, *supra*, p. 1191. The classic work is Irvin Janis, *Victims of Groupthink: A Psychological Study of Foreign Policy Decisions and Fiascoes* (Boston: Houghton−Mifflin 1972).

〔50〕 See Donald C. Langevoort, "The Epistemology of Corporate − Securities Lawyering: Beliefs, Biases, and Organizational Behavior," *Brooklyn Law Review* 63: 629−76 (1997).

〔51〕 See Darley, *supra*, p. 1193（讨论群体压力，以避免被社会认同为"天真的傻瓜"）。

境中（比如律师事务所和公司法律部门）做出伦理决策的方式。当人们必须与对其道德决策的公开和无意识的影响作斗争时，世界上所有的概念清晰度和知识只能发挥这么大的作用。

伦理与法律：导论

参考文献

Primary Sources

American Bar Association Model Rules of Professional Conduct

American Bar Association Standards Relating to the Administration of Criminal Justice

Australian Solicitors Conduct Rules 2012

Bar Council of India, Rules on Professional Standards

Federation of [Canadian] Law Societies, Model Code of Professional Conduct

Canadian Charter of Rights and Freedoms

Code of Professional Conduct for British Columbia

Code of Conduct of the Bar of England and Wales

Law Society of Upper Canada [Ontario] Rules of Professional Conduct

Malaysian Bar, Legal Profession (Practice and Etiquette) Rules 1978

New South Wales Barristers' Rules

New Zealand Lawyers Conduct and Client Care Rules 2008

New Zealand Bill of Rights Act 1990

Restatement (Third) of the Law Governing Lawyers (2000) [U. S.]

Solicitors Regulation Authority [England and Wales] Code of Conduct 2011

United States Constitution

Western Australia Barristers' Rules

Case Law

Anders v. California, 386 U. S. 738 (1967)

Balla v. Gambro, Inc., 584 N. E. 2d 104 (Ill. 1991)

Berger v. United States, 295 U. S. 78 (1935)

Boucher, R v., [1954] S. C. J. No. 54, 110 C. C. C. 263

Gideon v. Wainwright, 372 U. S. 335 (1963)

In re Holocaust Victims Assets Litigation, 319 F. Supp. 2d 301 (E. D. N. Y. 2004)

Jones v. Barnes, 436 U. S. 745 (1983)

Lincoln Saving & Loan Association v. Wall, 743 F. Supp. 901 (D. D. C. 1990)

Pacific Investment Management Company LLC v. Mayer Brown LLP, 603 F. 3d 144 (2d Cir. 2010)

Riggs v. Palmer, 22 N. E. 188 (N. Y. 1889)

Rondel v. Worsley, [1967] 3 All E. R. 993 (H. L.)

Togstad v. Vesely, Otto, Miller & Keefe, 291 N. W. 2d 686 (Minn. 1980)

Upjohn Corp. v. United States, 449 U. S. 383 (1981)

Zabella v. Pakel, 242 F. 2d 452 (7th Cir. 1957)

Secondary Sources

Alexy, Robert, *The Argument from Injustice* (Oxford: Oxford University Press, Bonnie Litschewski Paulson and Stanley L. Paulson, trans. 2002).

Amsterdam, Anthony, and Jerome Bruner, *Minding the Law* (Cambridge, Mass. : Harvard University Press 2000).

Applbaum, Arthur Isak, *Ethics for Adversaries* (Princeton: Princeton University Press 1999).

Aquinas, Thomas, *Summa Theologica*, in William P. Baumgarth and Richard J. Regan, eds. , *Aquinas on Law, Morality, and Politics* (Indianapolis: Hackett, 2nd edn. , 2002). pp. 10-69.

Arendt, Hannah, *Eichmann in Jerusalem* (New York: Viking 1963).

Aristotle, *Nicomachean Ethics* (W. D. Ross and J. O. Urmson trans. , in J. L. Ackrill, ed. , A New Aristotle Reader (Princeton: Princeton University Press 1984).

Austin, John, *The Province of Jurisprudence Determined* (London: J. Murray 1832).

Aviel, Rebecca, "Why Civil Gideon Won't Fix Family Law," *Yale Law Journal* 122: 2106-24 (2013).

Babcock, Barbara, "Defending the Guilty," *Cleveland State Law Review* 32: 175 - 87 (1983).

Barrett, Edward F. , "The Adversary System and the Ethics of Advocacy," *Notre Dame Lawyer* 37: 479-88 (1962).

Bazerman, Max H. , and Ann E. Tenbrunsel, *Blind Spots: Why We Fail to Do What's Right and What to Do About It* (Princeton: Princeton University Press 2011).

Bazyler, Michael J. , "Gray Zones of Holocaust Restitution: American Justice and Holocaust Morality," in Jonathan Petropoulos and John K. Roth eds. , *Gray Zones: Ambiguity and Compromise*

伦理与法律：导论

in the Holocaust and Its Aftermath (New York: Berghan Books 2005), pp. 339-59.

Berlin, Isaiah, "The Pursuit of the Ideal," in Henry Hardy, ed. , *The Crooked Timber of Humanity* (Princeton: Princeton University Press 1990), pp. 1-19.

Binder, Guyora, "Critical Legal Studies," in Dennis Patterson, ed. , *A Companion to Philosophy of Law and Legal Theory* (Malden, Mass. : Blackwell 1996), pp. 280-90.

Blackstone, William, *Commentaries on the Laws of England* (Chicago, University of Chicago Press, 1979).

Bok, Sissela, *Lying: Moral Choice in Public and Private Life* (New York: Pantheon Books 1978).

Boon, Andrew, and Jennifer Levin, *The Ethics and Conduct of Lawyers in England and Wales* (Oxford: Hart, 2nd edn. 2008).

Burnett, D. Graham, *A Trial by Jury* (New York: Knopf 2001).

Butler, Paul, "How Can You Prosecute Those People?," in Abbe Smith and Monroe H. Freedman, eds. , *How Can You Represent Those People?* (New York: Palgrave MacMillan 2013), pp. 15-27.

Carr, Albert Z. , "Is Business Bluffing Ethical?," *Harvard Business Review* (Jan. - Feb. 1968), pp. 143-53.

Carrington, Paul D. , "Unconscionable Lawyers," *Georgia Law Review* 19: 361-94 (2002).

Cassidy, R. Michael, "Some Reflections on Ethics and Plea Bargaining: An Essay in Honor of Fred Zacharias," *San Diego Law Review* 48: 93-110 (2011).

Cassidy, R. Michael, "Character and Context: What Virtue Theory Can Teach Us About a Prosecutor's Ethical Duty to 'Seek Justice,' " *Notre Dame Law Review* 82: 635-97 (2006).

Clemmer, Christopher D. , "Obstructing the Bernardo Investigation: Kenneth Murray and the Defence Counsel's Conflicting Obligations to Clients and the Court," *Osgoode Hall Review of Law and Policy* 1: 137 (2008).

Clermont, Kevin M. , *Standards of Decision in Law* (Durham, N. C. : Carolina Academic Press 2013).

Cochran, Johnnie L. , Jr. , "How Can You Defend Those People?," *Loyola of Los Angeles Law Review* 30: 39-43 (1996).

Coffee, John C. , Jr. , "The Attorney as Gatekeeper: An Agenda for the SEC," *Columbia Law Review* 103: 1293-1316 (2003).

Cohen, Steven M. , "What Is True? Perspectives of a Former Prosecutor," *Cardozo Law Review* 23: 817-28 (2002).

Cole, David, *No Equal Justice: Race and Class in the American Criminal Justice System* (New

York: New Press 1999).

Coleman, Jules, "Negative and Positive Positivism," in Marshall Cohen, ed. , *Ronald Dworkin and Contemporary Jurisprudence* (Totowa, N. J. : Rowman & Allanheld 1983), pp. 28-48.

Cooper, Austin, Q. C. , "The Ken Murray Case: Defence Counsel's Dilemma," *Criminal Law Quarterly* 47: 41 (2009).

Cover, Robert M. , *Justice Accused* (New Haven: Yale University Press 1975).

Crenshaw, Kimberle, "A Black Feminist Critique of Antidiscrimination Law and Politics," in David Kairys, ed. , *The Politics of Law: A Progressive Critique* (New York: Pantheon Books, revised edn. 1990), pp. 195-218.

Dagger, Richard, "Political Obligation," Stanford Encyclopedia of Philosophy, Damaška, Mirjan R. , *The Faces of Justice and State Authority* (New Haven: Yale University Press 1986).

Daniels, Norman, "Reflective Equilibrium," *Stanford Encyclopedia of Philosophy*, http:// plato. stanford. edu/entries/reflective-equilibrium/.

Dare, Tim, *The Counsel of Rogues? A Defence of the Standard Conception of the Lawyer's Role* (Farnham: Ashgate 2009).

Darley, John M. , "The Cognitive and Social Psychology of Contagious Organizational Corruption," *Brooklyn Law Review* 70: 1177-94 (2005).

Dauer, Edward A. , and Arthur Allen Leff, "Correspondence: The Lawyer as Friend," *Yale Law Journal* 86: 573-84 (1976).

Davis, Evan A. , "The Meaning of Professional Independence," *Columbia Law Review* 103: 1281-92 (2003).

Dershowitz, Alan M. , *Reasonable Doubts: The Criminal Justice System and the O. J. Simpson Case* (New York: Touchstone 1997).

Dworkin, Ronald, *Taking Rights Seriously* (Cambridge, Mass. : Harvard University Press 1977).

Dworkin, Ronald, *Law's Empire* (Cambridge, Mass. : Harvard University Press 1986).

Dworkin, Ronald, "Rights as Trumps," in Jeremy Waldron, ed. , *Theories of Rights* (Oxford: Oxford University Press 1994), pp. 153-67.

Ferren, John, "The Corporate Lawyer's Obligation to the Public Interest," *Business Lawyer* 33: 1253-69 (1978).

Finnis, John, *Natural Law and Natural Rights* (Oxford: Clarendon Press 1980).

Fish, Stanley, *Is There a Text in This Class? The Authority of Interpretive Communities* (Cambridge, Mass. : Harvard University Press 1982).

Fisher, William W. , III, et al. , eds. , *American Legal Realism* (Oxford: Oxford University

Press 1993).

Fiss, Owen M., "Objectivity and Interpretation," *Stanford Law Review* 34: 739-63 (1982).

Flathman, Richard E., "Legitimacy," in Robert E. Goodin, Philip Pettit, and Thomas Pogge, eds., *A Companion to Contemporary Political Philosophy* (Malden, Mass.: Wiley-Blackwell, 2nd edn. 2012), pp. 678-84.

Flood, John, "Will There Be Fallout from Clementi? The Repercussions for the Legal Profession after the Legal Services Act 2007," *Michigan State Law Review* 2012: 537-65 (2012).

Flood, John A., *Barristers' Clerks: The Law's Middlemen* (Manchester: Manchester University Press 1983).

Foot, Philippa, "The Problem of Abortion and the Doctrine of Double Effect," in *Virtues and Vices* (Berkeley: University of California Press 1978), pp. 19-32.

Fox, Lawrence J., "The Fallout from Enron: Media Frenzy and Misguided Notions of Public Relations Are No Reason to Abandon Our Commitment to Our Clients," *Illinois Law Review* 1243-59 (2003).

Frankena, William K., *Ethics* (Englewood Cliffs, N. J., 1963).

Freedman, Monroe H. "Why It's Essential to Represent 'Those People,' " in Abbe Smith and Monroe H. Freedman, eds., *How Can You Represent Those People?* (New York: Palgrave Mac-Millan 2013), pp. 73-80.

Freedman, Monroe H., "The Lawyer's Moral Obligation of Justification," *Texas Law Review* 74: 111-18 (1995).

Freedman, Monroe H., *Lawyers' Ethics in an Adversary System* (Indianapolis: Bobbs-Merrill 1975).

Freeman, Samuel, "John Rawls-An Introduction," in Samuel Freeman, ed., *The Cambridge Companion to Rawls* (Cambridge: Cambridge University Press 2003), pp. 1-61.

Fried, Charles, "The Lawyer as Friend: The Moral Foundations of the Lawyer-Client Relation," *Yale Law Journal* 85: 1060-89 (1976).

Fried, Charles, *Contract as Promise* (Cambridge, Mass.: Harvard University Press 1981).

Fuller, Lon L., "Positivism and Fidelity to Law-A Reply to Professor Hart," *Harvard Law Review* 71: 630-72 (1958).

Fuller, Lon L., *The Morality of Law* (New Haven: Yale University Press, 2d edn., 1964).

Fuller, Lon L., and John D. Randall, "Professional Responsibility: Report of the Joint Conference," *American Bar Association Journal* 44: 1159-62, 1216-18 (1958).

Gallie, W. B., "Essentially Contested Concepts," *Proceedings of the Aristotelian Society* 56: 167-198 (1956).

Gilbert, Margaret, "Group Membership and Political Obligation," *The Monist* 76: 119–31 (1993).

Gilbert, Margaret, *A Theory of Political Obligation* (Oxford: Oxford University Press 2006).

Gilovich, Thomas, and Dale W. Griffin, "Judgment and Decision Making," in Thomas Gilovich, Dacher Keltner, and Richard E. Nisbett, eds., *Social Psychology* (New York: Norton, 2d edn., 2011), pp. 524–88.

Glendon, Mary Ann, *A Nation under Lawyers* (New York: Farrar, Straus and Giroux 1994).

Green, Leslie, "Law and Obligations," in Jules Coleman and Scott Shapiro, eds., *The Oxford Handbook of Jurisprudence & Philosophy of Law* (Oxford: Oxford University Press 2002), pp. 514–47.

Greenawalt, Kent, *Conflicts of Law and Morality* (Oxford: Oxford University Press 1989).

Harr, Jonathan, *A Civil Action* (New York: Random House 1995).

Hart, H. L. A., "Are There Any Natural Rights?," *Philosophical Review* 64: 175–91 (1955).

Hart, H. L. A., "Positivism and the Separation of Law and Morals," *Harvard Law Review* 71: 593–629 (1958).

Hart, H. L. A., *The Concept of Law* (Oxford: Oxford University Press, 2d edn., 1994) (with Postscript edited by Penelope A. Bulloch and Joseph Raz).

Hazard, Geoffrey C., Jr., *Ethics in the Practice of Law* (New Haven: Yale University Press 1978).

Hazard, Geoffrey C., Jr., "Quis Costodiet Ipsos Custodes?," *Yale Law Journal* 95: 1523–35 (1986) (book review).

Hazard, Geoffrey C., Jr., and Angelo Dondi, *Legal Ethics: A Comparative Study* (Stanford: Stanford University Press 2004).

Hazard, Geoffrey C., Jr., and Dana A. Remus, "Advocacy Revalued," *University of Pennsylvania Law Review* 159: 751–81 (2011).

Hohfeld, Wesley Newcomb, "Fundamental Legal Conceptions as Applied in Judicial Reasoning," *Yale Law Journal* 26: 710–70 (1917).

Horwitz, Morton, *The Transformation of American Law, 1780–1860* (Cambridge, Mass.: Harvard University Press 1977).

Hume, David, "On the Original Contract," in Ernest Barker, ed., *Social Contract* (Oxford: Oxford University Press 1947), pp. 147–66.

Hutchinson, Allan C., "Calgary and Everything After: A Postmodern Re-Vision of Lawyering," *Alberta Law Review* 33: 768–86 (1995).

伦理与法律：导论

Jackall, Robert, *Moral Mazes: The World of Corporate Managers* (Oxford: Oxford University Press 1988).

Janis, Irvin, *Victims of Groupthink: A Psychological Study of Foreign Policy Decisions and Fiascoes* (Boston: Houghton-Mifflin 1972).

Johnston, David, *A Brief History of Justice* (Malden, Mass. : Wiley-Blackwell 2011).

Joseph, Lawrence, *Lawyerland: What Lawyers Talk About When They Talk About Law* (New York: Farrar, Straus & Giroux 1997).

Kahneman, Daniel, *Thinking, Fast and Slow* (New York: Farrar, Straus & Giroux 2011).

Kant, Immanuel, *Grounding for the Metaphysics of Morals* (James W. Ellington, trans.) (Indianapolis: Hackett 1981).

Kelman, Mark, *A Guide to Critical Legal Studies* (Cambridge, Mass. : Harvard University Press 1987).

Kennedy, Duncan, *A Critique of Adjudication {fin de siècle}* (Cambridge, Mass. : Harvard University Press 1997).

Koniak, Susan P. , "When the Hurlyburly's Done: The Bar's Struggle with the SEC," *Columbia Law Review* 103: 1236-80 (2003).

Kramer, Matthew H. , *Objectivity and the Rule of Law* (Cambridge: Cambridge University Press 2007).

Kronman, Anthony T. , *The Lost Lawyer: Failing Ideals of the Legal Profession* (Cambridge, Mass. : Harvard University Press 1993).

Kruse, Katherine R. , "The Human Dignity of Clients," *Cornell Law Review* 93: 1343-64 (2008).

Kruse, Katherine R. , "Beyond Cardboard Clients in Legal Ethics," *Georgetown Journal of Legal Ethics* 23: 103-54 (2010).

Kunen, James S. , *"How Can You Defend Those People?": The Making of a Criminal Lawyer* (New York: Random House 1983).

Lahav, Alexandra D. , "Portraits of Resistance: Lawyer Responses to Unjust Proceedings," *UCLA Law Review* 57: 725-87 (2010).

Langevoort, Donald C. , "The Epistemology of Corporate-Securities Lawyering: Beliefs, Biases, and Organizational Behavior," *Brooklyn Law Review* 63: 629-76 (1997).

Leiter, Brian, "Legal Realism," in Dennis Patterson, ed. , *A Companion to Philosophy of Law and Legal Theory* (Oxford: Blackwell 1996), pp. 261-79.

Levin, Yuval, *The Great Debate: Edmund Burke, Thomas Paine, and the Birth of Right and Left* (New York: Basic Books 2014).

Locke, John, *Second Treatise of Civil Government* (1690), ch. IV, sec. 22. C. Macpherson, ed. (Indianapolis: Hackett 1980).

Loo, Dennis D., and Ruth-Ellen M. Grimes, "Polls, Politics, and Crime: The 'Law and Order' Issue of the 1960s," *Western Criminology Review* 5: 50-67 (2004).

Luban, David, "Paternalism and the Legal Profession," *Wisconsin Law Review* 1981: 454-93 (1981).

Luban, David, "The Adversary System Excuse," in David Luban, ed., *The Good Lawyer: Lawyers' Roles and Lawyers' Ethics* (Totowa, N. J.: Rowman & Allanheld 1983), pp. 83-122.

Lyons, David, *Ethics and the Rule of Law* (Cambridge: Cambridge University Press 1984).

Luban, David, "The Lysistratian Prerogative: A Response to Stephen Pepper," *American Bar Foundation Research Journal* 637-49 (1986).

Luban, David, *Legal Ethics and Human Dignity* (Cambridge: Cambridge University Press 2007).

Luban, David, "Lawfare and Legal Ethics in Guantánamo," *Stanford Law Review* 60: 1981-2026 (2008).

Luban, David, "The Conscience of a Prosecutor," *Valparaiso University Law Review* 45: 1-31 (2010).

Lyons, David, *Ethics and the Rule of law* (Cambridge: Cambridge University Press 1984).

MacIntyre, Alasdair, *After Virtue* (Notre Dame, Ind.: University of Notre Dame Press, 2d edn., 1984).

Margulies, Joseph, *Guantánamo and the Abuse of Presidential Power* (New York: Simon & Schuster 2006).

Markovits, Daniel, *A Modern Legal Ethics* (Princeton: Princeton University Press 2008).

Marmor, Andrei, *Philosophy of Law* (*Princeton*, N. J.: Princeton University Press 2011).

Merryman, John Henry, *The Civil Law Tradition* (Stanford: Stanford University Press, 2d edn., 1985).

Mitchell, John B., "The Ethics of the Criminal Defense Attorney-New Answers to Old Questions," *Stanford Law Review* 32: 293-337 (1980).

Mitchell, John B., "Reasonable Doubts Are Where You Find Them," *Georgetown Journal of Legal Ethics* 1: 339-61 (1987).

Morris, Herbert, "Persons and Punishment," *The Monist* 52: 475-501 (1968).

Muller, Ingo, *Hitler's Justice: The Courts of the Third Reich* (Cambridge, Mass.: Harvard University Press 1992).

Murphy, Mark C., *Natural Law in Jurisprudence and Politics* (Cambridge: Cambridge University Press 2006).

Nagel, Thomas, "The Fragmentation of Value," in *Mortal Questions* (Cambridge: Cambridge University Press 1979), pp. 128-41.

Neiman, Susan, *Evil in Modern Thought* (Princeton, N. J.: Princeton University Press 2002).

Nussbaum, Martha C. , *Sex and Social Justice* (Oxford: Oxford University Press 1999).

Ogletree, Charles J. , Jr. , "Beyond Justifications: Seeking Motivations to Sustain Public Defenders," *Harvard Law Review* 106: 1239-94 (1993).

Olson, Edgar O. , "Is Rent Control Good Social Policy?," *Chicago-Kent Law Review* 67: 921-45 (1991).

Parker, Christine, and Adrian Evans, *Inside Lawyers' Ethics* (Cambridge: Cambridge University Press 2007).

Pennington, Nancy, and Reid Hastie, "A Cognitive Theory of Juror Decision Making: The Story Model," *Cardozo Law Review* 13: 519-57 (1991).

Pepper, Stephen L. , "The Lawyer's Amoral Ethical Role: A Defense, A Problem, and Some Possibilities," *American Bar Foundation Research Journal* 1986: 613-35 (1986).

Pitkin, Hanna, "Obligation and Consent-I," *American Political Science Review* 59: 990-99 (1965).

Plato, "Crito," Hugh Tredennick, trans. , in Edith Hamilton and Huntington Cairns, eds. , *Plato: The Complete Dialogues* (Princeton, N. J.: Princeton University Press 1961).

Postema, Gerald J. , "Moral Responsibility and Professional Ethics," *New York University Law Review* 55: 63-89 (1980).

Rawls, John, *A Theory of Justice* (Cambridge, Mass. : Harvard University Press 1971).

Rawls, John, *Political Liberalism* (New York: Columbia University Press 1993).

Rawls, John, "Legal Obligation and the Duty of Fair Play," in Samuel Freeman, ed. , *John Rawls: Collected Papers* (Cambridge, Mass. : Harvard University Press 1999), pp. 117-29.

Raz, Joseph, *The Authority of Law* (Oxford: Oxford University Press 1979).

Raz, Joseph, "Rights-Based Moralities," in Jeremy Waldron, ed. , *Theories of Rights* (Oxford: Oxford University Press 1984), pp. 182-200.

Raz, Joseph, *The Morality of Freedom* (Oxford: Oxford University Press 1986).

Raz, Joseph, "Authority, Law, and Morality," in *Ethics in the Public Domain* (Oxford: Oxford University Press 1994).

Raz, Joseph, "Incorporation By Law," *Legal Theory* 10: 1-17 (2004).

Reath, Andrews, "Kant's Moral Philosophy," in Roger Crisp, ed. , *The Oxford Handbook of the History of Ethics* (Oxford: Oxford University Press 2013), pp. 443-64.

Regan, Milton C. , Jr. , *Eat What You Kill: The Fall of a Wall Street Lawyer* (Ann Arbor: University of Michigan Press 2004).

Rhode, Deborah L. , *In the Interests of Justice: Reforming the Legal Profession* (Oxford: Oxford University Press 2000).

Ross, W. D. , *The Right and the Good* (Oxford: Oxford University Press 1930).

Ross, Ysaiah, *Ethics in Law: Lawyers' Responsibility and Accountability in Australia* (Chatswood, N. S. W. : Butterworths, 10th edn. , 2010).

Sarat, Austin, "The Profession Versus the Public Interest: Reflections on Two Reifications," *Stanford Law Review* 54: 1491-99 (2002).

Sartre, Jean-Paul, "Existentialism Is a Humanism," (Philip Mairet, trans.) in Walter Kaufmann, ed. , *Existentialism from Dostoevsky to Sartre* (New York: Meridian 1957), pp. 287-311.

Scanlon, T. M. , *What We Owe to Each Other* (Cambridge: Harvard University Press 1998).

Schauer, Frederick, *The Force of Law* (manuscript, forthcoming).

Scheffler, Samuel, ed. , *Consequentialism and Its Critics* (Oxford: Oxford University Press 1988).

Schwartz, Murray, "The Professionalism and Accountability of Lawyers," *California Law Review* 66: 669-98 (1978).

Shaffer, Thomas L. , *On Being a Christian and a Lawyer* (Provo, Utah: Brigham Young University Press 1981).

Shapiro, Scott J. , "Authority," in Jules Coleman and Scott Shapiro, eds. , *The Oxford Handbook of Jurisprudence and Philosophy of Law* (Oxford: Oxford University Press 2002), pp. 382-439.

Shapiro, Scott J. , "The 'Hart-Dworkin' Debate: A Short Guide for the Perplexed," in Arthur Ripstein, ed. , *Ronald Dworkin* (Cambridge: Cambridge University Press 2007), pp. 22-55.

Shapiro, Scott J. , *Legality* (Cambridge, Mass. : Harvard University Press 2011).

Shiffrin, Seana Valentine, "Promising, Intimate Relationships, and Conventionalism," *Philosophical Review* 117: 481-524 (2008).

Simmons, A. John, *Moral Principles and Political Obligations* (Princeton, N. J. : Princeton University Press 1979).

Simmons, A. John, "Associative Political Obligations," *Ethics* 106: 247-73 (1996).

Simmons, A. John, *Political Philosophy* (Oxford: Oxford University Press 2008).

Simon, William H. , "The Ideology of Advocacy: Procedural Justice and Professional Ethics," *Wisconsin Law Review* 1978: 29-144 (1978).

Simon, William H. , "Ethical Discretion in Lawyering," *Harvard Law Review* 101: 1083-

1145 (1988).

Simon, William H. , *The Practice of Justice* (Cambridge, Mass. : Harvard University Press 1998).

Simon, William H. , "Authoritarian Legal Ethics: Bradley Wendel and the Positivist Turn," *Texas Law Review* 90: 709–26 (2012).

Singer, Peter, "Famine, Affluence, and Morality," *Philosophy and Public Affairs* 1: 229–43 (1972).

Smith, Abbe, "Defending Defending: The Case for Unmitigated Zeal on Behalf of People Who Do Terrible Things," *Hofstra Law Review* 28: 925–61 (2000).

Smith, Abbe, and Monroe H. Freedman, *How Can You Represent Those People?* (New York: Palgrave MacMillan 2013).

Smith, Clive Stafford, *Eight O'clock Ferry to the Windward Side: Seeking Justice in Guantánamo Bay* (New York: Nation Books 2007).

Smith, M. B. E. , "Is There a Prima Facie Obligation to Obey the Law?," *Yale Law Journal* 82: 950–76 (1973).

Susskind, Richard, *The End of Lawyers? Rethinking the Nature of Legal Services* (Oxford University Press, 2008).

Tenbrunsel, Ann E. , and David M. Messick, "Ethical Fading: The Role of Self–Deception in Unethical Behavior," *Social Justice Research* 17: 223–36 (2004).

Thomson, Judith Jarvis, "The Trolley Problem," *Yale Law Journal* 94: 1395–1415 (1985).

Tigar, Michael E. , "Defending," *Texas Law Review* 74: 101–110 (1995).

Tigar, Michael E. , "Litigators' Ethics," *Tennessee Law Review* 67: 409–24 (2000).

Tuck, Richard, "Hobbes," in *Great Political Thinkers* (Oxford: Oxford University Press 1992).

Unger, Roberto Mangabeira, *Knowledge and Politics* (New York: Free Press 1987).

Vaughan, Diane, *The Challenger Launch Decision: Risky Technology, Culture, and Deviance at NASA* (Chicago: University of Chicago Press 1996).

Vischer, Robert K. , *Martin Luther King Jr. and the Morality of Legal Practice* (Cambridge: Cambridge University Press 2013).

Waldron, Jeremy, "A Right to Do Wrong," *Ethics* 92: 21–39 (1981).

Waldron, Jeremy, "Two Sides of the Coin," in *Liberal Rights* (Cambridge: Cambridge University Press 1993), pp. 1–34.

Waldron, Jeremy, "Rights," in Robert E. Goodin, Philip Pettit and Thomas Pogge, eds. , *A Companion to Contemporary Political Philosophy* (Chichester: Wiley–Blackwell, 2d edn. , 2012), pp. 745-54.

Walker, A. D. M. , "Political Obligation and the Argument from Gratitude," *Philosophy and Public Affairs* 17: 191-211 (1988).

Walzer, Michael, *Spheres of Justice* (New York: Basic Books 1983).

Webb, Duncan, *Ethics, Professional Responsibility and the Lawyer* (Wellington: Butterworths 2000).

Weber, Max, "Bureaucracy," in H. H. Gerth and C. Wright Mills, ed. and trans. , From Max Weber: *Essays in Sociology* (Oxford: Oxford University Press 1946), pp. 196-244.

Wendel, W. Bradley, *Lawyers and Fidelity to Law* (Princeton, N. J. : Princeton University Press 2010).

White, James Boyd, *Heracles' Bow: Essays on the Rhetoric and Poetics of the Law* (Madison: University of Wisconsin Press 1985).

Wilkins, David B. , "Legal Realism for Lawyers," *Harvard Law Review* 104: 468 - 524 (1990).

Williams, Bernard, *Ethics and the Limits of Philosophy* (Cambridge, Mass. : Harvard University Press 1985).

Williams, Patricia J. , "The Pain of Word Bondage," in *The Alchemy of Race and Rights* (Cambridge, Mass. : Harvard University Press 1991), pp. 146-65.

Wishman, Seymour, *Confessions of a Criminal Lawyer* (New York: Times Books 1981).

Wolff, Robert Paul, *In Defense of Anarchy* (New York: Harper & Row 1970).

Wolff, Robert Paul, "The Conflict Between Authority and Autonomy," in Joseph Raz, ed. , *Authority* (New York: New York University Press 1990), pp. 20-31.

Woolley, Alice, *Understanding Lawyers' Ethics in Canada* (Markham, Ont. : LexisNexis 2011).

Woolley, Alice, et al. , *Lawyers' Ethics and Professional Regulation* (Markham, Ont. : LexisNexis 2008).

Young, Iris Marion, *Justice and the Politics of Difference* (Princeton: Princeton University Press 1990).

Zimbardo, Philip, *The Lucifer Effect: Understanding How Good People Turn Evil* (New York: Random House 2008).

Ziv, Neta, "Lawyers Talking Rights and Clients Breaking Rules: Between Legal Positivism and Distributive Justice in Israeli Poverty Lawyering," *Clinical Law Review* 11: 209-39 (2004).

索　引

附 录

书评论文

普通法国家的法律职业伦理研究：
法律和法律忠诚的起源

作者：布拉德利·温德尔（康奈尔大学法学院 教授）

正如我与朋友（有时是智识上的陪练）大卫·鲁班（David Luban）共同撰写的一篇文章中所讨论的，[1]美国的法律职业伦理这一学术领域起源于 20 世纪 70 年代，当时的道德哲学家对律师职责标准的"中立的党派性"（neutral partisanship）态度提出了批评。英美法系的律师一直珍视对客户忠诚的义务，坚持认为他们被允许（甚至被要求）首先维护客户的利益。如果客户的愿望通常与社会的利益相反，那也没有关系。但是，正如美国律师常说的那样，律师的职责是在法律的范围内为客户利益做积极辩护。这一责任是作为实在法和社会习俗而存在的，但它经得起伦理观点的审查吗？许多道德哲学家对此表示怀疑。鲁班本人在该领域最具影响力的一本书中主张，对抗性制的制度、程序和规范最多是不够务实合理。[2]然而，同样由于客户忠实、热心的代理而受损的人所提出的任何严重道德要求，律师对于职业角色需要与道德主体的身份相分离的指控，几乎没有任何辩护的机会。由查尔斯·弗里德（Charles Fried）和斯蒂芬·佩珀（Stephen Pepper）[3]发表的两篇重要论文，为法律职业

---

〔1〕 David Luban & W. Bradley Wendel, "Philosophical Legal Ethics: An Affectionate History," 30 *Geo. J. Legal Ethics* 337 (2017).

〔2〕 David Luban, *Lawyers and Justice* (1988).

〔3〕 Stephen L. Pepper, "The Lawyer's Amoral Ethical Role: A Defense, a Problem, and Some Possibilities," 1986 *Am. B. Found. Res. J.* 613; Charles Fried, "The Lawyer as Friend: The Moral Foundations of the Lawyer-Client Relation," 85 *Yale L. J.* 1060 (1976).

伦理的标准概念（standard conception）进行了辩护，但这两篇论文都被认为存在缺陷或不完整。当我开始在该领域进行研究时，鲁班的观点已被广泛接受，而且大多数以哲学为导向的学者认为，律师的许多职责在其职业角色中被视为理所当然，但他们却缺乏正当理由。

作为一名曾经的执业律师，以及接受过哲学研究生训练的人，我觉得这是不对的。律师一定不会相信他们的行为在道德上没有得到支持。当然，总存在一些疑难案件，律师会欣赏偶尔出现的具有挑战性的道德困境。例如，来自芝加哥的奥尔顿·洛根（Alton Logan）一案就涉及一名刑事辩护律师，其当事人承认了一桩谋杀案，而另一名男子正在为此等待执行。[4]严格遵守保密义务可能会导致无辜者的死亡。律师可以理解为什么这个案子会引发重大的伦理问题。然而，在很大程度上，他们认为自己在大多数时间里为大多数客户所做的事情，并不缺乏正当理由。我同意这一观点，并把研究法律职业的普遍道德正当性视为我作为学者的使命。三篇论文构成了我于2010年出版的《法律人与法律忠诚》一书的核心部分。[5]该书的主要论题是，哲学家们一直在错误的地方为律师的职业角色寻找正当理由。学者应将法律职业伦理理解为政治哲学的一个分支，而不应试图将其建立在一般道德或普通道德的基础上。现代自由社会面临的根本问题是宗教、道德和其他信仰的多样性，这些信仰是关于什么构成了一个良好的人类生活，什么是理性的人应该追求的目标。人们共同生活在社区里，任何个人的利益都不可避免会与他人利益发生冲突。伦理多元化使得仅通过推理和对话难以达成一致意见。自由社会发现自己处于杰里米·沃尔德伦（Jeremy Waldron）所

---

〔4〕 我在《伦理与法律：导论》（2014）这一法律职业伦理哲学导论著作中反复使用这一案例。

〔5〕 The early papers were "Legal Ethics and the Separation of Law and Morals," 91 *Cornell Law Review* 67（2005）; "Professionalism as Interpretation," 99 *Northwestern University Law Review* 1169（2005）; "Civil Obedience," 104 *Columbia Law Review* 363（2004）. （该书已被翻译出版，参见［美］N. 布拉德利·温德尔：《法律人与法律忠诚》，尹超译，中国人民大学出版社2014年版。——译者注）

说的政治环境中。[6]尽管人们在道德价值上存在合理分歧，但还是希望建立一个稳定、和平的社会，并承认需要一套程序和制度，以便在社会成员之间确立所有人都能接受的权利和义务。

在有时被称作道德冲突的"制度解决方案"（institutional settlement）之中，政治共同体建立可以帮助公民的法律和法律机构——立法机构、法院和律师职业。这样就可以理解，律师的职责与建立一个相对稳定且可及的（accessible）权利义务框架的需要有关；在道德多元化背景下，政治共同体的成员可以将这一框架作为处理彼此关系的基础。事实证明，这些职责与传统中立的党派性模式非常接近。律师应以合理的谨慎和勤勉，协助客户了解和利用法律制度所赋予的法律权利和特权。[在《法律人与法律忠诚》一书中，我指的是公民的合法权益（legal entitlements）。]律师有一种独特的职业义务，即表现出对法律的尊重，不从事滥用或歪曲法律制度所规定的权利的行为。值得注意的是，律师不仅通过诉讼提供获得合法权益的途径，而且还在提供法律咨询、协助客户遵守法律以及规划和安排各种类型交易的过程中提供这种途径。在协助客户获取或维护其合法权益时，律师不应受其自身道德信仰或对公共利益判断的影响。这些问题在一个多元社会中是可以争论的，其解决应致力于法律体系的制度和程序。然而，通过在代表客户时暂停自己的道德判断，律师可能会显得放弃了道德主体地位，或者在极端情况下容忍不公正。因此，我研究法律职业伦理的方法，必须处理个人自主与法律声称是其主体的权威之间的紧张关系。借鉴约瑟夫·拉兹（Joseph Raz）的著作，[7]我认为法律具有实际的权威，因为它使多元社会的公民能够比其他社会的公民做得更好，目的是与他们认为自由平等的其他人一起生活在一个社会中。

《法律人与法律忠诚》的评论人提出了许多异议。他们辩称，我对法律制度主持正义的能力过于乐观，事实上许多国家的法律、政

---

[6] Jeremy Waldron, *Law and Disagreement* (1999).

[7] In particular Joseph Raz, *The Morality of Freedom* (1986).

治和经济制度普遍是不公正的，甚至在基本公正的制度中也有许多不公正或愚蠢的法律；在我看来，讲伦理的律师必须对现状表现出盲目忠诚，并对不公正的权威表现出顺从；法律可以被解释为任何意义，因此法律制度和律师不能履行我的叙述所赋予它们的稳定功能；不可能从法律推理或客户代理中排除道德判断；或者，反过来说，我信奉一种不可信的法律形式主义的法理学立场，在这种立场中法律被认为是自我解释的。还有一些评论人将《法律人与法律忠诚》中的立场称为"实证主义法律职业伦理"（positivist legal ethics），将其与被称为法律实证主义的法理学观点正确地联系在一起。[8] 法律实证主义的核心主张是，法律允许的事情并不能说明道德上是否允许。[9] 因此，对《法律人与法律忠诚》的主要批评之一，是它与道德的无关。如果律师的职责是就合法权益向客户提供咨询，并促进他们使用合法权益，而且合法权益可以（如实证主义者所主张的）在不涉及道德原则的情况下确定，那么法律职业伦理的主题似乎就完全被切断了道德来源。这肯定看起来有悖常理，或者至少是对一些学者愿望的一种退让，这些学者坚持认为法律职业伦理的标准概念应受道德审查。

在关于《法律人与法律忠诚》的评论研讨会的特稿中，我曾试图回答一些具体的批评。[10] 实证主义法律职业伦理将律师的角色与道德分开，这一更大的批评需要更持久的回应。在最近的一篇论文中，我重新审视了拉兹的权威概念和政治环境的理念，这是本书论点的核心。[11] 道德实际上是被注入律师的角色，而不是与之分离。

---

〔8〕 See, for example, Amy Salyzyn, "Positivist Legal Ethics Theory and the Law Governing Lawyers: A Few Puzzles Worth Solving," 42 *Hofstra L. Rev.* 1063 (2014); Benjamin C. Zipursky, "Legal Positivism and the Good Lawyer: A Commentary on W Bradley Wendel's Lawyers and Fidelity to Law," 24 *Geo. J. Legal Ethics* 1165 (2011).

〔9〕 John Gardner, "Legal Positivism: 5 1/2 Myths," *Am. J. Juris.* 199 (2001).

〔10〕 "Legal Ethics Is About the Law, Not Morality or Justice: A Reply to Critics," 90 *Tex. L. Rev.* 727 (2012).

〔11〕 "The Rule of Law and Legal-Process Reasons in Attorney Advising," 99 *B. U. L. Rev.* 107 (2019).

尽管在道德价值上存在着一阶分歧（first-order disagreement），法律仍可以被理解为政治共同体的公民表达对他人自由和平等的尊重的一种手段，认可、相互尊重和问责是律师作为客户代理人的基本道德价值。律师使客户能为自己行为的正当性提供理由，而这些理由必然涉及政治共同体所建立的法律框架。这并不像西蒙（Simon）所说的那样，是一种关于法律或法律职业伦理的威权观念。相反，它是从公民之间的责任和问责关系的角度来理解法律价值的一种方式。

我对《法律人与法律忠诚》得到回应感到满意。它已经被普通法领域的法律职业伦理共同体所接受，并与蒂姆·戴尔（Tim Dare）、爱丽丝·伍利（Alice Woolley）、凯特·克鲁泽（Kate Kruse）、诺尔曼·斯伯丁（Norman Spaulding）、丹尼尔·马尔科维奇（Daniel Markovits）等人的著作一起，被视为我和鲁班所称的法律职业伦理哲学研究第二次浪潮的一部分。我希望这个简短的介绍和本书的评论，对中国学者探讨法律职业伦理哲学有一定裨益。

社区忠诚：对社区律师的辩护

作者：安东尼·阿尔菲里（迈阿密大学法学院院长特聘学者，法学教授，伦理与公共服务研究中心主任）

作者注释

我很感激查尔顿·科普兰（Charlton Copeland），艾德里安·巴克·格兰特-阿尔菲里（Adria Barker Grant-Alfieri），艾伦·格兰特（Ellen Grant），阿米莉亚·霍普·格兰特-阿尔菲里（Amelia Hope Grant-Alfieri），帕特里克·古德里奇（Patrick Gudridge），伊登·哈林顿（Eden Harrington），凯特·克鲁泽（Kate Kruse），大卫·鲁班（David Luban），利·奥索夫斯基（Leigh Osofsky），史蒂夫·佩珀（Steve Pepper），比尔·西蒙（Bill Simon），史蒂夫·维茨纳（Steve Wizner），尤其是布拉德利·温德尔（Bradley Wendel），感谢他们的评论和支持。我还要感谢何塞·贝塞拉（Jose Becerra），艾略特·弗尔萨姆（Eliot Folsom），埃里卡·古登（Erica Gooden），弗朗西斯科·金科内（Francesco Zincone），罗宾·斯查德（Robin Schard）以及迈阿密大学法学院图书馆工作人员的研究援助和《德克萨斯法律评论》（*Texas Law Review*）的编辑人员致力于法律职业伦理的研究。

"许多律师……对社区行动持怀疑态度。"[1]

---

〔1〕 Interview by Zona Hostetler with Gary Bellow, Professor, Harvard Law Sch., in Cambridge, Mass.（Mar. 17, 1999）.

前　言

2011 年 7 月，美国迈阿密戴德县（Miami Dade）的地方长官卡洛斯·吉梅内兹（Carlos Gimenez），面对 4 亿美元的预算缺口，提出要关闭大迈阿密（Greater Miami）的 13 个图书馆，包括位于椰子林村西（Coconut Grove Village West）［西树林社区（the West Grove）］的维里克公园图书馆（Virrick Park Library）；[2]西树林社区是一个贫穷的加勒比黑裔美国人（Afro-Caribbean-American）社区，[3]由迈阿密大学法学院历史性黑人教堂计划（Historic Black Church Program）提供服务。[4]现在已进入第四年，历史性黑人教堂计划通过与椰子林行政联盟（the Coconut Grove Ministerial Alliance）的伙伴关系，向西树林社区服务水平低下的（主要是低收入的）居民，提供教育、法律和社会服务方面的多学科资源；椰子林行政联盟是一个由历史性黑人教堂计划和其他当地非营利实体、服务提供者和学校组成的联盟，该联盟以基层社区组织和法律权利动员为

---

〔2〕　Matthew Haggman & Martha Brannigan, "Proposal to Shutter Miami-Dade Libraries Draws Fire", *Miami Herald*（July 14, 2011）, http://www. miamiherald. com/2011/07/14/v-fullstory/2314852/proposal-to-shutter-miami-dade. html.

〔3〕　See Arva Moore Parks, "History of Coconut Grove," in *Reimagining West Coconut Grove* 20, 20-23（Samina Quraeshi ed., 2005）（讨论西树林社区的历史）。

〔4〕　"历史性黑人教堂计划"成立于 2008 年，它源于一项以学生为主导的社区拓展倡议，结合了对教堂的历史保护、对社区文化和社会资源（图书馆、公园和学校）的保护，以及对法律权利教育和提供咨询服务的开放和扩大的机会。基于 20 世纪晚期民权和贫民运动的法律政治实践，该倡议强调与公共机构（检察官和公设辩护人办公室以及警察和消防部门）合作，并与私人实体（银行、小企业以及房地产开发商）来帮助那些被集中的为城市贫困所困扰的社区。公共部门的忽视，私营部门的减少投资，以及非营利性部门的放弃——这些社会经济因素的综合作用使得全国的市中心社区非常容易陷入持续甚至是永久性的贫困。"历史性黑人教堂计划"旨在通过社区教育、非营利机构建设和公民参与来消除这种贫困。这里介绍的案例研究源于 2011 年夏天发生的事件，当时历史黑人教堂计划主要以椰子林行政联盟（一个历史性黑人教堂联盟）成员的身份担任有限的顾问角色。"Historic Black Church Program," Center For Ethics & Pub. Service（University of Miami School of Law, Coral Gables, Florida）, Fall 2010 & Spring 2011, at 1, 5.

目的。[5]迈阿密戴德县的官员公开声称，这些即将关闭的图书馆"是根据两个标准挑选的：用途和地理位置"。[6]然而，由于关停不成比例地对低收入有色人种社区造成了不利影响，遴选过程引发了严重的问题和对阶级偏见和种族敌意的广泛怀疑。[7]

与全国许多县的图书馆系统努力为本已庞大且不断增长的低收入人群提供教育一样，[8]迈阿密戴德县的图书馆"不仅作为借书和参与扫盲计划的资源，而且还提供急需的互联网服务"。[9]尽管维里克公园图书馆被描述为"空间上非常有限的设施"，但据报道，它"为大量青少年和成年人提供了丰富的教育体验"。[10]因此，西树林

〔5〕 关于历史性黑人教堂计划，see Anthony V. Alfieri，"Against Practice，" 107 *Mich. L. Rev.* 1073，1090−92（2009）；Anthony V. Alfieri，"Integrating Into a Burning House：Race− and Identity−Conscious Visions in Brown's Inner City，" 84 *S. Cal. L. Rev.* 541，592−601（2011）（book review）（hereinafter Alfieri，"Integrating Into a Burning House"）；Anthony V. Alfieri，"Post−racialism in the Inner City：Structure and Culture in Lawyering，" 98 *Geo. L. J.* 921，927−28（2010）（hereinafter Alfieri，"Post−racialism"）；Ctr. for Ethics & Pub. Serv.，Univ. of Miami Sch. of Law，Historic Black Church Program：2011−2012 Projects（2011）（on file with author）（hereinafter Historic Black Church Program：2011−2012 Projects）；and Ctr. for Ethics & Pub. Serv.，Univ. of Miami Sch. of Law，Strategic Plan（2011）（on file with author）. 该项目与迈阿密大学艺术与科学学院、建筑通信与教育学院合作，为教师和学生提供公民参与、服务学习和社区研究的机会。

〔6〕 Haggman & Brannigan，*supra* note 2. 县官员评论道："一些图书馆因交通拥堵而被提议关闭，而另一些则是因为附近有另一个图书馆而成为目标。" Id.

〔7〕 See Luisa Yanez，"Miami−Dade Mayor Carlos Gimenez Holds First Virtual Town Hall Meeting，" *Miami Herald*（July 14，2011），http://www. miamiherald. com/2011/07/14/2315006/miami−dade−mayor−holds−first−virtual. html（记录了市长收到的一份投诉，该投诉称，被选择关闭的图书馆大多位于"黑人或贫困社区"）；see also Matthew Haggman & Martha Brannigan，"Miami−Dade Commission Supports Mayor's Proposed Tax Plan，but Spares County Libraries，" *Miami Herald*（July 19，2011），http://www. miamiherald. com/2011/07/19/v−fullstory/2321502/miami−dade−commissionsupports. html（注意到，由于对关闭"对低收入群体尤为重要"的图书馆的担忧，市长的预算提案被修改）。

〔8〕 迈阿密戴德县官员报告说："迈阿密戴德县公共图书馆系统是美国第八大公共图书馆系统，在整个县的社区有 48 个分支机构。" "Capital Plan−Building Beyond Books，" *Miami−Dade Pub. Libr. Sys.*，http://www. mdpls. org/info/capital−dev/watchusgrow. asp.

〔9〕 Haggman & Brannigan，*supra* note 2.

〔10〕 Jackie Bueno Sousa，"Library Anecdote Doesn't Tell Whole Story，" *Miami Herald*（July 26，2011），http://www. miamiherald. com/2011/07/26/2331540/library−anecdote−doesnt−tell−whole. html（quoting Miami−Dade County Commissioner Xavier Suarez）.

伦理与法律：导论

社区的倡导者和民选官员，都对地方长官提议关闭维里克公园图书馆提出了抗议，他们声称"与它为社区所提供的价值相比，图书馆的成本是最低的"。[11]

在地方长官宣布关闭图书馆的几天内，西树林社区教堂的牧师和社区领袖开始散发反对关闭维里克公园图书馆的电子邮件，并呼吁采取政治行动加以阻止。为了帮助规划和评估各种战略选择，历史性黑人教堂计划开始评估一系列政治和法律策略，包括有限的直接服务的代理、县域影响的诉讼和立法改革等可行的建议。直接服务的代理需要招聘公益性服务顾问（例如法律服务组织和营利性律师事务所），受害原告方的请求（如西树林社区的家庭和孩子），制定合理的诉讼理由（例如，公民权利的差别性影响主张和受教育的州宪法权利主张），以及形成适当的救济（例如宣告性救济和强制性救济，后者需要一种不切实可行的证据来证明所受伤害是不可弥补的，以及在案情上取得成功的可能性）。更令人生畏的是，影响性诉讼或判例诉讼（impact or test-case litigation）需要多名协理律师的合作，以及对政党地位和阶级证明的复杂计算。相比之下，法律改革需要地方长官办公室和县委员会的关键决策者进行私下和公开的游说。

此外，历史性黑人教堂计划探索了可能的非法律替代方案，比如通过私人筹款来填补预计的图书馆预算缺口，以及将维里克公园图书馆实际搬迁到附近的教堂或学校。此外，该计划还考虑了媒体活动（例如社论和信件）、公众抗议（例如游行、集会或静坐）以及政治压力（例如，向监管机构报告选定的公职人员，以调查在无关事项中持续存在的不道德或非法的行为），[12]所有这些都是为了说服当地市政和县官员，帮助动员公众反对闭馆提议。[13]

---

〔11〕 Id.

〔12〕 显然，公职人员在不相关事项上向监管机构报告不道德或非法的行为，以便在社区资源谈判中获得筹码，这既涉及普通道德问题，也涉及实质正义问题。

〔13〕 值得注意的是，历史性黑人教堂计划的教师和学生，最终都没有建议这里所讨论的任何法律政治行动，尽管这些行动汇集了社区律师经常可以使用的共同核心选择。

综上所述，这种传统且时有争议的政治法律战略和战术，对社区律师来说听起来很熟悉。"社区律师"的概念现在在法律职业的文献中已经根深蒂固。[14]这些文献的范围很广，包括公民权利和贫困法的研究，[15]诊所教育和技能培训课程，[16]以及跨学科学者的实证研究。[17]的确，美国民权和穷人运动的历史，突出了社区律师在法律宣传和政治组织中的作用。[18]同样地，法学院课程设计和校园向社区拓展的发展，也指向了社区律师模式更广泛地融入法学

---

[14] 我所说的社区律师，是指以社区为基础的代表，以直接服务、影响或者示范诉讼、立法法律改革、交易咨询和法律政治组织的形式，代表未得到充分服务的个人、团体和组织。

[15] 对于民权与贫困法中的社区律师服务，see generally Raymond H. Brescia, "Line in the Sand: Progressive Lawyering, 'Master Communities,' and a Battle for Affordable Housing in New York City," 73 *Alb. L. Rev.* 715 (2010); Scott L. Cummings, "Community Economic Development as Progressive Politics: Toward a Grassroots Movement for Economic Justice," 54 *Stan. L. Rev.* 399 (2001); Sheila R. Foster & Brian Glick, "Integrative Lawyering: Navigating the Political Economy of Urban Redevelopment," 95 *Calif. L. Rev.* 1999 (2007); and Laurie Hauber, "Promoting Economic Justice Through Transactional Community-Centered Lawyering," 27 *St. Louis U. Pub. L. Rev.* 3 (2007).

[16] 对于社区律师在诊所教育和技能培训中的作用，see generally Alicia Alvarez, "Community Development Clinics: What Does Poverty Have to Do with Them?," 34 *Fordham Urb. L. J.* 1269 (2007); Juliet M. Brodie, "Little Cases on the Middle Ground: Teaching Social Justice Lawyering in Neighborhood-Based Community Lawyering Clinics," 15 *Clinical L. Rev.* 333 (2009); and Karen Tokarz et al., "Conversations on 'Community Lawyering': The Newest (Oldest) Wave in Clinical Legal Education," 28 *Wash. U. J. L. & Pol'Y* 359 (2008).

[17] 关于社区律师和法律服务方面的实证和跨学科学术研究，see Laurie A. Morin, "Legal Services Attorneys as Partners in Community Economic Development: Creating Wealth for Poor Communities Through Cooperative Economics," 5 *U. D. C. L. Rev.* 125 (2000), and Jeanne Charn & Jeffrey Selbin, The Clinic Lab Office 3-13 (2010) (unpublished manuscript) (on file with author). See also D. James Greiner & Cassandra W. Pattanayak, "Randomized Evaluation in Legal Assistance: What Diference Does Representation (Offer and Actual Use) Make?," 121 *Yale L. J.* (forthcoming 2012), http://ssrn. com/ abstract-1708664 (assessing the impact of poverty-law outreach, intake, client selection, and service delivery); Anthony Alfieri et al., Reply to Greiner and Pattanayak (Jan. 2012) (unpublished manuscript) (on file with author).

[18] 对于社区律师中法律倡导和政治组织的交集，see generally Scott L. Cummings & Ingrid V. Eagly, "A Critical Reflection on Law and Organizing," 48 *Ucla L. Rev.* 443 (2001), and Loretta Price & Melinda Davis, "Seeds of Change: A Bibliographic Introduction to Law and Organizing," 26 *N. Y. U. Rev. L. & Soc. Change* 615 (2000-2001).

伦理与法律：导论

教育。[19]同样，法律与社会学者的著作，也强调国内外律师业共同体或"事业"的重要性。[20]

　　这篇评论将在布拉德利·温德尔重要的新书《法律人与法律忠诚》的背景下，为社区律师业提供伦理辩护。[21]以他先前在法律职业伦理方面的杰出作品[22]以及当代道德和政治哲学家的著作为基础，[23]《法律人与法律忠诚》提出了一种法律职业伦理理论，将"法律忠诚"（fidelity to law）作为自由民主社会中律师工作的中心义务。[24]温德尔关于法律忠诚概念的道德和政治论证，提出将政治正当性作为律师决策的规范性基准。[25]此外，其论点将律师的职责建

---

〔19〕 对于法律教育中的社区和相关公益律师的课程模式，see generally Martha F. Davis, "The Pendulum Swings Back: Poverty Law in the Old and New Curriculum," 34 *Fordham Urb. L. J.* 1391（2007）; Louis S. Rulli, "Too Long Neglected: Expanding Curricular Support for Public Interest Lawyering," 55 *Clev. St. L. Rev.* 547（2007）; Gregory L. Volz et al., "Higher Education and Community Lawyering: Common Ground, Consensus, and Collaboration for Economic Justice," 2002 *Wis. L. Rev.* 505; and W. Lawson Konvalinka, Book Note, "More Than a Poor Lawyer: A Study in Poverty Law," 89 *Texas L. Rev.* 449（2010）.

〔20〕 对于社区律师业务是案件律师业务的一部分，see John Calmore, "A Call to Context: The Professional Challenges of Cause Lawyering at the Intersection of Race, Space, and Poverty," 67 *Fordham L. Rev.* 1927（1999）; Scott L. Cummings, "Mobilization Lawyering: Community Economic Development in the Figueroa Corridor," in *Cause Lawyers And Social Movements* 302, 302-36（Austin Sarat & Stuart S. Scheingold eds., 2006）; and Jayanth K. Krishnan, "Lawyering for a Cause and Experiences from Abroad," 94 *Calif. L. Rev.* 575（2006）.

〔21〕 W. Bradley Wendel, *Lawyers And Fidelity To Law*（2010）. For helpful discussion of the ethics of community lawyering, see generally Shauna I. Marshall, "Mission Impossible?: Ethical Community Lawyering," 7 *Clinical L. Rev.* 147（2000）.

〔22〕 See generally W. Bradley Wendel, "Lawyers as Quasi-public Actors," 45 *Alta. L. Rev.* 83（2008）; W. Bradley Wendel, "Legal Ethics and the Separation of Law and Morals," 91 *Cornell L. Rev.* 67（2005）; W. Bradley Wendel, "Legal Ethics as 'Political Moralism' or the Morality of Politics," 93 *Cornell L. Rev.* 1413（2008）; W. Bradley Wendel, "Razian Authority and Its Implications for Legal Ethics," 13 *Legal Ethics* 191（2010）; Alice Woolley & W. Bradley Wendel, "Legal Ethics and Moral Character," 23 *Geo. J. Legal Ethics* 1065（2010）.

〔23〕 See John Rawls, *Political Liberalism*, at xxxvi（2005）（探析"公平正义"与"政治正义观"）; Joseph Raz, "The Claims of Law," in *The Authority of Law: Essays on Law and Morality* 28, 28-33（2d ed. 2009）（评论法律对遵守法律规则的要求，即使有令人信服的理由偏离这些规则）.

〔24〕 Wendel, *supra* note 21, at 7-9.

〔25〕 Id. at 2, 11, 15, 47-48, 55, 89-92, 98-99, 130.

立在"民主立法和法治"的基础上，从而将律师业的伦理和规范价值定位于"政治领域"，而不是普通道德或社会正义。[26]通过捍卫一种将对法律（而非客户或社区的利益）的忠诚置于律师义务核心的法律职业伦理理论，温德尔力图恢复将正当性作为律师规范理想的观念，并引导律师进入一个正式、程序性的宣传和咨询系统，该系统在很大程度上独立于实质性司法目标。[27]温德尔将法律职业伦理的评价框架，从对普通道德和实质正义的关注，转向对政治正当性和程序合法性的考虑；我认为这种转向将使社区律师面临新的规范性批判，并侵蚀他们在美国法律和社会中至关重要的工作的正当性。

本评论分为三个部分。第一部分阐述温德尔"法律忠诚"的概念及其规范性的实在法基础。第二部分在温德尔的伦理框架内考察社区律师的意义和正当性。第三部分概述一种不服从和反抗的局外人伦理，作为社区律师的另一种指南。

一、法律忠诚作为积极律师行为的规范性辩护

> "最大的问题……是律师会拒绝直接与社区组织者和社区活动人士合作……"[28]

温德尔"法律忠诚"的伦理律师概念，是建立在政治正当性的基础上的。他将政治正当性定义为通过"公民的尊重和忠诚"而获得的"政治安排"（political arrangements）的性质或品质，这种忠诚幸免于公民的争吵和非正义的法律。[29]根据这一定义，政治正当性构成了一种激活关系和调解"国家权力与公民之间"紧张关系的规范性戒律。[30]通过将律师的职责引导到"民主立法和法治"的思

---

[26] Id. at 2.

[27] Id. at 2, 4, 23, 42, 157, 215 n. 19.

[28] Interview by Zona Hostetler with Gary Bellow, *supra* note 1.

[29] Wendel, *supra* note 21, at 2.

[30] Id.

考，温德尔将律师业的伦理价值从普通道德和实质正义领域，重新定位到"政治领域"。[31]如此配置之下，律师业的价值是源于对法律的忠诚，而不是对客户、非客户利益或更广泛的社区利益的追求。[32]

在温德尔的"法律忠诚"概念中，法律赢得了文化和社会的"尊重，因为它能够区分原始权力和合法权力"，或者更直接地说，能够将强制力与合法性断绝或分离。[33]他解释说，这种能力"使一种特定的理由说明"或经过深思熟虑的判断，得以"独立于权力或偏好"。[34]他补充说，通过公共协商和理性判断，有代表和无代表的公民都可以在社会中以一种有秩序、正规的方式要求合法权益（legal entitlements）。[35]温德尔认为，与偏好、兴趣或欲望不同，合法权益是"由整个社会（以程序的方式）公平地和（以政治共同体的性质）集体地赋予的"。[36]在温德尔看来，"通过公平程序所制定法律的正当性"，引起公民出于道德而非经济或政治原因"接受"

---

〔31〕 Id.

〔32〕 Id. at 2，26，44，49-50，67，71，87，89，122-23，168，175，178，184，191，210；see also id. at 80（解释法律不允许律师为他们的客户寻求每一个可能的合法利益）；id. at 84（描述律师如何仅通过善意论证试图改变法律）。

〔33〕 Id. at 2；see also id. at 3（根据"法律与某人——公民、法官或律师——认为应当对某件事采取行动之间的差异，作为政策、道德、谨慎或常识"来定义合法性的概念）；id. at 119（区分个人决策和机构决策）；id. at 202（"从本质上说，合法性主张是承认已从认为法律权利和限制为采取行动创造理由的人的角度，评估了一项法律权利和限制方案"）。

〔34〕 Id. at 2；see also id. at 14（描述法律体系中的参与者如何表现出法律并非根本不确定，并指出法律推理是如何导致客观范围的合理解释的）；id. at 61（解释法律必须被视为内在的理由，以便区分合法权利或许可与违法行为）；id. at 130（讨论即使人们承认法律体系需要政治正当性，律师的角色也不限于促进个人获得法律意义）；id. at 160-61（区分代理人中性理由和代理人相对理由，这在道德上不是强制性的）。

〔35〕 Id. at 2；see also id. at 6（主张在维持合法程序和建立共存与合作的稳定基础的制度中，律师的工作是有价值的）；id. at 8（指出律师以法律方式帮助客户的能力受到客户法律权利的限制）；id. at 123（解释说，即使在持不同政见者尊重并遵守公平和公正的制度的这样一个秩序良好社会中，也存在持不同政见的空间）。

〔36〕 Id. at 2；see also id. at 197（这表明官方权威最终来自社区的实践）；id. at 265 n. 62（提到任何实践的目标导向性是实践内部义务的非循环来源）。关于法律权威、立法和正式批准文件，see Jeremy Waldron, *The Dignity of Legislation* 124-66（1999）。

权利的政治正当性。[37]这样，正当性就不需要诉诸普通道德、个人和集体正义或公共利益等更高层次的法律主张。[38]

即使有他关于合法权益和政治正当性的原理——以及他对公民所赋予的自然道德推理的神秘自信——温德尔承认，美国法律和文化的流行话语包含着"对违法行为的大量认可"，尤其是为了正义的目的。[39]事实上，他从大众文化中发现，人们普遍欣赏法律对公民及其欲望的工具性价值，但对法律对社会及其需求的内在价值却缺乏尊重。[40]温德尔承认，无论在文化和社会中如何被认可，法律"都不会以道德的方式结束对一件事的辩论"。[41]他承认，出于道德和政治的原因，辩论可能包括"公开批评、抗议、非暴力反抗和其他旨在改变法律的行为"。[42]尽管如此，他仍坚持认为"律师负有尊重法律的义务"，最好是本着公民服从实在法的民主精神。[43]

出于政治理论的目的，温德尔假设，在"一个合理运作的民主政治秩序"下，法律象征着"在相对和平与稳定的条件下共同生活在一起的人们的共同成就"。[44]按照这种民主的观点，法律提供了

---

〔37〕 Wendel, *supra* note 21, at 2; see also id. at 62（将法律视为行动理由的来源而不仅仅是消极后果的来源的人贴上"好公民"的标签）。温德尔将道德信念置于经济或政治利益之上，这在很大程度上是无法解释的。

〔38〕 Id. at 2, 9-10, 29, 56, 120, 210.

〔39〕 Id. at 3（注意到"英雄"律师的流行形象，其标志是他们愿意"为追求实体正义而改变规则"）。See generally William H. Simon, "Moral Pluck: Legal Ethics in Popular Culture," 101 *Colum. L. Rev.* 421（2001）（剖析律师的三个突出形象，并讨论大众文化在追求基本道德价值时对其违法行为的推崇）。

〔40〕 See Wendel, *supra* note 21, at 2（引用公民通过诉诸法律权利获得权力的能力）; id. at 3（重复一些客户的态度，即只有在法律有助于实现他们的目标时才应该遵守法律）; id. at 82（描述了一些律师的观点，即他们的角色是将客户的利益"推到法律的边界"）; id. at 114-15（评论流行的法律概念是"刺激物，而非值得效忠的东西"）。

〔41〕 Id. at 3; see also id. at 107（认识到道德多元化的存在可能与社会中建立的法律规范相冲突）; id. at 115-16（主张法律使多元社会中的某些行为合法化）。

〔42〕 Id. at 3.

〔43〕 Id. See also W. Bradley Wendel, "Civil Obedience," 104 *Colum. L. Rev.* 363, 424（2004）（认为"律师有义务尊重法律，并保持其作为协调行动框架的能力"）。

〔44〕 Wendel, *supra* note 21, at 4; see also id. at 2（主张法律通过发挥均衡功能来实现民事互动）; id. at 91（声明法律对社会政治秩序至关重要，允许人们和平共处）。

"使公民能够解决分歧的程序，否则这些分歧将仍然难以解决，从而无法在共同项目上进行合作"。[45]在呼吁律师尊重法律的同时，温德尔敦促通过"公开、合理可行的程序，使公民能够达成临时解决方案"，来解决社会冲突和争议——简而言之，"使合作行动能够响应某些集体需要"。[46]

从这个公共立场延伸出去，温德尔集合了伦理律师的双重政治目的。从一开始，他就试图重新将正当性理念确立为律师的一个规范性标准。在整个过程中，他还努力引导律师在用来"取代实质正义所需要的分歧"的实证法体系中发挥作用。[47]对于温德尔来说，"将评价的参考框架从普通道德和正义转向对政治正当性的考虑"，改变了"律师规范性批评的术语"。[48]

从这个角度来考虑迈阿密和其他地方社区律师的情况。通常从事广泛的民权和扶贫工作，以社区为基础的律师，经常对国家认可的阶级偏见或种族敌意的模式和做法提出挑战，这些模式和做法体现在歧视和差别对待上——重复出现的模式和做法越来越教条的与联邦和州法院的攻击绝缘。温德尔所修订的评估框架，将对这种由律师所主导的挑战的规范性批评从道德和正义的考虑中推开——正

---

[45] Id. at 4; see also id. at 89（认为法律是社会为解决分歧而制定的程序，为合作建立了框架）；id. at 96-98（探讨使法律成为必要的分歧类型，并论证法律有助于观点多样化的社会的存在）。

[46] Id. at 4（将和解功能作为一种"更大范围的现象"，它"通过将公民有争议的个人道德和政治信仰替换为共享的社会地位，取代了在规范问题上的分歧"）；see also id. at 99（注意到"社会成员可以合理地选择使用程序机制，以克服造成他们分歧的分歧，并建立协调行动的框架"）。

[47] Id. at 4; see also id. at 10（认为"将职业责任……视为直接针对正义或其他道德观念，如效率或自治，将从根本上削弱法律体系取代这些价值分歧的能力"）；id. at 26（"这本书的主要论点是，在大多数情况下，对律师应该做什么的充分道德分析将得出结论，律师有义务忠实于法律，排除基于普通非制度道德价值观的推理"）；id. at 54（主张"法律最重要的功能之一是消除不确定性和分歧，并为相互竞争的权利主张提供解决方案，使公民能够在互利的项目上共存和共同工作"）。

[48] Id. at 4; see also id. at 87-89（"与合法性和法治的价值相关的考虑因素为律师提供了忠实于法律行事的理由，而不是基于道德和非道德考虑行事，否则在没有律师-客户关系的情况下，这种考虑将适用"）。

是这些考虑对谴责种族歧视和经济不平等至关重要。相反，他的框架将对此类律师挑战的规范性批评，转向基于权利的权益、政治正当性和程序合法性的考虑，并因而倾向接受歧视和差别对待，认为这是民主的立法者在分配稀缺资源时平衡相互竞争的社会利益的善意尝试，[49]比如迈阿密戴德县关闭社区图书馆的决定。社区律师为客户（特别是有色人种的客户和社区）提供咨询意见，认为可以对国家所批准的种族歧视模式或做法以及种族差别待遇，进行战略抵抗。这种规范性的重新评估将对社区律师的批评，从指控他们的行为反映了对非客户、多数人政治权利的蔑视这一道德错误的共谋，转向指责他们的行为实际上玷污了他们作为"法律滥用者"（abusers of the law）的名声。[50]

在温德尔的规范性效价（normative valence）上，律师滥用法律的指控源于从道德推导出的"尊重构成法律体系的制度、程序和职业角色"的义务。[51]为了证明法律和法律制度是值得普遍尊重的，[52]温德尔引用了"与自由民主国家公民伦理相关的政治规范性考量"。[53]他运用约翰·罗尔斯（John Rawls）"判断的负担"（burdens of judgment）的概念，从多元化和分歧的角度来解释公民伦理。[54]他对伦理

---

[49] See id. at 4（"将评估参照系从普通道德和正义转移到政治正当性考虑的效果是改变律师规范性批评的术语"）；id. at 86（声称"是客户的合法权利而非客户的利益，划定了律师对客户忠实义务的界限"）；id. at 122（"律师的基本职责是忠于法律本身。法律取代了道德上的分歧，为社会合作和团结提供了基础，尽管基础很薄"）；id. at 177（宣布"必须结合语境来理解忠实于法律的义务，一些律师比其他律师有更大的自由来代表客户主张不太受支持的法律立场"）。

[50] Id. at 5; see also id. at 86（总结了一个"中立原则"，在该原则中，律师忠诚义务的界限是由客户的法律权利而不是普通道德来确定的）。

[51] Id. at 5.

[52] Id.

[53] Id. See also id. at 115（假定道德上有义务遵守甚至不公正的法律，只要这些法律"不超过不公正的限度"）。

[54] Id. at 5; see also id. at 55（驳斥社会对法律的需要源于其成员固有的自私和不足的论点）；id. at 92（将罗尔斯的"判断的负担"置于非理想伦理的语境中［citing Rawls, *supra* note 23, at 55-58（1993）］）通过判断的负担，温德尔指的是"由于经验的不确定性和道德的多元化而导致的我们评价的概念在实践中的不确定性"。Id. at 5.

多元化的接受，源于对不同利益和能力的承认，并以自由民主和不可避免的价值冲突告终。[55]出于对民主社会和价值多元化的认同，温德尔赞同在法律、文化和社会方面的"公平合作条款"，尽管"在全面性道德理论层面上存在深刻而棘手的分歧"是屡见不鲜的。[56]在这种意义上，在积极的立法和法律适用程序中——例如在立法预算编制的起草和执行中——表现出来的合作公平促进了正当性。[57]在温德尔看来，"在法律、政治、文化和社会中，通过公平的民主程序进行治理是值得尊重的。"[58]因此，他注意到，律师（甚至社区律师）"通过在一个维持合法程序以建立一个稳定的共存与合作基础的制度内工作，做一些有价值的事情"。[59]

民主治理、公平程序和政治正当性的自由主义背景，构成了温德尔法律职业伦理观的核心道德内容，这一观点与英美法律职业中占主导地位的伦理标准概念（standard conception）密切相关。[60]在很大程度上，温德尔捍卫了标准概念，尽管在形式上做了修改。其概念调整是从三个原则中挑选出来的：前两个原则指导律师行为，而第三个原则塑造律师行为的规范性评价。[61]第一个是党派性原则

---

[55]　Cf. Rawls, *supra* note 23, at 56-57（假设合理分歧的来源——判断的负担——来自人们总体经验的差异，他们评估和权衡道德考虑的方式，以及他们评估和评价影响他们判断的矛盾和复杂证据的方式）；Katherine R. Kruse, "Lawyers, Justice, and the Challenge of Moral Pluralism," 90 *Minn. L. Rev.* 389, 396-402（2005）（认为道德多元论的来源可以被分类和解释为"认识论的困难""价值多元论"或人们"文化身份和经验"的差异）。

[56]　Wendel, *supra* note 21, at 5.

[57]　See id. at 5-6（主张民主国家的公民必须同意某些相当公平的立法程序）；id. at 99（讨论立法过程中察觉到的不完善之处）；id. at 101-02（认为国会立法程序基本上是合法的，尽管存在一些被认为不完善的地方）。

[58]　Id. at 6; see also id. at 88（表明在制定、解释和适用法律的程序合法的情况下，尊重法律是有必要的）。

[59]　Id. at 6; see also id. at 86-105（认为法律制度通过适用合法公平地制定和适用法律的程序平等对待公民的能力证明了法治，即使在某些结果产生不公正的情况下，因为公平的程序使公民能够合作地解决分歧）。

[60]　See id. at 5（坚持认为这本书将论证法律体系是值得尊重的，因为它是基于自由民主国家公民道德的政治规范考虑的）；id. at 28-30（论法律职业伦理的标准概念）。

[61]　See id. at 6（"标准构想包括指导律师行为的两个原则，以及对律师行为的规范性评价的第三个原则"）；id. at 28（讨论主流观点的是三个原则）。

（the Principle of Partisanship），它要求律师"在法律允许的范围内为其客户谋取利益"。[62]第二个是中立原则（the Principle of Neutrality），它使律师可以不考虑"客户事业的道德性"或"为促进客户事业所采取特定行为的道德性"，假设"两者都是合法的"。[63]第三个是不问责原则（the Principle of Nonaccountability），它遵循了律师对前两个原则的遵守以及制度上的遵守，从而使温德尔得以得出这样的结论，即"第三方观察者和律师本人都不应将律师视为不法之徒"，至少"在道德上"是这样。[64]

与传统标准概念压倒一切的工具性逻辑相反，温德尔认为"律师应该采取行动保护客户的合法权益"，而不是简单地追求他们的私人利益或公共偏好。[65]对温德尔来说，法律授权律师通过律师与客户的关系为客户代理，并"对这些权利的合法使用设置了限制"。[66]他认为，通过展示"法律制度应该得到公民的忠诚"，"律师将被视为在社会中扮演一个合理的角色"，因此他们将积累甚至可能重新获得职业的伦理价值。[67]

二、法律忠诚作为对社区律师的一种规范性批评

"我不确定，这种以政策和直接行动为导向、以社区行动为纽带的法律服务项目能否真正奏效。"[68]

温德尔基于法律忠诚的法律职业伦理概念，对社区律师行业提

---

〔62〕 Id. at 6；see also id. at 29-30（列举了构成主流观点的三条原则）。

〔63〕 Id. at 6.

〔64〕 Id. See also id. at 29-31（"不问责原则意味着，只要律师在法律范围内行事，她的行为就不能用普通的道德术语来评价"）。

〔65〕 Id. at 6；see also id. at 31（认为"律师最重要的应该是客户的合法权益，而不是客户的利益"）。

〔66〕 Id. at 6.

〔67〕 Id. at 7；see also id. 6（评论说"由于忠实于法律而非客户利益，是该观点与标准概念之间的主要区别，此处的立场可称为忠实于法律概念、权利观点或类似观点"）。

〔68〕 Interview by Zona Hostetler with Gary Bellow，*supra* note 1.

出了严肃的规范性批评。在法律职业伦理理论中，法律忠诚塑造了律师的职业责任；在为该理论辩护时，温德尔既重塑又强化了角色差异的道德的基本前提。由于沉迷于"在社会中扮演一个角色，为自己的错误行为提供了一个制度性借口"这一主张，他指出，角色差异的道德概念，与更普遍、更引人注目的普通道德概念有所不同。[69]例如，对许多社区律师来说，通常在与社区居民和团体进行街头协作中，普通道德的要求引导着他们的工作。尽管存在这种差异以及普通道德在个人和职业上的影响，但温德尔认为，"角色通过排除角色之外的人必须重视的理由考量，做了真正的规范性工作。"[70]这种特定于角色的例外规范的排除，缩小了温德尔对某些制度角色和实践的评估参考框架，当这些角色和实践被应用于社区律师时，它们会在多种多样的情形中限制他们的工作。他承认，这些角色和实践需要更高层次、更系统的一般性道德正当性，而不仅仅是在局部环境中的常规逐案应用。[71]为此，他将律师的角色与多元化社会公民身份所体现的一系列价值联系起来，在这个多元社会中，"个人的日常生活由政治制度全面调节"。[72]然而，这种联系并没有把被主流政治制度剥夺和否定全部权利和特权的公民个人联系在一起，正如西树林社区的历史所表明的那样。

在多元社会中，当客户或环境要求律师以倡导者、建议者或顾问的职业身份行事时，对公民价值的尊重塑造了温德尔对律师的理解。根据这一认识，律师在维持甚至保存多元社会的主要机构（即法院、立法机构、行政或监管机构）方面，发挥了"微小却重要的

---

〔69〕 Wendel, *supra* note 21, at 7；see also id. at 20（解释普通道德与角色道德的区别）；id. at 31（介绍了标准概念与普通道德之间的冲突）。

〔70〕 Id. at 7；see also id. at 20（将这种基于角色的道德与跟更大的普遍道德体系有关的真正责任的创造联系起来）；id. at 23（这表明普通道德证明了更大的结构，而角色分化的道德是其中的一部分）。

〔71〕 Id. at 7, 27, 122.

〔72〕 Id. at 7；see also id. at 90-91（认为如果一个制度能充分地让持不同道德观点的公民平等地参与民主制度，那么它就是公正的）；id. at 116（建议律师最好服务于合法性的价值，如果他们不是按照他们认为的道德要求行事，而是为了促进规范分歧的解决）。

作用"。[73]温德尔认为，通过关注这些机构并使它们保持"良好的工作秩序"，[74]律师的角色具有"重要的道德权重"。[75]这一权重连同其公平和合法性的基本准则，都依赖于"一种独立的公共生活道德"。[76]他认为，在这方面，律师更像政治官员，而不是普通的道德主体。[77]这种相似性为温德尔提供了建立一种新制度的机会，这种制度以公民对法律和合法性价值的尊重为基础，将公众伦理和律师伦理交织在一起。[78]

与温德尔具有公德心的"政治"律师不同，社区律师在他们的工作中遇到了"公共生活道德"的严重削弱。像西树林社区这样的贫困社区的公共生活，揭示了数十年的经济遗弃和政治忽视。迈阿密和其他地方的低收入家庭受到集中贫困的打击，其公共生活缺乏"工作"（working）社会的基本机构特性，比如便利的就业市场、公立学校、社会服务和公共交通。在这些日益绝望和沮丧的情况下，社区律师在温德尔的形式主义禁令下挣扎，主要以尊重法律和合法性的公民规范为基础，来构建他们的角色。

然而，从这个出发点出发，温德尔又回到了党派性原则，声称法律同时对"允许的辩护施加了限制"和"构建了律师的角色"。[79]在温德尔看来，法律的构建功能和合法权益，在本质上起着授权律师

---

[73] Id. at 7.

[74] Id. at 7；see also id. at 64（将逃避责任以保持法律体系处于"良好运行秩序"的律师描述为"霍尔姆斯坏人"）；id. at 84（谴责不尊重"现行实在法"而充当"破坏者或游击战士"的律师）。

[75] Id. at 7；see also id. at 62（根据促使公民遵守和尊重法律的因素来区分"好"公民和"坏"公民）。

[76] Id. at 7；see also id. at 23（他认为"这本书的一个主要论点是法律伦理是独立的政治道德的一部分"）；id. at 26（澄清"独立的价值观"虽然不是"与普通道德无关"，但在很大程度上依赖于"制度语境"）；id. at 33-36（分析了斯蒂芬·佩珀的"一流公民"模式，并赞同大卫·鲁班对该模式的批评）；id. at 156-57（澄清人们在"基于独立的政治考虑"，包括"所有公民固有的尊严和平等，以及合法性的理想"的同时，仍可以是"道德主体"）。

[77] Id. at 7.

[78] Id. at 8, 10, 18, 48-49, 85, 87, 92, 117, 131.

[79] Id. at 8.

代表客户行事的作用。[80]他强调，合法权益表达的是"权利的主张，而不是利益的要求"，[81]是一种在政治权力、文化主导地位和社会经济等级等方面所做的历史性偶然区分。温德尔没有提及这些关键的偶然性，忽视了像西树林社区这样的种族隔离社区，其合法权益的历史性缺失和减少。他认为，合法权益的独特性使律师职业责任的标准概念，从积极保护客户的合法利益转向保护客户的合法权益。[82]

除了这种转向，温德尔的标准概念权益观，还要求律师不仅认识而且肯定法律的正当性。[83]对温德尔来说，这种认识承认了法律应该且事实上是"值得认真对待的"。[84]它还承认，法律解释应"善意地充分考虑其含义，而不是简单地将其视为阻碍客户实现目标的障碍"。[85]这种双重认识推动了温德尔的主张——"律师必须根据真正的合法权益向客户提供建议，并主张或仅依赖那些在诉讼或交易代理中有充分依据的权益"。[86]

真正合法权益的主张，将社区律师业道德批评的基础，从普通道德或非正义的立场改变为对法律的不忠诚。[87]这种不忠诚将法律职业

---

[80]　See id.（指出客户的"法外利益……不会授权代理人代表客户以明确的法律方式行事"）；see also id. at 6（预见法律"授权律师为客户做任何事情"的概念）；id. at 52（解释客户的合法权利是律师代表客户的权力的基础）；id. at 129（提供律师利用客户程序性权利挑战现有权利分配的例子）。

[81]　Id. at 8；see also id. at 54（结论是，律师被禁止"仅仅因为这样做对委托人有利"而对委托人的法律权利做出不合理的解释）。

[82]　Id. at 8, 115-17, 123-55.

[83]　Id. at 8, 167-68.

[84]　Id. at 8；see also id. at 40（认为客户有权从他们的律师那里获得朋友可能提供的那种保护，"这是严肃对待个人的利益，而不是更广泛的集体的主张"）。

[85]　Id. at 8. But see id. at 85（承认"在某些情况下，法律上的不公正无法加以解释"，并以20世纪初存在的"平等的隔离"的法律原则为例）。

[86]　Id. at 8（温德尔的双重认同也承认，很难区分"一方面的漏洞或故障与另一方面的真正合法权利"）。Id.；see also id. at 115（将基于合法权利拒绝为立场辩护比作"表达赤裸裸的欲望，就像一个蹒跚学步的孩子发脾气"）；id. at 123（捍卫"律师职业伦理主要由尊重法律的政治义务构成，而非普通的道德考量"的观点）。

[87]　See id. at 7-8（呼吁人们注意在利用普通伦理的工具来解决律师问题时法律伦理概念上的错误转向，并建议律师应努力确保他们在诉讼或交易工作中对合法权利的依赖，这种

伦理和律师的职业义务与"尊重法律和法律制度"联系在一起。[88]把对法律和法律制度的尊重提升到规范层面,本质上是将法律视为一种"值得公民和律师忠诚"的社会成就。[89]毫无疑问,大多数社区律师认可这种对待,会依法给予正式的尊重,并给予法律体系制度上的忠诚。大多数人还赞赏法律在确立合法权益和维护法律保护方面的社会成就,包括"官方机构承认被剥夺权利的公民反对强权的能力"。[90]从这个意义上说,他们与温德尔一样,肯定法律是正当的,并值得认真、善意的解释。但是,他们的解释视野超出了合法权益的既定范围,不论真假。与城市贫困和种族不平等进行日常斗争,必然需要创造性地扩大传统律师的角色和职能,扩展宪法、成文法和普通法的权益。对道德和正义的考虑,促进了法律角色、功能和权益的增强。

温德尔将法律的社会功能,与"理性地解决经验的不确定性和规范性争议联系起来"。[91]温德尔认为,与这一功能相一致,法律根据不断变化的"政治环境",[92]提供了"合作活动的基础"。[93]借用杰里米·沃尔德伦(Jeremy Waldron)的观点,政治环境的概念不仅意味着,为团体合作行动在建立宽容的公共讨论场所中分享社会

依赖有充分的法律依据);id. at 123(倡导一种法律伦理理论,即"当忠实于法律的义务在实质性的不公正面前失效时,有话可说");id. at 128(解释说,律师拒绝帮助借款人维护合法权利,就等于"剥夺了客户作为律师角色的职责所在的东西")。

[88] Id. at 9; see id. at 123(将律师职业伦理建立在尊重法律的基础上,而非"普通的道德考量");id. at 132(认为律师在道德上被禁止使用法外手段来对抗非正义)。

[89] Id. at 9; see also id. at 158(认为政治领域的行动者"忠于以程序正义为基础的道德责任概念")。

[90] W. Bradley Wendel, "Legal Ethics Is About the Law, Not Morality or Justice: A Reply to Critics," 90 *Texas L. Rev.* 727, 737 n. 43 (2012)("我承认我担心将法律视为工具将长期削弱其保障弱者尊重要求的能力")。

[91] Wendel, *supra* note 21, at 9; see also id. at 210(认为遵守法律比要求律师忠于有时不一致的公共利益理念更好)。

[92] Id. [citing Jeremy Waldron, *Law and Disagreement* 86, 101 (1999).]

[93] Id. at 9.

利益，[94]而且还意味着开放竞争立场和尊重参与者的争端解决程序，二者都与对谈判、和解和稳定的认同相一致。[95]与罗尔斯的观点相呼应，温德尔解释道，为解决争端而量身定做的程序，以及与"公平的门槛标准"相挂钩的程序，"可以让人们对原本难以解决的分歧达成合理的解决方案"。[96]只要法律"在政治环境中充分回应公民的需要"，[97]那么这种公平程序就会使法律正当化。值得赞扬的是，温德尔承认正当性与权威之间有时会存在差距，他指出无论它们的控制多么正当，"法律都可能是不公正的"。[98]

社区律师在社会经济功能失调和法律政治冲突的条件下工作，这些条件同样以经验的不确定性和规范性争议为特征。由于等级制度（hierarchy）的影响，这些条件阻碍了政治上的合作与协商，部分原因是在稀缺资源（在此指的是县图书馆的资金）的分配上存在分歧，还有部分原因是阶级和种族的不平等。在相关和可靠的范围内，温德尔的公平程序既没有解决也没有消除等级制度的条件，这些条件破坏了边缘人群法律和法律制度的正当性。法律和法律制度未能对公民的经济和社会需要做出充分回应，从而保护和再生了社会经济的等级制度，其权力主张就不具有正当性。

---

〔94〕 Id. at 9–10; see also id. at 18–19（声称法律伦理要求应用政治规范体系，该体系部分是由法律能力促成合作的）; id. at 36（注意到合法性很重要，因为它能促进社会协调和稳定）; id. at 54、93、98（将法律描述为一种稳定和协调公民利益的方式，既考虑到实质性的道德分歧，也考虑到世俗分歧）。

〔95〕 See id. at 9（"符合公平门槛标准的程序，可以让人们就一些难以解决的分歧达成合理的解决方案"）; id. at 116（"在一个多元社会中，法律为面对分歧时采取协调行动提供了框架"）; id. at 129（将法律描述为创造一个适度稳定的框架，并指出律师可以挑战解决方案的方式）。

〔96〕 Id. at 9; see also id. at 88（"罗尔斯相信理性的公民可能会接受各种合理全面的原理，但在这些全面的原理中他们可能会支持一个公平合作计划的政治理由"）; id. at 92–96（解释需要有公平的程序来解决公民在道德或正义问题上的分歧）。

〔97〕 Id. at 9; see also id. at 98–113（认为一个政治制度必须在提供进入政治进程的机会方面达到最低限度的、不完善的标准，才能被认为是合法的）。

〔98〕 Id. at 9（用"创造义务的正当主张"来定义权力）; id. at 119（注意到检察机关等机构可能产生不公正的结果）。

尽管如此，温德尔赋予法律制度广泛而深刻的能力，以取代公众对文化和社会价值的分歧。[99]他认为，法律的目的是"根植于解决冲突和确定共同行动方针的社会程序，创造一个或多或少自主的理性领域"。[100]在这一领域内，律师的义务源于并执行温德尔所称的"法律的人为理性"（artificial reason of law），而无需考虑普通道德理由和实质正义的需要、利益或成本。[101]他认为，这种人为理性渗透于法律体系的制度角色和实践，从而塑造了"社会团结和相互尊重"。[102]这种对社会和合法性贡献的价值以及与之相关的法律的"道德价值"，使律师的角色在道德上受到尊重。[103]

温德尔在律师的角色中发现了道德的尊重和社会的效用，特别是当律师的角色在促进"使稳定、共存和合作在多元社会中成为可能的复杂制度安排的运作"时。[104]为了实现合法性的社会利益（social good），温德尔敦促律师将法律制度和客户的合法权益，想象成有效的"超越（override）那些本应适用于不以相同职业能力行事的人的考量"的理由说明因素。[105]这项超越条款禁止社区律师考虑"在决定如何代表客户行事时的普通道德考量"。[106]该条款植根于对法律根深蒂固的尊重，即使在法律本身——这里指的是地方立法的

[99] Id. at 9, 123.

[100] Id. at 10; see also id. at 96, 112, 123（指出当对道德判断存在分歧时，法律为达成决定提供了一个框架）。

[101] Id. at 10.

[102] Id. at 10; see also id. at 101（强调如果没有法律的这一功能，规范辩论可能是无止境的）; id. at 246 n. 113（引用"合法性与相互尊重的联系"）。

[103] Id. at 10; see also id. at 49-50, 85（宣称客户的权利本质上是一种道德义务，与普通的道德考虑无关）。

[104] Id. at 10; see also id. at 98（声称在有分歧的情况下，法律的价值在于其平等对待有分歧的当事人）。

[105] Id. at 10.

[106] See id. at 10（警告公民或律师"拒绝遵守"法律的权利"将打开一个全新的分歧领域，这一次是关于程序是否具有足够的代表性、透明度以及是否对所有公民开放等"）; see also id. at 158（描述了"对职业生活中似乎排除了道德的行为的道德辩护"）; id. at 167-68（列举理由说明为什么律师委托人与客户的关系应该以忠实于法律而不是忠实于客户的理念为基础）。

强制性预算削减——似乎是出于种族敌意或意在加剧种族不平等的情况下，它依然有效。[107]

可以肯定的是，温德尔承认，根据为确保法律变革而制定的标准程序，律师应该"自由地挑战不公正、浪费或愚蠢的法律"，无论是以"民权诉讼、影响性诉讼、集体诉讼、宪法侵权索赔、游说"还是"其他手段"。[108]这一让步的关键，在于"利用法律程序挑战不公正的法律与颠覆它们之间"的区别。[109]对温德尔来说，对法律忠诚的义务在道德上限制了律师仅为捍卫客户的合法权益而采取狭隘的行动。[110]他承认，在辩护或咨询中缩小普通道德判断的空间，这剥夺了律师作为"朋友或明智的顾问"为客户服务的自由。[111]在这个有限的职业领域内，律师扮演着准政治行动者的角色，主张和保护客户的合法权益以及相应的"政治和法律价值"，以对抗众所周知的"国家强制力"。[112]

当法律和法律制度要求道德上不愉快的（尽管在政治上是合理的）行为时，比如遵守地方长官不公正的指令关闭维里克公园图书馆，温德尔对合法性的政治价值的认同，以及对制度所规定角色的

---

〔107〕 See id. at 203-04（辩称，即使反歧视法的要求模棱两可，律师仍保持对法律的忠诚，而不是让他们的委托人质疑法律的实质意义）；see also id. at 10-11（声称律师的角色不应被理解为普通道德术语，并肯定合法性原则本身是一种社会利益）；id. at 88-89（明确律师的职责必须以尊重法律本身为导向，即使律师认为某一特定法律是不公正的）；id. at 107（强调律师遵守和尊重法律的重要性）。

〔108〕 Id. at 11；see also id. at 84（强调律师在挑战压迫时在法律范围内工作的重要性）；id. at 123（承认公正的法律体系能够而且确实颁布了需要挑战的不公正的法律）；id. at 129（注意到"律师受到职业传统的鼓励去……挑战不公平"）。温德尔宣称："利用法律体系来挑战不公正的法律是律师做的最高尚的事之一。"Id. at 11.

〔109〕 Id. at 11；see also id. at 118（举一个例子，律师在一起谋杀案的审判中推翻了政府的案子）；id. at 132（主张律师应运用法律手段反对不公正行为）。

〔110〕 Id. at 10-11；see also id. at 122-43（描述法律权利对法律实践的影响）。

〔111〕 Id. at 10-11（提到律师"除了担任专业法律顾问外，还可能偶尔成为朋友或顾问"，但同时指出"从律师角色的政治正当性的角度来看，这些额外的角色是可以选择的"）；see also id. at 34-35（探索律师与委托人的私人和政治关系）。

〔112〕 Id. at 11；see also id. at 34-37（评估客户自主性在法律体系中的作用，并得出结论，律师具有根据客户的法律权利而不是客户或律师的利益或偏好来为自己的行为辩护的伦理责任）。

重要性的认识，为社区律师制造了不和谐。[113] 温德尔推测，这种不和谐如果得不到支持，实际上可能会提高律师在分析有害行为对客户和非客户的后果时的审议水平。[114] 即使（如这里所说）这些后果及其背后的动机，似乎受到种族影响并因而显得不公平，温德尔政治道德的伦理要求仍然存在。[115]

应用到西树林社区，温德尔的政治道德要求，实际上排除了反对关闭维里克公园图书馆的社区居民的代表性，因为他们在教育、扫盲和平等保护方面的宪法和法律利益中缺乏合法权益的力量。公平地理解，当前联邦和州法律的背景无论如何不确定，都不能产生一个合理解释的适当范围，足以支持任何表面上的或在此情况下适用的挑战，尽管对抗制给予了一定的自由空间。[116] 与温德尔的观点相反，参与制定和评估法律论证的所谓技巧，源于律师的内在观点（the internal point of view）[117]，比如在此创造了不可信的宣告性和强制性的救济形式，既不能产生反思平衡（reflective equilibrium），也不能为社区倡导者带来伦理的一致性，他们正在努力使关闭维里克公园图书馆的合法性，与道德代理和正义促进的职业责任相调和。[118]

三、社区律师与不服从和反抗的伦理

"所以我参加了抗议活动。"[119]

---

[113] See id. at 11（区分政治道德和社会道德以及各自所要求的义务范围）；id. at 18（相同）；see also id. at 49-50（主张律师有义务优先考虑政治道德和对合法性价值的承诺）；id. at 85（结论是"律师应根据客户的法律权利而不是一般的道德考虑行事"）。

[114] Id. at 12.

[115] Id. at 12, 85-105.

[116] See id. at 13, 206［承认在某些情况下（但不是所有情况下），成文法有多种解释］。

[117] Id. at 15（声称"对法律的解释和应用有更好和更坏的方式"）；see also id. at 177（认为"在法律不明确或不确定的情况下，合乎伦理的律师往往是一个知道可以做什么的问题"）；id. at 198-200（辩称"法律职业伦理理论必须考虑到法律内容可能存在争议的方式"，并强调法官和律师在确保这一点上的作用）。

[118] Id. at 16, 87, 206-07.

[119] Interview by Zona Hostetler with Gary Bellow, *supra* note 1.

对于贫穷社区（像西树林社区）的民权和扶贫律师工作，嫁接温德尔关于道德律师的内在观点，及其在维里克公园图书馆争议背景下所附随的法律忠诚义务，揭示的不是合法性和正当性，而是种族化的权力、专制的秩序和独裁的冲动。[120]当情况（如这里所说）表明，种族偏见和令人反感的歧视掌握在占主导地位的社会秩序手中时，伦理的一致性和反思平衡都无法指导律师。[121]相反，这种情况唤起比尔·西蒙呼吁转向正义[122]和社会团结[123]。种族不公正和反对多数团结的主张，都导致了法律上的混乱。的确，社区律师的任务是"扰乱法律"（unsettle law），且他们这样做的努力应该受到赞扬，而不应被视为"威胁"。[124]正如凯特·克鲁泽所见，"规范性争议的此起彼伏，可以被视为一个自由公正社会的偶然事件，而不是一个障碍。"[125]社区律师不应固守律师政治道德的"刚性和僵硬"[126]观念，而应考虑客户或社区情况的"道德和实用性"。[127]在西树林

---

〔120〕 William H. Simon, "Authoritarian Legal Ethics: Bradley Wendel and the Positivist Turn," 90 *Texas L. Rev.* 709, 710 (2012) (book review). 西蒙评论，温德尔的观点指向实证主义，屈服于反思较少的专制冲动，低估了社会秩序在很大程度上依赖于非正式规范和正式规范，并对构成的权力采取乌托邦态度。这本书坚持把温德尔没有证据证明的事实上是经验主义的断言当作分析命题。Id.

〔121〕 See id. （"温德尔和其他一些近期的法律伦理理论家分享的一个中心主题是，对正义的关注必须服从于社会秩序的需要"）。

〔122〕 Id. at 721 （"律师应关注其行为的直接后果，并应在特定案件中努力维护正义……"）; see also David Luban, *Lawyers and Justice: An Ethical Study*, at xvii, xxii – xxiii (1988) (提出"律师在……使法律更加公正方面具有独特的地位"，并且律师通过"自觉促进不代表的利益"从事"道德活动"来"提倡职业伦理"）; Deborah L. Rhode, *In The Interests of Justice: Reforming the Legal Profession* 17 （2000）（坚称律师"必须承担更大的义务来追求正义"）; William H. Simon, *The Practice of Justice: A Theory of Lawyers' Ethics* 9 (1998) （为一种道德决策方法辩护，该方法要求律师"采取……似乎有可能促进正义的行动"）。

〔123〕 Simon, *supra* note 120, at 722.

〔124〕 Katherine R. Kruse, "Fidelity to Law and the Moral Pluralism Premise," 90 *Texas L. Rev.* 658, 658 （2012）(book review).

〔125〕 Id.

〔126〕 Stephen L. Pepper, "The Lawyer Knows More than the Law," 90 *Texas L. Rev.* 691, 706 (2012) (book review) (观察到"在温德尔的观点中，整体的道德和实际情况并不是与客户对话的必要部分"）。

〔127〕 Id.

社区已经衰败的情况下，现在正处于失去对公众扫盲至关重要的社区资源的危险中，实践道德需要一种不服从和反抗的民主伦理。[128]

在有色人种低收入社区的背景下，民主的律师[129]提供种族和身份意识策略的宣传和咨询，这些策略来自法律、合法性和正当性之外的传统异见。[130]由民权运动开发并由种族批判理论扩展的种族和身份意识表征方法，将重塑温德尔的道德律师观。从民权运动的角度，温德尔可以将局外人、尊严恢复的叙事和授权关系整合在一起，以矫正迈阿密戴德县的法律与法律制度公开与私下的羞辱。该叙事和授权关系无论多么复杂和困难，通过巩固基层组织和动员，能使律师打破关于对手角色和工艺功能的传统观念。这种突破的基础，是将不同社区的声音和故事融入律师工作过程。从种族批判理论来看，温德尔也可以将社区参与的价值与公民对话交织在一起，尤其

---

〔128〕 See Janine Sisak, "If the Shoe Doesn't Fit . . . Reformulating Rebellious Lawyering to Encompass Community Group Representation," 25 *Fordham Urb. L. J.* 873, 878 (1998) ["反抗的律师组织动员、组织和授权客户对穷人面临的问题做出集体反应。这需要客户、律师和其他非专业人士之间的合作与协作，以克服贫困法背景下固有的压迫"（脚注略）]; Paul R. Tremblay, "Rebellious Lawyering, Regnant Lawyering, and Street-Level Bureaucracy," 43 *Hastings L. J.* 947, 948 (1992)（建议代表在社会经济和政治上从属于客户的律师"有授权客户的义务，这在很大程度上转化为动员、组织和非专业化的概念"）。

〔129〕 See Ascanio Piomelli, "The Challenge of Democratic Lawyering," 77 *Fordham L. Rev.* 1383, 1386 (2009)（敦促那些与低收入人群、有色人种及其社区合作推动社会变革的律师应被理解为"民主律师"，因为民主是他们的愿望、价值观和方法的核心）; David A. Super, "Laboratories of Destitution: Democratic Experimentalism and the Failure of Antipoverty Law," 157 *U. Pa. L. Rev.* 541, 546-49 (2008)（认为民主经验主义——过去四十年来反贫困法的主导方法——存在着重大缺陷，应该被一种实质性的反贫困法模式所取代，该模式采取更积极主动的方式来消除贫困）。

〔130〕 See Anthony V. Alfieri, "Gideon in White/Gideon in Black: Race and Identity in Lawyering," 114 *Yale L. J.* 1459, 1463 (2005) [审查了约翰·哈特·埃利（John Hart Ely）的工作，并草拟了"以社区为中心的指导方针，指导律师努力促进无人代表的个人和团体的法律、政治和经济利益"]; Alfieri, "Integrating Into a Burning House," *supra* note 5, at 601（注意到"新的宣传方向可以通过采用灵活、种族和身份意识强的社区赋权愿景来实现"）; Alfieri, "Post racialism," *supra* note 5, at 956, 963（提议为了有效，民权和贫困律师必须了解或揭示低收入和少数族裔社区的文化和结构力量如何相互作用，为社区居民创造集体成果，以便这些律师能够帮助他们的客户"进行真正的自我阐述，获得平等待遇，并行使充分参与文化和社会环境的自由"）; Anthony V. Alfieri, "(Un) covering Identity in Civil Rights and Poverty Law," 121 *Harv. L. Rev.* 805, 806 (2008) [认为有效的法律变革不应以个案为基础，而"以（弱势）个人客户在地方和国家联盟中合作的程度来衡量，以扩大公民权利和减轻贫困"]。

伦理与法律：导论

是在多数和少数社区之间。只有通过对话才能在道德上承认经济正义和社会团结方面的共同跨种族利益，这一点在维里克公园图书馆得到了体现。在像西树林社区这样的种族隔离社区，法律和法律制度早已失灵；律师的坦率、合作和种族意识对话，是对法律和政治战略（例如，直接服务的代理、全县范围的影响性诉讼和立法改革）和对其他非法律战术的实际考虑（如私人集资举措、教堂和学校的合作、媒体宣传、公众抗议和政治压力点）进行规范性评估的最佳途径。

结　论

尽管在西树林社区和美国其他历史性种族隔离社区，贫困和种族不平等的状况严重，但温德尔告诫律师（包括民权律师和贫困律师），不要直接以正义为目标，也不要在其法律政治宣传和咨询决定中考虑普通道德。相反，他敦促律师以民主正当性和法治的政治价值来指导他们的伦理决策，并在法律体系的基本制度和程序中发现道德和正义的自然核心。他认为，这一发现引起了人们对强大行动者和专制权力的道德立场。根据温德尔的观点，从这种理想的立场出发，律师可以以一种平等尊重和保护所有公民不受权力和特权腐败影响的方式，合理地参与法律和法律制度。

律师社会角色和功能的价值，及其在维持法治和保护政治正当性方面的规范意义，怎么强调都不过分。尽管承认现行法律制度在程序和实质方面存在缺陷，但律师的角色和职能，从其对法律忠实和道德义务的内在观点出发，确保了立法和法律解释中的公平程序。温德尔担心，如果过于积极地面对法律形式和内容上的缺陷，就有可能重新引发规范性争议，给政治不和谐埋下伏笔，并导致社会不和谐，而这种不和谐通常会受到法律的蓄意压制，从而使个人自主和集体合作处于危险之中。[131]然而，将律师塑造成准政府官员，并

---

[131]　Wendel, *supra* note 21, at 208–11.

将他们紧紧束缚在为保护客户合法权益而组织起来的狭隘的制度角色和工艺职能中，这并不能遏制法律所受到的威胁，这种威胁源于以少数族裔为基础的普通道德和社会正义诉求。这只能保证律师会再次走出法律之外，重新唤起在如西树林社区这样的社区中所发现的不服从和反抗的精神。

法律忠诚与道德多元化的前提[*]

作者：凯瑟琳·R.克鲁泽（拉斯维加斯内华达大学威廉·S.博伊德法学院 教授）

布拉德利·温德尔是法律职业伦理理论新前沿的开拓者。温德尔追随威廉·西蒙（William Simon）的脚步，打破了道德理论在法律职业伦理中长期占据主导地位的话语，将法律职业伦理推向了一种律师法理学（a jurisprudence of lawyering）。[1]温德尔没有探讨"律师能否是一个好人"这一更传统的问题，而是将我们的注意力集中在"成为一名好律师意味着什么"这一问题上。法律实践的核心功能之一是法律解释。客户之所以寻求法律咨询，是因为他们想了解法律规定了什么，以及法律如何限制他们的选择。温德尔认为，由于律师有权通过法律意见来解释和宣布法律，他们有忠实地解释法律的职业责任。[2]《法律人与法律忠诚》一书是温德尔对律师履

---

[*] 我要感谢每一位参与这次对话的人，感谢他们的友谊、指导和精神上的陪伴。他们使法律职业伦理成为一个令人兴奋和值得研究的领域，这对我和其他许多人来说都是如此。我要特别感谢史蒂夫·佩珀（Steve Pepper）和布拉德利·温德尔（Bradley Wendel）对这篇评论的点评，以及本·齐布尔斯基（Ben Zipursky）在对温德尔著作的多次有益讨论中分享自己的想法。——作者注

[1] W. Bradley Wendel, *Lawyers and Fidelity to Law* 194–200 (2010). 威廉·西蒙的早期作品是以法理学理论为基础的。See generally William H. Simon, "The Ideology of Advocacy：Procedural Justice and Professional Ethics," 1978 *WiS. L. Rev.* 29, 33–34 (hereinafter Simon, "Ideology of Advocacy") (认为"要认真对待个性的价值，就必须放弃倡导意识形态和法律职业主义"，"尊重法律本身的价值，就必须否定法律职业主义"). His break from moral theory became explicit in William H. Simon, *The Practice of Justice：A Theory of Lawyers' Ethics* (1998) (hereinafter Simon, *Practice of Justice*). I have written more about this movement in Katherine R. Kruse, "The Jurisprudential Turn in Legal Ethics," 53 *Ariz. L. Rev.* 493 (2011).

[2] Wendel, *supra* note 1, at 189.

行这一职业责任意味着什么的探索。

温德尔曾经写道，法律职业伦理必须"'自始至终都是规范性的'，民主理论证明了法律功能理论的正当性，而法律功能理论又证明了律师角色概念的正当性"。[3]在《法律人与法律忠诚》中，温德尔用两个相互关联的论点，提出并捍卫了这样一个关于律师行业的综合理论：一个是功能性论点，法律值得尊重是因为它有能力在一个道德多元化的社会中解决规范性争议；一个是规范性论点，法律值得尊重是因为民主立法过程尊重公民的平等和尊严。这篇评论集中在温德尔的"自始至终都是规范性的"论证链中的一个环节：他从道德多元化的前提转向其"法律的功能是解决社会中的规范性争议"这一结论。

我从实践和理论两方面，质疑温德尔的举措。实际上，法律有能力解决道德争议（至少是社会无法解决的最深层的争议，因为它是合理的道德多元化的结果），这是值得怀疑的。这很重要，因为在温德尔"自始至终都是规范性的"观点的最深处，法律为我们做一些我们自己做不到的事情的能力，是我们尊重法律的来源。[4]更重要的是，在一个道德多元的社会里，我们是否应该用法律来解决规范性争议，我对此表示怀疑。温德尔认为，我们需要解决这些争议，这样我们才能继续前进并组织我们的事务，尽管我们在价值观上存在分歧。然而，我认为，这种扰乱法律的努力不应被视为一种威胁：对于一个自由而公正的社会，无休止的规范性争论只能被看作是一个事件，而不是一个障碍。

一、温德尔基于道德多元化前提的论证

《法律人与法律忠诚》重新诠释了传统党派（partisan）和道德

---

[3] W. Bradley Wendel, "*Professionalism as Interpretation*," 99 *Nw. U. L. Rev.* 1167, 1176-77 (2005).

[4] See Wendel, *supra* note 1, at 89（"法律制度的程序……构成了一种手段，可以在道德多样性和分歧的情况下共同生活、相互尊重并为共同目标而合作。因此，尊严和平等的价值支持了法律制度要求公民有权受到尊重的主张"）。

中立的律师角色道德，奠定了法律职业伦理的法学理论和政治理论基础。与温德尔的早期作品一样，[5]《法律人与法律忠诚》既不能容忍律师对律师管理法最低限度的技术遵守，也不能简单地将律师的道德价值作为指导。虽然温德尔过去曾认为法律职业价值是多元的，[6]但他现在将其法律职业伦理理论集中于一个最重要的价值：对法律的忠诚。温德尔重塑了律师在客户合法权益方面的党派性（partisanship）责任——定义为"恰当解释的法律实际上为客户提供了什么"[7]——而不是对客户法律利益的积极追求。[8]而且，温德尔将律师对客户目的保持道德中立的传统职责，重新诠释为尊重法律的权威，即使这种权威与法律的实质正义存在分歧。[9]温德尔将法律职业伦理置于一种深受哈特实证主义影响的法理学中。温德尔对法律的忠诚排除了玩弄法律的伎俩和不正当行为，这些做法把法律的一般意义理解为律师、法官和法律制度的其他参与者公认的解释实践中所理解的意义。[10]这些共享的解释实践形成了他所称的法律界的"承认规则"（rules of recognition），[11]允许律师判断某些解释比其他解释更合理。[12]温德尔还认为，对法律的忠诚要求律师从一种内在观点（an internal point of view）来看待法律，这种观点认为法律是"关于某事"的——目的是将行为认可为有益于社会行为。[13]他认为，法律是一个能与道德分离的理性领域，律师通过向客户提

---

〔5〕 See generally W. Bradley Wendel, "Public Values and Professional Responsibility," 75 *Notre Dame L. Rev.* 1 (1999)（概述法律职业价值研究的方法）。

〔6〕 See id. at 37（声明"一个令人满意的专业责任说明必须允许多种价值存在"）；see also W. Bradley Wendel, "Value Pluralism in Legal Ethics," 78 *Wash. U. L. Q.* 113, 116 (2000)（"律师的基本规范价值实质上是多元的，在许多情况下是不可通约的"）。

〔7〕 Wendel, *supra* note 1, at 59.

〔8〕 Id. at 78-79.

〔9〕 Id. at 88.

〔10〕 Id. at 190-94.

〔11〕 Id. at 196-98.

〔12〕 Id. at 186.

〔13〕 Id. at 196.

供行为的法律理由，来展示对法律的忠诚。[14]作为一个推论，尽管律师可以自由地提供道德建议，但法律忠诚阻止了律师通过秘密废除不公正的法律，或者"把道德建议伪装成法律允许的判断"，[15]将他们的道德判断纳入法律代理之中。

影响温德尔律师法理学的哈特实证主义，更是以法律的正当性理论为基础（自始至终都是规范性的）。[16]温德尔坚持认为，法律的正当性必须建立在独立于其内容的基础上，他将正当的法律制度定义为，甚至能为那些认为法律实质上不公正的人提供尊重法律权威的基础的法律制度。[17]温德尔认为，在一个以合理的道德多元化为特征的社会中，对法律实质正义的评估不能为对法律正当性的共同判断提供基础，因为公民会对衡量正义的规范性标准产生分歧。[18]制定法律所依据的程序的公正性，也为正当性提供了一个同样不稳定的基础，因为在一个多元社会中，理性的人会对用以判断程序公平的标准产生分歧。[19]

虽然温德尔并没有把它们分开，但他为在一个道德多元化的社会中确立法律的正当性，提供了两个相互关联的论证：一个是功能性论证，另一个是规范性论证。温德尔的功能性论证是建立在法律能够将无理性的要求，转化为合法权益的要求的基础上的。[20]温德尔认为，即使是那些不同意法律的实质正义的人也应该尊重法律，因为法律建立了一个稳定的框架，公民在这个框架内可以协调他们的活动，尽管一个道德多元化的社会存在深刻、持久和最终不可调

---

〔14〕 Id. at 194-195.

〔15〕 Id. at 139.

〔16〕 See *supra* note 3 and accompanying text; see also Daniel C. K. Chow, "A Pragmatic Model of Law," 67 *Wash. L. Rev.* 755, 816 n. 286（1992）（法律的说服力的解释，该法律源于规则的"政治正当性"，构成了哈特实证主义的核心）。

〔17〕 Wendel, *supra* note 1, at 87-88.

〔18〕 Id. at 88.

〔19〕 Id. at 102.

〔20〕 Id. at 89.

和的规范性争议。[21]借用杰里米·沃尔德伦（Jeremy Waldron）的说法，温德尔认为，作为一个道德多元化的社会，我们处于"政治环境"（circumstances of politics）；这意味着我们认识到需要一个稳定的合作框架，却无法就该框架的规范性基础达成一致，但我们致力于平等相待和相互尊重。[22]法律提供了一种方法，能超越基本规范性争议的竞争性要求，并将其转化为公认的合法性标准。[23]根据温德尔的观点，这是一项重大成就：法律"使我们所居住的社会有可能形成一个可行的和持久的共同体，其特点是宗教和伦理观点的多样性"，因为法律允许我们"认识到彼此之间的义务，并通过我们社会的政治机构进行调解，尽管存在实质性的分歧"。[24]温德尔认为，因为法律为社会做了一些它自己不能做的事情，所以法律具有实践权威：法律对规范性争议的解决为我们提供了一个遵守法律的理由，而这与法律是否正确地解决了争议无关。[25]

温德尔的功能性论证是由一种规范性论证支撑的，这种规范性论证认为，法律应该受到尊重，因为制定法律的民主立法过程尊重公民的平等和尊严。[26]温德尔指出，有一些方法可以解决社会中的规范性争议，但这些方法在正常情况下并不具有吸引力，比如任命一个独裁者。[27]通过使用强制力解决规范性争议可能会迫使公民遵守法律，但它不会为公民提供尊重法律权威的理由。也存在解决争议的随机方法（比如抛硬币）或者腐败方法（比如受贿）。[28]在温德尔看来，随机或腐败的过程将不会获得对法律权威的必要尊重，因为它们所提供的解决办法将不会以潜在理由的平衡为基础。为了获得尊重，法律通过使用合理响应公民的参与要求的公平程序，必

---

〔21〕 Id. at 97.

〔22〕 Id. at 90.

〔23〕 Id. at 91.

〔24〕 Id. at 97.

〔25〕 Id. at 107-13.

〔26〕 Id. at 89.

〔27〕 Id. at 98.

〔28〕 Id. at 111.

须是满足温德尔所谓平等的道德约束过程的产物。[29]温德尔认为，当法律根据"充分……响应公民参与的要求"的过程做出决定时，法律才获得正当性。[30]

温德尔关于尊重法律权威的功能性论证与规范性论证之间存在张力。如果没有规范性论证的支持，功能性论证就会沦为制裁所支持的力量，无法为从哈特的"内在观点"将法律作为指导社会行为的独立来源提供基础。[31]然而，如果规范性论证为程序公正和参与设定了过高的标准，那么法律解决规范性争议的功能性能力就会开始瓦解，成为关于社会中存在争议的公平观念的二阶争议（second-order controversies）。[32]温德尔解决了张力问题，有利于最终结果。[33]温德尔为公平设定了一个相对较低的门槛，[34]只要法律是根据反映公民之间"大致平等"的"相当公平"的程序制定的，就要求对法律的忠诚。[35]温德尔认为，想索求更多将会使法律丧失"解决冲突和为协调行动建立临时基础"的能力。[36]

由于这种低门槛，温德尔的功能性论证，最终完成了其法律职业伦理理论中的大部分工作。功能性论证为尊重法律权威提供了一个独立的理由：因为在一个道德多元的社会中，规范性争议确实难以解决，而法律将相互竞争的规范性要求转化为公认的合法性标准的能力，是一项值得尊重的成就。而且，与纯粹的规范性论证相比，功能性论证起到了重要的限制作用；规范性论证认为，法律应该受到尊重，因为（而且仅在一定程度上）法律是根据公平且包容的立

---

〔29〕　Id. at 91.

〔30〕　Id.

〔31〕　See id. at 102（解释在规范性论证中讨论的设置合法性标准太低，可能导致权威性制度的建立）。

〔32〕　Id. at 101-02.

〔33〕　Id.

〔34〕　Id. at 102.

〔35〕　Id.（强调省略。）

〔36〕　Id.

法过程制定的。[37]由于可以指望公民对法律程序的公平提出不同意见，解决规范性争议的功能性需要，要求公平程序的标准仍然非常宽松。

二、道德多元化前提的结论是什么？

在道德多元化的前提下，我们有可能对温德尔的观点提出异议，并认为社会比温德尔所描绘的更具有正常的凝聚力。作为一个应对法律职业伦理道德多元化挑战的同路人，我不会采取这种做法。[38]相反，我对温德尔关于道德多元化前提的结论提出了两个问题：①作为一个实践问题，法律是否有能力解决由道德多元化前提所引起的各种深刻而棘手的道德争议；②作为一个理论问题，我们是否应该让法律来发挥这种解决功能。

（一）道德多元化的前提

道德多元论的前提在本质上是这样一种主张，即在社会中可能存在（也确实存在）多种合理的道德观点。[39]在一个道德多元的社会里，人们对道德判断的分歧，是建立在从各种哲学和宗教来源中得出的相互竞争的道德综合概念的基础上的，而这些概念都不能从自身理论框架之外的角度客观地被认为是"对的"或"错的"。合理的道德多元化的主张，并不是简单地认为道德分歧存在于社会之中，而是认为道德分歧是合理和可预见的。正如约翰·罗尔斯（John Rawls）所说，道德和宗教观念的多元化是"人类理性处于持久的自由制度之下……的自然结果"，是现代民主社会的一个永恒特征。[40]

---

〔37〕 See id. at 101-02（主张虽然公平的规范性要求是合法性的一个重要方面，但最终的功能性要求必须占主导地位，以避免政治僵局）。

〔38〕 See Katherine R. Kruse, "Lawyers, Justice, and the Challenge of Moral Pluralism," 90 *Minn. L. Rev.* 389，396-402（2005）（比较和对比不同的道德多元主义的起源理论，并将道德多元主义作为一个整体来接受）。

〔39〕 Wendel, *supra* note 1, at 88.

〔40〕 John Rawls, *Political Liberalism*, at xxiv（2005）.

由于法律的普遍适用，它宣布了适用于不同道德观点的社会规范，并对违反这些规范的行为予以制裁。然而，为了有效地创造社会安宁，这些声明必须被认为是正当的。当被制定成法律时，社会规范成为特定的语言，这为法律语言的技术操作开辟了空间。与不服从法律相关的制裁，同样为公民提供了规避法律制裁的空间，他们的态度就像典型的霍姆斯所谓的坏人，"只关心物质后果……（法律）知识使他能够预测。"[41]由于这种在法律范围内的解释和实施的"游戏"，任何法律上的规范性争议的解决，都将不断地被公民的解释游戏和隐蔽的不服从所破坏，因为这些公民持有与法律的解决相悖的强烈道德信念。[42]

如果解决规范性争议是法律的目的和功能，那么温德尔的正当性标准——即法律必须能够以一种使那些认为它被错误决定的人满意的方式来解决规范性争议——就是适用的正确标准。为获得对法律权威一定程度的尊重，从而排除这种做法，法律必须做的不仅仅是在一场规范性意志的社会斗争中宣布胜利者。法律必须为尊重提供一个足够强大的理由，它可以超越道德理由，避免法律触及那些认为法律被错误决定的公民不可避免会触及的范围。

（二）在一个道德多元的社会中，法律能否解决规范性争议？

温德尔对法律解决规范性争议的方式的描述可以看作是一个寓言，其叙事结构将深刻而持久的规范性争议投射为麻烦，而法律则是将社会从不和谐中拯救出来的英雄。[43]在这种叙述中，社会无法

---

〔41〕 Oliver Wendell Holmes, Jr., Justice, Supreme Judicial Court of Mass., "The Path of the Law, Address at the Boston University School of Law" (Jan. 8, 1897), in 10 *Harv. L. Rev.* 457, 459 (1897).

〔42〕 See Simon, *Practice of Justice*, supra note 1, at 37–41（在法律规范的"实证主义前提"下，将解释和执行确定为最重要的问题）; Simon, *Ideology of Advocacy*, supra note 1, at 44–46（解释说，公民使用他们的"程序自由裁量权按照他们各自的目的来阻挠实质规则的执行……"）。

〔43〕 这是对安东尼·阿姆斯特丹（Anthony Amsterdam）和杰罗姆·布鲁纳（Jerome Bruner）的叙事结构作品的暗指。See Anthony G. Amsterdam & Jerome Bruner, *Minding The Law* 158–59（2000）[将最高法院关于种族争议的两项判决描述为"避免……灾难"，并将最高法院的角色与古希腊英雄梅内劳斯（Menelau）的角色进行比较]。

通过推理来摆脱深刻而棘手的规范性争议，但仍然需要解决规范性争议，这样社会才能在相对和平与和谐中前进。为了解决这个问题，社会将一件事情提交到法律程序，法律程序将争议转化为社会能够达成一致的既定法律。简单地说，温德尔的功能性论证就是，尽管我们与法律的内容存在道德分歧，我们也应该尊重法律，因为法律为我们做了一些我们无法为自己做的事情：法律将我们从道德多元化中拯救出来。[44]

在这一部分中，我认为温德尔关于法律解决规范性争议的寓言式叙事并不完全准确。虽然法律在法律与社会规范之间复杂的相互作用中发挥作用，法律与社会规范既描述在规范性竞争的领域和法律的大舞台上遵守法律的微观决策，也描述社会运动，但是将规范性争议翻译成法律语言，并不能实现温德尔功能性论证所依赖的解决功能。如果法律缺乏解决社会中深刻而持久的规范性争议的能力，那么温德尔关于法律合法性的功能性论证就会失效。如果事实证明，法律是一个非自主领域，即使翻译成法律术语，其中深刻而持久的规范性争议也仍然有争议，那么我们就没有特殊理由仅仅因为它们是法律而尊重实在法的临时解决办法——立法行为、司法裁判和宪法修正案。

尽管我对温德尔关于法律有能力解决社会中深刻而持久的规范性争议的观点持有异议，但我将其与相关观点区分开来，即法律创造了一个框架，允许我们协调生产性社会活动（productive societal activity）。[45] 在我看来，后一种观点——即法律具有协调生产性社会活动的能力——大致准确地描绘了法律的功能。法律告诉我们在马路的哪一边开车，哪一天交税。法律规定了环境、工作场所卫生和安全、交通系统、金融市场和许多其他私人活动影响公共利益的活动的行政管理结构。法律为确立从土地到知识产权的一切产权提供

---

〔44〕 See Wendel, *supra* note 1, at 9（"法律的作用是为经验的不确定性和规范的争议提供一个合理的解决方案，并为合作活动提供一个基础……"）。

〔45〕 See *supra* note 21 and accompanying text.

了规则。法律为因他人的过失行为而受到伤害的人提供了私人赔偿的途径。法律规定了进入和成为该国公民的标准和程序。通过这些方式和其他许多方式，法律的作用是使我们的事务井然有序，使我们能够在一个庞大而复杂的社会中共同生活。

在我看来，规范性判断也确实被编织进了法律标准和程序的结构中。这些规范性判断可以被理解为从无争议到激烈争论的连续。一些规范性判断（比如财产可以而且应该被拥有的观念）可能会受到道德批评，但它们深深植根于我们的社会规范中，因此很少受到质疑。法律中嵌入的其他规范性判断（比如动物可以作为财产被拥有或者政府有权征税的观念），都得到社会的普遍接受，但也受到了边缘或反文化团体的抵制。[46] 还有其他的规范性判断［比如婚姻应该仅限于一男一女之间或者（作为一种选择）应该扩展到同性伴侣之间的结合的观念］，是广泛而分裂的道德争议的主题。[47]

我背离温德尔的地方是其功能性论证的中心论点，即法律有能力解决关于社会规范的激烈争论。[48] 关于社会中严重分裂的道德问题，更合理的说法是法律提供了一种媒介，通过这种媒介，规范性争议可以得到（并将继续得到）辩论。正如研究法律与社会的学者所承认的，法律与社会规范之间的相互作用是复杂的。在构建和解决纠纷的微观层面上，与主流的社会规范相比，法律往往扮演着边缘角色。[49] 尽管法律提供了私人秩序发生的轮廓，例如姆努金（Mnookin）和科姆豪泽（Komhauser）关于争端解决的著名比喻"在法律的阴影

---

[46] See, e. g., Irwin Schiff, *The Federal Mafia: How It Illegally Imposes and Unlawfully Collects Income Taxes* 11（2d ed. 1992）（认为缴纳所得税是"严格自愿的"，因为强制征收所得税是违宪的）; Diane Sullivan & Holly Vietzke, "An Animal is Not an iPod," 4 *J. Animal L.* 41, 58（2008）（"结论是，美国法律制度不应将动物归为财产，因为动物是有知觉的生物，能够经历巨大的痛苦"）。

[47] See *infra* notes 56-71 and accompanying text.

[48] See *supra* note 25 and accompanying text.

[49] See, e. g., Robert C. Ellickson, *Order Without Law: How Neighbors Settle Disputes* 4 (1991)（认为邻居们发展并实施了适应性的睦邻关系规范，这超越了正式的合法权利）; Stewart Macaulay, "Lawyers and Consumer Protection Laws," 14 *Law & Soc'Y Rev.* 115, 117 (1979)（认为"讨价还价的政治"通常比法律规范对职业实践有更大的影响）。

伦理与法律：导论

下"（in the shadow of the law），[50]但这些轮廓是模糊的，[51]当法律与社会规范在低层法律和法外决策中相互作用时，这些轮廓会扩大或缩小。[52]法律和社会规范之间同样复杂的相互作用发生在宏观层面。[53]正如研究法律改革和社会运动的学者所述，法律通过对有争议的立法颁布和司法裁决的反弹、合作和官僚主义抵制的循环，来吸收和反映潜在的规范性争议。[54]将规范性争议提交法律程序，可以构建和转换潜在的规范性争议的措辞，而法律程序可以动员集体行动。[55]但是，法律在任何意义上都不能真正"解决"争议。

美国目前关于同性婚姻的道德和法律争议，说明了规避通过法律解决规范性争议的动态影响。最早的同性婚姻案件是在 20 世纪 70 年代中期提起诉讼的，当时有四个州的法院驳回了同性伴侣对婚姻法提出的法律挑战。[56]这些案件是在石墙暴动后（post-Stonewall-riots）同性恋权利运动的早期提出的，当时谴责同性恋的社会态度还

〔50〕 See generally Robert H. Mnookin & Lewis Komhauser, "Bargaining in the Shadow of the Law: The Case of Divorce," 88 *Yale L. J.* 950（1979）（提供一个框架来考虑法庭规则和程序如何影响法庭外的谈判）。

〔51〕 Stewart Macaulay, "The New Versus the Old Legal Realism: Things Ain't What They Used to Be," 2005 *Wis. L. Rev.* 365, 395（美国人在法律的阴影下交易，但阴影通常是太阳和地面之间物体的扭曲）。

〔52〕 For a summary of literature on this subject, see Herbert Jacob, "The Elusive Shadow of the Law," 26 *Law & Soc'y Rev.* 565, 565-71（1992）。一些法律和社会学者甚至将私人秩序体系描述为一种法律形式，并将秩序体系之间的相互作用描述为"法律多元主义"。See, e. g., Sally Engle Merry, "Legal Pluralism," 22 *Law & Soc'y Rev.* 869, 889-90（1988）（结论是法律多元主义，包括"社会法律现象"，脱离了法律中心主义的意识形态，建议关注其他形式的秩序及其与国家法律的互动）。

〔53〕 See generally *Cause Lawyers and Social Movements*（Austin Sarat & Stuart A. Scheingold eds., 2006）（描述在特定领域从事工作的律师所引发的社会运动）；Joel F. Handler, *Social Movements and the Legal System: A Theory of Law Reform and Social Change*（1978）（考察几次试图利用法律制度影响社会变革的尝试）。

〔54〕 For a summary of this literature, see Orly Lobel, "The Paradox of Extralegal Activism: Critical Legal Consciousness and Transformative Politics," 120 *Harv. L. Rev.* 937（2007）。

〔55〕 See, e. g, Scott L. Cummings & Deborah L. Rhode, "Public Interest Litigation: Insights from Theory and Practice," 36 *Fordham Urb. L. J.* 603, 604（2009）（将利用诉讼促进社会变革描述为"一个不完美但不可或缺的策略"）。

〔56〕 Scott Barclay & Shauna Fisher, "Cause Lawyers in the First Wave of Same Sex Marriage Litigation," in *Cause Lawyers and Social Movements*, *supra* note 53, at 84.

没有明显改变，[57]婚姻仅限于一男一女之间的结合，这一观点被广泛接受，几乎是毫无疑问的。[58]毋庸置喙，在这些案件中，原告彻底失去了他们的合法要求，在一些案件中，原告还由于他们的积极行动而遭受其他形式的歧视待遇。[59]

然而，当同性婚姻在20世纪90年代重新成为一个法律问题时，关于同性恋的社会规范正在发生更大的变化，同性婚姻问题，对于支持和反对同性婚姻的宣传团体，都遭遇了一连串令人眼花缭乱的法律成功和失败。[60]一些州的法院承认了结婚的权利，[61]这引发了联邦和州"婚姻保护"法案的反弹，这些法案旨在通过立法阻止其他州承认同性婚姻。[62]反同性婚姻活动人士动员起来，通过立法和宪法修正案将婚姻限制在一男一女之间的组合，有时还会为"家庭

---

〔57〕 See William N. Eskridge, Jr., "A History of Same – Sex Marriage," 79 *Va. L. Rev.* 1419, 1423- 24（1993）（注意到同性恋权利问题在石墙暴动之前被"压制或忽视"，甚至在暴动之后，激进分子们奋斗了二十多年，以确保"不同性别的夫妇能够获得相同的福利"）。

〔58〕 Id. at 1427-29（主张早期法院驳回支持同性婚姻权利的论点的意见，其依据是同性婚姻不符合婚姻的社会定义）。

〔59〕 1974年华盛顿州一案的原告约翰·辛格（John Singer）因其激进主义而被联邦解雇，失去了公务员职位。Barclay & Fisher, *supra note 56*, at 89. 杰伊·贝克（Jay Baker）是一名学生活动家，他在1971年为一桩同性婚姻案件提起诉讼，在他向明尼苏达州律师协会提出的申请中，因提交婚姻文件和公开同性恋倾向而受到审查。Id. at 89-90.

〔60〕 See generally Scott L. Cummings & Douglas NeJaime, "Lawyering for Marriage Equality," 57 *Ucla L. Rev.* 1235（2010）（反对同性婚姻诉讼削弱了同性恋权利运动所追求目标的论点）; Eskridge, *supra note 57*（讲述同性婚姻的历史）; Jane S. Schacter, "Sexual Orientation, Social Change, and the Courts," 54 *Drake L. Rev.* 861（2006）（讨论在同性恋观念方面影响社会变化的法律努力的模糊结果）。维基百科（Wikipedia）在线收录了同性恋婚姻争论不断展开的历史。Wikipedia, "Same-Sex Marriage in the United States," http://en. wikipedia. org/wiki/Same-sex-marriagein-theUnitedStates（last modified Nov. 7, 2011）。

〔61〕 See *In re Marriage Cases*, 183 P. 3d 384, 409, 453（Cal. 2008）（认为"只有一男一女之间的婚姻在加州才有效或被承认"的家庭法典条款是违宪的）; *Baehr v. Lewin*, 852 P. 2d 44, 55, 67（Haw. 1993）（承认结婚权，并认为一项表面上在行使婚姻民事权利时对申请人夫妇进行性别歧视的法律，涉及《夏威夷宪法》的平等保护条款，并要求法院实施严格的审查）; *Goodridge v. Dep't of Pub. Health*, 798 N. E. 2d 941, 969（Mass. 2003）（"仅仅因为一个人与同性结婚，就将他从民事婚姻的保护、利益和义务中驱赶出去，这违反了《马萨诸塞宪法》"）。

〔62〕 Schacter, *supra note 60*, at 869.

伦理与法律：导论

伴侣"创造特殊的法律地位,[63]这反过来又被认为违反了一些州的宪法。[64]因此,法律并没有解决关于同性恋和同性婚姻的规范性争议,而是变成了一个关于同性婚姻的争议曾经是并将继续是争议的舞台。[65]

尽管说法律已经"解决"了美国同性婚姻潜在的规范性争议是有问题的,但认为法律没有发挥作用同样是有问题的。与在许多社会运动中一样,法律程序塑造甚至说改变了这场辩论。例如,20世纪70年代最早的几起司法案件,"解决"了法律在未来20年里坚决反对同性婚姻的问题。[66]然而,拓宽视角来考虑这些诉讼在更大范围的同性恋权利社会运动中所扮演的角色,提起诉讼的行为可以说是对同性婚姻想法的重要"主张"(claiming),从《平等权利修正案》(Equal Rights Amendment)的反对者——他们提出同性恋婚姻的观念是通过反对性别歧视的宪法修正案可能导致的一系列可怕结果的一部分[67]——那里借用,并将同性婚姻的想法"从荒谬变为可能"。[68]随着随之而来的同性婚姻争论的继续,法律的语言继续提供方法来阐明和包装争论中的问题。大约在同一时间,早期的同性婚姻案件正在审理中,威廉·伦奎斯特(William Rehnquist)把同性恋类同为一个公共健康问题,他说同性恋学生群体是否能够在

---

〔63〕 Cummings & NeJaime, *supra* note 60, at 1250; Schacter, *supra* note 60, at 869-70.

〔64〕 See, e. g., *Kerrigan v. Comm'r of Pub. Health*, 957 A. 2d 407, 412(Conn. 2008)(认为一项禁止同性婚姻但规定民事结合的法令未能通过州宪法的中期审查); *Baker v. State*, 744 A. 2d 864, 886(Vt. 1999)(根据州宪法,为同性伴侣提供不平等权利的婚姻法规是违宪的)。

〔65〕 最近的一件大事是纽约通过了允许同性婚姻的立法。Nicholas Confessore & Michael Barbaro, "New York Allows Same-Sex Marriage, Becoming Largest State to Pass Law," *N. Y. Times*, June 25, 2011, http://www. nytimes. com/2011/06/25/nyregion/gay-marriage-approved-by-new-york-senate. html.

〔66〕 See Eskridge, *supra* note 57, at 1427 n. 17(记载了1971年至1993年期间反对同性婚姻的一些司法裁决)。当第一个现代同性恋婚姻案件在夏威夷被提起时,社会运动的律师们反对该案,认为现在还不是提出法律挑战的时候。Cummings & NeJaime, *supra* note 60, at 1250.

〔67〕 Barclay & Fisher, *supra* note 56, at 86-87, 90-91.

〔68〕 Id. at 91.

校园组织活动的问题，"类似于那些患有麻疹的人是否有违反检疫规定的宪法权利，与其他目前没有患麻疹的人交往"。[69]最近，也存在争议的是，同性婚姻的支持者利用民事权利历史和民事权利语言，将国家对同性婚姻的禁令类比为异族通婚法。[70]同样有争议的是，同性婚姻的反对者利用国家保护婚姻的历史，反对宗教多元化所引发的第一修正案的主张，将同性婚姻限制比作禁止重婚的法律。[71]

温德尔承认法律有可能"将野蛮的要求转化为合法权益的主张"，并且将它看作法律解决规范性争议的潜力：通过将规范性争议转化为法律条款，我们能够将其作为一个社会来考虑这个问题，而不是简单地"表达纯粹的欲望，就像一个蹒跚学步的孩子发脾气"。[72]温德尔在这个论点中忽略的是，规范性争论已经超越了发脾气的范畴，并提供了依据理性和公共善（public good）来构建分歧的方式。在一个道德多元的社会里，所争论的规范性主张并不是"野蛮要求"的表达，而是对深刻而真诚地持有的关于权利与善的信念的诉求。尽管通过援引法律语言和与之相关的判例历史，将这些争议转化为法律条款需要更多的资源，但是深层和持久的潜在规范性争议，并不会因为这种转化而突然变得更容易接受。

（三）在一个道德多元的社会里，法律是否应该解决规范性争议？

在前面的分节中，我从最深的层面上对温德尔的"自始至终都是规范性的"观点提出了异议。他将律师在社会中的角色置于法律功能的概念中，以解决规范性争议。当我们爬上规范的梯子去审视

---

〔69〕 *Ratchford v. Gay Lib*，434 U. S. 1080，1084（1978）（Rehnquist，J.，dissenting）.

〔70〕 See Eskridge，*supra* note 57，at 1423-34（描述基于自由主义法律理论而支持和反对同性婚姻的论点）. See generally Randall Kennedy，"Marriage and the Struggle for Gay，Lesbian，and Black Liberation，" 2005 *Utah L. Rev.* 781（讨论民权历史与当前同性恋权利问题之间的相似之处）.

〔71〕 See，e. g.，*Lawrence v. Texas*，539 U. S. 558，590（2003）（Scalia，J.，dissenting）（认为禁止同性婚姻的州法律和禁止重婚的州法律的合宪性可能会受到质疑，因为多数人认为将同性恋行为定为犯罪的州法律是违宪的）. 1879 年，美国最高法院支持一项禁止在犹他州重婚的刑事法令，反对摩门教一名成员的宗教反对，该成员以第一修正案为由质疑该法律的合宪性及其对他的适用. *Reynolds v. United States*，98 U. S. 145，161-67（1879）.

〔72〕 Wendel，*supra* note 1，at 114-15.

律师在社会中的角色时，最重要的是律师在"法律的阴影"下为客户提供咨询和帮助的职业活动的正当性。[73]温德尔对政治进程中开放的需要十分敏感，他强调法律应该被视为只是确立"一种临时解决方案"，以"建立一个中等稳定的结构或框架"，在这个结构或框架内"分歧仍有可能产生"。[74]他支持对现有临时解决方案的抵制，通过"合法确立的手段"，[75]甚至通过公开和象征性的违法活动，而这些违法旨在说服社会承认既定法律的不公正。[76]对既定法律的忠诚，排除了为达到自私和私人目的而暗中废除或颠覆法律规范，[77]以及"破坏合法权益的通用框架"的非暴力反抗行为，即使是出于相信法律是不公正的。[78]

另一些人则认为，法律保持着一种开放和演化的性质，这不仅通过正式的法律挑战和有原则的非暴力反抗，而且还通过贪婪和自私自利的违法者故意藐视法律来保持这一性质。[79]在同性婚姻的辩论中，我们可以看到一些类似的东西；在该辩论中，违反既定法律的私人行为一直在正式挑战法律的关注下稳步开展，比如为同性伴侣已悄悄地开始着手组建替代家庭（alternative families）的任务，使用了原本为监护和收养高危儿童而设计的法律标准。[80]司法解释放

---

〔73〕 See *supra* note 50 and accompanying text.

〔74〕 Wendel, *supra* note 1, at 129.

〔75〕 Id.

〔76〕 Id. at 124-25.

〔77〕 Id. at 131-35.

〔78〕 Id. at 124-25.

〔79〕 See, e. g., Eduardo Mois6s Pefialver & Sonia Katyal, "Property Outlaws," 155 *U. Pa. L. Rev.* 1095, 1106（2007）〔描述 19 世纪美国西部的定居者蔑视既定的财产法，建立"由他们自己的公正（尽管是自利）财产关系概念管理的社区"，并指出，虽然这一行为最初受到谴责，但"法律缓慢而肯定地适应了定居者在当地创造的现实"〕。

〔80〕 See generally Nancy D. Polikoff, "This Child Does Have Two Mothers: Redefining Parenthood to Meet the Needs of Children in Lesbian-Mother and Other Nontraditional Families," 78 *Geo. L. J.* 459（1990）（讨论法院应对越来越多有子女的同性伴侣所带来的法律挑战的不同方式）; Jane S. Schacter, "Constructing Families in a Democracy: Courts, Legislatures and Second-Parent Adoption," 75 *Chi. -Kent L. Rev.* 933（2000）（讨论不同的法院使用法定解释来延伸现有的收养法规，以应对同性收养所带来的法律挑战）。

宽或规避法定语言来批准第二父母领养，其民主正当性是值得怀疑的，但它可以通过诉诸"更深厚的民主价值"来捍卫，这些更深厚的民主价值认为，制定法只是民主正当性的一个更大、更有活力的解释中的一部分。[81]在没有争议的初审法院领养案件中，这些更深厚的民主价值，还将支持同性伴侣在违反既定法律的情况下所获得的私下的个人解脱。在这种更深厚的民主正当性观点下，对法律进行无声地放宽或（更彻底地）藐视，以创造新的社会形式的家庭或财产所有权，这是向社会开放多元化的生活方式和选择的一种重要方式，然后法律就能够对这些生活方式和选择做出反应。[82]

相比之下，温德尔对于程序公平和参与的民主价值理想，应当承认是薄弱的，而且侧重于多数主义的立法决策。他认为，任何通过法律程序做出的决定，只要"充分（而非理想地）响应了公民的参与要求"[83]，就都是正当的。他认为，法律是正当的，即使它们被财富和权力上的差异[84]所扭曲，还被教育、住房和就业方面的结构性不平等和歧视所强化；[85]即使立法过程被避免"尊重他人观点"的政治操纵所扭曲。[86]此外，温德尔的正当性理论，要求公民容忍针对非理性多数主义偏见目标的"局部不公平"。[87]温德尔认为，法律程序尽其所能地"认真对待相反的观点"，但"在某种程度上，多数人有权说'我们已经听够了'，然后继续前进。"[88]

温德尔接受了对正当性的这种微弱的程序性解释，因为他得出这样一个结论，即在一个道德多元的社会里，"这可能是我们能做的

---

〔81〕　Schacter, *supra* note 80, at 947-49.

〔82〕　Pefialver & Katyal, *supra* note 79, at 1098; Schacter, *supra* note 80, at 947-49.

〔83〕　Wendel, *supra* note 1, at 91.

〔84〕　Id.

〔85〕　See id. （认为该法律在美国是合法的，尽管"许多公民参与政治进程的能力受到……财富和权力差异……中小学教育不平等等结构性特征以及对妇女和少数民族的持续歧视的限制"。）

〔86〕　Id. at 100.

〔87〕　Id. at 103.

〔88〕　Id. at 101.

最好的事情"。[89]他认为,坚持过于理想化的公平程序概念,将使"一个社会无法利用法律制度来引导自己走出"深刻而持久的道德争议。[90]但是,如果法律制度在帮助社会摆脱深刻而持久的道德争议方面基本上是无效的,那么这种担忧就会消失,从而为更深刻、更健全的程序公平和法律程序正当性概念的出现开辟道路。

对法律解决规范性争议的能力失去信心,这似乎是社会的一个法理学噩梦:陷入不断升级的规范性争议,却没有任何能走出道德多元化困境的权威方法。然而,法律未能解决规范性争议的另一面是,法律有能力在法律范围内为多种道德观点的繁荣开辟空间。我认为,这不是一个法理学噩梦,而是一个灵活而反应迅速的法律制度的"崇高梦想"。[91]面对道德多元化,社会应该追求灵活性和开放性,而不是寻求道德争议的解决,这种观点在许多自由主义政治理论中得到了支持。例如,当密尔(Mill)在书中写道,需要保护人民免受"多数人的暴政"时,他指的不仅是被制定成法律的多数意见的暴政,而是一种更广泛的"主流的意见和感受的暴政"和"社会趋势:通过民事处罚以外的其他手段,将自己的思想和做法作为行为准则强加于持不同意见的人;限制发展,如果可能的话阻止任何与其方式不协调的个性的形成"。[92]以赛亚·伯林(Isaiah Berlin)反对"真正价值的完全和谐是可以找到的"这一观点,[93]认为"体面社会的先决条件"是"通过促进和保持一种不稳定的平衡,这种平衡在不断受到威胁,需要不断修复",来减少多元社会不可避

---

[89] Id. at 91.

[90] Id. at 102.

[91] H. L. A. Hart, "American Jurisprudence Through English Eyes: The Nightmare and the Noble Dream," 11 *Ga. L. Rev.* 969, 978 (1977)(他将"崇高的梦想"描述为诉讼当事人的信念,即法官将"应用现有的法律来处理他们的案件,而不是为他们制定新的法律",即使判例和黑字法是模糊的)。大卫·鲁班借用了哈特的比喻来描述律师的法理学。David Luban, *Legal Ethics And Human Dignity* 131-32 (2007).

[92] John Stuart Mill, "On Liberty," in *On Liberty and Other Essays* 5, 8-9 (John Gray ed., 1991).

[93] Isaiah Berlin, "Two Concepts of Liberty," in *Liberty* 166, 213 (Henry Hardy ed., 2002).

免的社会和政治冲突。[94] 这些政治哲学家认为，社会的秩序和稳定是重要的价值，然而开放、灵活和发展也是重要的价值。[95] 在他们看来，规范性争议的存在，并不像社会试图要解决它那样麻烦。

在这样一个更为深厚的概念中，律师的法律忠诚不必局限于尊重根据适当公平的薄弱程序标准确定的法律权威。合法的法律程序将超越多数主义立法，涵盖私人遵守（或违背）法律与公共立法之间所产生的复杂的相互作用。律师不是法律正当性的裁判者，律师的角色将由他们所参与的使法律正当化或使之不稳定的法律程序来确定，该程序建立在客户关于法律正当性的个案判断基础上——法律是否值得他们尊重和遵守。律师的职业责任将来自其作为客户和法律之间的中介的促进角色，这就要求律师使法律具有足够的可及性，以帮助客户就临界的服从或不服从的正当性做出明智的决策。

结 论

布拉德利·温德尔的《法律人与法律忠诚》，是法律职业伦理理论领域所出现的了不起的成果，也是律师业法理学有价值的贡献。尽管我不同意他所提出的关于律师法理学的一些细节，但我很大程度上是在他帮助定义的辩论框架内展开的。温德尔坚持律师是准政治行动者，他对法律职业伦理的理解自始至终是规范性的，他对道德多元化挑战的敏感性为持续的辩论设定了重要的变量。在《法律人与法律忠诚》之后，法律职业伦理就再也不会和以前一样了。

---

〔94〕 Isaiah Berlin, "The Pursuit of the Ideal," in *The Crooked Timber of Humanity* 1, 19 (Henry Hardy ed., 1990); see also Isaiah Berlin, "The Decline of Utopian Ideas in the West," in *The Crooked Timber of Humanity*, *supra*, at 20, 47〔"（在道德多元化面前）我们能做的最好的事，就是在不同群体的不同愿望之间努力促进某种平衡，尽管这种平衡不一定是稳定的……"〕。

〔95〕 例如，密尔认为，秩序和进步对于一个好的政府来说都是必要的，但是秩序是包含在进步之中的，"不是作为与进步相协调的附加目的，而是进步本身的一部分和手段。" John Stuart Mill, "Considerations on Representative Government," in *On Liberty and Other Essays*, *supra* note 92, at 203, 223.

错位的忠诚

作者：大卫·鲁班（乔治城大学法律中心 法学和哲学教授）

一、导论：《法律人与法律忠诚》的定位

当代法律职业伦理理论的研究，始于 20 世纪 70 年代和 80 年代初的几篇论文，这些文章主要是由道德哲学家撰写的，他们被公正的道德与律师角色片面的党派性之间的明显不协调所困扰。[1]所谓的律师角色的标准概念，体现在积极倡导的口号中，包含三个要素：党派性、中立性和不问责性。[2]党派性要求律师以任何必要的合法

〔1〕 E. g., Alan H. Goldman, *The Moral Foundations of Professional Ethics* (1980); *The Good Lawyer: Lawyers' Roles and Lawyers' Ethics* (David Luban ed., 1983) (hereinafter *The Good Lawyer*); Charles Fried, "The Lawyer as Friend: The Moral Foundations of the Lawyer-Client Relation," 85 *Yale L. J.* 1060 (1976); Gerald J. Postema, "Moral Responsibility in Professional Ethics," 55 *N. Y. U. L. Rev.* 63 (1980); William H. Simon, "Commentary, The Ideology of Advocacy: Procedural Justice and Professional Ethics," 1978 *Wis. L. Rev.* 29; Richard Wasserstrom, "Lawyers as Professionals: Some Moral Issues," 5 *Hum. Rts.* 1 (1975). 西蒙的文章关注的是法理学而不是道德哲学，在后来的作品中，西蒙自己的问题和答案明显不同于那些道德哲学家。See David Luban, "Reason and Passion in Legal Ethics," 51 *Stan. L. Rev.* 873, 879-85 (1999) (描述和分析西蒙在《辩护思想》和他 1998 年的著作《司法实践：律师伦理理论》之间的立场转变); Simon, *supra*, at 32 (本文分析了各种法理学学说的确立)。

〔2〕 The *term standard* conception originated, I believe, in Postema, *supra* note 1, at 73. 差不多同时，西蒙和波坦玛确定了标准概念的三个组成部分。Id.; Simon, *supra* note 1, at 36-37. 默里·施瓦茨也指出了三个组成部分中的两个——党派性和不问责性。Murray L. Schwartz, "The Professionalism and Accountability of Lawyers," 66 *Calif. L. Rev.* 669, 671 (1978). 在一篇著名的论文中，特德·施奈尔否认这个概念有任何标准，并抱怨说，它相当于道德哲学对法律伦理的标准误解。Ted Schneyer, "Moral Philosophy's Standard Misconception of Legal Ethics," 1984 *Wis. L. Rev.* 1529, 1569. 我继续认为这个概念是标准的。See generally David Luban, *Lawyers and Justice: An Ethical Study* 393-403 (1988) (hereinafter Luban, *Lawyers and Justice*) (responding to Schneyer). 但为了避免乞求问题，我现在更喜欢用更具描述性的术

手段来追求客户的合法目的，而不考虑目的的道德性或该目的可能对无辜者造成的损害。[3]中立性是指律师不得对其客户的合法目的或为达到目的所采取的合法手段进行道德判断。[4]再就是，律师不能因为代表客户行事而在道德上承担责任。[5]这个标准概念提出的中心问题是，为什么律师在这种远非没有受害者的消遣活动中可以不受道德约束。正如理查德·沃瑟斯特伦（Richard Wasserstrom）和杰拉尔德·波坦玛（Gerald Postema）所观察到的，律师通过演讲和说服来完成其工作。[6]其道德能力以一种独特方式得到充分发挥，这种方式似乎很难与不问责性相协调。[7]

激发大部分工作的一般问题是角色道德问题：律师的职业角色怎么可能要求律师去做非律师在道德上禁止的事情呢？查尔斯·弗里德（Charles Fried）问道：“一名好律师能是一个好人吗？”[8]沃瑟斯特伦想知道是否“律师与客户的关系会让律师在最好的情况下系统性的不道德，而在最坏的情况下会比偶尔的不道德更加严重”。[9]针对对抗制要求律师扮演党派角色的回应，哲学家们仔细审视了“对抗制借口”，并发现其不足之处。[10]其他人则同时为标准概念和对抗制辩护。[11]评论家们在确认沃瑟斯特伦所谓标准概念“简化的道德世界”

语“中立党派”来代替标准的概念。在这里我将坚持使用波坦玛的标签，因为它是温德尔使用的。

〔3〕 Postema, *supra* note 1, at 73.

〔4〕 Id.

〔5〕 Id.

〔6〕 Id.

〔7〕 Postema, *supra* note 1, at 76; Wasserstrom, *supra* note 1, at 14.

〔8〕 Fried, *supra* note 1, at 1060.

〔9〕 Wasserstrom, *supra* note 1, at 1.

〔10〕 See, e. g., David Luban, "The Adversary System Excuse," in *The Good Lawyer*, *supra* note 1, at 83, 83-118（创造了抗辩制借口的表达方式，并解释了借口不足的原因）; Simon, *supra* note 1, at 130-44（谴责敌对制度的借口是不充分的）; see also David Luban, "The Adversary System Excuse," in *Legal Ethics and Human Dignity* 19, 19-64（2007）（修改鲁班 1983 年的文章）。

〔11〕 See, e. g., Monroe H. Freedman, *Lawyers' Ethics in an Adversary System* 9, 12（1975）（支持对抗制，以保护个人的基本权利，强调党派和中立的重要性）; Stephan Landsman, *The Adversary System: A Description And Defense*（1984）（主张抗辩制）。

伦理与法律：导论

的替代方案时，没有那么具体。[12]波坦玛将律师的角色重新定义为"追索角色"（recourse role），这意味着当道德需要的时候，它已经内置了打破角色的追索权。[13]沃瑟斯特伦和西蒙（Simon）呼吁非职业化（deprofessionalization）（尽管西蒙最终发展出了一种不同的方法）。[14]我自己的立场是用一种我称之为"道德激进主义"（moral activism）的立场取代标准概念。在这种立场中，如果律师无法获得对抗制借口，他就必须按照自己的意愿行事。[15]

显然，这些作者并不是最早质疑律师在哲学精神中的角色的人。可以说，这种批判可以追溯到柏拉图的《高尔吉亚篇》（*Gorgias*）和《泰阿泰德篇》（*Theaetetus*）。[16]在20世纪，朗·富勒（Lon Fuller）提出了类似问题，并为对抗制借口提供了一个复杂的辩护。[17]但在经历了长时间的沉寂之后，20世纪70年代和80年代法律职业伦理活动的爆发，使其重新成为一个严肃的理论课题。

自世纪之交以来，法律职业伦理哲学出现了一个新的转折，精力充沛、经验丰富的作者摒弃早期对标准概念的批判和对道德角色的关注，而提出了不同的问题和答案。这些作者包括蒂姆·戴尔

---

〔12〕 Wasserstrom, *supra* note 1, at 2.

〔13〕 Postema, *supra* note 1, at 81-83〔attributing the recourse-role concept to Mortimer R. Kadish & Sanford H. Kadish, *Discretion To Disobey* 31-36（1973）〕.

〔14〕 See Simon, *supra* note 1, at 130-44（认为律师的行为应以个人道德和对客户的尊重为指导）；Wasserstrom, *supra* note 1, at 21-23（建议律师应该努力为他们的委托人做最好的事，而不是简单地最有效地行使自己的法律能力）。西蒙后来的方法需要语境分析和对法律正义的追求。William H. Simon, *The Practice of Justice: A Theory of Lawyers' Ethics* 9（1998）.

〔15〕 See David Luban, "Introduction," in *Legal Ethics And Human Dignity*, *supra* note 10, at 1, 11-12（宣称律师不能逃避道德责任，因此，应该为他们的法律实践承担道德责任）。

〔16〕 Plato, *Gorgias* * 465c; Plato, *Theaetetus* * 172e-173b.

〔17〕 See Lon L. Fuller, "The Adversary System," in *Talks on American Law* 35, 45（Harold J. Berman ed., 1972）（辩称对争议进行对抗性陈述可能是"我们打击官僚主义弊病的最有效手段"）；Lon L. Fuller & John D. Randall, "Professional Responsibility: Report of the Joint Conference," 44 *A. B. A. J.* 1159, 1160-62（1958）（分析律师在对抗制中的责任，包括辩护律师和顾问、合作框架的设计者和公务员的责任）。对于进一步的讨论，see David Luban, "Rediscovering Fuller's Legal Ethics," 11 *Geo. J. Legal Ethics* 801, 819-28（1998）.

（Tim Dare）、凯特·克鲁泽（Kate Kruse）、丹尼尔·马尔科维奇（Daniel Markovits）和诺尔曼·斯波尔丁（Norman Spaulding）。[18]在伦理理论家的新浪潮中，最杰出、最有成果的是布拉德利·温德尔（W. Bradley Wendel），他的许多杰出的文章在这本备受期待的著作中达到了顶峰，这本著作就是这次对话的主题。[19]

二、多元化与政治道德

处于新浪潮的作者彼此之间差异很大，但在我看来，他们的写作有两个共同的主题，这两个主题在温德尔的作品中都很突出。第一个主题是对道德多元化（即使在基本问题上理性的人也会在他们的道德观点中产生分歧）的持久关注。[20]道德多元化不仅仅是人类差异和争论的一个令人遗憾的副产品。对温德尔来说，价值本身就是

---

〔18〕 See, e. g., Tim Dare, *The Counsel of Rogues? A Defence of the Standard Conception of the Lawyer's Role* (2009)（为标准概念提供当代的论据）; Daniel Markovits, *A Modern Legal Ethics: Adversary Advocacy in a Democratic Age* 2 (2008)（在一定程度上主张，以"独特的律师美德"为基础的另一种法律伦理方法，可以使律师的生活在伦理上具有吸引力）; Katherine R. Kruse, "Beyond Cardboard Clients in Legal Ethics," 23 *Geo. J. Legal Ethics* 103, 129 – 44 (2010)（提出一个律师伦理模式，该模式着眼于在与"三维客户"合作时如何最有效地推进党派性，而不仅仅是积极辩护）; Katherine R. Kruse, "Lawyers, Justice, and the Challenge of Moral Pluralism," 90 *Minn. L. Rev.* 389, 391-93 (2005)（hereinafter Kruse, "Challenge of Moral Pluralism"）（主张律师与委托人在道德上根本不一致的情况应在道德利益冲突分析下处理）; Katherine R. Kruse, "The Jurisprudential Turn in Legal Ethics," 53 *Ariz. L. Rev.* 493, 496 (2011)（表明法律伦理中的法理学理论是道德理论之外的一个"有吸引力的选择"）; Norman W. Spaulding, "Professional Independence in the Office of the Attorney General," 60 *Stan. L. Rev.* 1931, 1938-41 (2008)（批评道德活动家律师的浪漫个人主义）; Norman W. Spaulding, "Reinterpreting Professional Identity," 74 *U. Colo. L. Rev.* 1, 6 – 7 (2003)（hereinafter Spaulding, "Reinterpreting Professional Identity"）（认为不管客户的个人、道德或意识形态的倾向如何，律师的角色建立在为客户服务的理念上，而不是对客户的认同）; Norman W. Spaulding, "The Rule of Law in Action: A Defense of Adversary System Values," 93 *Cornell L. Rev.* 1377, 1377-78 (2008)（认为律师侵犯人的尊严和道德的某些情况，并非源于在对抗制中坚持传统的职业责任观念，而是源于对这些观念的偏离）。

〔19〕 W. Bradley Wendel, *Lawyers And Fidelity To Law* (2010).

〔20〕 See Kruse, "Challenge of Moral Pluralism," *supra* note 18, at 391（"道德多元主义承认存在着各种合理但不可调和的道德观点，从其自身理论框架之外的立场来看，这些观点都不能客观地被宣布为'正确'或'错误'"）。

多元的。[21]

　　考虑到价值多元化这一核心事实，有人提议律师以道德理由拒绝提供服务，实际上是将自己的道德观点强加给客户，这令新浪潮的作者们感到不安。[22]从这个角度看，道德激进主义更像是道德帝国主义，而那些基于道德考虑而拒绝推进客户目的的律师，至少是自以为是的。但这还不是全部。温德尔提醒我们："合法性很重要，因为它使人们能够在一个相对和平稳定的社会中一起生活，尽管人们对道德理想、价值观和美好生活的观念存在深刻而持久的分歧。"[23]因此，一名律师基于良心而拒绝强调客户的合法权益，就是在破坏一种机制，这种机制让我们能够管理价值冲突，而不会陷入一场混战（a war of all against all）。道德活动家不仅仅是自以为是，他对我们都需要的政治解决方案是鲁莽而不负责任的。

　　这把我们带到了温德尔和新浪潮的其他作者所推进的第二个主题。他们批评道德哲学家忽视了法律实践的政治层面，即法律制度是一种服务于不可或缺的政治目的的政治制度。[24]这里的论点是，把法律职业伦理框定为一个纯粹的道德问题（角色道德的问题）从根本上误解了主体。律师的义务是政治义务而不是道德义务，解决这些义务的哲学学科是政治哲学和法理学，而不是道德哲学。正如温德尔所说，"法律职业伦理是独立的政治道德的一部分"，因此他怀疑"应该用于分析的道德概念的工具箱（toolkit）与道德哲学中其他地方使用的工具箱是相同的"。[25]

　　对温德尔来说，改进后的工具箱中最重要的概念是法律忠诚

---

　　[21]　Wendel, *supra* note 19, at 5, 214 n. 12（解释伦理价值是多样化的，不能被简化为阐明什么是伦理存在的一个"主价值"）。

　　[22]　E. g., Spaulding, "Reinterpreting Professional Identity," *supra* note 18, at 51-53.

　　[23]　Wendel, *supra* note 19, at 36.

　　[24]　See id. at 91（强调法律是"政治制度"的产物，因此只有按照"公平程序"颁布，法律才合法）。

　　[25]　Id. at 23. 在这方面，温德尔同意西蒙的观点，他认为法律伦理问题是法理学的，而不是道德的。William H. Simon, *The Practice of Justice：A Theory of Lawyers' Ethics* 15–18 (1998). 在其他方面，他们的意见截然不同。

（fidelity to law）的政治义务。[26]与标准概念不同，温德尔认为律师在道德上是负责任的——但他们的责任是诉诸法律，而不是诉诸个人。[27]此外，与标准概念不同，律师的忠诚在于对法律的忠诚，而不是对客户利益的忠诚。[28]与此同时，温德尔和新浪潮的其他作者积极为律师追求客户合法权益的义务辩护，甚至在面对与之相反的道德理由时也不例外。温德尔坚持认为，对法律的忠诚将排除律师们玩的许多游戏，这些游戏旨在阻挠发现、指导证人和让对手失去平衡。[29]因此，他的观点不乏批判性。但其总体立场是为传统律师自我概念的一个受约束的版本辩护，反对其哲学批判。

温德尔的立场有一种直觉上的吸引力，它似乎占据了两个极端（即标准概念及其批判）之间亚里士多德式的中庸之道。温德尔和新浪潮的其他作者从两个毫无疑问的重要事实中获得论证资源：一个是多元化事实，另一个是法律制度是一种管理多元化和文明冲突的政治制度。

这一立场还有其他吸引人之处。温德尔非常重视律师作为法律意义上的顾问这一未被理论化的角色，他通过写酷刑备忘录的律师的案例来探讨这个问题。他认为，"律师的中心角色是评估客户在法律上是否有权追求某个目标"——实际上使辩护人的角色服从于法律解释者的角色。[30]我觉得这个立场很有吸引力。（我自己的作品也在朝着类似的方向发展。）法律忠诚不仅意味着追求合法权益，还

---

〔26〕 See Wendel, *supra* note 19, at 168 ［ "律师与委托人的关系应以忠于法律（而不是忠于委托人）的理念为基础，也就是说，应以信托义务的法律和伦理理念为基础"］。

〔27〕 Id. at 12.

〔28〕 Id. at 2.

〔29〕 Id. at 191. 在此，温德尔的观点与富勒和兰德尔的观点相去不远。富勒和兰德尔认为，律师 "对胜利的渴望导致他混淆了决策的源头，此时他在自己的角色扮演得很糟糕，违背了职业责任的义务"。Fuller & Randall, *supra* note 17, at 1161. 这是在 1958 年写的，可以肯定的说，在随后的半个世纪里，审判律师完全忽视了这一规定，认为好的律师工作恰恰是混淆了决定的源头，而这样做有利于客户。知情者会预测，温德尔关于诉讼律师不玩律师游戏的伦理处方将会落得同样的下场——我可以报告说，这和对抗制和辩护意识形态的批评者一直以来所处的境地是一样的。

〔30〕 Wendel, *supra* note 19, at 56.

意味着忠实地解释法律，这一点我将在下面讨论。此外，与 20 世纪 50 年代的程序理论家一样，温德尔特别强调法律职业的工艺价值，认为它是一种伦理，目的是使法律程序按其应有的方式运作。这对有良心的律师显然具有吸引力，他们相信高质量的工作通常在任何意义上都比草率的工作更合乎伦理。

最后，这本著作作为一篇论述很有吸引力。温德尔在哲学上很成熟，并用政治哲学牢牢地锚定了自己的论点；但他对自己的学问轻描淡写，并为了学问本身而避开哲学上的复杂性。他了解律师行业的规律，他深入学术文献研究，还列举了生动的例子。总而言之，《法律人和法律忠诚》具有令人钦佩的清晰和慎重。

然而，我不同意这个理论的重要方面。最终，在我看来，温德尔过于相信现有的法律制度，过于相信程序而牺牲了实质正义。在某些地方，他写得好像现有的法律制度已经达到了极致。我担心，这里有自满情绪，也有过度意愿，认为实质非正义只不过是一个基本公正的体系中的附带损害（collateral damage）。我将在第三部分讨论这些问题。

接下来，我将探讨温德尔关于法律忠诚的基本隐喻。我要捍卫的观点是，在法律解释的特定语境之外，法律不是那种值得忠诚的东西。在其主要意义上，与婚姻、友谊和宗教信仰有关，忠诚从属于个人关系，而不是从属于像"法律"这样的抽象实体或甚至像"法律体系"这样的制度安排。此外，在其主要意义上，忠诚是一个狭隘的概念，比忠实（loyalty）或者职业或个人的义务更狭隘。如果正确地理解，当法律存在时，尊重法律的道德义务与忠诚是不同的，它实际上并不是对法律的义务，而是对法律所辖社会中其他成员的义务。此外，它是一种建立在互惠基础上的义务。因此，被结构性或系统性不平等所破坏的法律和法律制度，不应得到温德尔所认为的那种程度的尊重。有缺陷的法律制度对我们的要求相对较低，但可以被相互对抗的道德关怀所推翻。这是第四部分。

在最后一部分，我问道德去哪里了。在温德尔看来，法律制度提供了不去问一阶道德问题的二阶理由，但这些问题肯定不会消失。温德尔也担心这个困难，而且他试图解决这个问题。我的结论是，他的策略要么失败，要么将温德尔推向一个与道德激进主义相去不远的立场。

三、最好的法律制度

很明显，温德尔的政治哲学是对 20 世纪 50 年代法律程序理论的回归。程序理论家认为，每个社会都需要一种"制度解决方案"——一种为社会建立立法和纠纷解决机制的社会契约。[31]制度解决方案一旦到位，我们就必须遵守它："由正式制定的程序正式做出的决定……应该被认为对整个社会都具有约束力，除非和直到它们被正式改变。"[32]这些话是哈特（Hart）和萨克斯（Sacks）说的，但是它们也抓住了温德尔的论点。[33]这句话中的三个"正式"反复强调了一个基本观点：制度解决方案代表了社会选择的行事方式，如果人们抄近路或走捷径，这种行事方式就有瓦解的危险。人们必须在制度解决方案的条款范围内追求自己的利益，而律师正是这种追求的代理人。对温德尔来说，法律忠诚意味着对法律的尊重，而尊重是一个意味着超服从（obedience-plus）的艺术术语：不仅遵守法律，而且"在处理自己的事务时适当考虑他人的合法权益"。[34]问题是，毕竟法律是相当可怕的，那它为什么值得超服从？

温德尔对服从的认同，似乎源于他规定的一个重要条件："这里所提出的法律职业伦理概念，仅限于在一个较为公正的社会中执业的律师。"[35]这是因为"律师角色的规范性吸引力，取决于合法性的规范性吸引力"。[36]社会或多或少是公正的，这一事实保证了加

---

[31] Henry M. Hart, Jr. & Albert M. Sacks, *The Legal Process: Basic Problems in the Making and Application of Law* 3-4 (William N. Eskridge, Jr. & Philip P. Frickey eds., 1994).

[32] Id. at 4.

[33] See Wendel, *supra* note 19, at 91（"这些政治制度的产物是正当的，如果它们被充分利用……公平的程序。诚然，这是团结的薄弱基础，但这可能是我们能做的最好的努力"）。

[34] Id. at 88.

[35] Id. at 96.

[36] Id. at 92.

伦理与法律：导论

入制度解决方案在道德上不是一件令人发指的事情。

在这一点上，我认为温德尔遇到了麻烦。他完全理解美国制度解决方案的诸多缺陷，并煞费苦心地对这些缺陷进行分类："选举政治……被富有捐赠者的影响所扭曲"；由于贫富悬殊许多人的参与受到限制，教育的结构性不平等，持续的歧视，以及"干预性治安和官僚主义的冷漠"。[37]尽管他向我们保证，他的"观点……并不是要向美国社会道歉"，[38]但温德尔认为美国制度的正当性没有问题，并为他刚刚归类为"通常是善意分歧的副产品"的程序上的罪恶找借口。[39]在他看来，"程序的正当性不是基于最佳化的公平，而是基于尽可能做到最好"，[40]他认为，美国法律"尽可能地将所有公民的观点都视为理应受到尊重"。[41]我们有缺陷的制度解决方案"可能是我们能做的最好的选择"。[42]温德尔引用了丘吉尔的格言：民主是最糟糕的一种政府形式，除了所有其他的政府形式之外。[43]

我完全赞成不要让最优秀者成为优秀者的敌人，而且我同意温德尔的以下观点，即法律职业伦理必须是一种非理想世界的理论。但是，他在断言我们的法律"尽可能做得好"时所使用的可能性概念是不可靠的。[44]难道他的意思是，没有任何重大的改革可以使它变得更好，或者仅仅是说，鉴于为他自己列出的程序缺陷，改革在政治上是不可能的？温德尔并没有展示前一种情况，甚至也没有尝试这样做。至于后一种情况，很难看出一个存在缺陷、既得利益集团可能会阻碍有意义的改革的体系，为什么值得人们坚决服从。倘若如此，那么任何拥有根深蒂固的、自我复制的权力结构的制度都将

---

〔37〕 Id. at 91.

〔38〕 Id. at 92.

〔39〕 Id.

〔40〕 Id. at 99.

〔41〕 Id. at 114.

〔42〕 Id. at 91.

〔43〕 Id.

〔44〕 See id. at 99（"程序的正当性不是建立在优化公平的基础上，而是建立在考虑到平等尊重和最终结果的需要而尽可能做到最好的基础上"）。

被视为"我们所能做的最好的",并将"尽可能地做好"。[45]

在一些地方,温德尔陷入了维持现状的辩道学(apologetics)。因此,温德尔一度认为,党派性在形成事实记录方面,与价值多元化或法律制度的目的无关。[46]为什么不禁止律师抵制发现具有破坏性的真相呢?温德尔的回答接近于一个断言,即现有的规则是它们所能达到的最好的:

> 抗辩程序规则,包括辩护规则、证据开示规则和诉讼规则,体现了效率、公平、尊重当事人的隐私利益和根据事实准确解决争议的愿望之间的平衡。因此,……允许或要求诉讼律师对争议事实采取党派立场仍然是合理的,因为法律制度为分歧的有序解决建立了一个框架。[47]

对此,有人可能会做出回应:为什么要假设该平衡是正确的,或者有序的框架是足够公正的?"因此"从何而来?

同样,温德尔写道,"法律制度的程序……构成共同生活、相互尊重、为共同目标而合作的手段,尽管存在道德上的差异和分歧。"[48]然而,这一点必须得到证明,而不是简单地宣称。对于那些在美国法律制度中发现不公平现象的人,比如我们大规模监禁和长期单独监禁的做法,或者今天有资格获得法律援助的五分之一的美国人无法获得民事法律服务,温德尔会作何反应?让我们相信法律"尽可能地做好"并不是答案。

四、忠诚的概念

在这一部分中,我将考察忠诚的概念,即温德尔理论中的指导

---

[45] See id. at 91, 114("一个尽可能将所有公民的观点视为推定有权得到尊重的程序……代表了我们所能做到的最好……在我们彼此的关系中体现平等")。

[46] Id. at 57-59.

[47] Id. at 59(着重强调)。

[48] Id. at 89.

性隐喻。在普通语言中，它结合了几个相关概念的元素，每个概念在某些背景中合适，但在其他背景中就不太合适。其中一个背景涉及人际关系：对婚姻、友谊和宗教（被视为与上帝或众神的关系）的忠诚。我称之为个人忠诚。与个人忠诚不同的是我所说的解释的忠诚：在解释、翻译、履行或代理中的忠诚。温德尔很清楚地运用了解释的忠诚的概念，尤其是当律师作为法律顾问，负责向客户提供他是否可以合法地为所欲为的意见之时。但温德尔也依赖于他称之为忠诚的法律义务的概念，而我认为这是一个错误，除非它意味着对人的义务，而非对一个非人格化的制度的义务。把这两种感觉混为一谈也是一个错误，因为解释忠诚与个人忠诚是不同的。

（一）个人忠诚

（1）婚姻忠诚——"忠诚"这个词最基本的日常用语是婚姻忠诚，它的意思很简单，就是不要欺骗你的配偶和别人发生性关系。推而广之，这一用法已经涵盖了未婚亲密伴侣之间的忠诚；但是为了使讨论保持简单，让我们只关注婚姻。

重要的是，婚姻忠诚除了不背叛之外，对配偶的忠诚没有其他含义，它特别指的是一种不背叛，即性的单配性（monogamy）。婚姻忠诚并不要求你成为一个好丈夫或好妻子；它不要求爱（love）或钟情（lovingness），甚至不要求同居：分居的配偶仍可能选择忠诚。在普通语言中，所有的忠诚要求并不是要和别人发生性关系——换句话说，忠诚意味着没有不忠，而不忠意味着在夫妻关系之外的性，仅此而已。

因此，在最原始的用法中，"忠诚"是一个有限的概念，是一种极其微小的美德。它比我们表面上作为同义词的"忠实"（loyalty）或"虔诚"（devotion）要狭隘得多。举一个例子说明这种区别。一个妻子偷偷地盗取夫妻共同的银行账户，为抛弃自己的丈夫做准备（或者反过来）。这当然在很大程度上被认为是背叛（disloyalty），但直到她和别人发生性关系的那一刻，她在最基本的、普通语言的意义上都没有不忠（unfaithful）。背叛，是；不忠，不。不忠诚（Infidelity）不仅仅是缺乏忠实（loyalty），它是更强的东西。它是背叛（betray）一个人而支持另一个人的最原始意义上的背叛。

如果我们将其重新描述为违背婚姻誓言，婚姻不忠诚的这种特殊意义就会消失。这种委婉的说法失去了一个重要的含义，即不忠诚的配偶不仅违反了抽象的规范，还投向了具体的竞争对手。配偶与对手之间的性行为意味着忠贞（allegiance）的转移，而不仅仅是忠贞的丧失。婚姻不忠诚是涉及两个配偶与一个竞争对手的三方关系，而不是只涉及配偶间的双方关系，当然也不是一个人与被称为婚姻誓言的抽象对象之间的关系。

在这个意义上，与不忠诚最相似的政治行为似乎是叛国（treason）。根据美国宪法，叛国"只包括对美国发动战争，或依附于他们的敌人，给予他们帮助和安慰"[49]。一个公民可以蔑视美国，从政府偷东西，甚至从事间谍活动或恐怖主义活动而不被视为叛徒。像婚姻的不忠诚一样，叛国比不忠更严重、更具体。它意味着效忠于一个敌人。一个人仅仅是违反了法律，或者采取了霍姆斯所谓的坏人那种"这对我有什么好处？"的态度[50]对待法律，并没有背叛任何东西或任何人，也没有对法律不忠诚。

（2）友谊——其他背景可能只涉及双方。称某人为"不忠实的（faithless）朋友"并不意味着他为了另一个朋友而抛弃我，只是说他不可靠。忠实的（faithful）朋友会来医院看望我，当我情绪低落的时候带我出去吃晚餐，在我失业的时候会额外伸出援手，而且在互惠的游戏中不会记分。在这种情况下，忠诚（fidelity）和忠实（faith）与一组术语并肩而行，其中大部分是语源学上的表亲——信任（trust）、真实（true）、真理（truth）、誓言（troth）、承诺（betrothed）。在这些术语中，信用（trustworthiness）和忠贞（constancy）跨越了所有的行为，而不仅仅是性上的不背叛。在一篇经典的法律职

---

〔49〕 U. S. CONST. art. III, § 3.

〔50〕 Oliver Wendell Holmes, Jr., "The Path of the Law," 10 *Harv. L. Rev.* 457, 459（1897）（将"坏人"定义为"只关心法律的物质后果"的人）。

业伦理论文中，查尔斯·弗里德创造了"律师是朋友"（lawyer as friend）的比喻，当时他正在呼吁律师对客户的忠诚这一概念。[51]另一方面，温德尔反对将律师职业伦理建立在律师对客户的个人忠诚之上，主张对法律的忠诚。[52]因此，我认为，在温德尔的法律职业伦理中，这种忠诚的语境是行不通的——除非，正如我所相信的那样，对法律的忠诚实际上是对人忠实（faithful）的一种方式。

（3）宗教——这些观察把我们带到忠诚的下一个主要语境，即宗教。从词源学上讲，忠诚（fidelity）来自"fides"，在拉丁语中是信仰（forfaith）的意思；[53]而在宗教中，它的意思是忠于自己的信仰。或者更确切地说，它意味着一个人对上帝是忠诚的——这一点很重要，因为它将信仰的基本意义理解为一个人与神人（a divine person）之间的个人关系。坚持一个人对正统观念、宗教仪式的信仰，或对信仰条款等抽象概念的信仰，代表了一种独特的次要意义（secondary sense）；我们更倾向于使用诸如衷心（devout）、虔诚（pious）、观察（observant）或实践（practicing）等词而不是忠实（faithful），来描述这种对宗教的态度。

在希伯来圣经（Hebrew Bible）中，宗教忠诚带有性忠诚的强烈暗示。以色列人最大的罪和最大的诱惑，就是偶像崇拜（idolatry），对其他神的崇拜。[54]第二条诫命以有力的措辞禁止偶像崇拜："除了我以外，你不可有别的神。不可为自己雕刻偶像……因为我耶和华你的神是嫉妒的神。"[55]嫉妒什么？类似于与敌对的上帝通奸。正

---

〔51〕 Fried, *supra* note 1, at 1060–61.

〔52〕 See Wendel, *supra* note 19, at 168 〔"律师与委托人关系应以忠于法律（而不是忠于委托人）的理念为基础构建"〕。

〔53〕 *Webster's Collegiate Dictionary* 465（1th ed. 2003）.

〔54〕 See, e. g., *Exodus* 32：1–30（详细描述了以色列在逃离埃及后对金牛犊的崇拜和上帝的愤怒）；*Samuel* 15：22–23（"Has the LORD as much delight in burnt offerings and sacrifices, as in obeying the voice of the LORD? . . . For rebellion is as the sin of divination, and insubordination is as iniquity and idolatry"）；*Psalm* 97：7（"Let all those be ashamed who serve graven images. . . ; worship Him, all you gods"）.

〔55〕 *Exodus* 20：3–5, appearing in slightly different words in *Deuteronomy* 5：7–9.

如摩西·艾伯塔（Moshe Halbertal）和阿维夏伊·玛格利特（Avishai Margalit）所证明的，在希伯来圣经中对偶像崇拜的主流理解是把它比作性不忠，而先知们通过强大的性意象传达嫉妒的上帝的警告。[56] 以色列人不可"贪恋他们的外邦神"。[57]如果他们这样做了，上帝就会以其"淫乱……当她戴上耳环和珠宝，去追求她的情人，忘记了我"而惩罚以色列人。[58]上帝指责以色列人行淫，"恩待一切过路的人"，就像"奸妇接待客旅，而不接待丈夫"。[59]人们几乎可以说，宗教忠诚是婚姻忠诚的一部分。以这种方式构想的宗教信仰，其关键在于它涉及与神人的关系，而不是像亚里士多德或斯宾诺莎那样的非人格化的神性。

在每一种情况下，至关重要的是忠诚出现在一种直接的个人关系中，不受与一个客观或抽象实体（如婚姻誓言或信条，或者我建议"法律"）的关系的调节。

那么，献身于法律制度所涉及的个人关系是什么呢？在我自己的文章中，我认为对法律的尊重实际上意味着对政治共同体中人们的尊重。当法律代表了一种真正的社会合作计划时，不服从就是一种搭便车（free riding）的形式，而且它表达了对同伴的蔑视。[60]尽管表达蔑视与不忠并不相同（因为它并不一定意味着效忠于对手而

---

〔56〕 Moshe Halbertal & Avishai Margalit, *Idolatry* 1, 11–20（Naomi Goldblum trans., Harvard Univ. Press 1992）（1989）. 我从他们的讨论中摘录了下面引用的圣经段落，并遵循他们的翻译。

〔57〕 *Exodus* 34：15–16.

〔58〕 *Hosea* 1：2, 14–15.

〔59〕 *Ezekiel* 16：15–26, 28–34.

〔60〕 关于这一论点的更详细的描述，see Luban, *Lawyers and Justice*, *supra* note 2, at 32–43. 我在此总结的是一种公平竞争的观点。它将法律视为一种合作方案，在满足五个条件的情况下创造义务：①该方案创造利益；②好处是普遍的，有利于整个社会；③方案需要广泛参与才能成功；④它实际上引起了广泛的参与；⑤方案合理或重要。Id. at 38; David Luban, "Conscientious Lawyers for Conscientious Lawbreakers," 52 *U. Pirr. L. Rev.* 793, 803（1991）（hereinafter Luban, "Conscientious Lawyers"）. 我相信我在后一篇文章中的一些观点也适用于温德尔的立场。在这篇文章中，我批评了菲利普·索普（Philip Soper）的观点，即我们可以被一个不公平的合作方案所约束，因为一个不公平的方案总比没有好。See Luban, "Conscientious Lawyers," *supra*, at 803–07（列出了反对索普论点的要点）。

背叛同伴），但它犯了道德上的错误，而避免这种错误是道德义务的根源。这并不意味着一个人永远不能违反法律；其他的道德义务可能会超过服从的义务。然而，即便如此，我们对同伴的尊重要求我们（至少在原则上）向同伴提供一个合理解释，说明为什么我们的不服从不仅仅是搭便车。[61]

但是，如果法律不能代表一个真正的社会合作方案——例如，如果它系统地歧视一个群体，将会怎么样？在这种情况下，因为根本缺乏互惠性，服从法律的原理阐述就失败了。这就是马丁·路德·金（Martin Luther King Jr.）所说的"让差异合法化"（difference made legal）。[62]而且跟他一样，我相信当差异被合法化时，歧视的受害者将没有义务服从，因为他们的公民同胞破坏了互惠的纽带。

综上所述，团结我们的公民同胞可以提供尊重法律的道德理由，但这些理由①是可以被超越的，②只有在法律本身足够公平时才存在。重要的一点是，面对道德危机，不服从法律并不一定是对他人的不尊重，它也不像不忠的范例：背叛一个人而投向另一个具体的对手。

（二）解释的忠诚

当我们转向解释的忠诚时，情况就不同了。如果一个艺术家画了一幅肖像，我们有时称它是对画中人的忠实（faithful）再现；音频设备通常被描述为"高保真"（high fidelity）；译文或多或少地忠实于原文。在每一种情况下，忠诚和忠实指的是模拟精度。在这样的背景下，忠诚与表现（字面上的再现）或解释有关。

解释的忠诚涉及忠于原创。原创不必是一个人；事实上，通常它不是一个人：忠诚的对象是一个乐谱，一个表演传统，一个书面文本或口头话语，或者鲁昂大教堂（Rouen Cathedral）一个夏日晚上七点钟的灯光和阴影。即使是对一个人的忠实描述，我们也指的是对这个人外貌的忠实再现，而不是对肖像主体的忠实的道德

---

〔61〕 Luban, *Lawyers and Justice*, *supra* note 2, at 46-47.

〔62〕 Martin Luther Kng, Jr., *Why We Can't Wait* 83 (1964).

关系。

这并不是说对原作解释的忠诚缺乏道德意义。作家将其小说交给译者，并希望能得到忠实的翻译；读者同样指望译者将其翻译好。用外语作证的出庭证人依靠翻译。这些都是信任的道德关系，但它们不同于个人的忠诚关系。

当温德尔讨论法律顾问的角色和酷刑备忘录时，他所援引的对法律的忠诚形式是解释的忠诚，而不是个人忠诚。[63] "酷刑律师"实际上是不忠实（faithless）的翻译。当然，其客户非常希望他们给出他们所给出的答案。这一事实与伦理准则无关，伦理准则需要独立、坦率的建议（忠实的翻译）；在我看来，道德准则的要求是正确的。[64] 在法律咨询的背景中，我认为温德尔要求对法律忠诚是正确的——但在此指的是对法律的解释的忠诚，而不是遵守法律的义务，这是温德尔在其他章节的中心主题。

很明显，解释的忠诚不是服从或尊重法律的充分条件——你可以忠实地（faithfully）解释法律，却仍然选择违反它——但反过来呢？毕竟，如果律师在给客户提供咨询时对法律的解释不忠实（unfaithfully），那么遵循律师解释的客户就会违反法律。如果是这样，解释忠诚似乎是尊重法律的必要条件。然而，我认为，解释的忠诚与对法律的尊重之间的关系，要比单向的逻辑蕴涵（logical entailment）要复杂得多。即使一项法律应受违抗而非尊重或服从，人们可能仍然会反对通过不忠实的解释来违抗它。宣称"这项法律是不道德的，

---

〔63〕 Wendel, *supra* note 19, at 178-84.

〔64〕 我写了很多关于刑讯律师的文章，我的观点和温德尔是一致的。"What Went Wrong: Torture and the Office of Legal Counsel in the Bush Administration: Hearing Before the Subcomm. on Administrative Oversight and the Courts of the S. Comm. on the Judiciary," 111th *Cong.* 11-14 (2009) (statement of David Luban, Professor of Law, Georgetown University Law Center); David Luban, "The Torture Lawyers of Washington," in *Legal Ethics And Human Dignity, supra* note 10, at 162; David Luban, "Liberalism, Torture, and the Ticking Bomb," in *The Torture Debate in America* 35 (Karen J. Greenberg ed. , 2006); David Luban, "Tales of Terror: Lessons for Lawyers from the 'War on Terrorism,' " in *Reaffirming Legal Ethics: Taking Stock and New Ideas* 56 (Kieran Tranter et al. eds. , 2010).

我不会遵守它"是一回事［这是出于良心不服从（conscientious diso-bedience）的直率立场］，但抗议"我没有违反法律"则完全是另一回事，因为在聪明的恶意解释下，法律允许我采取行动。后者是黄鼠狼的出路。因此，解释的忠诚是一种独立的美德，而不仅仅是一种顺从的蕴涵。

五、道德的剩余部分

（一）二阶理由

温德尔关于用职业道德取代普通道德的论述，借鉴了约瑟夫·拉兹（Joseph Raz）的实践推理理论。其基本思想是，理由存在于多个层面：我们当然有支持或反对信仰和行为的"一阶"（first-order）理由，但我们也有"二阶"（second-order）理由，意思是"不按理由行事的理由"。[65]拉兹关注的是一类被称为"排他性理由"的二阶理由，因为它们是参与一阶道德推理的绝对优先者（preemption）。对拉兹来说，排他性理由是理解权威概念（特别是法律的权威）的核心，而且这就是权威的部分含义，即它创造了在权威已经解决的问题上不去考虑自己的一阶道德推理的排他性理由。[66]

当然，问题在于，它回避了宣称法律具有拉兹意义上的权威的问题，正如它回避了宣称法律理由具有排他性的问题。对概念的分析永远不能使我们跳出概念的封闭圈子。人们必须独立地证明法律理由是具有排他性的。毕竟，人们可能具有的违反法律的紧迫道德理由，同样可以作为否认法律理由的排他性理由。

也许考虑到这些问题，温德尔在两个方面与拉兹分道扬镳。首先，他削弱了法律理由具有排他性的主张。在他看来，"法律规定的是推定义务（presumptive obligations），而不是结论性义务（conclusive obliga-

---

〔65〕 Wendel, *supra* note 19, at 21.

〔66〕 Joseph Raz, "Authority, Law and Morality," in *Ethics in the Public Domain：Essays in the Morality of Law and Politics* 194, 214-15（1994）.

tions）。"〔67〕无论法律所创造的二阶理由是什么，它们都不是绝对的，一个适当且有分量的道德考量就可以推翻它们。

这一立场远比绝对论者的观点更有道理，也更有吸引力；绝对论者认为，法律时时处处都凌驾于道德之上；但这种吸引力是有代价的。温德尔看似微小的修改实际上破坏了拉兹多阶理由的架构。一个人如何知道他现在所面临的艰难选择是属于排除性推定，还是应该进行一阶道德考虑的一个例外情况？他能做决定的唯一方法是进行一阶道德思考。在这种情况下，这两个层次合为一体，并取代了拉兹和温德尔的分层结构（split-level structure），代理人必须简单地在尊重法律的道德义务与违反规则的对抗义务（countervailing obligation）之间进行一阶平衡，并以坚持法律所规定的角色为前提。这一观点和我自己的道德激进主义观点几乎是一样的。〔68〕温德尔与我的法律职业伦理观之间的唯一区别可能在于，他更重视（但不是绝对重视）维护法律制度，因为他认为法律制度比我所认为的更公平、更公正；他自己也曾提出过这一点。〔69〕

温德尔与拉兹的第二个不同之处在于，他没有从概念分析中推导出他的（半）排他性理由理论，而是为其提供了一个规范性论证。〔70〕规范性论证包括以价值多元论为基础的对法律程序和制度的政治辩护，这一点我们已经讨论过了。它建立在一个前提之上，这个前提温德尔并没有用太多的语言表达出来，但它似乎是他对律师作为道德自由主体的不良后果感到焦虑的必要来源。这个前提就是

---

〔67〕 Wendel, *supra* note 19, at 107; see also id. at 21, 113. 温德尔有时会不那么小心，倒向拉兹的观点——例如当他断言，"角色通过排除角色以外的人必须考虑的理由，来完成真正的规范性工作。"他写道："律师的职业义务排除了在决定如何行事时诉诸于普通的道德考虑。" Id. at 171（着重强调）。

〔68〕 我发展了道德行为主义的"义务论"版本，在这个版本中，角色创造了一个可以克服的假设，参见 David Luban, "Freedom and Constraint in Legal Ethics: Some Mid-course Corrections to Lawyers and Justice," 49 *Md. L. Rev.* 424, 425-35, 443-52（1990）.

〔69〕 Wendel, *supra* note 19, at 241-42 n. 67 ["在（鲁班教授）认为一个合法的框架是公平合理的范围内，我们的立场可能不会出现大的分歧"].

〔70〕 Id. at 113-14.

法律制度比较脆弱。如果"官员和准官员"[71]在面对温德尔所称的"局部不公正"（localized injustice）[72]时，从他们的角色中解脱出来实现工作公平，其角色体系就无法实现合法性的目的。除非其工作人员努力照章办事（work to rule），否则这个体系将遭到破坏。

这个前提是经验主义的直觉。说得对，但我自己的直觉正好相反。在从工厂到警察机关的劳动管理环境中，"照章办事"是一种工作行动，一种没有真正罢工的罢工。这是因为在现实世界中，我们期望人们做出无数规则所无法捕捉到的微小调整，如果他们拒绝行使自由裁量权，这项事业就会陷入停顿。当规则体系设定了广泛的指导方针，并期望人们在常识需要时偏离这些方针，此时它就能发挥最佳效果。这就是世界运行的方式，良好的规则体系有赖于此。

我相信道德常识也是如此：需要人们据此采取行动。有无数种形式的反社会行为是法律所不能禁止的，个人的良心本身也不能指望被控制。相反，我们依赖于赞成和反对、微笑和皱眉、分享和回避的非正式社会机制，以使这个系统运转。其中的机制就有撤回或减少援助。[73]在角色扮演者坚定不移遵循的体系，与工作人员在道德常识需要时愿意偏离的追索角色体系之间，我认为后者实际上比前者有效得多。我猜想，如果人们保持良知，就像他们保持常识一样，那么法律体系就能发挥最佳效果。

这些关于道德角色和道德推理结构的观察多少有些抽象，我们不妨看看温德尔非常关注的一个例子：备受讨论的斯波尔丁诉齐默尔曼一案（Spaulding v. Zimmerman）。[74]斯波尔丁案涉及的是一个在车祸中严重受伤的年轻人所提起的诉讼。被告自己做了 X 光检查，他们的医生发现了一个可能致命的主动脉瘤，而斯波尔丁自己的医

---

[71]　Id. at 171. 对温德尔来说，律师是准官员。Id.

[72]　Id. at 103.

[73]　See Luban, *Lawyers And Justice*, supra note 2, at 116-69.

[74]　116 N. W. 2d 704 (Minn. 1962). 对于广泛的讨论，包括对参与者的采访，see Roger C. Cramton & Lori P. Knowles, "Professional Secrecy and Its Exceptions: Spaulding v. Zimmerman Revisited," 83 *Minn. L. Rev.* 63 (1998).

生却没有发现。[75] 辩护律师没有通过警告斯波尔丁他可能随时死亡，来增加他们当事人的经济风险，而是保持沉默，并且不费吹灰之力就了结了此案[76]——这是标准概念下的保密义务所要求的。在大多数人看来，这在道德上是不可容忍的。斯波尔丁案给温德尔提出了一个棘手的问题，因为他认为在法律职业伦理中，道德问题是错误的问题。在温德尔看来，"这是一个疑难案件，这就是它成为法律职业伦理中的经典的原因。"[77]

恰恰相反，斯波尔丁案成为经典，不是因为它是一个疑难案例，而是因为它是一个简单案例。我们知道该怎么做。温德尔本人认为"出于道德上的理由，不披露是不可容忍的"，他还补充说齐默尔曼的律师应该"无论如何都应当披露，并承担违反职业纪律的风险"的观点完全正确。[78]使这个案子令人不安的是，每个人都知道正确答案，但直到最近，律师行业的法律还不能使人们找到正确答案。[79]虽然斯波尔丁案并不是一个疑难案件，但对温德尔的理论来说却是一个疑难案件。

（二）道德残余

温德尔敏感地关切到，其对法律忠诚的伦理排除了太多的道德。正如我们所看到的，他处理这种关切的一种方式是削弱法律的排他性力量，以便它能够被足够强大的道德理由所克服。另一个是通过道德残余（moral remainder）的概念，这是温德尔从哲学家伯纳德·威廉姆斯（Bernard Williams）借用的概念。[80]当我们做出道德选择时，每个选择都包含一些道德错误——称之为"悲剧选择"（tragic

---

[75] Spaulding, 116 N. W. 2d at 708.

[76] Id.

[77] Wendel, *supra* note 19, at 74.

[78] Id. at 75.

[79] 温德尔认为，1908 年的《职业伦理规范》（Canons of Professional Ethics）可能允许披露信息。Id. at 170（citing Cramton & Knowles, *supra* note 74, at 80）。然而，只有当我们接受法院的论点，即由于斯波尔丁是一名未成年人，未能在和解时披露是法院的欺诈行为，情况才会如此。我个人认为，这一论点是法院为了得到正确结果而做出的努力。

[80] Id. at 12, 172-73.

choices）——那么即使是正确的选择也会使道德主张得不到满足，而这些"道德残余"也不会消失——它们不会在道德成本效益分析中被简单地取消，从而留下净收益。[81]温德尔认为，普通道德从属于律师角色道德的主张，可以被视为道德残余。[82]问题是道德残余做了什么。它们只是为了让"行为者觉得自己做了这个决定很糟糕"？[83]温德尔怀疑这还不够，尽管他希望经历道德残余的痛苦可能会引导政治参与者做出更好的决定。[84]但还有什么呢？温德尔推测，"也许通过在那些不影响代表客户的领域，努力反对制度中的不公正，道德残余产生了一种在某种程度上进行补偿的追溯性义务。"[85]

对补偿的需求似乎很重视道德残余，但温德尔提出的补偿形式让事情变得太容易了。该提议与律师事务所不痛不痒的公共服务理念非常契合。从这个角度来看，在某些事情上的公益性服务，弥补了在其他事情上的反公益性服务。问题是解释为什么补偿可以采取如此间接的形式。人们可能认为，真正的补偿需要对受害者做出纠正。[86]那么，为什么不告诉一位面临道德残余的律师，向受害者道歉并赔偿他们的经济损失呢？温德尔甚至没有考虑到补偿的直接形式，这表明他并不真正相信道德残余需要补偿。在这种情况下，在我看来道德残余的概念没有任何实际作用。

六、结论

《法律人与法律忠诚》是一本值得认真研读的巨著。我的批评可

---

[81] See id at 167–72（注意到有时律师可能会以"肮手"行事，这可能会导致"道德残余附在律师的决定上"）。

[82] Id. at 172.

[83] Id.

[84] Id. at 173.

[85] Id. at 12（脚注省略）。

[86] 考虑迈蒙尼德的常识性观点："对同胞的冒犯……除非受害方得到了应有的赔偿，也得到了安抚，否则永远不会被原谅"，这需要请求他的原谅，也许是多次。Maimonides, *Mishneh Torah*, *Laws of Repentance*, ch. 2. 9, 83a–b. 迈蒙尼德还明智地向受害方强加了宽恕的义务，如果受害方在加害方三次尝试后都不宽恕，那么"拒绝宽恕的人现在就是罪人了"。Id.

能掩盖的一个特点，是其道德情感的正派——这种正派贯穿于著作的每一页。温德尔的立场所体现的美德，是对多元价值的自由宽容，他对律师的要求是对法治的忠诚、对解释的诚实和对技巧的熟练，所有这些都令人钦佩。然而，正如我对他的理解，温德尔的立场是不得体的。他想把日常道德排除在法律职业伦理之外，但并非完全如此。他承认我们的法律制度存在深层次的问题，但他想说它们仍然要求近乎绝对的服从。他想承认道德残余，但只是在律师事务所意识形态的范围内。当然，任何研究法律职业伦理的人都会有这种无法解决的矛盾感，不管你把它叫作角色道德问题，还是像温德尔那样，把它叫作肮脏勾当的政治问题。在这样一个混乱的现实中，法律忠诚是一种美德，但它不能代替良心。

伦理与法律：导论

律师懂的不只是法律

作者：斯蒂芬·L.佩珀（丹佛大学斯特姆法学院 教授）

导 言

2004 年，布拉德利·温德尔凭借《非暴力反抗》（*Civil Obedience*）一书，对律师职业伦理理论的发展做出了重大而持久的贡献。[1]通过《法律人与法律忠诚》一书，他进一步扩展并澄清了该项工作。律师这一法律职业的职能是提供获取法律的途径。这就是为客户提供服务：促进他们的目标，向他们提供法律架构或手段，[2]并提供关于法律可能性和限制的知识。温德尔教授同意这是法律职业的职能，并为履行这一职能的伦理提供了一个连贯而实用的理论，这对律师、法科学生、法律学者和哲学家来说都是可及和有用的。三种相关观点为温德尔教授的认识提供了基础：一种关乎法律目的，另两种涉及这一目的的法律实践后果。本文将集中讨论后两种认识，并在一定程度上进行批评。

为什么我们有这样一种职业，其功能是提供获取法律的途径？以另一种方式提问这一问题，简单地说，就是为什么公民能够获取法律是一件好事？温德尔的答案是，法律允许具有不同利益的人之间的合作与协调，更重要的是，允许具有不同的道德和政治信仰、结论和认同的人之间的合作与协调。法律为这种分歧的临时解决提供了一种机制，并创建一个向前迈进的框架，尽管可能存在潜在的

---

[1] W. Bradley Wendel, "Civil Obedience," 104 *Colum. L. Rev.* 363 (2004).

[2] W. Bradley Wendel, *Lawyers and Fidelity to Law* 52, 79 (2010).

和根本的背景分歧。[3]法律不同的表现形式，既是解决问题的程序，也是解决问题的结果。这一基本前提，直接导致了温德尔对律师职业伦理不同于其他许多理论家和执业律师的两个结论。

首先，律师的职业伦理不应该包括普通道德的应用，即仅把获得法律的帮助作为其中一个考量因素并得出结论。[4]根据温德尔的观点，法律不管它是什么，已经解决了道德（和政策）问题，而且在社会通过商定的程序解决了争议之后，律师再重新讨论这个争议就是错误的。[5]因此，美国的法律职业伦理是一种"二阶"（second-order）或"政治"的道德（即一种由法律的综合成就和程序所证明的道德）而不是一种由（律师所促进的）关于法律的特定使用的"一阶"（first-order）考量所决定的道德。[6]道德问题已提前做出决定，而且这些临时解决办法已纳入法律。因此，温德尔是律师"角色道德"（role morality）的倡导者：提供获取法律的途径的角色（二阶），为那些可能在道德上错误（一阶）的行为辩护。[7]法律是一种综合的道德解决方案，它凌驾于特定情境的道德之上。

其次，由于这一重要且可敬的职能，律师应该"尊重"法律，特别是在具体意义上：他们应该只帮助客户获得真正的"合法权益"。[8]法律不应被篡改或用作借口。无论对法律的公正、客观的解读意味着什么，律师恰当的道德忠诚不是对客户"利益"的忠诚；相反，律师的忠诚仅限于这些真正的合法权益（legal entitle-

---

[3] Id. at 4, 10. "在一个多元社会中，法律为面对分歧时采取协调行动提供了框架。" Id. at 116. See generally id. at 86-121. 虽然这种理解既不令人吃惊，也不违反直觉，但我相信，在《非暴力反抗》之前，在有关律师伦理的文献中，这种理解并没有明确表达出来。

[4] Id. at 122-55.

[5] Id.

[6] Id. at 18, 21-22, 86-121.

[7] In Chapter 1，温德尔教授批评我之前关于特定角色道德的论证，认为它是基于"一阶"价值。Id. at 31-37. In Part VI, *infra*，我附加了一个简短的解释，表明我的论点实际上是一个二阶论点，它基于委托人触达法律的政治或制度的价值。

[8] Id. at 52.

伦理与法律：导论

ments）。〔9〕然而，执业律师通常认为法律条款是中性的工具，可以以任何可以想象得到的方式使用：它被设计成扳手，如果符合客户的利益，它可以被用作锤子。限制律师只提供客观确定的真正合法权益，这就排除了目前在法律实践中道德上可接受的许多延伸和操纵。

因此，温德尔的两个基本结论，在向两个完全不同的方向推进。即使特定的使用在道德上是错误的——正当角色的道德（role-justified morality）——也要提供获取法律的途径，这遭到了许多法律职业伦理学家的谴责；但在温德尔对法律总体功能的认识下，这一做法也得到了认可。他的第二个结论——禁止歪曲和操纵法律，限制律师对客观确定的客户"合法权益"的追求——反对人们普遍认为可以接受的行为。

一、第一点是部分错误的：道德在法律适用方面是相关的

至于第一个结论，温德尔教授没有充分说明一般与特殊之间的区别。颁布的法律规范是一般性的（通常是经验法则），总体上是服务于特定的政策和道德目的。〔10〕然而，律师出席了法律规范具体可能适用的场合。在这一点上，法律的适用可能服务于这些道德或政策目的和价值，也可能不服务于这些目的和价值；妥协的意图可能与具体事实很少有联系或根本没有联系；或法律指导或促成的结果，可能与普遍接受的价值或作为法律规范基础的特定价值相违背。〔11〕一个法律规范的道德或政策妥协是不确定、一般和抽象的；律师和

---

〔9〕 这主要在第二章中展开。Id. at 49-85，但这一点经常被提及。例如，id. at 8（"这一章的主要论点是，法律不仅为可允许的辩护设定了限制，而且还构建了律师的角色……客户的合法权利赋予律师做任何事情的权利"）；id. at 105-13.

〔10〕 这些目的通常是相互竞争的价值、道德理解以及政策偏好和结论的妥协；有时使预期的妥协目的或意图不易确定。

〔11〕 与温德尔在他对这些评论的答复中所描述的相反，这并不是说法律太不确定无法满足他所描述的临时解决功能。W. Bradley Wendel, "Legal Ethics is About the Law, Not Morality or Justice: A Reply to Critics," 90 *Texas L. Rev.* 727, 727-28（2012）. 相反，法律在特定情况下确定的结果可能不符合该法律所依据的宗旨或价值，或不符合普遍接受的宗旨和价值。

当事人的立场是，法律的效果将是具体和特定的。[12]

请讨论下面的例子：

> 想象一下你自己处于这样的处境：一对夫妇有一个年幼的孩子，有两份要求很高的工作，有足够的资源雇佣儿童保育工作者。你已经找到了迄今为止最好的一对夫妇，但他们是没有取得在美国合法工作许可证的外国人。你咨询了一名律师，了解到雇佣这对夫妇"在技术上是违法的"，但存在一个"你可以用来使这种情况合法化的程序"。律师还告诉你，虽然雇佣非法移民的"民事处罚在技术上是适用的"，但"在这个州，雇佣无证家庭佣工的雇主从未因此受到任何制裁"。[13]

试图找出移民法所代表的道德和政策上的妥协是困难的。再加上对家政工人不采取强制措施的道德和政策意图（或疏忽），大大增加了这项任务的复杂性。对夫妇、孩子和工人的好处（包括道德上的好处）是显而易见的。当事人夫妇当然应该由律师告知其法律及其表面上的目的和理由。[14]这个不确定的抽象法律，对雇佣工人显然是"合法权益"（用温德尔教授的话来说）[15]的对立面——它是一项法律禁令。实际上，这一决定以及法律的适当分量要复杂得多，也不明确得多。在被告知法律及其不执行之后，假设客户转而问律师："好吧，我们可以雇佣他们吗？你觉得如何？"以成文法为代表的共同体妥协（community compromise）是律师能给出的唯一答案吗？这似乎是温德尔所要求的答案——律师必须告诉他们，"不，你

---

〔12〕 在这次座谈会的回顾中阐述了这一点的一个方面。"在现实世界中，我们期望人们做出规则无法捕捉到的无数微小调整……当规则体系设定了广泛的指导方针，并期望人们在常规要求时会偏离这些指导方针之时，它最有效。"David Luban，"Misplaced Fidelity，"90 *Texas L. Rev.* 673，688（2012）（书评）。

〔13〕 Stephen Pepper，"Why Confidentiality?，"23 *Law & Soc. Inquiry* 331，333（1998）（第二次和第三次修改原稿1）[quoting Jamie G. Heller，"Legal Counseling in the Administrative State：How to Let the Client Decide，"103 *Yale L. J.* 2503，2503-04（1994）2012].

〔14〕 See Heller，*supra* note 13，at 2516-20（描述"全局性律师"提供的咨询）。

〔15〕 See *supra* note 8 and accompanying text.

不能也不应雇佣他们。这是非法的。"或者情况比成文的法律更复杂？律师能在给出更复杂、微妙的答案时考虑到这一点吗？[16]

再来讨论一个公司客户，该公司与其律师就其承认到期的所欠债务进行协商——该公司借来并使用了这笔钱。进一步假设债务人客户的财务状况比债权人强得多，债务人很容易偿还。律师发现，该债务由于诉讼时效法或反欺诈法的规定不能被强制执行；按照温德尔教授的说法，客户有权拒绝偿还债务。合同的实体法和价值要求支付，但这些都被可用的程序辩护所掩盖。反欺诈法或诉讼时效法体现了一种尴尬的政策和价值妥协。它考虑并容忍债务被消灭，但它似乎并不十分准确地说这就是它的目的。其目的似乎更多是为了在经过很长一段时间后或者在没有书面协议记录的情况下，让证据显得失效和不可靠，也就是说，为了确定债务证据的准确性和可靠性。[17]在这种想象的情形中，这一目的将不会实现，因为客户已私下向律师承认债务的真实性。然而，出于政策和价值方面的原因（可能是清晰度、可预测性和可管理性），立法者选择制定一条没有例外或特殊情况考量的明确规则。合同的法定抗辩和法律义务是抽象和尚未确定的（up in the air）。客户和律师对所有的具体情况和特定的参与者都了如指掌。人们可以想象可能与公司客户在某种情况下是否主张辩护的决定相关的多个因素，包括客户与债权人的性质，他们之间的关系，管理层对在适用的法律规定和总体情况中所体现的价值和价值妥协的看法。温德尔教授认为，不偿还债权人的合法权

---

〔16〕 For two examples of such answers in similar situations, see Katherine R. Kruse, "The Jurisprudential Turn in Legal Ethics," 53 *Ariz. L. Rev.* 493, 527–31 (2011).

〔17〕 *See* David G. Epstein et al., "Reliance on Oral Promises: Statute of Frauds and 'Promissory Estoppel,'" 42 *Tex. Tech L. Rev.* 913, 929 (2010) ("一般来说，欺诈法规的主要目的假定是提供证据，提供可靠的证据证明合同的存在和条款，而所涵盖的合同类别似乎在大多数情况下是由于其重要性或复杂性而选定的") [quoting Restatement (Second) of Contracts ch. 5, statutory note (1981)]; Suzette M. Malveaux, "Statutes of Limitations: A Policy Analysis in the Context of Reparations Litigation," 74 *Geo. Wash. L. Rev.* 68, 76 (2005) (注意到禁止原告在过长时间后重新提起诉讼的政策是基于这样一个基本原理，即原告等待提起诉讼的时间越长，证据受损的可能性就越大)。

益为律师解决了问题，关于更大的道德、政策和实践因素的讨论是不必要的，而且可能是不恰当的。[18]在此，我的建议是，律师知道的不仅仅是法律，与客户分享包括道德、政策和实际情况这些知识通常是有用的。[19]

说到公平债务的假设，温德尔说："本书其余部分的目标是建立这样一种理念，即律师在以职业身份行事时，应该只关注客户的法律正义。"[20]他认为，在这种情况下，"法律正义"是指公平债务的不可执行性。[21]这种抽象与具体的区别，使得温德尔的论证具有一定的抽象和呆板的特性。他依靠的是一种人为的硬边界，一方面是法律，另一方面是道德、政策和实践；然而，在现实世界中，关系是流动和动态的。[22]

温德尔自己在丹尼尔·比布（Daniel Bibb）一案中给出了第三个恰当的例子，这名检察官协助被告方，并在一定程度上基于他对被告无罪的坚定结论而破坏了自己的案子。[23]温德尔在这种情况下所依赖的"法律"是内部检察制度和指挥系统：比布无法说服他的

---

〔18〕 Wendel, *supra* note 2, at 28, 56.

〔19〕 See Part III, *infra*, for further development of this point.

〔20〕 Wendel, *supra* note 2, at 28.

〔21〕 Id.

〔22〕 温德尔回应说，我认为律师在无证家庭佣工案例中的观点是"抽象和呆板"的（"你不能也不应该雇佣工人，这是非法的"）。这是我想象"一个多管闲事、自以为是的律师表达不满"的结果。Wendel, *supra* note 11, at 738. 相反，我用想象中的反应将温德尔的立场浓缩到核心——例如，在上文引自该书的一段话中就表达了这一点。See *supra* note 20 and accompanying text. 他在回答中继续谈到家庭佣工的例子："我对律师传达法律被误导、脱离现实或不正当的感觉没有任何问题……"Wendel, *supra* note 11, at 738. 但无论是这种情况，还是我在这篇评论中对它的描述，都没有表明任何有关争议法律的问题。问题在于，成文的律是抽象、明确、单一的，而与实际情况相联系的法律则是复杂、多元的。成文法说的是一回事，而对家政员工的一贯不执行似乎是另一回事。在我看来，把这个问题归结为律师是否像温德尔那样"劝告""支持或鼓励"非法行为，确实有点抽象和呆板。Id. 对于非强制执行和类似问题的更全面讨论，see Wendel, *supra* note 2, at 200-03; Stephen L. Pepper, "Counseling at the Limits of the Law: An Exercise in the Jurisprudence and Ethics of Lawyering," 104 *Yale L. J.* 1545（1995）; and Luban, *supra* note 12.

〔23〕 Wendel, *supra* note 2, at 118-21.

伦理与法律：导论

上级放弃这个案子，所以他按照他认为正义和道德所要求的方式进行。[24]温德尔问道："为什么我们要相信比布的信念，而不是其上级的信念呢?"[25]答案很简单：比布在现场，知道更多的事实和情况，深入参与这个案子已经有一段时间了；他如此深信，以至于愿意采取激烈而不寻常的行动。(最后这个事实也是我们停下来好好考虑一下的一个理由——比布可能因为被我们不知道的某些因素误导，已经涉案太深而变得不可靠。) 上级则要远得多，对这个问题的看法要有限得多，涉及的也少得多。因为他的位置和知识，我们有理由相信比布的判断，而不是上级的判断。此外，我们最近在 DNA 免罪问题上对检察官办公室的历史记录，使我们对他们的分级监督和决定产生了很大的怀疑。[26]正如威廉·西蒙所指出的，有迹象表明上级的决定反映了"不愿为终止诉讼的决定承担责任"，而不是"认为被告有罪"。[27]

二、法律、律师和客户：三方而非两方

温德尔教授的第二点论证了律师对法律的义务高于其对客户的义务，他主张将忠诚从客户的"利益"转向其"合法权益"。[28]"律师的角色与其他社会角色不同……是由角色占有者与现有实在法之间的关系构成的。"[29]但是，所谓的二者关系（法律和律师）实际上是三者关系。这也许只是一个强调的问题（温德尔当然知道客户的存在），但却是一个非常突出的问题。律师和客户是为法律服务的

---

[24] Id. at 119.

[25] Id.

[26] See, e. g., Daniel S. Medwed, "The Zeal Deal：Prosecutorial Resistance to Post-conviction Claims of Innocence," 84 *B. U. L. Rev.* 125 （2004）（讨论错误定罪的例子，特别是那些由错误的 DNA 证据导致的例子）；Douglas H. Ginsburg & Hyland Hunt, "The Prosecutor and Post-conviction Claims ofInnocence：DNA and Beyond?," 7 *Ohio St. J. Crim. L.* 771 （2010）（探讨刑事被告被定罪后检察官的道德义务，特别是当定罪涉及 DNA 证据时）。

[27] William H. Simon, "Authoritarian Legal Ethics：Bradley Wendel and the Positivist Turn," 90 *Texas L. Rev.* 709，712 n. 17 （2012）（book review）.

[28] Wendel, *supra* note 2, at 8.

[29] Id. at 84. Thus, the book's title, *Lawyers and Fidelity to Law.*

吗？这种关系的目的是"对法律忠诚"吗？或者，律师是通过提供获取法律的途径来为客户服务的吗？这个问题的答案很清楚。律师与客户的关系实际上是由客户对法律的需要或使用构成的：需要或使用（客户的"利益"）优先，需要一位法律专家的帮助。温德尔有时似乎忽略了这一点。

无论从客户角度还是从政治的角度来看，法律都是工具性的：法律在特殊情况下有助于满足客户的需要，有助于社会在面对潜在分歧时允许合作和向前发展。温德尔的观点是正确的，即律师不应故意破坏或曲解法律在控制或构建客户情况方面的明确性（不应撤销法律所代表的初步协议）；但在他的表述中，法律几乎变成一种为了自己利益的盲目崇拜，而不是一种同时达到客户和社会目的的手段。温德尔教授强调法律会产生真正的限制是正确的，律师的伦理义务包括诚实地做出决定并与客户沟通，我认为这是正确的，这也是这本书主要和重要的贡献。但我认为他的暗示是错误的，即律师主要是一名法律公使（a minister of the law），本质上是一名执法人员。律师有义务不违反或歪曲法律，但这一义务是在律师协助客户使用法律的主要义务范围内的。[30]律师所帮助的客户对法律的义务更少。[31]对于客户来说，法律只是在特定情况下聚合的众多因素之一。

在上面国内雇佣外国移民的例子中，律师有义务准确地传达法律（可能包括不执行的事实），然后客户可以选择如何处理这些信息，包括选择去违反（目前在那种情况下未执行的）成文法。在反欺诈法或诉讼时效法的例子中，律师有义务准确传达合同的实体法和可获得的程序辩护，而客户可以选择是否还款，即是履行合同义务还是利用可获得的辩护。辩护并不是对还款的一种法律禁止。辩

---

〔30〕 实际上，温德尔引用了《重述》的意思："律师的基本职责是……按照客户咨询后的意见，推进客户的合法目标。" Id. at 78（着重强调）〔quoting Restatement（Third）of Law Governing Lawyers § 16（2000）〕.

〔31〕 温德尔承认这种差异。Id. at 83-84.

护也没有为客户不还款提供道德上的理由。但是，按照温德尔教授所勾勒的义务，律师很可能会或明或暗地传达这第二个印象。（"我的律师告诉我不必偿还。"）同样，在其酷刑建议的例子中，[32]温德尔是正确的，律师的伦理义务是在法律的框架下为客户提供正确和平衡的理解，而不是歪曲、被操控或不诚实地描述。律师既应该传达诚实、直接地理解法律最可能被理解的方式，还要传达如果与客户的利益相关，有争议的理解不太可能是正确的，但会更方便地满足客户的偏好。那么，客户就有可能选择后者，但必须首先清楚地了解到，根据最直接的理解这种做法可能是非法的。

在可能的法律援助存在道德问题的情况下，我认为律师至少应该传达四个方面的信息。第一，"直接、中立或客观地将法律适用于某一情形（表面上、最明显的意义，或者最可能意欲表达或被理解的意义）"[33]——类似于温德尔所说的"合法权益"。[34]第二，法律可能被解释、争论或操纵（如果这是一个有争议或可协商的事项，则由"双方"进行）的更广泛的理解或应用。[35]第三，"法律的目的或它所服务的价值和政策"。[36]第四，上面已经讨论和下面将更详细地讨论的，法律的道德和实践层面及其与情境的相互作用。[37]这样，客户就可以从知识的角度做出选择，并希望能理解法律目的是如何（并且确实如何）影响这种特定情况。之所以把它们分别列出，我并不是建议在每个实例中都要将其向客户呈现，也不是建议将其用公式或正式的方式呈现。在任何特定情况下，有些方面或建议可

---

[32] Id. at 177-84.

[33] Stephen Pepper, "Locating Morality in Legal Practice: Lawyer? Client? The Law?," 13 *Legal Ethics* 174, 179 (2010).

[34] Wendel, *supra* note 2, at 59.

[35] Pepper, *supra* note 33, at 179.

[36] Id. at 179; see also Heller, *supra* note 13, at 2516-20, 2524-30 (辩称一位全面的律师应该向她的当事人解释法律的目的)。

[37] These are more fully explicated in Stephen Pepper, "Integrating Morality and Law in Legal Practice: A Reply to Professor Simon," 23 *Geo. J. Legal Ethics* 1011, 1015-20 (2010).

能比其他的更含蓄或柔和。[38]

三、律师与客户会话中的道德建议

对于律师在提供获取法律的途径时所承担的特定角色道德的基本义务，我和温德尔教授达成了非常一致的意见。[39]正如他在书中所阐明的，我们在律师代表客户适用或使用法律时，就律师对客户的道德投入的正当性问题意见不一。[40]当客户对法律的使用涉及重大、有争议的道德错误时，我已经提出律师应该有义务就该问题与客户进行协商。[41]

> 在律师看来，律师应该负责确保客户知道法律和正义之间存在差距，如果发生非正义的情况，应由客户而不是法律或律师为此负主要责任。律师的伦理义务之一应该是澄清：虽然一个人有做某事的法律权利，但是做某事不一定是正确的。[42]

温德尔不同意这种观点，他认为陌生人之间的关系以及牙医和病人之间的关系，是律师与客户关系中任何道德建议义务的恰当类比。[43]但律师与其客户并不是陌生人。律师正在实施的客户行为，对第三方造成道德上不合理的严重后果，这种情况并不少见。正如

---

[38]　例如，在我看来，克鲁泽教授最近提出的两种关于法律咨询的描述是这四个方面的适当结合。Kruse, *supra note* 16, at 524-30.

[39]　Compare Wendel, *supra note* 2, at 141, with Stephen L. Pepper, "The Lawyer's Amoral Ethical Role: A Defense, A Problem, and Some Possibilities," 1986 *Am. B. Found. Res. J.* 613, 615-19 (hereinafter Pepper, "Lawyer's Amoral Ethical Role"), and Stephen L. Pepper, "A Rejoinder to Professors Kaufman and Luban," 1986 *Am. B. Found. Res. J.* 657, 666 (hereinafter Pepper, "Rejoinder"). For further discussion, see *infra* Part VI.

[40]　See Wendel, *supra note* 2, at 141-43（认为道德咨询超出了典型的律师与委托人关系所规定的义务）。

[41]　Stephen L. Pepper, "Lawyers' Ethics in the Gap Between Law and Justice," 40 *S. Tex. L. Rev.* 181, 190-91 (1999). 该文还提供了此类对话的适当性范围，考虑了许多因素，包括客户的能力和成熟度。Id. at 192-204.

[42]　Id. at 190.

[43]　See Wendel, *supra note* 2, at 142（"在普通律师与委托人关系中……提供此类咨询的义务不比任何其他经济交易的义务更大"）。

　　伦理与法律：导论

温德尔在书中有力地阐述的，法律与律师的基本功能和本质，是支持这种行为的特定角色道德的充分理由。但律师更接近道德上错误的行为和结果，并直接促成它——这与陌生人之间的互动或牙医的帮助完全不同。（除非牙医为病人提供了非常锋利且极具破坏性的人造门牙，以便病人在即将到来的极限格斗比赛中对付对手。）

若没有这样的义务，律师和客户会很容易就错误行为的道德责任相互指责。在诉讼时效法或反欺诈法中，客户就很容易将矛头指向律师和法律："我的律师告诉我，我没有偿还债务的义务。这不是我的错。"律师更容易将矛头指向客户和法律："法律为客户提供了辩护，并使之成为一条明确的界线，这样众所周知的诚实债务是本来可以避免的。这是我的客户的权利，他选择了利用它。这不是我的错——只是我作为一名律师的正当角色。"双方都指向对方，都逃避道德责任。[44]当双方都指向对方时，道德责任似乎就消失了——双方都认为责任在别处。

温德尔说得对，律师和牙医"在道德建议方面的专业知识是相当的"，[45]也就是说他们没有任何专业知识。但在与客户的关系中，律师也是人，而这就是所需的全部专业知识。[46]这是因为，在我们的社会中存在着大量的道德共识。而温德尔教授认为，在法律实践的普通案例中引入道德，就是重新开启由法律所解决的道德争议，这是不正确的。对于公司客户偿还公正到期债务的义务，特别是在债务人的财务状况明显好于债权人的情况下，不存在道德争议。另一方面，诉讼时效法和反欺诈法处理截然不同的政策问题，即如何将合同实体法中所体现的公认道德，整合到一个有关公平的法律程序、救济和执行的功能机制中；包括制定规则有多严格的问题——

---

〔44〕 This is further developed in Pepper, *supra* note 41, at 188–92.

〔45〕 Wendel, *supra* note 2, at 142.

〔46〕 这在某种程度上是言过其实。如果法律教育需要大量的咨询技能培训，律师就能更好地为他们的工作做准备。对于一套优秀的新教材，see Stephen Ellmann et al., *Lawyers and Clients: Critical Issues in Interviewing and Counseling* (2009). 律师事务所和其他法律服务提供者的培训也可以更明确地侧重于与客户的沟通。

这些界限应该多么鲜明和刚性，而不是允许法律决策者考虑更多的事实，更多情况下的整体公正，会增加多少费用和不确定性。

温德尔教授似乎提出，债务人的律师应该像一个法律密码一样行为：法律莫过如此。[47]但是债务人的律师所传达的信息，无论是明示还是暗示的，都可能对客户的思想和选择产生重大影响。律师似乎不太可能避免传达一些至少是含蓄的信息。如果律师暗示或提出，只有"傻瓜"才会支付法律上不要求其支付的钱款（或者如果客户是一家公司，这相当于放弃股东的钱），这很可能会影响客户。另一方面，如果律师含蓄或明确地表达，通常要做的得体的事情是，不管它是否具有法律效力都要偿还债务，这也可能是相当有影响力的。这种微妙的态度通常会产生重大影响，无论是对个人客户还是对组织。考虑这种拒绝偿还的行为对公司声誉的影响，或者调查公司在这类问题上的精神或伦理是或者应该是什么，似乎都是值得花费时间和精力的。[48]当然，偿还并不总是在道德上绝对正确的做法，这也是事实。最近在战略抵押贷款违约的道德正当性上的分歧，就是一个很好的例子。[49]它源于违约和不偿还欠款所带来的不安，与上述第一部分所描述的"正当债务"的情境相比，有一些因素表明情况有很大的不同：除了违约时放弃住房外，各方的期望可能不包括进一步的偿还，而发起并现在持有债务的金融机构可能远远不会

---

[47] Wendel, *supra* note 2, at 141–42.

[48] See Model Rules of Prof'l Conduct R. 2. 1 (2009). 在公司秘书和治理专业人士协会第65届年会最近举行的为期半天的道德研讨会上（2011年6月于科罗拉多州的斯普林斯），在对公正债务和技术防御场景进行小组讨论后，大多数发言的人都非常坚定地认为，他们公司的精神或品质会带来回报，律师应向倾向于相反立场的经理非常坚定地澄清这一点。有趣的是，外部律师事务所的律师们不太愿意采取这种方式。

[49] See Brent Arends, "When It's OK to Walk Away from Your Home," WSJ. com (Feb. 26, 2010), http://online. wsj. com/article/SB 100014240527487037950045750878431446575 12. html（认为拥有严重房屋负资产的美国人应该停止支付抵押贷款，不应该让他们的道德感阻止他们决定战略性地拖欠抵押贷款）; James R. Hagerty, "Is Walking Away from Your Mortgage Immoral?," WSJ. com (Dec. 17, 2009), http://blogs. wsj. com/developments/2009/12/17/is - walking-away-from-yourmortgage-immoral!（审查有关策略性抵押贷款违约的道德辩论，并提出赞成和反对策略性违约的论点）。

清白。[50]

虽然温德尔承认,"将复杂的家庭关系简化成由正式的州法所规定的权利和义务,这是一种奇怪的非人性的做法",但他对律师保持相反的结论,包括他们与客户对话的道德维度:"道德建议是一种超越普通道德责任范围的义务……"[51]温德尔支持这一结论,他断言:"大多数律师与客户的关系……都是一臂之遥的经济交易。"[52]诚然,律师可能在为客户实现一臂之遥的交易;但我怀疑,律师与客户的关系通常是如此遥远和分离。若果真如此,而且如果这种行为没有涉及严重的道德错误,那么就没有必要进行道德对话。另一方面,如果存在严重的道德错误,以及遥远且分离的律师与客户关系,那么谈话就更有理由:客户可能会利用这种距离和分离以及律师要使自己远离有争议的错误行为,并将责任转移给律师和法律。

四、做一名好律师,做一个好人:尊重法律和内在观点

请讨论另外两个例子。第一个例子:在雷曼兄弟(Lehman Brothers)破产前的几年里,该公司经常在季末之前将债务移出账簿,并在季报发布后不久重新获取这些债务,从而造成了一种对其财务状况不准确的会计描述,该描述比实际情况更为有利。[53]雷曼将这些交易以出售后再收购的方式进行计价;[54]而对方很可能已将其视为融资交易。因此,在季度报告期间,双方都不得为了会计目的申报拥有

[50] Compare Brent T. White, "Underwater and Not Walking Away: Shame, Fear, and the Social Management of the Housing Crisis," 45 *Wake Forest L. Rev.* 971, 972 (2010) (认为虽然金融机构和政府的行为"不考虑道德或社会责任",但房主错误地让恐惧和羞耻感阻止他们进行策略性抵押贷款违约), with Curtis Bridgeman, "The Morality of Jingle Mail: Moral Myths About Strategic Default," 46 *Wake Forest L. Rev.* 123, 144-45 (2011) (敦促房主不要拖欠他们的抵押贷款,因为他们应该认为有道德义务来偿还他们的正当债务)。

[51] Wendel, *supra* note 2, at 141.

[52] Id. at 142.

[53] Floyd Norris, "Demystify the Lehman Shell Game," *N. Y. Times*, Apr. 2, 2010, http://www.nytimes.com/2010/04/02/business/02norris.html.

[54] Id.

该资产。可以说，根据当时可接受的会计惯例，这是合法的。[55]不幸的是，很难将温德尔教授的合法权益的标准应用于这种情况。这显然取决于，雷曼选择的会计描述和分界线是"恰当地解释"法律，还是仅仅"在法律范围内"。[56]这种情况的道德性清晰得多：这些交易的目的是欺骗，是要给公司一个不准确的会计描述。对律师来说，从概念上向客户传达这一点并不困难——情况显然相当清楚。在这件事情的道德方面，困难在于对一个强大而老练的客户坦白自己在做什么（或打算做什么），而不是查明真相。我的论点是，律师应该在以下两件事上向客户说清楚：①有争议、有点模糊的法律界限；②非常明确的道德和政策界限——从法律和会计规则的目的来看，这是非常明确的。[律师还应在事后对情况的法律评估中说明这一点，②可能影响关于①的解释和结论。这显然是安然（Enron）事件发生后不久出现的类似情形。这样描述它应该不难。]温德尔教授认为，传达②是"强制性的"，不是法律实践伦理所要求的。[57]对他来说，关键问题是①，这显然是由律师单独决定的。若行为符合合法权益，律师应继续协助客户；若不符合，则应拒绝。

第二个例子，对我来说非常相似，是在身份产品责任诉讼中涉及过去性行为的侵入性和尴尬的取证问题的情形。[58]这些问题的目的是羞辱和打击女性原告，因为发现原告受伤害的另一个不合理原因的可能性非常小。[59]在这一点上，正确的伦理实践似乎应该坦率

---

〔55〕 Id. Michael J. de la Merced & Andrew Ross Sorkin，"Report Details How Lehman Hid Its Woes，" *N. Y. Times*，Mar. 12, 2010, http://www.nytimes.com/2010/03/12/business/12lehman.html.

〔56〕 "权利是法律所规定的，如果正确解释的话，在法律范围内行事似乎意味着更广泛更宽松的东西……" Wendel，*supra* note 2, at 59. 在这个难题上，温德尔的方法与西蒙教授的相似，Pepper，*supra* note 37, at 1024-25，尽管温德尔的方法在本质上更容易理解、更可预测，其标准也更可预测。

〔57〕 除非，也就是说，可以预见的是②很可能成为对①得出法律结论的一个重要因素。See Wendel，*supra* note 2, at 140（承认道德判断可以作为社会事实纳入法律，但认为律师在这些问题上的建议应仅限于这种纳入的范围）。

〔58〕 Id. at 24-26, 75-77.

〔59〕 Id. at 24-26.

伦理与法律：导论

地与强大的公司客户讨论行为的道德性。[60]律师应该向当事人澄清，在非常宽泛的证据开示标准下可以提出问题。但律师也应该解释一下，这些问题并不是真正为了服务于证据开示规则（discovery rules）的目的（即发现可能相关的信息）；相反，它们的目的与证据开示无关。律师应向当事人传达，在他看来，这些问题在这种情况下都是错误的，不应在没有特定理由的情况下继续提出，以使人们相信它们可能与某一原告所受损害的原因有关。[61]温德尔教授有些犹豫地得出结论，认为应该是律师而不是客户得出这个结论：问这些问题不属于被告的"真正权利"（genuine entitlement），因为其目的不是为了发现相关事实。[62]然而，对温德尔来说，仅仅因为这个原因，这些问题对于律师是不道德的；而且，这些问题在道德上是错误的、"诡异的"和"令人蒙羞的"，这一事实与此无关。[63]这种不相关原因很明显，如果被告公司是一个与律师没有任何关系的陌生人，或者如果该专业人士是公司高管的牙医，拥有对此事的决策权，那么辩护律师就不需要与客户就这件事的道德问题进行接触。对温德尔来说，律师显然对这种情况并不陌生——他将实施这种道德败坏的

---

〔60〕 温德尔假设是客户想要采用这种策略，我在这段话中的讨论也是如此。凯瑟琳·克鲁泽教授曾提醒我，提出这些问题的往往是诉讼律师，而不是当事人，而且这种"强硬"的律师经常会在没有咨询当事人的情况下就采取行动。如果律师考虑过这种可能性，但不想以这种方式进行，那么根据示范规则1.2和1.4，是否有义务就该问题咨询客户，这是一个有趣的问题。See Model Rules of Prof'l Conduct R. 1. 2 (2009)（在特定的限制条件下，但在受指明的限制下，律师须遵守委托人就代表的目的所做的决定，并须就达至该等目的所采用的方法与委托人磋商）; id. R. 1. 4（要求律师与委托人就实现委托人目标的方式以及对律师行为的任何限制进行协商）。

〔61〕 ABA Model Rules 1.2 (a) and 1.4 require portions of such a conversation, and 2.1 authorizes the rest of it. Id. R. 1. 2 (a), 1. 4, 2. 1. 律师如何传达这一点是一个难题，而且大多数法学院没有开发或要求课程材料和覆盖范围来帮助学生获得这种咨询技能。显然，对抗、自以为是或屈尊俯就都不是首选模式。相反，适度的双向对话将是目标，在这种对话中，律师愿意向客户学习，并被客户说服。Ellmann et al. , *supra* note 46, at 279-80, 289-91; see also Thomas L. Shaffer & Robert F. Cochran, Jr. , *Lawyers*, *Clients and Moral Responsibility* 126 (1994)（讨论共同决策对道德判断的重要性）; Pepper, *supra* note 41, at 192-204（提出影响与客户进行道德对话类型的几个因素，并讨论此类对话的障碍以及解决这些障碍的方法）。

〔62〕 Wendel, *supra* note 2, at 77.

〔63〕 Id. at 25; see also id. at 24-25, 75-77（更详细地讨论这些问题的伦理意义）。

行为——但这并不重要。[64]

温德尔教授反复强调，律师对法律忠诚的伦理义务要求律师将法律视为行动本身的"一个理由"。[65]同样，他经常强调律师必须"尊重"法律。[66]在我看来，以上每一种立场都是正确的，假设人们的意图是对"一个"理由（即这是众多可能存在的理由之一，也是可能被其他人克服的理由之一）和"尊重"（即值得关注并成为一个重要的考虑因素，但不一定具有排他性或决定性）的正常解读。例如，一个人可以尊重自己的父母，但不一定总能得出这样的结论：在这种情况下，听从父母的建议是最好或正确的事情。温德尔教授的意思，似乎比这种语言通常所表达的，更具决定性和排他性：

> 在法律范围内对客户忠诚要求律师解释法律、坚持立场、策划交易，并基于法律内部的理由为客户提供建议。依靠像法律的公正或效率这样法律以外的考量，是不允许的……对法律忠诚要求律师以恢复对现行法律的最佳理解为目标，并在此基础上采取行动。[67]

这就是温德尔所说的"内在观点"。[68]这一立场有一定道理，

---

[64] 至于牙医的类比，id. at 141-42，它似乎很奇怪地倾向于将此想象为由被告付费并为其服务的牙医，痛苦地推着原告的嘴并将其刮伤。

[65] See, e. g., id. at 49（"尊重的义务意味着律师必须将法律视为采取行动的理由，而不仅仅是要考虑、计划或以某种方式取消的潜在不利因素"）；id. at 61-62（"如果一个人只是为了采取行动和避免制裁，那么他可以对法律采取任何态度，但如果不接受法律作为采取行动的理由，他就不能声称自己是合法的"）。

[66] See, e. g., id. at 9（"然而，如果法律伦理最好的理解是对法律的忠诚，那么律师独特的职业义务就与尊重法律和法律制度的价值密切相关"）；id. at 49（"当为客户代理时，律师必须尊重法律所规定的权利和义务，不能因为他们或其客户认为法律不公平、效率低、愚蠢或仅仅是不方便而试图规避法律"）；id. at 84（"律师尊重和维护法律的义务禁止企图以法律不公正或错误为由否定或逃避法律。一边声称自己是一名律师，一边又声称自己没有忠于法律的义务，这将是自毁前程"）；id. at 123（"此处所辩护的忠于法律概念的含义是，律师职业伦理主要由尊重法律的政治义务构成，而不是普通的道德考虑"）；id. at 262 n. 43（"如果律师认为自己没有真正的非审慎义务去尊重法律，那么就意味着相信法律体系中的其他行为者，包括检察官和法官，也没有义务尊重法律"）。

[67] Id. at 71.

[68] 温德尔所说的"内在的"是指"律师参与制作……法律论点的观点"。Id. at 15.

伦理与法律：导论

但所主张的义务太狭隘、太局限。如在第二部分所述，温德尔似乎忽略了这样一个事实，即律师是为客户服务的，如何受法律选择影响或实施法律选择，这是客户的决定。律师当然应该以直接的方式（用温德尔的话说就是"合法权益"）向客户传达客观解释的法律，并传达该法律是行动的理由或基础。律师还应传达，法律无论是什么都应得到尊重。但是对于客户来说（因此对于为客户服务的律师来说）[69]，法律只是一个理由——通常只是众多因素中的一个——而对法律的尊重意味着它是一个特殊或重要的因素，但这并不意味着它是排他的，或者最直接的解释是决定性的。[70]在本部分讨论的两个例子中，跟前面所讨论的例子一样（雇佣无证帮佣工人和技术辩护失败的正当债务）[71]，法律是重要的；它值得认真考虑（"尊重"），但它本身不一定决定客户的行为，因此也不一定决定律师协助客户的行为。[72]直接解释的正式法律现在可能允许季度末的操纵，或者羞辱性的取证问题，这不是律师结束自己的伦理考虑或与其客户对话的充分理由。

律师应该传达上文第二部分的结论中所提到的所有四个因素，这种做法似乎既体现了对法律的"尊重"，也体现了对法律作为行为理由的适当考虑（温德尔将其归类为"内在观点"），同时让律师和客户对情况的其他方面保持开放的态度。这样，律师既可以做一名好律师（提供获取法律的途径），也可以是一个好人（协助客户在构成特定情况的其他方面的背景下考虑法律）。

---

〔69〕 温德尔教授不同意这一点，他指出，律师的义务并不反映其客户的义务。See id. at 103（"律师的伦理可能比（公民客户）的伦理要求更高，在某些情况下可能会使人更有尊重法律的义务"）；id. at 117（"公民可以被允许以律师所被禁止的方式不尊重法律。律师的社会角色的独特性……必须参照合法性的价值来理解。相比之下，公民的角色并没有如此狭隘的定义"）。

〔70〕 See, e. g., Anthony V. Alfieri, "Fidelity to Community: A Defense of Community Lawyering," 90 *Texas L. Rev.* 635（2012）（book review）.

〔71〕 See *supra* Part 1.

〔72〕 与前一段和上文注69中引用的声明相反，温德尔可能会发现这是一个可以接受的立场，至少对客户来说是这样。或者这可能只是他对哈特对好公民的描述的理解。See id. at 61-62（将"内在观点"对法律的"尊重"与哈特的"好公民"概念联系起来）。

五、结论

布拉德利·温德尔以其法律忠诚，为正在进行的律师伦理理论和实践的讨论做出了实质性贡献。他的基础是明确而合理地阐明法律的职能，专注于其协调职能，包括根本分歧的临时解决。尽管存在具体背景，并且有时根本缺乏解决办法，但法律虑及并促进富有成效的合作。在此基础上，温德尔对法律实践中日常伦理义务的具体结论进行了推理。如上文第一部分所述，我认为这个理论的主要弱点是，没有考虑法律的抽象性和一般性，这与处于特定具体情况下的律师和客户不同——法律是抽象的，而律师和客户很具体。在那里，在所有复杂和微妙的情形中，法律只是众多因素之一。温德尔对抽象法律过于专一的关注，给予他理想中的律师一个过于死板和僵硬的做法。即使在那些情况下，在律师的帮助下，客户仍可能从事重大的道德错误行为；在温德尔看来，整体道德和实际情况并不是与客户对话的必要组成部分。这削弱了律师的伦理职能和帮助他人的能力，至少在我看来是如此。过分强调法律而不重视当事人的情况和选择是上文第二部分的重点，第三部分接着讨论律师和客户的谈话和考虑中道德成分的适当性问题。第四部分借助另外两个例子做了概括和澄清。在这篇评论中，我对温德尔深思熟虑、精心构建的伦理表达了总体上的赞赏，并在很大程度上表示赞同，但我把重点放在了理解和实践中的几个重要方面，我认为这些方面可以得到很大的改进。

六、附录：自主性作为特定角色道德二阶理由的一部分

出于温德尔教授列出的原因，[73]法律是特殊的，律师也是特殊的，因为获取法律通常依赖于律师的帮助。从上往下看——即从社会或政治的角度来看——法律对于构建合作与协调机制至关重要，尽管存在潜在的分歧。从下往上看——即从个人的角度来看——法

---

[73] See *supra* note 3 and accompanying text.

律是至关重要的，因为它构建、限制和促进了一个人的选择和行为——即他们行动的自由或他们的自主性。在我早期为律师的特定角色道德辩护时，自主和平等的价值被明确地与获取法律的途径联系起来，作为律师提供"非道德"途径的道德理由。[74]正是因为获取法律通常依赖于律师的帮助，所以他们为合法但在道德上错误的行为（即特定角色的道德）提供法律便利，这在道德上是正当的。因此，我提出的理由是制度上的——基于开放获取法律的重要性——或者如温德尔喜欢归类的"政治上的"。[75]《法律人与法律忠诚》从上到下展开了论证，并为这样做的论点提供了一个重要基础。《律师非道德的伦理角色》（*The Lawyer's Amoral Ethical Role*）是建立在另一个视角上的，即从个人开始——但这两种方法似乎是从两个不同的方面来看待同一件事情。我的理解是基于法律可及性的基本价值，但不以温德尔现在所阐述的系统和基础的方式，来阐述如何或为何获得法律是特别重要的。

在书的最后，温德尔教授承认了这一点，他提到"佩珀的观点是，通过确保所有公民都能获取法律，律师的角色基本上是保护自主性的政治价值"。[76]然而，在第一章中，温德尔关注了我早期的作品；他和鲁班教授一起提出，我的立场是基于自主性作为一种与法律无关的普遍道德价值。[77]的确，我们通常更喜欢自主性和自由选择，而不是约束和政府决定；但这并不意味着，在特定情况下的一个行为，因为它是自主选择的，它在道德上就是正当的。即使反欺诈法或诉讼时效法提供了有效的法律辩护，选择不去偿还正当债务也很可能在道德上是错误的。但是，律师为这种道德错误提供便

---

〔74〕 Pepper, "Lawyer's Amoral Ethical Role," *supra* note 39, at 616-18. "我们开始的前提是，法律是所有人都可以获得的公共产品。" Id. at 616. 自主和平等的价值是基本论点的第二步和第四步，但每一步都与法律的使用有关——这是一种公共的（在温德尔的界定中是"政治的"）善。See also *supra* notes 6-7 and accompanying text.

〔75〕 See *supra* note 6 and accompanying text.

〔76〕 Wendel, *supra* note 2, at 141.

〔77〕 Id. at 31-37; see also id. at 141（在第四章继续讨论我的立场）。

利，这在道德上是正当的，因为这是客户的一种合法权益；而律师在道德上（和政治上）正当的社会角色是提供获取法律的途径。在这种情况下，这种做法的好处总的来说要胜过不偿还债务的具体错误。几年前，我曾试图在与《律师非道德的伦理角色》同时发表的一篇文章中，对鲁班（Luban）教授和考夫曼（Kaufman）教授的批评做出回应，澄清了这一点：

> 我同意……与妻子、朋友、同事和社区观察员的这种关系，作为对个人行为的非正式约束，既是适当的也是必要的。与法律和法律实施相比，这些关系所提供的非正式限制，对于一个得体、良好的社会可能要重要得多。因此，我赞成……关于妻子或朋友拒绝帮助做不道德但合法的行为的适当性……我和鲁班教授的不同之处在于，他认为妻子拒绝帮助丈夫的不道德行为是律师行为的恰当类比。
>
> ……法律体系在形式上对所有人都适用，但律师是获取该体系的唯一途径……因此，律师更应该被视为正式法律体系的一部分，而不是我们每个人周围的非正式社交网络的一部分。将律师视为界限的非正式一边——像配偶或朋友，基于他们的整体人格、个人信念和奇思妙想，自由地帮助或不帮助他们——是把法律本身放在界限的同一边，基于同样不平等、高度偶然和常常异想天开，来决定是否获取法律。要做到这一点，就要使法律公式化、主观化。[78]这是错误的。

获取法律是基础价值，因此，用温德尔教授的话说，这个论点的目的是"二阶的""政治的"和"制度的"。

---

〔78〕 Pepper, "Rejoinder," *supra* note 39, at 665-66（着重强调）（responding to David Luban, "The Lysistratian Prerogative: A Response to Stephen Pepper," 1986 *Am. B. Found. Res. J.* 637）. 第一篇文章和考夫曼、鲁班教授的回应以及反驳，作为"律师的非道德的伦理角色专题论文集"一起出版发表。文中引用的观察与温德尔的观点非常接近："然而，社会关系与政治制度中的权利分配之间存在着显著的差异……"Wendel, *supra* note 2, at 34.

威权主义法律职业伦理：布拉德利·温德尔与实证主义转向

作者：威廉·西蒙（哥伦比亚大学 亚瑟·莱维特法学教授）

一、引言

许多关于律师职业伦理的经典著作，都带有一种自由主义色彩。门罗·弗里德曼（Monroe Freedman）、斯蒂芬·佩珀（Stephen Pepper）等人的主要作品，显然都是为了应对一种压迫状态下的幽灵而设计的。[1]布拉德利·温德尔（Bradley Wendel）的《法律人与法律忠诚》一书是最近威权主义（authoritarianism）趋势的最清晰表达。很明显，让温德尔夜不能寐的，不是对极权主义（totalitarianism）的恐惧，而是对无政府主义（anarchy）的担忧。他尤其担心诺曼·斯伯丁（Norman Spaulding）所称的"爱默生式"（Emersonian）的道德主义。[2]爱默生式的观点赞扬这样的人，他们基于个人的价值观做出决定，而不顾及规则、惯例和社会期望。[3]自由主义和权力主义的冲动，汇集在对"复杂判断或语境判断在法律职业伦理中

---

〔1〕 See generally Monroe Freedman & Abbe Smith, *Understanding Lawyers' Ethics* 18−20 (4th ed. 2010)（捍卫一种敌对宣传的激进观念，以遏制极权主义）；Stephen Pepper, "The Lawyer's Amoral Ethical Role：A Defense, a Problem, and Some Possibilities," 1986 *Am. B. Found. Res. J.* 613, 623（捍卫"不道德"的律师角色，防止滥用"国家的巨大权力"）。

〔2〕 Norman W. Spaulding, "Professional Independence in the Office of the Attorney General," 60 *Stan. L. Rev.* 1931, 1938−42 (2008).

〔3〕 Id. at 1938−39.

应占重要地位"这一观点的抵制。对自由主义者来说，这种判断对客户的自主权是一种威胁；对权力主义者来说，这种判断是对社会秩序的一种威胁。

温德尔在法理学上对这些问题进行了大量的研究。他对宽泛的伦理决策的反对，依赖于对罗纳德·德沃金（Ronald Dworkin）[4]理想主义法理学的批判，对约瑟夫·拉兹（Joseph Raz）[5]实证主义的呼吁，以及关于法律在多元社会协调活动中的作用的一套模糊观念。[6]

在这篇评论中，我回应了《法律人与法律忠诚》中的权力主义主题。我认为，从本质上讲，无论是自由主义还是威权主义，都不是法律职业伦理通用方法的合理起点。德沃金法理学的一大优点是，它提出了一种法律和法律职业伦理的概念，而这种概念都不依赖于这两种观点。此外，它还提出了一种律师责任的概念，这种概念比爱默生主义或道德实证主义更有道理。温德尔的论证倾向于实证主义，并屈从于较少反思的权力主义冲动，低估了社会秩序既依赖于非正式规范和正式规范的程度，而对构成的权力采取了一种乌托邦式（utopian）的态度。这本书坚持把那些实际上是经验主义的主张当作分析命题，而温德尔却没有证据。

我应该确认两个限定性条件。首先，这不是对这本著作的一个平衡的评估。我忽略了它最有价值的特性。温德尔对角色道德的意义的分析，在法律职业伦理文献中是最成熟的。他认为对法律忠诚的理想应该是伦理学说的组织焦点，这一观点是令人信服的。这些努力都值得赞赏，但是我认为，我可以通过关注我所认为的问题，为这本著作注定要促进的丰富讨论做出更大的贡献。

其次，温德尔的这本著作与我自己的作品有关，这可能会导致一些人认为这种批评是有悖常理的。我认为，法律职业伦理的关键

---

[4] W. Bradley Wendel, *Lawyers and Fidelity to Law* 46–48 (2010).

[5] Id. at 107.

[6] Id at 116. *Texas Law Review*.

伦理与法律：导论

问题应该被理解为源于相互冲突的法律价值，而不是像许多人所认为的那样，源于法律价值与普通道德价值之间的差异。我还认为，传统的自由主义法律职业伦理观，受到一种难以置信的"法律界限"（bounds of the law）狭隘概念的影响，这种概念限制了对客户目标的追求。[7]温德尔赞同这些观点，并将其发扬光大。因此，你可能期望我们在最基本命题上会成为盟友。但温德尔并不这么看。他用了几页篇幅将自己的观点与我的观点区分开，[8]但我认为他这样做是正确的。大卫·鲁班（David Luban）和黛博拉·罗德（Deborah Rhode）也经常在温德尔的著作中受到批评，跟他们一样，我的法律职业伦理概念也把正义理念作为核心的规范性标准。[9]相比之下，温德尔与最近其他一些法律职业伦理学者共同的中心主题是，对正义的关注必须服从于社会秩序的需要。[10]

二、权力主义的冲动

我以书中反复出现的两个发自内心的威权主义例子作为开头。

首先，在他开始不久，温德尔引用了《四季之人》（*A Man for All seasons*）中的一个场景。在这个场景中，托马斯·莫尔（Thomas More）拒绝了这样的建议，即通过非法逮捕一个同谋者，来预先阻止非法的阴谋。莫尔拒绝"通过法律开辟一条捷径来追杀恶魔"。[11]他的拒绝是为了自己的安全，因为他说，"当最后的法律被废除时，恶

---

〔7〕 William H. Simon, *The Practice of Justice: A Theory of Lawyers' Ethics* 39-40 (1998).

〔8〕 Wendel, *supra* note 4, at 44-48, 133-34.

〔9〕 David Luban, *Lawyers and Justice: An Ethical Study* 12, 15, 18 (1988); Deborah L. Rhode, *In the Interests of Justice: Reforming the Legal Profession* 3 (2000).

〔10〕 温德尔的观点与以下观点有很多相似之处，参见 Tim Dare, *The Counsel of Rogues? A Defence of The Standard Conception of the Lawyer's Role* (2009); Daniel Markovits, *A Modern Legal Ethics* (2008); and Spaulding, *supra* note 2. 所有这些理论家都认为，道德多元化的事实需要法律与道德的强烈分离，并由此导致律师职业角色的强烈分化。这种区别涉及律师对正义价值责任的弱化。

〔11〕 Wendel, *supra* note 4, at 132 〔quoting Robert Bolt, *A Man for All Seasons: A Play in Two Acts* 38 (1960)〕（省略内部引号）。

魔转过来攻击你，你将藏在何处……?"〔12〕

令我困惑不解的是，律师们用这一场景来支持"法律忠诚"（fidelity to law）这一传统观念。他们没看到剧的结局吗？阴谋得逞，而莫尔被非法杀害。〔13〕他自己的守法对其毁灭没产生丝毫阻碍。假如莫尔当时遵从了那个建议，去做剧中被认为可耻的事，他自己的非法行为本可以阻止一个更坏的结果。我不打算讨论莫尔应该做什么。我的观点是，这个场景借以出名的主张与剧中仅有的相关证据相矛盾。

其次，温德尔对大卫·鲁班之于丹尼尔·比布（Daniel Bibb）"爱默生式"的赞美表达了悲痛之情。丹尼尔·比布是曼哈顿的一名检察官，他"推翻"了自己被指派针对被告的一个案件；根据一项为期两年的调查，他认为被告是无辜的。〔14〕温德尔认为，鲁班没有考虑到比布所处制度环境的伦理关系。他的上司们公开责成他做出这个决定。温德尔报告说，他们认为有"充分的理由"得出被告有罪的结论，而且"据推测，他们是在考虑了比布知道的所有证据后做出决定的"。〔15〕因此，温德尔断言，比布按照自己的观点行事，这是"对法律制度的不尊重"。〔16〕

温德尔的观点是正确的，即制度结构是适当的，且律师在他们所涉及争议的最终价值问题上，通常没有特权或义务按照他们自己的观点行事。而且，温德尔承认，比布对上级的尊重，部分取决于他们是否出于善意并根据相关信息做出决定，这一点也是正确的。然而，温德尔忽略了有关这一点的事实是有争议的。比布声称，他

---

〔12〕 Id. （quoting Bolt, supra note 11, at 38）（省略内部引号）。

〔13〕 Bolt, *supra* note 11, at 94.

〔14〕 Wendel, *supra* note 4, at 118-19. "Threw" is Bibb's own characterization. Benjamin Weiser, "Doubting Case, City Prosecutor Aided Defense," *N. Y. Times*, June 23, 2008, at Al. 但事实上，他所做的一切似乎只是放弃了一些在一开始就存在合法性争议的优势。他没有弹劾他认为说了真话的证人，他还与辩方分享了战略信息。Id.

〔15〕 Wendel, *supra* note 4, at 118-19.

〔16〕 Id. at 121.

伦理与法律：导论

的上级没有善意地做出决定。[17]当然，这种指控不应被认为是表面上不可信，因为在这个时代，令人震惊的检控不当行为经常被记录在案。然而，温德尔只是"假定"高级检察官的说法是正确的，显然没有比这更好的理由，因为他们是比布的上级机构。[18]

三、规则与原则：温德尔对实证主义的轻率对待

温德尔认为，把他和我、鲁班、罗德等人区别开来的关键，在于对制度化权威的尊重。他指责我们"对制度的普遍不信任"，并因此过度依赖虚无缥缈的正义概念，而这些概念只能在不负责任的个人判断中实现。[19]他强调尊重制度的必要性，因为在多元社会中，个人对正义的判断往往会出现分歧。在温德尔所反对的作品中，对雄心勃勃的伦理判断的呼吁反映了一种反制度的偏见，我对此并不赞成。我认为，关键问题不在于哪些机构值得尊重，而在于尊重的形式。更普遍地说，关键问题在于，每个人视为律师伦理核心的"法律忠诚"是由规则构成的，还是由原则和政策构成的。

正如德沃金所阐述的，规则是明确和分类的。它们被详尽地规定，而且要么适用，要么不适用。另一方面，原则和政策可以是含蓄和渐进的。它们可以从语言和结构得以推断，而且它们可以"权衡"支持决策（为决策提供理由），而不是最终做出决策。[20]

自由主义者和许多其他伦理学家倾向于认为，主张的界限必须由规则来规定。他们的批评者（如我、鲁班和罗德）认为或假设，范围通常是原则或政策。温德尔同意法律是由原则、政策和规则构成的，但他担心过分关注原则和政策会危及法律和道德的分离。

---

〔17〕 尽管这些陈述并不完全清楚，但比布引用的声明表明，他的上司的动机不是相信被告有罪，而是不愿对结束诉讼的决定承担责任。See Weiser, *supra* note 14（在本案中，他引用比布的话说，他的上司'把东西拿去扔到墙上'，让法官或陪审团来解决"）。

〔18〕 Wendel, *supra* note 4, at 119.

〔19〕 Id.

〔20〕 Ronald Dworkin, *Taking Rights Seriously* 22–39（1978）. 德沃金作品的突出特点是暗示和支持我在这里和其他地方提出的论点。然而，德沃金的立场是复杂的，他没有写过关于律师伦理的文章。所以我不能说他是否同意我的论点。

事实上，德沃金在抵制实证主义的"规则模式"（model of rules）时，坚称原则和政策在法律体系中的作用排除了任何强有力的分离。[21]诸如"任何人都不应被允许……利用自身的错误"之类的原则，或者在各种情况下合理或诚信的义务，跨越了法律和道德的话语。[22]

我们可以用两个假设，来说明基于规则和基于原则的看法之间的对比。首先，存在控告真实证人的问题。我的当事人因抢劫而受审。控方证人将作证说，案发时他在场。我知道该证词是真实的，因为我的当事人已经私下承认了。我还知道，证人有过作伪证的前科。我应该以此控告他吗？支持控告的关键立场强调，没有任何规则禁止控告。在没有规则禁止客户偏好的行为的情况下，自由主义伦理学家会让律师采用客户的决定优先的默认规则。另一方面，反对控告的立场强调，控告与"当事人不应误导事实审判者"的原则不一致。在控告证人时，被告含糊其词地向审判者陈述证人可能作伪证。当然，控告的提倡者可以质疑是否存在反对误导审判者的一般原则，或者他可以根据"即使是有罪的被告也有权利向控方提供证据"的原则来为控告辩护。但是这样的争论显然是一个原则问题，当相互竞争的原则被承认时，这些问题必须通过决定哪个更重要来解决。基于规则的伦理从来没有达到这一点。我们一旦发现没有任何规则需要遵从，就会默认对客户的忠诚。

温德尔似乎同意以基于原则的方法来解决真实证人问题，但他担心过度诉诸原则和政策的危险性。[23]在一个多元社会里，人们往往会对相关原则和政策是什么或者它们在特定情况下如何适用产生分歧。我们不能仅仅依靠非正式价值来建立社会秩序。我们需要听从权威机构的决定。这些制度通过诸如民主和正当程序等程序性规范而合法化。即使我们认为制度上的决定实质上是错误的，这些规

---

[21] Id. at 348-50.

[22] Id. at 23.

[23] See Wendel, *supra* note 4, at 191-94（拒绝欺骗性但不明确禁止的审判策略）。

范也值得尊重。

我怀疑有人不同意这一点。但是，机构权威基于规则的方法和基于原则的方法之间仍然存在基本区别。在基于规则的方法中，满足合法性程序条件（例如，两院制和大陪审团制度）的相关规范或决定，有权获得决定性尊重。用约瑟夫·拉兹的话说，有关的程序性规则是"排他性的"，它们取代了所有不一致的实质性关切。[24]在基于原则的方法中，机构的权威既来自规则，也来自原则和政策，机构权威的价值可与非正式的实质性价值相比较。

目前尚不清楚我和温德尔之间的实际分歧范围有多大，但举一个极端的例子可能会对确信温德尔的立场有所帮助。我们处在20世纪70年代。大约有12个州仍然有通奸法（fornication statutes），将未婚成年人之间两厢情愿的性行为定为犯罪行为。在大多数州，这些法规已经几十年没有执行了。然而，在其中一个州的一个县，检察官偶尔会根据该法规对未婚怀孕的妇女提出指控。迄今，尽管尚不清楚检察官是如何确定她们的身份的，但所有被起诉的女性都是在向针对低收入人群的公共医疗项目寻求帮助后被起诉的，而且她们都是在该州总人口中只占很小的一部分的有色人种。在我们正在考虑的案件中，客户已经向其律师承认，其行为违反了该法规的规定。不存在相关的联邦法规，但州和联邦宪法中关于侵犯隐私和歧视的主张（也许还有一个州普通法关于性侵犯的主张），可以作为辩护而被提出。但任何此类辩护在地方法院胜诉的可能性几乎为零，上诉或间接攻击（collateral attack）只会稍微好一点。诉讼程序给当事人带来创伤和羞辱，如果被定罪，她将留下可能会伴其余生的犯罪记录。然而，有一种方法几乎肯定能让她获胜：如果她和孩子的父亲能证明他们在发生关系时一直是在另一个州，他们就会被无罪

---

〔24〕 Joseph Raz, *The Authority of Law*: *Essays on the Law and Morality* 17（2d ed. 2009）. 拉兹的法律规范理论似乎是对托马斯·里德·鲍威尔（Thomas Reed Powell）讽刺性的"法律思维"定义的一种统一阐述："如果你能想到一个与另一个主体相互关联、密不可分地结合在一起的主体，而不知道或不考虑第二个主体，那么你就有了法律思维。" Thurman Arnold, *Fair Fights and Foul* 20-21（1965）.

释放。问题是证词可能是伪证。有一个疑问就是，律师能否合乎伦理地提供伪证。[25]

当然，也有禁止作伪证和禁止律师协助作伪证的规则。问题是，在假设的情况下，律师应将何种道德力量归因于这些规则。如果我们遵循温德尔的"法律忠诚"作为法律职业伦理最基本的价值，那么我们仍然需要决定从规则的角度来理解相关法律，还是从原则的角度来理解相关法律。如果我们采用基于规则的方法，那么分析将是简短的，而答案是明确的。禁止作伪证和协助作伪证是明确的，而且它们符合实证主义对法律效力的程序性检验。这些是唯一相关的考虑；它们强迫我们不去参与作伪证。如果有任何道德上的理由参与，那就不是法律职业伦理上的理由。

但从基于原则的方法来看，分析要复杂得多。我们考量禁令的权威，不仅在于它们是否符合立法的程序性规则，还在于它们是否符合作为这些规则基础的原则——民主、公平和平等的原则。我们认为，这些程序性原则似乎在有关的特定进程中表现得很明显。与此同时，我们也衡量那些作为原则而不是规则出现在各种权威来源（隐私原则、行政自由裁量权的公平原则和非歧视原则）中的实质性价值。在本案中，支持禁止作伪证规则的权威性原则的分量似乎相对较弱。作伪证总是不好的，但在本案中，其主要作用将是阻止通奸法的实施。通奸法可能得不到任何尊重。例如，它可能在很久以前就颁布了，并且主要由于立法惰性、低可见度（low visibility）或所针对的人的政治边缘化而幸存下来。在这种案件下，其实施在法律上是不公平的，会造成严重的人身伤害。在这种情况下，可能没有办法维护所有相关的法律价值。然而，总的说来，如果提供伪证是对有关原则损害最小的行动过程，那么这似乎是最符合法律忠诚的

---

[25] 这个例子是假设的，但并非不现实。这类起诉的一个最近的例子，see Mark Hansen, "Miscarriage of Justice? An Idaho Prosecutor Charges Pregnant Unmarried Teens and Their Adult Boyfriends with Sex Crimes," 82 *A. B. A. J.* 26 (1996).

伦理与法律·导论

行动过程。[26]

如果这个结论看起来很激进，那么请考虑一下，对现有权威的原则性蔑视是美国公共生活中一个光荣传统。学校的孩子们被教导去赞美蒙哥马利公车抵制运动（Montgomery bus boycott）、伯明翰大游行（Birmingham march）和民权运动（civil rights movement）的午餐柜台静坐。尽管老师们并不总是提到这一点，但在当时这三种行为都被认为是非法的；而如果我们采用基于规则的视角，那么即使在今天，对于后两种行为的结论也很难有争议。[27]或者想想，现代小说中最常被奉为道德楷模的律师是《杀死一只知更鸟》（*To Kill a Mockingbird*）中的阿提克斯·芬奇（Atticus Finch）。道德讨论往往集中在他对一个无辜者令人钦佩而在道德上传统的辩护，但似乎没有人对他后来参与（任何对此有想法的律师都会承认的）妨碍司法的阴谋有任何意见。芬奇和行政司法官（sheriff）同意隐瞒布·拉德利（Boo Radley）杀害鲍勃·尤厄尔（Bob Ewell）的证据，因为尽管拉德利有正当理由为他人辩护，但他不相信地方司法系统会为他辩护。[28]

我们可以把这类案件定性为牺牲合法价值来换取非法价值。但这并不是民权抗议者理解他们行为的方式，我也不认为这是大多数人理解抗议者或阿提克斯·芬奇行为的方式。抗议者认为他们是在维护宪法所赋予的权利。芬奇和行政司法官正在保护布·拉德利免

---

[26]　在道德规则明确禁止这种做法之前，自由主义者认为，当刑事被告希望作伪证时，律师应该例行地为被告提供伪证。Monroe H. Freedman, "Professional Responsibility of the Criminal Defense Lawyer: The Three Hardest Questions," 64 *Mich. L. Rev.* 1469, 1477-78 (1966).

[27]　*NAACP v. Claiborne Hardware Co.*, 458 U. S. 886, 913 (1982)，表明禁止抵制是违反宪法的，but *Walker v. City of Birmingham*, 388 U. S. 307, 315 (1967) 具体证实了伯明翰大游行的非法性。据我所知，没有人认为，在午餐柜台举行的静坐在任何意义上都是合法的，与实证主义的合法性概念相一致。

[28]　Harper Lee, *To Kill a Mockingbird* 312-18 (40th Anniversary ed. 1999). 为了维护更基本的法律原则，有原则地违反实证主义的法律规则，这是流行文化中对律师正面描述的一个共同主题。See William H. Simon, "Moral Pluck: Legal Ethics in Popular Culture," 101 *Colum. L. Rev.* 421 (2001) [在约翰·格里森姆的小说《洛城法网》（*L. A. Law*）和《律师本色》（*The Practice*）中讨论这样的描述]。

受他们有理由担心的不公平审判和错误判决的伤害。他们试图维护的原则是合法的。

尽管温德尔的反对力度有些含糊不清，他对任何违反程序上有效的规则的行为都持谨慎态度，不管这些规则是多么有原则的。他最初对法律权威采取一种基于规则的立场，援引拉兹的"排他性理由"思想，并将制度性权威描述为"取代原本可以成为行动理由的东西，而不是增加一方或另一方的理由的平衡"。[29]这表明，当我们有一个规定行为的程序上有效的法规时，我们就不能将支撑它的政策和原则与相互竞争的政策和原则进行权衡。我们必须把它当作是决定性的。

但最终他得出了这个结论。基于规则的权威不具有决定性约束力，但有权进行强有力的假设。[30]既然很少有人会质疑某种假设的合理性，那么很多事就取决于这种假设的强度。温德尔没有提供任何关于如何反驳强有力的假设的一般迹象。他承认律师协助民权运动中非暴力反抗（civil disobedience）的经典行为的正当性。然而，他坚持认为，非公开或隐蔽的不服从行为是不正当的（或者可能很少是正当的）。他特别反对纽约律师依据纽约要求过错证明的一项旧法令，提供伪证以促进双方自愿离婚的行为。[31]他还指出，在一个根本和普遍不公正的社会里，比如纳粹德国，权威的假设不适用或者会遭到普遍反驳。[32]但他所思考的关于基本正义的判断是全球性的。律师有权对法律效力的主张与社会的一般特征进行权衡，但如果这些特征被证明"非常公平"，[33]就不鼓励进一步考虑结构公平或非规则的实质性问题。"在某种程度上，"他说，"法律权利的

---

〔29〕 Wendel, *supra note 4*, at 109.

〔30〕 See id. at 113（主张实证主义的合法性应该被视为为遵守法律创造了"非常重要的理由"）。

〔31〕 Id. at 134.

〔32〕 Id. at 96-97.

〔33〕 Id. at 98.

伦理与法律：导论

全部意义在于，它们对特定情况下的正义或不正义相对不敏感。"[34]

温德尔花了更多的篇幅来描述他对合法性的排他性概念，而不是解释为什么它是法律职业伦理的一个合理基础。如果我理解得正确，他应该提出两个理由。

首先，他认为这种有限的合法性概念，隐含在社会对法律体系价值的普遍理解中。对温德尔来说，法律的本质是解决冲突。人们建立法律制度，是因为他们预料他们会对实质性规范的适用产生分歧。因此，他们创建了一套程序，并同意遵守由其产生的决定，即使他们在实质上并不同意这些决定。温德尔用仲裁合同作为法律制度的隐喻。[35]他说，如果以一个程序上有效的仲裁裁决存在实质性错误为理由而拒绝尊重它，那就没有抓住制度的重点。[36]

其次，他认为，为个别律师订立更具包容性的判断的法律职业伦理，将会威胁到无政府状态或者他倾向于称之为"协调"（coordination）的失败。[37]在最普遍的意义上，任何一个人愿意遵守繁重的义务都是他人愿意遵守义务的一种表现，在这个范围内，法律就是一个协调的问题。社会秩序在很大程度上建立在自愿遵守的基础上，这种遵守是由互惠的预期所维持的。对法律义务的明显不遵守威胁着社会秩序。当然，只有当不服从行为被视为违反义务时，才会出现这种可能性。如果在类似通奸的情况下，不服从被认为是合理或可原谅的，那它就不应该鼓励在不同情况下进一步不遵守。然而，温德尔认为，如果人们的义务是由具有广泛包容性的法律判断来决定的，人们将会对这些义务是什么产生太多分歧。一个人认为是正当的不服从，其他人可能会认为简直是无法无天。而这样的看法会削弱他们自己的服从意愿。因此，我们需要用相对排他性术语来定义义务，并且需要坚持严格遵守这些义务。[38]

---

[34] Id. at 128.

[35] Id. at 110-21.

[36] Id. at 110-12.

[37] Id. at 112-13.

[38] Id. at 111-12.

我的观点是，第一种观点是错误的；而第二种观点，因为适用于基于原则的包容性决策是违反直觉的，也是不被支持的。

四、温德尔威权主义观点的一般问题

构成温德尔第一个论点的基础的社会契约思想是错误的，因为冲突的解决或者社会摩擦的最小化，既不能充分描述制度化的合法性（institutionalized legality）的动机，也不能充分描述其效果。

有时，制度化的合法性通过破坏稳定、非正式的社会关系蓄意破坏社会秩序。《反对法律的自由》（*Liberty Against the Law*）是一部历史著作的标题，它记录了近代早期的英格兰反对资本主义法律规范的抗议活动，这些活动以混乱的方式破坏了前资本主义的社会关系。[39] 例如，牧民在收获后获得放牧权或商人在短缺时限制价格上涨这样的习惯做法被消除，以便给予业主和商人更多的控制权。[40] 抗议活动是有争议的，但他们是在回应抗议者所认为的法律对正常运作的非正式关系的破坏。关于法律导致的社会混乱的故事，美国南部的民权运动是一个较为乐观的故事，它根除了非正式的种族从属关系。

在这两个故事中，强加实证主义合法性的结果是增加了冲突，至少在短期内如此。在这两种情况下，那些支持压制非正式社会秩序的人的目标不是和平，而是实现一种具体、实质的理想状态。第一个故事的目标仍然存在争议，第二个的没有。然而，这两个故事都表明，减少社会摩擦并不是法律体系的唯一首要目标。只有霍布斯的追随者认为国家强制的和平是一个正当社会秩序的充分条件，但很少有人是霍布斯主义者。我们希望和平，但我们也希望法律秩序能够鼓励公民社会关系中的公平、尊重、自主和效率。[41]

一个法律体系在以秩序为中心的目标和以公正为中心的目标之

---

〔39〕 Christopher Hill, *Liberty Against the Law: Some Seventeenth-Century Controversies* (1996).

〔40〕 Id. at 31-32.

〔41〕 See generally Kenneth E. Scott, "Two Models of the Civil Process," 27 *Stan. L. Rev.* 937 (1975) (认为该法律体系同时反映了"冲突解决"和"行为修改"的合法性模式).

间，存在着潜在的紧张关系。这一潜力在传统上已被诸如帮诉（champerty）和唆讼（maintenance）之类的学说所承认，这些学说禁止律师去鼓励那些尚未倾向于维护自己权利的人这样做。这些学说牺牲了法律秩序的正义目标，转而追求协调目标。然而，这一趋势从来就不一致，1977 年美国最高法院判决亚利桑那州贝茨诉州律师事务所（*Bates v. State Bar of Arizona*）一案时，这一趋势似乎已被彻底扭转。[42] 法院裁定律师广告（lawyer advertising）受宪法第一修正案保护，并驳回了"煽动诉讼"（stirring up litigation）作为限制律师真实言论的宪法性正当依据的担忧。[43]

在温德尔的叙述中，什么算是冲突和什么算是解决，似乎都是高度武断的。探讨一下我们使用过时的通奸法来扰乱一个脆弱的社会群体的假设。全面分析后，对通奸的起诉可能看上去更像是由国家干预引发的冲突对非正式社会关系的积极破坏，而不是有秩序地包容不同意见。的确，正如温德尔所说，人们对正义的含义存在分歧。[44] 但是，对于什么是和平以及为和平付出多少代价是可接受的，人们也存在分歧。

温德尔的第二个论点更为重要。当基于原则的不服从被证明是正当的时候，人们就不会达成一致；而如果他们看到太多的不服从，他们的义务感和服从的意愿就会减弱。

尚不清楚这一论点如何适用于律师和客户决定如何履行未充分履行的义务的情况。通奸法就是一个极端的例子，它几乎没有被强制执行。但没有任何法律规范得到完美执行，许多法律规范的执行力度也非常不够。这些情况往往涉及相对稳定的自愿服从水平，而不是权威人士所预测的社会瓦解。此外，在一些不相关的领域，比如禁止吸食大麻，人们察觉到的不服从行为，似乎不会经常不加选择地蔓延到其他领域。更普遍的反对意见是，法律的正当性——它

---

〔42〕 433 U. S. 350（1977）.

〔43〕 Id. at 375-77.

〔44〕 Wendel, *supra* note 4, at 88-89.

仅仅根据其作为法律的地位就能促使人们服从的能力——似乎可能取决于其他因素，而不是其他人所认为的服从。[45]特别是，它似乎有可能取决于法律与普通道德的融合程度。当然，在许多社会中，对现有权威的不尊重，甚至是原则性的不尊重，都与无法忍受的混乱联系在一起。魏玛共和国（the Weimar Republic）是一个恰当的例子，因为其许多无法无天的侵略行为，是出于对正义和社会利益（social good）不同解释的真诚承诺。但是，我们至少也可以很容易地想出一些社会的例子，在这些社会中，有原则的不服从行为或部分不服从行为，似乎与良好的社会秩序相容。美国的高速公路超速法就是一个很好的例子。有些人不顾一切地超速，因为他们不道德或缺乏良好的判断力，而警方正确地将他们作为制裁的目标。但是其他人——实际上大多数人——在这种情况下会适度地加速，而警察容忍他们的行为。他们之所以容忍它，不只是因为他们没有足够的资源来制裁它，还因为当人们被赋予这种自由裁量权时交通会更顺畅。[46]严格遵守规定将降低驾驶协调的功效和管制制度的正当性。

温德尔的论点承认，正如任何可信的论点必须承认的那样，现在被证明正确的民权运动，其经典、有原则的不合法被证明与普遍的社会秩序相一致。但他想把这种让步局限于公开的不服从。隐蔽的不服从在更大程度上是对社会秩序的一种威胁，因为它更难追究责任。然而，在这个事实被承认之后，问题仍然是，是否应将这一

---

〔45〕 我在这里用温德尔的排他性术语说的是"不服从"。Wendel, *supra* note 4, at 200-01. 但温德尔认为不遵守排他性法律规范的行为有时可以被描述为遵守更具包容性的法律规范。我们的法律制度只部分和粗略地符合排除模式。诸如必要性抗辩（当一项行为是为避免更大伤害而必要时，该行为有时是可制裁行为的正当理由）以及陪审团在某些州的撤销权等理论尤其明显地否定了法律判决必然具有排他性的观点。温德尔并不一贯承认这些事实。例如，他谈到陪审团无效，就好像这是简单的无法无天。Id. at 47. 但事实上，它的创造者将其理解为（包容性）法律判决委托给陪审团。Mark DeWolfe Howe, "Juries as Judges of Criminal Law," 52 *Harv. L. Rev.* 582, 587 (1939). 关于必要性辩护，see Wayne R. Lafave, *Criminal Law* 476-86 (3d ed. 2000).

〔46〕 See Brock Yates, Op-Ed., "Speed Doesn't Kill. Bad Drivers Do," *N. Y. Times*, July 24, 1995, at A13（报告称，"交通研究"表明，人们倾向于以他们认为的"舒适的速度"开车，而不管限速标志）。

不利因素视为一种成本，在平衡计算中可能被其他考虑因素所抵消，或者更确切地说绝对排除。有时，公开的不服从会削弱法律的效力，就像在通奸假设或纽约离婚案中的伪证一样；有时，它会使行为人受到不公正的打击报复。一个有原则的计算会将保密视为一种成本，但会认为这种成本可能被这些考虑所抵消。[47]

温德尔既没有证据也没有论据，来支持其可欲的（desirable）社会秩序依赖于绝对排除这一论点。他所讨论的最明显的例子——纽约离婚案[48]——表明了自己的立场。事后看来，作伪证的做法似乎通过加快制定法与大多数人的非正式价值的融合，加强了社会秩序和协调。它抵消了常规立法过程中故障的影响——它对组织良好的利益集团（天主教会）的过度反应及其阶级偏见（富人相对容易获得州外离婚）。[49]没有证据表明这种做法会产生任何溢出效应（spillover effects），导致不可辩护的非法行为。就人们意识到的程度而言，他们似乎没有把它理解为破坏国家的正当性，或作为对违法行为普遍容忍的信号。[50]

我可能是错的，但我的论证不像温德尔那样还是依赖经验命题

---

〔47〕 温德尔引用了马丁·路德·金《伯明翰监狱来信》（Letter from Birmingham Jail）中的一段话，这段话将善良的公民不服从描述为"公开的"行为，但没有引用"不公正的法律就不是法律"这段话。Wendel, *supra* note 4, at 124; Martin Luther King, Jr., "Letter from Birmingham Jail," *Atlantic Monthly*, Aug. 1963, at 78. 从后一个命题可以得出，对法律的忠诚并不要求对不公正的法律有任何尊重，包括公开的尊重，而不是隐蔽的不服从。当然，除了尊重法律之外，公开行动可能还有战略或道德上的理由。

〔48〕 See *supra* note 31 and accompanying text.

〔49〕 Editorial, "New York's Antique Divorce Law," *N. Y. Times* （Jan. 16, 2010）, http://www. nytimes. com/2010/01/17/opinion/17sun3. html（注意到在纽约实施无过错离婚制度的努力遭到了天主教会多年的反对，并评论了诉讼人在过错制度下必须花费"数千美元"才能获得离婚）。

〔50〕 温德尔声称，安然公司的律师愿意为其规避披露要求提供便利，因为他们接受了安然公司高管的论点，即这些要求不应适用于他们，因为安然公司的商业模式比这些要求所针对的更先进。Wendel, *supra* note 4, at 134-35. 温德尔没有引用任何证据来证明律师们的信念（而不是高管们的信念）。律师们自己用完全传统的措辞为自己的行为辩护。See Patti Waldmeir, "Don't Blame the Lawyers for Enron," *Fin. Times*, Feb. 21, 2002, at 14 [引用文森·埃尔金斯律师事务所（Vinson & Elkins）的一位发言人的话说，安然公司的努力"在法律上是适当的"，和"美国其他律师事务所"所做的一样]。

（empirical propositions）。我的观点是，无论是律师还是其监管者，都不充分了解律师的伦理决策（ethical decisions）所带来的间接或综合的后果，因此无法将其纳入自己的分析或规则。律师应该专注于自己行为的直接后果，并且努力在特定案件中维护正义：不是他们个人、特殊的正义观念，而是可以用法律权威和公共价值来捍卫的正义观念。监管机构应鼓励律师从事此类行为，并在他们未能做出此类判断或其判断不合理时，让他们承担责任。当律师被指控伤害客户时，这正是监管机构现在宣称要做的。"合理注意"（Reasonable care）是监管的试金石。基于规则的方法只适用于由第三方损害引起的问题。[51]

如果律师发现自己处于这样一种情况（即他有理由相信，一个有原则的不服从行为，如果在其他情况下是正当的，就会对破坏可欲的社会秩序产生某种特定的影响），那么他可以考虑这种情况。我怀疑这种情况会经常发生，但一位律师如果认为这种情况已经发生，就应该把对社会秩序的损害作为一种代价来对待。但是，即使这位律师能够评估其行为对社会秩序的间接影响，也没有理由把社会秩序当作优先考虑正义的王牌。

我的观点基本上是基于道德自主性和社会团结的价值。人们做他们认为正确的事情，并努力尊重他人的合法利益，这是一件好事。温德尔和其他维护法律和秩序的人承认这一点。他们都认识到，律师的道德自主性是一种价值。他们只是认为，这种自主性的妥协是为了良好的社会秩序所必须付出的代价。但在我们目前的知识状态下，这种信仰是一种迷信（superstition）。一旦我们不再滥用它，我们就应该回到对正义的关注。[52]

---

〔51〕 为了避免误解，我强调，这项建议并不是说，律师对第三方的责任，其强度和性质应与对客户的责任相同。其主张是，对第三方的义务应具有与目前对客户的义务相同的基于原则的形式。

〔52〕 温德尔的论点与大多数法律伦理文献的观点相同的一个遗漏是，未能区分监管机构考虑一般实践规则的观点与个别律师在特定情况下做出判断的观点。即使温德尔在监管层面上对排他的合法性的需求是正确的，对于在边缘做出判断的个人来说，这也不一定是正确的观点。监管机构可能需要进行明确监管，因为它不能相信一般律师的判断。但这并不意味着给个人律师的正确建议是不相信他的判断，在任何情况下都遵从排除的合法性。

五、协调的歧义

温德尔从包容性法律判断到法律的协调功能所看到的威胁，似乎涉及该制度的正当性，这最常从其诱导人们自愿遵守社会规范的意愿的角度被理解。不过，温德尔似乎偶尔也会考虑到另外两个问题。

第一个是特定类型的协调问题，它涉及紧密的互依行为。[53] 有些规则是为了在某些情况下建立惯例，在这些情况下，人们采取一种共同的做法比他们采取的做法是最好的做法更重要。关于靠右或靠左驾驶的规则就是一个典型的例子。有关电信和计算机网络的规则或协议是进一步的例子。即使偏离规则可能会有一些好处，但考虑到其他人可能会继续遵守规则，这些好处也常常会被成本所淹没。排他性理由的观点在这里似乎格外有力，但即使在此，限定条件也是必要的。大多数法律不是在这个特定意义上的协调。不管有多少人这样做或不这样做，杀人，拿走别人的财产，把毒素倒进水里，或者不交税，这对我来说通常都是坏事。在一些特殊情况下，对我来说，做一些这样的事情（例如杀人时的自卫）可能是合理的，也可能是可以原谅的。但是，在我的处境下，其他人所做的并不是关键的决定因素。

更重要的是，即使在具体的协调领域，排他性法律判断也往往不是实现我们目标的最合适方式。有时，最好是让人们对规则背后的政策——协调——如何最好地实现做出背景判断。如果关于驾驶方向的规则有助于排他性推理，那么关于高速公路驾驶速度的规则就有助于包容性推理。考虑到周围的情况，当人们以他们认为合理的速度开车时，交通会更顺畅。严格执行规则会妨碍这种协调。

对法律规范的排他性解释在这种情况下阻碍协调的可能性已得到广泛注意。"照章办事"（working to rule）是一些行业的工人用来

---

[53] Wendel, *supra* note 4, at 94.

破坏协调的抗议策略的名称。[54]致力于促进协调的官员常常发现，他们必须在尊重正式规范和尊重非正式规范之间取得平衡。在一本探讨这一主题的书中，尤金·巴达克（Eugene Bardach）和罗伯特·卡根（Robert Kagan）这样评价"好警察"：

> 他对生活有一种"悲剧感"——他认识到法律不是衡量道德的唯一标准，价值取向经常发生冲突，因果关系和责任不是简单的事情。但他将这种观点与激情结合起来——一种伸张正义和保护潜在受害者的愿望，因此在罪犯罪有应得的情况下，或在无法通过宽容获得合作的情况下，一种采取强制手段和严格执法的意愿。[55]

当然，警察在法律的协调职能中起着中心作用。然而，巴达克和卡根认为，有效的执行要求他们进行包容性解释，而不是排他性解释。律师的角色与警察不同，因而他们的职责也相应不同。但是，似乎没有任何理由表明，协调的目标要求他们采取一种更狭隘的方式，来解释构成这一角色的准则。

温德尔关于协调的另一个关注点似乎集中在认知（notice）上。人们学习法律越准确、越容易，他们就能越可靠地预见到法律对他们生活的影响，也就能更有效地利用法律赋予他们的自主权。[56]人们经常代表实证主义或排他的合法性概念断言，它们提供了更好的认知。他们认为，基于规则的法律比基于原则的法律更清晰、更容易确定。作为一个普遍的、抽象的命题，该论证反映了一个基本的

---

〔54〕 See Brian Napier, "Working to Rule-A Breach of the Contract of Employment?," *Indus. L. J.* 125, 125 (1972)（将"按规则工作"定义为"一个或多个工会成员团体采取的协调行动……由成员在建议下采取行动，并认为该行动不构成任何违反相关雇佣合同的行为，即使该行动的目的是尽可能有效地扰乱雇主的业务"[quoting Sec'y of State for *Employment v. Aslef* (No. 2), [1972] 2 W. L. R. 1370 (C. A.) 1403 (Roskill L. J.) (U. K.)].

〔55〕 Eugene Bardach & Robert A. Kagan, *Going by the Book：The Problem of Regulatory Unreasonableness* 126 (1982).

〔56〕 Wendel, *supra* note 4, at 43.

伦理与法律：导论

法理错误。

这个错误是由于律师的观点对整个社会的概括。一旦出现争端或确定了未来的偶发事件，律师或许可以确定基于规则的法律如何比基于原则的法律更可靠地适用。即使这个命题是有争议的，但我们可以同意它是有争议的。但对于协调的争论，相关的观点是公民社会中公民的观点。指望他分析所有可能与其任何行动有关的法律权威，这是不合理的。即使是无限制的法律援助也不能保证预见性，因为他将发现自己处于不确定的情况。因此，可预见性最重要的决定因素不是法律规范的分析清晰度，而是它们与公民的普遍期望相一致的程度。正如 20 世纪最重要的协调理论家哈耶克（Hayek）所说，

> 事先颁布或宣布的往往只是一种非常不完善的原则表述，人们在行动中比在言语中更能尊重这些原则。只有一个人相信所有法律是一个立法者意志的表达，并由立法者所创造，而不是现行秩序紧急状态所要求的原则的表达时，先前的宣告似乎才是法律知识一个不可或缺的条件。[57]

六、反制度性？

温德尔关于反制度性偏见的指控具有一定的讽刺意味。我的《正义的实践》（*The Practice of Justice*）一书中有一个题为"制度化的伦理"（Institutionalizing Ethics）的章节，讨论了制定和执行职业责任的规范所需的结构和过程。[58] 黛博拉·罗德就同一主题发表了一篇标题相同的长篇文章。[59] 温德尔没有参与这些讨论，因此在这些问题上他几乎没有自己的观点。他对制度的关注，已经在对正式确立的权力的普遍尊重态度中被耗尽。职业责任中真正的反制度性

---

〔57〕 F. A. Hayek, *Law, Legislation and Liberty: Rules and Order* 118（1973）.

〔58〕 Simon, *supra* note 7, at 195-215.

〔59〕 Deborah L. Rhode, "Institutionalizing Ethics," 44 *Case W. Res. L. Rev.* 665（1994）.

偏见，并不存在于学者或个体从业者的理想主义倾向中。它存在于职业管理和公司层面的原始问责结构，以及抵制问责的职业意识形态。职业利用其强大的政治力量来抵制外部监管，并维持表面上被动且宽松的自我监管结构。它利用独立判断和保密的规范，来限制监管机构、投资者、保险公司或其他集团法律服务提供者对其行为的监控。即使是最精英的从业者，他们的组织方式也更像他们19世纪的先辈，而不是其他领域的现代商业组织。这种组织模式即使不是完全爱默生式的，也是高度个人主义的。它将那些在外界不透明而内部监管有限的条件下执业的专业人士视为典范。然而，我们有充分的理由相信，更现代和更开放的组织形式可以加强对客户、第三方和公众的责任。[60]

这些新的结构是否意味着包容性或排他性的法律判断？基于对其他行业的研究，我的印象是，最有效的人力服务问责制是将透明、系统的审计式审查与高度包容性的判断相结合。[61]

然而，结果可能是，一个经过改革的、更广泛的职业监管体系，将强制实施与我所主张的不同的实质性规范。在传统上，律师一直在寻求以牺牲第三方和公众利益为代价向客户提供服务的极大自由，而且他们有时更倾向于用规则条款而不是原则性条款，来明确界定追求客户利益的限度。这两种倾向我都不同意。因此，如果机构改革被提上议程，而且它似乎可能采取自由主义基于规则的形式，我

---

〔60〕 See Christine Parker et al., "Regulating Law Firm Ethics Management: An Empirical Assessment of an Innovation in Regulation of the Legal Profession in New South Wales," 37 *J. L. & Soc'y* 466, 496-97 (2010)（描述了新南威尔士州的法律监管框架，该框架试图鼓励公司采用现代管理和实施监督）; see also William H. Simon, "The Ethics Teacher's Bittersweet Revenge: Virtue and Risk Management," 94 *Geo. L. J.* 1985, 1987-92 (2006)（描述风险管理对伦理教学和伦理理论的贡献）; William H. Simon, Why is There No "Quality Movement," in Law Practice? (2010)（未出版的手稿，作者存档）（讨论潜在质量运动在法律职业中的应用）。

〔61〕 See generally Kathleen G. Noonan, Charles F. Sabel, and William H. Simon, "Legal Accountability in the Service-Based Welfare State: Lessons from Child Welfare Reform," 34 *Law & Soc. Inquiry* 523 (2009)（在福利背景下评估这些系统）; John Braithwaite & Valerie Braithwaite, "The Politics of Legalism: Rules Versus Standards in Nursing-Home Regulation," 4 *Soc. & Legal Stud.* 307 (1995)（在疗养院的背景下描述这样的系统）。

将面临是否支持改革和如何支持改革的实际冲突。如果改革需要牺牲我的实质性认同，我可能会反对。或者，也许这种牺牲不会大到能抵消更好的制度化所带来的好处。我的选择将取决于建议的具体内容和背景。

在特定的战略形势下，目标之间的这种冲突需要妥协。我可能无法得到我想要的一切。正如温德尔所说，一个多元社会中，人们不应该期望公共领域采纳所有人的价值观。[62]然而，请注意，这种妥协与温德尔所认为的多元主义所必需的妥协是截然不同的。在一个有真正选择的实际政治形势下，我可能会有理由相信，我对某些认同的牺牲将得到他人更有力的辩护的补偿。但是，温德尔敦促我们采取一种普遍的政策，为了一种完全抽象的社会秩序概念牺牲我们的原则，而没有任何理由相信我们的牺牲会产生任何好处。

在当前职业责任规范原始制度化的情况下，律师有很大的自由裁量权来采取善意和恶意的行为。温德尔的论点对恶意行为没有影响，因为倾向于恶意的人不会听他的话。但是，如果有良知的律师听从温德尔的话，他们就会比听从他的批评更经常去做他们认为不公正的事情。如果道德自主性是一种价值，那么这种牺牲是有代价的。如果没有比温德尔所给出的更好的理由，它就不应该发生。

七、结论

温德尔是正确的，在一个多元社会中，公共领域必须由一个重叠的共识而不是更全面和有争议的道德观点来管理。如果它符合某些最低限度的正义条件，这种重叠的共识就值得尊重，而律师对制定和促进这种尊重可以发挥重要作用。但温德尔错误地认为，首先，这种共识必须体现在实证主义合法性所定义的形式中；其次，该尊

---

[62] Wendel, *supra* note 4, at 36.

重必须采取基于规则的顺从，而不是基于原则的顺从。事实上，公共领域的道德基础是正式和非正式、法律和道德的混合体。在多数情况下，该尊重来自法律制度中所体现的原则，而不是它们的正式表达。

伦理与法律：导论

法律职业伦理关乎法律而非道德或正义：对评论的回应

作者：布拉德利·温德尔（康奈尔大学法学院 教授）

在马丁·斯科塞斯（Martin Scorsese）的音乐电影《闪亮之光》（*Shine A Light*）中，吉他手杰克·怀特（Jack White）在舞台上与滚石乐队（Rolling Stones）合唱了一首歌。[1]他边玩边唱，不时偷瞄米克·贾格尔（Mick Jagger）一眼，还不停地傻笑。任何观众都可以清楚地看出他当时的想法："天啊，我在和滚石乐队一起表演！"我确切地知道他的感受，因为与滚石乐队地位相当的法律职业伦理，已经足够亲切地邀请我与他们一起上台。就像杰克·怀特（Jack White）听基思·理查兹（Keith Richards）的歌长大，从我懂事开始我就一直在阅读和学习这个对谈会中学者们的作品——也许在试图找到自己独特的声音的同时舔几下嘴唇，但我始终意识到前辈们的开创性工作。我不仅非常钦佩我的评论人的作品，而且深深感激他们对待我这本书的同情心态。看了这些评论后，我经常这样说："是的，这就是问题的关键。"对一个作者来说，与会的评论家使分歧变成了一个更为紧迫的问题，因为没有办法把这样的批评当作是误解的结果或者是对书中立场的攻击。因此，我担心自己没有公正地对待这些评论中所提出的所有观点。在某些情况下，作品必须自圆其说。[2]在另外一些情况下，对

---

〔1〕 *Shine a Light*（Paramount Classics 2008）.

〔2〕 例如，佩珀和西蒙强烈反对我对丹尼尔·比布（Daniel Bibb）一案的看法。曼哈顿地区检察官办公室的检察官称与辩护律师密谋破坏了对两名比布认为无辜的被告的重审。Stephen L. Pepper, "The Lawyer Knows More than the Law," 90 *Texas L. Rev.* 691, 696（2012）

其中一篇评论中所提出的具有挑战性的观点做出令人满意的答复，将需要一篇单独的文章，而这会远远超出这篇简短回应的篇幅限制。我希望这些评论只是关于这本书的辩论的开始，因为我还有很多话要说！

一、不确定性

所有的评论者都以这样或那样的形式表达了担忧，即法律无法履行我的理论所赋予它的功能。他们准确地总结了如下观点：尽管存在规范和经验上的分歧，但法律取代了社会争议，并为合作提供了一个相对稳定的临时框架。然而，他们担心法律无法解决全社会的分歧。如果不是这样，似乎就没有什么理由去尊重它。克鲁泽（Kruse）清晰有力地提出了反对意见："如果法律缺乏解决社会中深刻而持久的规范性争议的能力，那么温德尔关于法律正当性的功能性论证就会失效。"[3]问题不在于这个过程是随机的，就像咨询一个神奇的 8 号球，而在于法律只是在以法律解释的名义再现社会分歧。佩珀（Pepper）诉诸哈特（H. L. A. Hart）所说的法律的开放结构。[4]哈特指出，将具体事实归纳到一般规则的实例之下需要进行判断，而任何规则都不能预先确定其自身的适用。[5]法律也可能包含着尴尬的妥协，存在不止一个目的，或者本质上就是一个没有目的的

（书评）；William H. Simon，"Authoritarian Legal Ethics：Bradley Wendel and the Positivist Turn，" 90 *Texas L. Rev.* 709，711-12（2012）（书评）。也许读者们不会被说服，但我真的不认为我能改进书中的论点。

〔3〕 Katherine R. Kruse，"Fidelity to Law and the Moral Pluralism Premise，" 90 *Texas L. Rev.* 657，663（2012）（书评）。

〔4〕 See H. L. A. Hart，*The Concept of Law* 127-28（2d ed. 1994）（"无论选择哪种方式、先例或立法来传达行为标准，无论它们在大量普通案件中如何顺利运作，在其适用受到质疑的某一点上都将被证明是不确定的；它们将具有所谓的开放结构"）。

〔5〕 See id. at 130（"因此，我们确实可以提前解决问题，但也是在黑暗中解决问题，这些问题只有在出现和被确定时才能合理解决"）。佩珀的批评显然要归功于哈特：法律条文的制定是一般性的。然而，律师在该法律条款具体的潜在应用时在场……法律条文的道德或政策妥协是悬而未决且笼统、抽象的；律师和委托人都在实地，法律的效力将是确实和具体的。Pepper，*supra* note 2，at 693.

大杂烩。〔6〕克鲁泽也提出了类似的观点，她说："法律解决道德争议的能力是值得怀疑的。"〔7〕西蒙（Simon）的反对意见则不同。与其说他主张法律的不确定性，不如说他依赖法律的确定性，并声称我的法律分析是错误的，因为我采用了一种形式主义的法律推理方式。〔8〕

尽管在细节上存在差异，但批评者的反对意见可以归结为以下几点：法律没有提供一些固定的参考点，却可以被聪明的律师根据客户的需要进行修改。律师们没有用合法权益来取代客户利益，而是用一种华丽的辞藻来掩盖寻租过程。在书中，我引用了法国路易十二国王（King Louis XII）的话。据说他曾抱怨道："律师使用法律，就像鞋匠使用皮革；摩擦、挤压、用牙齿拉伸，直到最后使它符合他们的目的。"〔9〕如果律师确实有这种力量，能将法律变成最

---

〔6〕 See, e.g., Pepper, *supra* note 2, at 693（辩称法律是作为一般经验法则制定的，以实现某些道德或政策目的，但其在现实世界中的应用往往更加微妙或复杂）。

〔7〕 Kruse, *supra* note 3, at 658.

〔8〕 西蒙依据德沃金在《规则模型一》（The Model of Rules I）中的论点，认为实证主义不能解释原则在法律推理中所起的作用。See Simon, *supra* note 2, at 712-13（"德沃金在拒绝实证主义的规则模型时，坚持认为原则和政策在法律体系中的作用排除了任何强的分离"）；Ronald Dworkin, "The Model of Rights I," in *Taking Rights Seriously* 14（1978）. 德沃金对实证主义的批评是，它的特点是一种难以置信的裁决模式，即法官的裁决要么由适用规则决定，要么由无标准的自由裁量权决定。Dworkin, *supra*, at 34-35. 德沃金认为，我们所谓的法律判断，更应该理解为规则与政治道德原则之间的平衡；这些原则并不决定结果，而是"倾向于单向决策，尽管不是决定性的"。Id. at 35. 然而，在某些地方，西蒙认为德沃金对原则的范围有着难以置信的看法。例如，他说，通过提供证人先前被刑事定罪的证据来弹劾已知是在说真话的证人，将违反当事人不应误导事实审判者的原则。Simon, *supra* note 2, at 713. 这一推理不仅忽略了当事人要求政府提供证据的合法权利，而且它还依赖于一个陈述过于抽象的原则。法律原则与道德原则的不同之处在于，它们只有作为法律理由的具体化才能获得内容和效力。在弹劾案的例子中，不应误导事实审判者的原则在相当具体的规则中得到了具体体现，并明确规定了触发条件和例外情况。最清楚的例子是禁止提供虚假证据，包括委托人和非委托人证人的证词。Model Rules of Prof'l Conduct R. 3.3（a）（2009）. 只有当律师知道将要介绍的证据是虚假的，并且知识被定义为"实际知识"时，禁令才适用。Id. R. 1.0（f），R. 3.3 cmt. 8. 此外，律师应首先尝试劝阻客户不要做伪证，如果做不到，应寻求法院的指导，法院可命令律师继续对证人进行正常询问，或允许律师以叙述形式陈述证词。Id. R. 3.3 cmt. 7. 我并不是否认原则的存在或它们在法律推理中的作用，但重要的是，律师依靠法律内部的理由，而不是自由浮动的道德理想，不管这些道德理想有多大吸引力，都不是法律的一部分。

〔9〕 W. Bradley Wendel, *Lawyers and Fidelity to Law* 69（2010）.

符合客户目的的形式，那么法律就不能提供超越分歧的社会合作框架。不足为奇，我不接受像路易国王或我的评论者们在此所提出的那种站不住脚的批评。在这样一个简短的回应中，问题是如何证明法律是相对稳定和确定的。由于我无法在几页纸内对这本书进行重新论证，所以我只建议法律学者应该更多地关注律师的实际工作，而不是讨论抽象概念。

例如，我曾写过大量关于布什政府司法部（DOJ）律师的法律建议的内容，他们得出结论说，禁止酷刑的国内法和国际法，并没有禁止美国审讯人员作为所谓反恐战争的一部分所使用的相当于酷刑的审讯手段。[10]我的回应是，这些律师作为律师在伦理上是失败的，不是因为酷刑在普通道德层面上是可怕的（尽管它确实可怕），而是因为其所提供的法律建议反映了一种蔑视法律的态度，或者至少是对法律漠不关心。最近，据报道，奥巴马政府司法部的律师已经准备了一份仍然保密的备忘录，授权总统不经审判就杀死在海外的美国公民，只要总统证明他们参与了基地组织和美国之间的敌对行动，而且活捉他们是不可行的或不可能的。[11]政府正是根据这一建议，授权杀害了安瓦尔·奥拉基（Anwar al-Awlaki）和他16岁的儿子。对于这些杀戮事件以及总统所得到的法律建议，以下三点一定有一个是真的：①这一法律建议是对所适用法律的合理、忠实的解释，奥巴马司法部的律师行为合乎伦理，而布什司法部的律师则

---

〔10〕 See generally W. Bradley Wendel, "Executive Branch Lawyers in a Time of Terror: The 2008 F. W. Wickwire Memorial Lecture," 31 *Dalhousie L. J.* 247 (2008); W. Bradley Wendel, "Legal Ethics and the Separation of Law and Morals," 91 *Cornell L. Rev.* 67 (2005); W. Bradley Wendel, "The Torture Memos and the Demands of Legality," 12 *Legal Ethics* 107 (2009)（书评）. The torture memos are discussed in the book in Section 6. 1. Wendel, *supra* note 9, at 177–84.

〔11〕 See, e. g., Charlie Savage, "Secret US. Memo Made Legal Case to Kill a Citizen," *N. Y. Times*, Oct. 9, 2011, http://www. nytimes. com/2011/10/09/world/middleeast/secret-usmemo-made-legal-case-to-kill-a-citizen. html［报道安瓦尔·奥拉基（Anwar al-Awlaki）在也门被无人机发射的导弹杀害］; Glenn Greenwald, "The Killing of Awlaki's 16-Year-Old Son," *Salon*, Oct. 20, 2011, http://www. salon. com/2011/10/20/the killing of awlakis_16_year old son/ singleton（"行政部门决定有权将美国公民作为死亡目标……然后在一份秘密法律备忘录中得出结论，奥拉基可能会被杀，但拒绝透露其裁决内容或该裁决依据的原则"）。

没有；②这一法律建议就像布什政府时期美国司法部准备的酷刑备忘录中所包含的一样不合理，应该受到同样的批评；③对于这两类律师，我们既不能赞扬也不能指责，因为法律就像制鞋皮革一样，可以按照客户的要求做成任何形状。授权击毙奥拉基及其儿子的法律分析仍然是机密，所以并没有受到像对布什时代的酷刑备忘录那样广泛的批判性审视。当奥巴马政府的备忘录最终浮出水面时（这一点毫无疑问），我期待那些相关法律领域的专家、有良知的律师们就法律分析是否合理展开辩论。对学术评论家来说，断言法律的不确定性本质上就是放弃合法性的理想，以及我们声称要教给我们学生的那门技艺的规范。强烈的不确定性主张，给我的印象更多的是一种修辞上的姿态，而不是严肃的法理学论证，尽管关于客户实际体验和遵守法律的方式，有一些复杂的社会法律解释值得认真关注。[12] 然而，真正反驳不确定性论证的唯一方法，是进入制定和评估法律论证的实践。

二、道德的排除

西蒙正确地指出，我的立场与他的不同，也与鲁班（Luban）和黛博拉·罗德（Deborah Rhode）的不同，在于我没有把正义视为法律职业伦理核心的规范性标准。[13] 如果不能从正义的角度来理解律师的角色，那么它又能为社会带来什么好处呢？像鲁班这样的批评者，指责这本书对法律制度采取了一种过分乐观的立场，[14] 他们把我关于律师角色的观点与关于法律社会价值的更普遍观点混为一谈。诚然，我对律师角色的定位取决于法律的社会价值，但它在一个重要的方面是有限的：法律职业伦理的任务是理解什么构成了律师的是非行为。我认为，正确的行为可能是在为客户提供咨询和在诉讼

---

〔12〕 我将在第三部分讨论克鲁泽对这一论点的批判。See *infra* notes 34-43 and accompanying text.

〔13〕 Simon, *supra* note 2, at 710.

〔14〕 鲁班评论的第三部分题为"所有可能的法律制度中最好的"，暗指伏尔泰的庞格罗斯博士（Dr. Pangloss），他反过来又讽刺了莱布尼茨（Leibniz）所谓邪恶问题的解决方案。David Luban, "Misplaced Fidelity," 90 *Texas L. Rev.* 673, 679 (2012)（书评）。

中代表客户时表现出对法律的尊重，而律师这样做的理由可能与法律所保障的社会之善（social goods）有关。然而，这并不意味着人们总是可以得出这样的结论，即法律在特定案件中对特定客户具有积极的好处。鲁班正确地描述了过度拥挤的监狱和监禁条件的问题，这些问题可能构成国际法上的酷刑。[15]对这些刑讯室里的犯人讲话，告诉他们应该感谢法律所保护的善，这确实是自以为是的高度。[16]这种立场具有坏的神学论（theodicy）的性质，它自信地告诉人们，他们应该感谢神给他们的苦难，因为神毫无疑问打算在世界的其他地方用这种痛苦来行善。[17]但我的论点并不是说法律总是对所有人都是好的；相反，如果在法律、法律制度和法律职业中存在善，那么就应该用一种特殊的方式来理解它。人们可以利用一种方式来组织社会，表现出对彼此平等的尊重，这是件好事。然而，这并不是生活的全部，它当然不应该被理解为排挤其他社会交往、解决问题、道德考量和自我理解的方式。[18]

---

〔15〕 Id. at 681.

〔16〕 Id.

〔17〕 See, e. g., Bart D. Ehrman, *God's Problem*：*How the Bible Fails to Answer Our Most Important Question-Why We Suffer* 8（2008）（讨论解决神正论问题的各种哲学方法）。

〔18〕 在他的评论中有一个非常有趣的部分，鲁班解释了"忠诚"这个词，并指责我犯了分类错误。Luban, *supra note 14*, at 681-86. 对婚姻不忠的指控并不仅仅意味着违反某种抽象的专心或忠诚的规范；更确切的说，它意味着明确地转向对手、转移忠诚和改变立场。Id. at 681-82. 背叛友谊同样意味着抛弃一个人，要么是为了另一个人，要么是为了自己。Id. at 682-83. 同样，宗教忠诚意味着不崇拜偶像或其他神。Id. at 683-84. 在所有这些情况下，忠诚都是对与自己有直接个人关系的人的一种欠下的东西，不受抽象职责或通过制度构成的关系的影响。Id at 684-85. 我和鲁班完全同意，尊重法律的义务（如果有的话）必须源于政治团体中人民的尊重，而不服从（或者，我可以补充一下，围绕法律工作）是一种搭便车的形式，表达了对同胞的蔑视。Id. 因为忠诚是一种与亲密关系相关的价值，然而，与忠诚相关的义务必然是相互的，一方缺乏忠诚可能会"破坏互惠的纽带"。Id. at 685. 当一个政治团体中的一个人或团体被多数人抛弃或歧视时，呼吁这些边缘化的公民对法律表示忠诚是残忍的，因为"法律"——就个人而言，政治团体的大多数成员——已经不忠。这相当于强迫一个被背叛的配偶留在婚姻中，而另一方继续欺骗。因此，鲁班将我本想在书名中引用的诚实、坚定和忠诚的形象颠倒过来，将其转变为对不公正的有力批判——用马丁·路德·金的话来说，是"使差异合法化"。Id. at 684-85. 当我想到这本书的标题时，我脑海中就有了解释的忠诚，但是这个词的双重含义确实强调了公平和互惠作为尊重法律义务的基础的重要性。See id. at 685-86（同意解释的忠诚是律师的一项义务）。

然而，正如鲁班所指出的，如果要让任何道德重新回到审议之中，那么整个结构可能会有点棘手。如果律师们经常求助于一阶理由（first-order reasons），那么通过以法律规定的二阶理由（second-order reasons）代替一阶理由，人们能够超越不确定性和分歧的过程可能就会结束。[19]如果二阶理由并非真正具有排他性，而只是假定或重要的，就会发生这种"求助"。鲁班依赖于"追索角色"（recourse roles）的概念；[20]依此，在某些情况下要保持对角色要求的忠诚，最好的方法就是违反角色的要求。角色是为了某个或某些目的而设立的。在绝大多数情况下，扮演某个角色的人完成这些目标的最佳方式是遵循角色的指示。然而，在某些情况下，实现角色目标的最佳方法是做一些角色的构成性规则所不允许的事情。为了做出这个决定，角色的使用者必须具有角色的目的追索权（因此称为追索角色）。[21]追索角色很好地捕捉到了许多专业人士所面临的职责的角色区分性质，同时又没有完全脱离构成专业角色的更广泛的社会目的。正如我在本书之后发表的一篇论文中所指出的，追索角色不一定允许完全开放的道德考量；"相反，代理只能追索到某些考虑因素，比如角色要完成的特定任务。"[22]实际上，应该依靠"追索角色"这一概念的是西蒙而不是鲁班，因为西蒙的总体辩论策略，是将许多人认为的律师角色的目的（法律正义），与特定案件中经常出现的不公正并列起来。认为律师角色的目的是在普通道德层面上行善似乎不太可能，尽管一些哲学家认为，法律只有在提高人们遵守道德的程度上才具有

---

[19]　Luban, *supra* note 14, at 687（"温德尔看似微小的修改，实际上破坏了拉兹将多个层面的理由分开的基本架构"）。

[20]　See Mortimer R. Kadish & Sanford H. Kadish, *Discretion to Disobey: A Study of Lawful Departures from Legal Rules* 15-36（1973）（"当人们想要了解自己能做什么和不能做什么时，他们就会转向社会角色的概念"）。正如鲁班在他的评论中所指出的，他在重构《律师与正义》的立场时，依赖于追索角色的结构。See Luban, *supra* note 14, at 687 n.69 [citing David Luban, "Freedom and Constraint in Legal Ethics: Some Mid-course Corrections to Lawyers and Justice," 49 *Md. L. Rev.* 424（1990）].

[21]　Kadish & Kadish, *supra* note 20, at 21-22.

[22]　W. Bradley Wendel, "Three Concepts of Roles," 48 *San Diego L. Rev.* 547, 553（2011）.

权威性。[23]在我看来，大多数从业者应该都同意，律师不是促进道德考量的多用途代理人，相反他们同时是客户的代表和法律的公使（ministers of the law），帮助客户在法律规定的权利和义务范围内行事。

　　无论律师角色的目的被认为是正义还是道德，追索角色都容易受到多元主义问题的影响。这本书的一个主要论点，似乎没有一个评论人不同意，那就是理性、有良心的人在特定情况下可能会善意地不同意道德或正义的要求。因此，追索策略中缺少了一个"谁来决定?"的问题：假设一名律师认为，无论是作为法律咨询的依据还是作为诉讼的依据，主张客户的合法权益都会导致不公正（借用西蒙关于角色目的的概念）[24]或违反普通道德（鲁班的概念）[25]。现在假设客户不同意律师的观点，坚持律师采取合法行动来维护客户的合法权益。律师是否有权决定是否根据角色目的直接采取行动?如果是这样，那么赋予律师这种决策权就削弱了律师与客户关系的代理性质。[26]当然，另一方面，律师必须担心自己的道德（而非法

---

　　[23] See, e. g., Larry Alexander & Emily Sherwin, *The Rule of Rules: Morality, Rules, and the Dilemmas of Law* 98-99（2001）（注意到理解法律的最重要的因素是理解制定法律的道德权威想要表达的意思）; Heidi M. Hurd, "Interpreting Authorities," in *Law and Interpretation* 405, 425（Andrei Marmor ed., 1995）（认为法律的解释必须以法律"如何使我们的行为符合道德要求"为基础）。

　　[24] Simon, *supra* note 2, at 715-17.

　　[25] Luban, *supra* note 14, at 676-78.

　　[26] 佩珀担心，过于严格的法律忠诚义务将导致律师忽视为客户服务的义务。Pepper, *supra* note 2, at 696-97. 他的反对意见凸显了律师与客户关系的信义性质，正如无数案例中阐述的那样。See, e. g., *Maritrans GP Inc. v. Pepper, Hamilton & Scheetz*, 602 A. 2d 1277, 1287-88（Pa. 1992）（对违反委托人诚信义务的律师执行初步禁令）。弗里德关于律师作为朋友的比喻之所以具有持久力，是因为它使这种信任和信心的关系成为律师伦理义务的核心。但律师不仅仅是受托人；律师是客户利益和法律的受托人。律师有特权和责任在法律范围内积极代表其客户的利益。律师与一方之间没有简单、直接的信义关系；相反，在这种情况下，律师和客户都受到其他义务的阻碍，尊重法律和这些义务会影响律师必须履行其对客户的诚信义务的方式。Cf. Geoffrey C. Hazard, Jr., "Triangular Lawyer Relationships: An Exploratory Analysis," in *Geo. J. Legal Ethics* 15, 31-32（1987）["在这样一个三角情境中，客户并不仅仅是经典法律假设中的 A，在这个假设中"黑田（Blackacre）的所有者 A"对 B 做了某事或被 B 做了某事。成为他人监护人的人不再是 A，而是"被对 B 的责任拖累的 A"]。根据这一分析，在我的法律伦理概念中，律师是"受法律约束的委托人"的代表，同时也负有尊重法律的直接义务。律师不仅要协助委托人的行动，而且要在行动时履行委托人的法律义务。

伦理与法律：导论

律的）责任。然而，在一个基本公正的社会里，在绝大多数情况下，律师可以假设，自己帮助客户根据他们的合法权益来安排事务，并没有犯道德上的错误。我不否认不公正的存在，任何人都会这样认为，尽管道德多元化无处不在。然而，我并没有试图围绕这些极端情况设计一套法律职业伦理体系；相反，我写这本书是为了说明律师在大多数情况下所做善事的本质。[27]

三、政治的排除

鲁班、克鲁泽、西蒙和阿尔菲里（Alfieri）指责我是（用鲁班的话说）"一个现状的辩护者"。[28]法律本身可能无法为西树林社区（the West Grove）这样贫困、边缘化的社区提供多少帮助，阿尔菲里、他的同事和他们的学生为西树林社区提供了令人钦佩的服务。[29]我也不会把一个社区组织者、活动家和律师，限制在形式主义的策略和对法律的呆板服从上；而事实上，我会全心全意地支持私人筹款、媒体宣传、公众抗议和政治压力等多方面的策略，以防止对西树林社区至关重要的图书馆被关闭。[30]正如西蒙所言，"对现有权威的原则性蔑视是美国公共生活的一种光荣传统。"[31]我和西蒙一样，

---

〔27〕 In the book I quote Larry Alexander and Fred Schauer's observation that it would be odd to focus the study of constitutional law primarily on *Dred Scott v. Sandford*, 60 U. S. （19 How.）393 （1857）, superseded by constitutional amendment, U. S. CONST. amend. XIV; and *Korematsu v. United States*, 323 U. S. 214 （1944）. Wendel, *supra* note 9, at 102-03. 最高法院有时真的把事情搞得一团糟。一位试图理解法院解释宪法的方式的律师，将被建议主要关注法院仍在辩论的案件，因为这些案件表达了仍然可行的宪法原理。

〔28〕 Luban, *supra* note 14, at 680.

〔29〕 Anthony V. Alfieri, "Fidelity to Community: A Defense of Community Lawyering," 90 *Texas L. Rev.* 635, 635-36, 652-56 （2012）.

〔30〕 See Alfieri, *supra* note 29, at 4-5 [历史性黑人教堂计划包括媒体宣传（如社论和信件）、公众抗议（如游行、集会或静坐）和政治压力（例如，向监管机构报告选定的公职人员，以调查相关事项中正在进行的不道德或非法的行为），所有这些都是为了说服当地市和县官员帮助动员公众反对拟议的关闭（脚注略）]。

〔31〕 Simon, *supra* note 2, at 715. 批评人士有时说，我对西蒙使用的"威权主义"一词的法律和法律权威产生了崇拜, id. at 718, 抓住了这种反对的味道——但重要的是要强调，在我看来，法律的权威最终是建立在平等的价值和尊重公民同胞的义务之上的。西蒙认为对无政府状态的恐惧让我夜不能寐, id. at 709, 但书中隐藏的恶魔更应该被定义为唯我主义和

对那些参加午餐柜台静坐和伯明翰游行的勇敢的人们表示钦佩。[32]他说的没错，当时静坐之类的活动都是非法的；但是，只要律师明确声明客户事业的公正并不意味着这种行为合法，那么律师参与非暴力反抗（civil disobedience），事后保护客户免受非法侵入或妨害治安行为的指控，甚至建议客户进行非暴力反抗，这些行为就都没什么错。相反，一些基于合法性、政治正当性和合法权利的反抗策略的有效性，并不排除使用非法律策略来实现社会正义的目的。[33]我所关心的唯一推论是，其合法性来自某种结果的公正性。

克鲁泽认为，我把法律想象成寓言中的英雄，在这个寓言中，社会面临着由经验的不确定性或规范的多元主义所造成的僵局。[34]但是，就像我的同事吉姆·亨德森（Jim Henderson）所扮演的无能的超级英雄托尔特船长（Captain Torts）[35]一样，法律有时要么没能把人们从麻烦中解救出来，要么通过干预使事情变得更糟。[36]克鲁

傲慢。我很高兴看到西蒙承认，"律师通常不会有特权也不会被迫就他们所卷入的争议的最终是非曲直，按照自己的观点行事。" Id. at 711. 也许找多年来一直在误读他，但我一直理解西蒙的观点恰恰相反，即律师可能或必须考虑他们代表客户采取的行动是否可能促进正义。See William H. Simon, *The Practice of Justice: A Theory of Lawyers' Ethics* 138（1998）（"律师应根据具体案件的相关情况采取可能促进正义的行动"）。

〔32〕 Simon, *supra* note 2, at 715.

〔33〕 Cf. Alfieri, *supra* note 29, at 33-34（"在有色人种低收入社区的背景下，民主律师提供具有种族和身份意识的宣传和咨询策略，这些策略是由传统上在法律、合法性和合理性之外的不同声音形成的……律师坦率、合作和具有种族意识的对话，是对法律政治策略以及其他非法律策略的实际考虑……进行规范性评估的最佳指导"）。

〔34〕 See Kruse, *supra* note 3, at 663（"简言之，温德尔的功能性论点是，尽管我们在道德上与法律内容存在分歧，但我们应该尊重法律，因为法律为我们做了我们自己做不到的事情：法律将我们从道德多元主义中解救出来"）。

〔35〕 作为一名法律学者，我的目标之一是让人们更好地了解托尔特船长的故事，托尔特船长是法理学中未发表的伟大人物之一：托尔特船长是一个和亨德森差不多大的人（简单的说是一个大个子），他在我们的社会中游荡，寻求保护人们免受他人的伤害。托尔特船长穿着一件宽松的紧身连衣裤，胸前围着一圈披肩和一个大的黄色 T 字。每当他听到有人遇险时，他就会进入现场（如果可能的话，通常是通过窗户）并尝试营救。很多时候，他是一个受欢迎的新成员，帮助纠正社会中人与人之间的权力不平衡。偶尔地托尔特船长被他试图帮助的人所憎恨。在那些场合，人们试图把他推回窗外。这一切意味着什么，亨德森把它留给读者。James A. Henderson, Jr. et al., *The Torts Process: Teacher's Manual* 20（7th ed. 2007）。

〔36〕 对于法律有时会让社会变得更糟这一论点的例子，see John Hart Ely, "The Wages of Crying Wolf a Comment on Roe v. Wade," 82 *Yale L. J.* 920（1973）。

　　　　　　伦理与法律：导论

泽同意法律改变了争议，她承认这是一件好事，但她否认法律真正解决了任何问题。例如，在关于同性婚姻的辩论中，"法律语言继续提供在辩论中阐述和包装问题的方法"，以跨种族夫妇所提出的民权要求作类比来阐明所涉权利。[37]然而，这种转变还不完全；这是一场重新包装的道德辩论，但辩论的条件仍然由"理性和公共利益"（reason and the public good）决定，而不仅仅是由什么是合法的来决定。[38]法律只是提供了额外的概念性资源，例如权利、义务和正当程序的概念，用来开展正在进行的辩论。[39]这导致克鲁泽对我的立场提出了具有挑战性批评，即尊重法律的功能性论证和规范性论证，应当转化为尊重法律制度的功能性论证和规范性论证。一个法律制度所包含的远不止制定法得到遵守，还包括公民参与民主自主过程的多种途径。与我难以解决的分歧的噩梦不同，克鲁泽提出了一个法律的崇高梦想；她认为法律打开了一个空间，在这个空间里多种道德观点可以蓬勃发展。[40]社会不应该致力于解决（即使是暂时的）道德争议，而应该为和平的、建设性的分歧提供发展的途径。

这本书确实试图解释"私人遵守（或违背）法律与公共立法之间所产生的复杂的相互作用"。[41]第六章第四节第二部分借鉴了劳伦·埃德尔曼（Lauren Edelman）和马克·萨奇曼（Mark Suchman）的作品，展示了雇主如何回应性骚扰的法律定义，以及雇主为防止敌意的工作环境而承担的义务。[42]克鲁泽是正确的，遵守反歧视法的过程不是一个简单、线性的阅读法律和遵守法律的明确指示的过

---

[37] Kruse, *supra* note 3, at 667-68.

[38] Id. at 668.

[39] 尽管关于同性婚姻的争议仍在继续，但这项法律至少解决了一些问题。如果纽约州汤普金斯县（Tompkins County）的办案员拒绝颁发同性婚姻的结婚证［考虑到伊萨卡（Ithaca）的政治局势，这几乎不可能发生，但这只是个假设］，然后，人们可以从公职伦理的角度批评县办事员，因为他用自己的道德观点代替了领取结婚证的合法权利。

[40] Kruse, *supra* note 3, at 670-71.

[41] Id. at 671.

[42] See Wendel, *supra* note 9, at 203-07.

程；相反，这些法律的含义是通过应用显现出来的，因为雇主们试图弄清楚如何遵守一个不确定、不断变化的命令。因此，法律使政治成为可能，而不是使阻止分歧成为可能。如果相关行动者认为自己是在善意地尝试确定法律所允许或要求的，那么我并不反对克鲁泽批评的方式。尊重法律可能包括勉强的默认和公开的不服从。[43] 然而，被排除在外的是对法律的暗中作废或操纵。在我看来，在午餐柜台前静坐抗议的合法性，以及法院和雇主之间的反反复复——通过不断重复的法庭挑战和对雇主的新指令，制定了现行的性骚扰法——仍然存在空间。法律解决不是一次性事件。相反，它可以是社会行动者以法律权利和义务为导向的过程。这并不会取代非法律秩序（nonlegal ordering），但它确实使一种独特的秩序成为可能；在这种秩序中，公民参照反映平等和尊严共同价值的社会程序，彼此为自己的行为提供正当理由。

四、愚蠢的法律

毫不奇怪，我的评论人试图通过指出一些法律来为难我在书中的立场；正如佩珀巧妙地指出的那样，这些法律的结果"可能与普遍接受的价值或法律规定背后的特定价值相违背"。[44]佩珀的例

---

　　[43]　需要说明的是，正如阿尔菲里所担心的那样，我不打算在这本书里用任何东西来批评社区律师是法律的滥用者。阿尔菲里指出，"日常与城市贫困和种族不平等的斗争需要创造性地扩大传统律师的角色和职能，以及扩大宪法、法定和普通法的权利。" Alfieri, *supra* note 29, at 649. 我完全同意。在批判法律研究的支持者和批判种族理论的支持者之间，存在着一场深刻而微妙的辩论，争论的焦点是法律权利是压迫性的还是授权性的。例如，帕特丽夏·威廉姆斯（Patricia Williams）认为，法律权利是一种坚持强势白人行为主体承认非裔美国人的尊严和权力的方式。Patricia J. Williams, *The Alchemy of Race and Rights* 146-66 (1991). 对威廉姆斯来说，权利的主张在某种程度上面对着对人类需求的否定，这需要承认这些需求。See id. at 153 （"对于历史上被剥夺权力的人来说，权利的授予象征着他们人性中所有被否认的方面：权利意味着一种尊重，将一个人置于自我和他人的参照范围内，将一个人的地位从人体提升到社会存在"）。尽管我缺乏威廉姆斯那样的口才，但我试图说一些类似的话：进步人士不应该对社会中的权力失衡做出如此全面的批评，以至于质疑官方机构是否有能力承认权利，支持被剥夺权利的公民对抗有权有势的人。我这里的批评者喜欢把各种各样的焦虑归咎于我，因此我承认我担心，以工具性的方式对待法律会长期损害法律保障弱者尊重要求的能力。

　　[44]　Pepper, *supra* note 2, at 693.

子是禁止雇佣无证工人，这阻止了工作的夫妇雇佣儿童护工。[45]西蒙想象了一个古老的通奸法规的歧视性执行，它将未婚成年人之间两厢情愿的性行为定为犯罪。[46]虽然他们所提出的反对意见比较温和，但他们真正想说的是："你当然不能说这条法律值得尊重！"但引用已故的莱斯利·尼尔森（Leslie Nielsen）在《飞机上》（Airplane）中扮演的角色所说的："（我的意思是，）别再叫我雪莉（Shirley）了！"[47]

在佩珀的案件中，律师不能告诉这对夫妇，雇佣这个无证护工在法律上是允许的。佩珀想象律师会给出明确而有些轻蔑的建议："你不能也不应该（雇佣这个护工）。这是非法的。"[48]他说得对，从道德上讲，这种情况比成文法更复杂，律师可以自由地以道德咨询的形式向客户传达这些额外的微妙之处。然而，世界上细微差别和复杂性的存在并不削弱这样的结论，即与其他就道德上复杂的问题提供建议的人不同，律师角色的独特之处在于，律师有责任确保他们的建议符合法律规定的职责和权限。在佩珀的假设中，律师给出的这种"抽象而呆板的"[49]建议，是佩珀想象一位爱管闲事、自以为是的律师对客户的困境表示不满的结果。我对律师传达出的法律被误导、脱离现实或有悖常理的感觉没有任何意见，但律师做出的这些判断并没有许可律师去为客户提供建议——即使是间接地，眨一眨眼或点一下头——以无视法律。如果客户选择承担违反法律的风险，只要律师没有赞美或鼓励这种行为，法律和道德上的责任

---

〔45〕 Id. at 693-94.

〔46〕 Simon, *supra* note 2, at 714.

〔47〕 对于那些不是七八十年代孩子的人来说，真正的对话是：

鲁马克博士（Dr. Rumack）：我不会骗你的，斯泰克先生（Mr. Striker）。我们没时间了。

特德·斯泰克（Ted Striker）：你肯定能做些什么。

鲁马克博士：我正在尽我所能，别再叫我雪莉（Shirley）了！

Airplane（Paramount Pictures 1980）.

〔48〕 Pepper, *supra* note 2, at 694.

〔49〕 Id. at 695.

就落在客户身上。[50]

我还有些担心，对一些法律贴上过时、愚蠢或不值得尊重的标签，这反映出精英阶层对我们［"高贵的我们"（royal we）］所不认同的规范性立场的屈尊俯就。就个人而言，刑事法规禁止没有结婚的成年人发生双方同意的性行为，我认为这是愚蠢的；但是很明显，我的很多同胞都认为现行的反通奸法已经取得了平衡。[51]我必须承认，我对这一法令的反应，反映了我对性道德和刑法适当范围的其他看法，这些看法可能不会被普遍接受，而且法律也不是疯狂到没有一个理性人会赞同它。虽然这里没有一个评论者误解我的道德相对主义观点（这种道德相对主义是任何教过伦理学导论课的人都很熟悉的），我还是想澄清一下，我认为说婚前性行为在道德上没有错是正确的，而且即使有错也不应该被定为犯罪。然而，我承认其他人对这个问题进行了认真讨论，并得出了相反的结论。

五、结论：我的梦魇和崇高梦想

鲁班和克鲁泽间接地提到哈特在司法自由裁量权的噩梦，与致力于一项有助于社会稳定和团结的技艺的崇高职业梦想之间的对立（在哈特的例子中是法官，而鲁班所提出的是作为法律顾问的律师）。[52]正如这个比喻所表明的，法律或法律职业伦理理论可能会被一种恐惧所激发，即另一种不同的方法会是通往某个想象的地狱的通道。

---

〔50〕 佩珀认为，持这种立场的律师不是"法律密码"（legal cipher）。Id. at 700. 在我看来，在律师与委托人的关系中，道德咨询是否恰当完全是一个或有问题。基于长期以信任和相互尊重为特征的职业关系，一些客户可能希望律师告诉他们，以诉讼时效为借口逃避法律义务在道德上是错误的。佩珀还正确地指出，一个特定的客户可能出于商业原因而做了一件体面的事情，尽管其合法权利与此相反。在这些情况下，道德咨询是合适的——甚至可能是客户所期望的——但这并不是角色本身的要求。

〔51〕 如果法律确实没有剩余的支持，那么根据废止原理它可能是无效的我在此假定，该规约已因这些理由受到质疑，并没有因此而无效。

〔52〕 David Luban, *Legal Ethics and Human Dignity* 131-32（2007）；Kruse, *supra* note 3, at 670-71. 尼古拉·莱西（Nicola Lacey）将这句话作为她对哈特传记的副标题，暗示这位伟大哲学家的一生本身就是这两件事。Nicola Lacey, *A Life of H. L. A. Hart：The Nightmare and the Noble Dream*（2004）.

具有讽刺意味的是，法律职业伦理领域中的主要人物（我很荣幸邀请他们中的许多人作为这次对谈会的评论者），似乎担心公民和律师过分倾向于遵守法律。西蒙赞扬非暴力反抗甚至法律的无效，[53]鲁班提醒我们，米尔格拉姆实验（Milgram Experiments）表明，人们并不是特别倾向于抵制不公平的政府，[54]甚至佩珀和弗里德曼，他们多年来坚决为标准概念辩护，反对其学术批评，关心的是提供律师良心上的反对（conscientious objection）的途径。[55]在这些理论家的脑海中，噩梦般的情况是第三帝国（Third Reich）时期德国的法律职业，或者是南方种族隔离制度下的美国法律职业，他们都非常愿意通过忠实地解释和适用制定法，为非正义政权的管理提供帮助和专门知识。"律师即艾希曼"（lawyer-as-Eichmann）的形象困扰着许多法律职业伦理学家。另一方面，他们的崇高梦想则援引了像路易斯·布兰代斯（Louis Brandeis）这样的真实律师或阿提克斯·芬奇（Atticus Finch）这样的虚构人物，来强调智慧、判断力以及对道德和法律的明智判断这样的美德。[56]毫不奇怪，这些律师往往特立独行，不是墨守成规的人，如果他们认为客户的目的是非正义的，他们愿意违抗命令或吹哨（blow the whistle）。[57]

---

〔53〕 西蒙在他的一篇我最喜欢的论文中指出，流行文化中对律师的描述往往将律师描述为值得称赞的，因为他们愿意为更高的道德原则而违反法律。William H. Simon, "Moral Pluck: Legal Ethics in Popular Culture, 101 *Colum. L. Rev.* 421, 447 (2001).

〔54〕 Luban, *supra* note 52, at 237-66.

〔55〕 佩珀是在道德咨询的背景下这样做的。Pepper, *supra* note 2, at 699-702. 弗里德曼坚持认为，律师在代表任何特定客户时，必须做出基于道德的选择，并对这些选择负有完全的道德责任。Monroe H. Freedman & Abbe Smith, *Understanding Lawyers' Ethics* § 4. 02, at 69-72 (4th ed. 2010).

〔56〕 See, e. g., Simon, *supra* note 2, at 715-16 [citing Harper Lee, To Kill a Mockingbird 312-18 (40th Anniversary ed. 1999)] [指出阿提克斯·芬奇同意警长隐瞒布·拉德利（Boo Radley）与鲍勃·尤厄尔（Bob Ewel）之死有关的证据]；Simon, *supra* note 31, at 127-35 (赞许地引用了布兰代斯的伦理观，布兰代斯在担任私人律师时，曾试图劝阻有权势的客户不要参与反社会的项目)。

〔57〕 Cf. Alice Woolley & W. Bradley Wendel, "Legal Ethics and Moral Character," 23 *Geo. J. Legal Ethics* 1065, 1067 (2010) (其他以外，认为，被许多法律伦理理论奉为可敬的律师类型，实际上在制度实践环境中是不正常的)。

我的噩梦发生在这样一个世界里，即不是所有的律师都像布兰代斯和芬奇那样正直和值得信赖，但他们也同样热衷于充当道德自由主体（moral free agents）。西蒙认为，[58]真正的恐惧并不是无政府状态，而是权力的滥用。萦绕在我梦境中的人物是约翰·柳（John Yoo），他面无表情地向总统提出他的"法律"建议，告诉他法律授权使用水刑；或者是安然（Enron）的内部律师和聘任律师，他们授权了最终导致公司破产的交易。在我的梦里，律师们不相信自己的行为是错误的；相反，他们认为自己是在尊重积极辩护（zealous advocacy）的伦理原则。不要介意他们是在为客户提供咨询或规划交易而不是作为倡导者——他们相信自己在道德上被允许依靠勉强、扭曲、不合理的（或者更积极地说，创造性和侵略性的）法律解释来达到其客户的目的。更糟糕的是，他们可能认为自己在做一些在道德上值得称赞的事情，因为这符合公共利益。例如，约翰·柳显然将自己视为英雄和爱国者，因为他尽其所能地保护美国人民免受恐怖主义的侵害。[59]

我崇高的梦想不是成为一名拥有非凡智慧和判断力的律师，而只是做一个不愿为了让其客户做某事而扭曲法律的普通人。在一个基本公正的社会里，律师发挥着重要的作用，但他不同于神职人员、心理治疗师、作家、政治领袖、社会活动家、社区组织者和公民抗议者。律师的角色更像技术官僚，但也同样崇高。像艾希曼这样的官僚是恶魔的工具，而第三帝国如果没有人民的帮助是无法正常运转的。但是，法治也可以是一项伟大的事业，它也不能脱离人民的工作而存在。

在一个适度得体的社会中，律师之所以成为律师，其伦理必须以法律为导向，而不是以道德或正义为导向。如果律师希望成为活动家或持不同政见者，他们也可以如愿；但重要的是，他们不能混淆这些非常不同的社会角色。我不是对美国仍然存在的不公正现象

---

[58] Simon, *supra* note 2, 709.

[59] See generally John Yoo, *War By Other Means* (2006).

伦理与法律：导论

视而不见，但对这些不公正现象的法律反应，不应是个人的破坏或废除行为。律师可以而且应该倡导变革，但与以往一样，它应该是在法律范围内的积极辩护。[60] 这本书的主要目的之一，就是要把刚才说的律师真言（mantra）的最后一部分，恢复到它在法律职业伦理中的适当地位。如果没有法律忠诚这一基本义务，律师就只能是诡辩家——除了提供任何像样的客户都能为自己提供的那种不成熟的道德建议外，他们什么也提供不了。如果说我们的职业有什么特别之处，那就是对合法性价值的认同，以及尊重法律的相应义务。

---

[60] See Model Code of Prof'l Responsibility Canon 7（1980）（律师应当在法律范围内热情地为当事人代理）。热情的概念在现代学科规则中仅存于少数评论中。See Model Rules of Prof'l Conduct pmbl. T2（2009）（作为辩护人，律师根据抗辩制的规则积极地维护委托人的立场）；id. R. 1. 3 cmt. 1（律师还必须以……热情代表客户进行辩护）。尽管如此，示范守则的制定仍然具有影响力，律师们孜孜不倦地将其作为其伦理义务的简要总结加以引用。